文史哲研究丛刊

先秦诸子与楚文化关系研究

陈瑶 著

上海古籍出版社

图书在版编目(CIP)数据

先秦诸子与楚文化关系研究 / 陈瑶著.—上海：
上海古籍出版社，2017.12
　(文史哲研究丛刊)
　ISBN 978-7-5325-8579-3

　Ⅰ.①先… Ⅱ.①陈… Ⅲ.①先秦哲学-关系-楚文
化-研究 Ⅳ.①B220.5②K871.34

中国版本图书馆 CIP 数据核字(2017)第 197054 号

文史哲研究丛刊
先秦诸子与楚文化关系研究
陈 瑶 著

上海古籍出版社出版、发行
(上海瑞金二路 272 号　邮政编码 200020)
　(1) 网址：www.guji.com.cn
　(2) E-mail：gujil@guji.com.cn
　(3) 易文网网址：www.ewen.co
上海惠敦印务科技有限公司印刷
开本 890×1240　1/32　印张 12.125　插页 2　字数 301,000
2017 年 12 月第 1 版　2017 年 12 月第 1 次印刷
印数：1—1,300
ISBN 978-7-5325-8579-3
Ⅰ·3206　定价：48.00 元
如有质量问题,请与承印公司联系

目　　录

序　言

陈瑶的博士论文经过修改补充之后即将出版,嘱予为之序。我作为她的指导老师,自然义不容辞。这篇论文写作期间,我和陈瑶针对一系列问题多有交流切磋,感触颇深。因此,这篇序言权且作为指导论文写作的一份简要总结,留住一些值得纪念的历史回忆。

陈瑶博士是楚人(湖南龙山),对楚文化情有独钟,攻读博士学位伊始,就把论文的内容锁定在楚文化范围之内,最终确定研究先秦诸子与楚文化的关联。然而,热爱楚文化是一回事,研究楚文化是另一回事。热爱楚文化是从事楚文化研究的动力,而要使所作的研究卓有成效,则须付出艰辛与努力。陈瑶博士这部著作的完成,确实是惨淡经营,用力颇多。

探讨先秦诸子与楚文化的关联,人们首先想到的往往是《道德经》和《庄子》,因为这两部道家经典本身就是楚文化的有机组成部分,已有大量研究成果提示《道德经》、《庄子》的楚文化属性。沿着这个路径继续深入研究难度较大,可供回旋的学术空间有限。鉴于这种情况,陈瑶博士这部著作没有为这两部经典设置专章,而是把它们放到第三、四两章中加以处理。这种选择提出一个问题:博士论文是以建构体系为宗旨,还是以解决问题为主? 如果是以建构体系为宗旨,那么,这部著作不为两部道家经典设立专章,显然是一种欠缺,无法形成完整严密的体系。有的专家尖锐地指出这个问题,有其合理性。然而,如果是以解决问题为主,这种做法则是明智的,因为它避开了学界的热门话题,而把学术研究的薄弱环节作为突破口,有利于学术的创新。据实而言,建构体系是一个漫长的过程,不是处于起步阶段的学人力所能及。如果对博士论文过分苛求体系的完整严密,很大程度上是强人所难。当然,作为学术的终极追求,建立自己的体系是完全必要的,期待陈瑶博士能够走到这一步。

这部著作探讨先秦诸子与楚文化的关联,其中涉及孔子,并且设立专章。这又提出一个问题,孔子及《论语》是归入经学,还是归入子学?《论语》是十三经之一,孔子是古代经学的大成宗师,按照传统的观念,孔子及《论语》应纳入经学。近代以来,传统的四部分类得到修正。章太炎先生的《国故论衡》下卷为《诸子学九篇》,其中的《原儒》、《原道》都提到孔子。陈柱先生的《诸子概论》称“儒家之学,实大成于孔子”,也是把孔子归入先秦诸子。钱穆先生《国学概论》第二章《先秦诸子》亦提到孔子。孔子属于先秦诸子,这是近代以来学界的普遍共识,陈瑶博士继承的是这种观念。这里之所以再次提出这个问题,乃是有感于当下复古思潮的潜流涌动,把古代经学规则过分推崇的缘故。当然,孔子及《论语》既可以归入子学,亦可归入经学,二者均有合理性。

陈瑶博士这部著作探讨先秦诸子与楚文化的关联,那么何谓文化?学人所作的界定多种多样。改革开放以来,中国大陆学界曾经出现文化热,许多研究都冠以“文化”二字。不可否认,这方面的研究确实取得一批有价值的成果,但是,目前的文化研究基本处于停滞不前的状态,追究其中的原因,很大程度上是研究的淡化、表面化所致。陈瑶博士这部著作虽然也属于文化研究系列,但却能够避免以往文化研究的弊病,且有所超越和创新。这主要得益于两种运作方式:一是宏观与微观研究的结合,从大处着眼、小处入手,从书的名称上看,确实是个大题目,是恢宏之作;而在具体操作过程中,又细化为许多小题目,从具体事象切入进行剖析。二是论述与考证的结合，博士论文要有哲学思辨、理论色彩，同时又必须有扎实的文献功底。这部著作所作的考证，以文献为依托，同时又深入到语言、文字层面，显示出严谨的学风。以上两种运作方式，使得整部著作遵循的是"论从史出"的理路，从而避免了文化研究常见的空洞、浮泛的倾向。

　　当下中国大陆的地域文化研究，已经形成相对固定的格局。山东则齐鲁文化，山西则晋文化，河南则河洛文化，湖北则荆楚文化，湖南则湘楚文化，如此等等，各个地区都有自己文化研究的品牌。可是，陈瑶博士这部著作所展示的文化地图，却与上述文化格局呈现出明显的差异。先秦诸子与楚文化的接触、交汇，主要空间并不是在两湖地区，而是在今河南的南部，即与湖北相邻的地区。这就提出两个问题：一是如何看待楚文化的地理分布，二是怎样处理地域文化的边际问题。屈原是楚文化重要的代表人物，他的有些作品写于今湖北的江汉流域及湖南的沅、湘一带，因此，古代文学界的楚文化研究，往往关注这两个地区。从历史实际考察，春秋战国时期楚文化的中心地带，并不是在今湖南，而是位于豫鄂交界的地区，许多重大的历史事件都发生在那里。至于楚文化扩展到沅、湘一带，那是在战国中期以后。所以，对于楚文化所作的研究，在地域上不能局限于两湖地区，还应该把目光投向豫南。如果追溯楚文化的渊源，还要与巴蜀文化相沟通。而与楚文化区相邻的吴文化、河洛文化，对它们所作的研究也要考虑楚文化的因素。

　　陈瑶博士勤奋好学，转益多师。她的这部著作给人许多启示。如今，她正在清华大学博士后流动站工作，从事出土文献与楚地诗学的研究。相信她经过这座学术殿堂的洗礼，学术上会有更大的进步，会收获更丰硕的成果。

李炳海

2017 年 3 月 16 日于扬州寓所

第一章　孔子适楚及其文学演绎

　　春秋时期,孔子率领众弟子周游列国以推行儒家学说,从鲁国出发,抵达南土楚地。孔子作为儒家的创始人,与那里的一系列人物发生关联。通过孔子及其弟子适楚的见闻,可以透视儒家与楚文化之间的冲突与交融。同时,儒、道两种思想之间的比较,一直是先秦诸子研究中的重要问题。考察孔子入楚见闻及其文学演绎,可以从地域文化角度透视儒、道思想的差异之处,且可多方位地揭示楚文化特点。

一、孔子入叶至楚的时间和地点

　　《论语·子罕》篇有叶公向孔子问政的记载,《论语·微子》篇提到楚狂接舆歌而过孔子的故事。孔子确实入叶至楚,《论语》保留了这方面的宝贵资料。除此之外,《史记·孔子世家》也对孔子的入叶至楚作了具体叙述,并且明确地标示出事件所处的时段,为考察孔子在楚地的活动情况提供了重要信息。孔子是在怎样的情势下,以何种方式入叶至楚? 他的活动区域在楚国版图的哪个部位? 这是考察孔子入叶至楚两个不容回避的问题。

1. 孔子的入叶

　　《史记·孔子世家》写道:

> 冬,蔡迁于州来。是岁鲁哀公三年,而孔子年六十矣。……夏,鲁桓釐庙燔,南宫敬叔救火。……秋,季桓子病。……明年,孔子自陈迁于蔡。……明年,孔子自蔡如叶。①

这段文字把孔子入叶的行程交代得很清楚。孔子先是在鲁哀公五年(前490),从陈国迁于蔡,第二年即鲁哀公六年(前489)自蔡入叶,时年63岁。孔子到达蔡国的前一年,即哀公四年(前491),蔡迁都州来,即今安徽凤台,亦称下蔡,成为吴的附属国。而据《左传》的记载,蔡迁州来的时间更早,在哀公二年(前493)十一月。这样看来,孔子从陈入蔡,是进入迁都州来的下蔡,位于今安徽凤台。

《史记·管蔡世家》对于孔子入蔡及蔡国迁都作了如下记载:

> 二十六年,孔子如蔡。楚昭王伐蔡,蔡恐,告急于吴。吴为蔡远,约迁以自近,易以相救;昭侯私许,不与大夫计。吴人来救蔡,因迁蔡于州来。②

照此说法,孔子入蔡在蔡昭侯二十六年,亦即鲁哀公二年(前493),比《孔子世家》的记载早三年。孔子入蔡之后,蔡迁都州来,寻求吴国的保护。《史记·孔子世家》记载:"孔子迁于蔡三岁,吴伐陈。楚救陈,军于城父。"③《左传·哀公六年》记载:"吴伐陈……楚子乃救陈,师于城父。"④照此推算,孔子入蔡应在鲁哀公五年(前490),当时蔡已经迁于州来。如果孔子是在鲁哀公二年

---

① 司马迁:《史记》,北京:中华书局,1982年版,第1927-1928页。
② 司马迁:《史记》,北京:中华书局,1982年版,第1569页。
③ 司马迁:《史记》,北京:中华书局,1982年版,第1930页。
④ 杨伯峻:《春秋左传注》,北京:中华书局,1990年版,第1633页。

入蔡，难以与第三年吴伐陈的历史事实相符。

《史记·孔子世家》称，孔子是在鲁哀公六年自蔡入叶，此时的蔡国已经不在州来，而是迁到了别处。《左传·哀公四年》有如下记载：

> 夏，楚人既克夷虎，乃谋北方。左司马眅、申公寿余、叶公诸梁致蔡于负函，致方城之外于缯关。曰："吴将溯江入郢，将奔命焉。"

杨伯峻先生的注解作了如下解释：

> 杜注："三子，楚大夫也。此蔡之故地人民，楚因以为邑。致之者，会其众也。"负函，据《汇纂》，当在今河南信阳市，县境。据江永《考实》，缯关在今河南方城县。①

楚国为了经营北方，把位于方城之外的居民迁到方城，把蔡国居民迁到负函，当时的借口是吴国将溯江而上，如果不及时迁徙，日后就要奔亡逃命。负函，杨伯峻先生引《汇纂》的说法，认为是在今河南信阳。可是，那里位于淮水之南，楚国的要塞大隧、直辕、冥轭都在那一带。楚国是担心蔡人投吴而令其迁徙，不可能把它置于要塞之地，因此，蔡所迁入的负函不应在信阳一带。《中国历史地图集》第一册，在今河南叶县处标有函氏②，那里当是蔡国所迁入的负函。负函南距叶地不过二十公里，孔子自蔡入叶，是他随蔡人迁到负函之后的事情。负函离叶地很近，所以，孔子有机会到叶地，与叶公子高进行交往。

---

① 杨伯峻：《春秋左传注》，北京：中华书局，1990 年版，第 1626 页。

② 谭其骧：《中国历史地图册》（第一册），北京：中国地图学社出版社，1975 年版，第 25 页。

　　《史记·孔子世家》叙述孔子自蔡如叶的经历,没有提及蔡国由州来迁到负函一事,而是在讲述蔡国内乱之后提到"楚侵蔡"。司马迁是把楚国强迫蔡人迁徙,视为对蔡国的侵犯。《史记·管蔡世家》《史记·楚世家》也没有提到蔡人被迫从州来迁往负函一事。

　　综上所述,孔子自蔡入叶,是随着蔡人迁入负函以后的举措。那里是楚国的北方重镇,迁徙之后的蔡人处于楚国的严密控制之下。孔子自蔡如叶,并不需要长途跋涉,而是路程很近,完全可以朝发夕至。司马迁之所以回避蔡人从州来迁入负函一事,有可能是为尊者讳,不愿意把孔子这段类似于战争难民的经历加以叙述。

2. 孔子的至楚

《史记·孔子世家》对于孔子至楚的叙述如下:

　　　　孔子迁于蔡三岁,吴伐陈。楚救陈,军于城父。闻孔子在陈蔡之间,楚使人聘孔子,孔子将往拜礼。陈蔡大夫谋曰:"孔子贤者,所刺讥皆中诸侯之疾。今者久留陈蔡之间,诸大夫所设行皆非仲尼之意。今楚,大国也,来聘孔子。孔子用于楚,则陈蔡用事大夫危矣。"于是乃相与发徒役围孔子于野。不得行,绝粮。从者病,莫能兴。⋯⋯于是使子贡至楚。楚昭王兴师迎孔子,然后得免。[①]

这段叙述把孔子至楚的情况交待得很清楚。当时楚昭王率兵救陈,驻扎在城父。杨伯峻先生注:"此乃北城父,详昭十九年《传》'大城城父'《注》,在今河南宝丰县东,平顶山市西北。"[②]城父与蔡

---

① 司马迁:《史记》,北京:中华书局,1982 年版,第 1930 - 1932 页。
② 杨伯峻:《春秋左传注》,北京:中华书局,1990 年版,第 1633 页。

人所居的负函之地相邻,东距陈地不过百公里。孔子当时处于陈蔡之间,与城父相距很近。楚昭王是在率兵出征,驻扎在城父期间征召孔子。孔子在陈蔡之间被围,派子贡向楚方求救。昭王兴师迎孔子,孔子与昭王在城父见面。

《左传·哀公六年》记载,楚昭王是在这年春天率兵救陈,驻扎在城父。"秋七月……将战,王有疾。庚寅,昭王攻大冥,卒于城父"。① 由此推断,楚昭王在城父驻留最多不过半年,春天到达城父,七月就在那里去世。而按照《史记·楚世家》的记载,昭王是在鲁哀公六年(前489)十月去世,"庚寅,昭王卒于军中"。② 照此说法,昭王在城父驻留的时间超过半年,但最多也不过七八个月。所谓的孔子至楚,并非到达楚国的郢都,而是在北楚之地城父见到楚昭王而已。蔡人所迁居的负函,昭王驻扎的城父,叶公所在的叶地,均在今河南的平顶山、叶县一带,彼此距离很近。孔子的入叶至楚,活动地域极其窄小,局限于楚地北境。他是鲁哀公六年入叶,楚昭王逝世后就离开了楚地,前后不到一年的时间,在此期间并未一直居于叶地或城父。孔子的南适楚地,在时间和空间上都是有限的,可以说是来去匆匆,并且未能深入楚国腹地。

二、孔子与叶公子高的交往及传闻

孔子及其弟子适楚行程中,和那里的政治人物发生一系列关联,其中,最具代表性的叶公子高,与孔子处于同一时代,年代稍晚,活动见于春秋晚期的鲁定公、哀公年间。据《史记·孔子世家》记载,鲁哀公六年(前489)孔子适楚叶地,叶公子高遂问政于孔子。孔子留居楚国期间与叶公子高的交往及传闻,早期文献进行

① 杨伯峻:《春秋左传注》,北京:中华书局,1990年版,第1634–1635页。
② 司马迁:《史记》,北京:中华书局,1982年版,第1718页。

了记载。据此,可以从地域文化的角度,揭示中土邹鲁文化与南楚文化之间的异同。

1. 叶公子高其人其事

叶公子高是楚惠王时期著名的政治人物,姓沈,名诸梁,字子高,封于叶地,又称叶公诸梁。关于其身世有两种说法,一般认为是楚庄王玄孙、司马沈尹戌之子,还有一种观点认为是沈尹戌之弟,杨伯峻先生写道:

> 《元和姓纂》引应劭《风俗通》云:"楚沈尹戌生诸梁,食采于叶,因氏焉。"余如《吕氏春秋·慎行篇》高诱注、《楚语下》韦昭注皆以诸梁为司马戌之子,唯王符《潜夫论·志氏姓》云:"叶公诸梁者,戌之第三弟也。"汪继培笺谓"弟当作子",窃谓王符自存异说,不足信,而非字误。①

又据《左传》记载,沈尹戌始见于鲁昭公十九年(前523),死于鲁定公四年(前506)的雍澨之战,而叶公子高最早载于鲁定公五年(前505),终载于鲁哀公十九年(前477),两人活动时间先后相差近半个世纪,可见叶公子高更有可能是沈尹戌之子。沈诸梁,字子高。对于其名与字之间的关联,王引之《经义述闻》写道:

> 诸梁者,诸、都古字通。……都梁,山名,故字子高。②

---

① 杨伯峻:《春秋左传注》,北京:中华书局,1990年版,第1552页。
② 王引之:《经义述闻》,北京:中华书局,1998年版《清人十三经注》(五),第350-351页。

叶公子高对政治时局怀着强烈的忧患意识,对楚国动乱的政局高度关注。《战国策·楚策一》概括地总结道:"故彼崇其爵,丰其禄,以忧社稷者,叶公子高是也。"①叶公子高在楚国白公之乱前夕,预见德行不良的白公必将带来楚国局势动乱,曾经劝说令尹子西不要召回白公。以下一段话表明了他深刻的忧虑,《左传·哀公十六年》写道:

> 楚大子建之遇谗也……其子曰胜,在吴,子西欲召之。叶公曰:"吾闻胜也诈而乱,无乃害乎?"子西曰:"吾闻胜也信而勇,不为不利。舍诸边竟,使卫藩焉。"叶公曰:"周仁之谓信,率义之谓勇。吾闻胜也好复言,而求死士,殆有私乎! 复言,非信也;期死,非勇也。——子必悔之。"②

《国语·楚语下》有更为详细的记载:

> 子西使人召王孙胜,沈诸梁闻之,见子西曰:"闻子召王孙胜,信乎?"曰:"然。"子高曰:"将焉用之?"曰:"吾闻之,胜直而刚,欲寘之境。"子高曰:"不可。其为人也,展而不信,爱而不仁,诈而不智,毅而不勇,直而不衷,周而不淑。复言而不谋身,展也;爱而不谋长,不仁也;以谋盖人,诈也;强忍犯义,毅也;直而不顾,不衷也;周言弃德,不淑也。是六德者,皆有其华而不实者也,将焉用之? 彼其父为戮于楚,其心又狷而不洁。若其狷也,不忘旧怨,而不以洁悛德,思报怨而已。则其爱也足以得人,其展也足以复之,其诈也足以谋之,其直也足以帅之,其周也足以盖之,其不洁也足以行之,而加之以不仁,

---

① 何建章:《战国策注释》,北京:中华书局,1990年版,第524页。
② 杨伯峻:《春秋左传注》,北京:中华书局,1990年版,第1700页。

奉之以不义,蔑不克矣。"……不从,遂使为白公。子高以疾闲居于蔡。①

这里,为了阻止子西召白公,叶公子高不仅采用长篇大论讲道理的方式,还实施称疾不仕表示反对的手段。对楚国政局前途的忧患焦虑,不仅溢于言表,还付诸行动。

叶公子高是一位具有传奇色彩的历史人物。首先,他身为楚王室贵胄,在当时的楚国政坛上,具有举足轻重的作用。最为显赫的政治功绩是鲁哀公十六年(前 479)平定白公之乱,《左传·哀公十六年》记载:

> 叶公亦至,及北门,或遇之,曰:"君胡不胄?国人望君如望慈父母焉,盗贼之矢若伤君,是绝民望也,若之何不胄?"乃胄而进。又遇一人曰:"君胡胄?国人望君如望岁焉,日月以几,若见君面,是得艾也。民知不死,其亦夫有奋心,犹将旌君以徇于国;而又掩面以绝民望,不亦甚乎!"乃免胄而进。遇箴尹固帅其属,将与白公。子高曰:"微二子者,楚不国矣。弃德从贼,其可保乎?"乃从叶公。使与国人以攻白公,白公奔山而缢……沈诸梁兼二事,国宁,乃使宁为令尹,使宽为司马,而老于叶。②

白公,为楚平王之孙,由于令尹子西相召才得以回国,为报父怨,反而杀死令尹子西、司马子期,劫楚惠王,世谓白公之乱。这里的胄,名词作动词,意思是戴上头盔。胡,是表示反问意义的语气辞。岁,杜预注:"年谷也。"③谓年岁收成。艾,杜预注:"安也。"④指人

---

① 徐元诰:《国语集解》,北京:中华书局,2002 年版,第 528 - 531 页。

② 杨伯峻:《春秋左传注》,北京:中华书局,1990 年版,第 1703 - 1704 页。

③ 杜预:《春秋左传集解》,上海:上海人民出版社,1974 年版,第 1825 页。

④ 杜预:《春秋左传集解》,上海:上海人民出版社,1974 年版,第 1825 页。

心安宁。这段话以白公之乱为背景,以"胡不胄"与"胡胄"两个反问句,分别把叶公子高比作楚国老百姓的生身父母、年岁收成,这是当时楚人表达心中对叶公子高的殷殷期待与拳拳爱戴,充分表明了叶公子高在当时的声望极高。兼二事,是指叶公子高同时兼任令尹、司马二职。宁、宽分别指子国、公孙宽,即白公之乱中丧生的令尹子西、司马子期的儿子,叶公子高最后选择让位于子国、公孙宽。《左传·哀公十七年》记载:

> 王与叶公枚卜子良以为令尹。沈尹朱曰:"吉。过于其志。"叶公曰:"王子而相国,过将何为!"他日,改卜子国而使为令尹。①

子良是楚惠王之弟,杜预注:"过相,将为王也。"②这里叶公子高清楚地看到子良对楚惠王王位的威胁。楚惠王最初卜其弟子良为令尹,叶公子高的意见很关键,从而致使楚国令尹另换他人,已故令尹子西之子公孙宽是合适人选。《左传·哀公十九年》还记载叶公子高伐越征夷的事迹,写道:

> 秋,楚沈诸梁伐东夷,三夷男女及楚师盟于敖。③

这里的叶公子高俨然是一员虎虎生威的武将,三夷属于越国,叶公子高率楚军大败东夷,以报越人伐楚之仇。除了左右政局,叶公子高也有疆场战功在册,可谓文武兼备。然而,最后他却以赫赫显功,急流勇退,老于叶地,表现出气节高蹈而超俗不凡的个性气质。

---

① 杨伯峻:《春秋左传注》,北京:中华书局,1990 年版,第 1709 页。
② 杜预:《春秋左传集解》,上海:上海人民出版社,1974 年版,第 1831 页。
③ 杨伯峻:《春秋左传注》,北京:中华书局,1990 年版,第 1714 页。

由于人格的高尚,叶公子高这个历史人物的形象显得十分高大,而事实上,他的身材细弱矮小,长得其貌不扬。《荀子·非相》写道:

> 叶公子高微小短瘠,行若将不胜其衣。然白公之乱也,令尹子西、司马子期皆死焉,叶公子高入据楚,诛白公,定楚国,如反手耳,仁义功名善于后世。……长短、小大、美恶形相,岂论也哉!①

微小短瘠,极言叶公子高之细弱、矮小,王先谦集解引郝懿行曰:"白公之乱,子高入国门不介胄,盖由微小短瘠,行不胜衣故耳。"②郝氏所言,是有一定道理的。《战国策·楚策一》也记载道:

> 昔者叶公子高,身获于表薄,而财于柱国;定白公之祸,宁楚国之事;恢先君以揜方城之外,四封不侵,名不挫于诸侯。当此之时也,天下莫敢以兵南乡,叶公子高食田六百畛。故彼崇其爵,丰其禄,以忧社稷者,叶公子高是也。③

这里是莫敖子华对楚威王的劝谏之辞。身获于表薄,鲍彪注:"表,野外;薄,林也;言其初贱。"④对此,何建章先生进行了辨析:

> 《广雅·释诂三》:"获,辱也。"薄,有轻微、轻鄙之义。则此"身获于表薄"言身体外表看起来单薄微弱,其貌不扬之义,即《荀子》所谓"微小短瘠,行若将不胜其衣然"。……叶公子

---

① 王先谦:《荀子集解》,北京:中华书局,1988年版,新编诸子集成本,第73－74页。
② 王先谦:《荀子集解》,北京:中华书局,1988年版,新编诸子集成本,第72－73页。
③ 何建章:《战国策注释》,北京:中华书局,1990年版,第524页。
④ 何建章:《战国策注释》,北京:中华书局,1990年版,第527页。

高为楚司马沈尹戍之子,何得言"初贱"。鲍注误。①

这里的辨析是正确的,《楚策一》的这段话先言叶公子高貌不出众,再言功德杰出,采用先抑后扬的手法,以突出叶公子高的贤能。叶公子高形貌上的微小,与声望的高扬,两者形成巨大鲜明的反差。

叶公子高最后终老的封地叶邑,是楚国属地,在今河南叶县。据《水经注·汝水》记载:"楚惠王以封诸梁子高,号曰叶公。城即子高之故邑也。……澧水又东,迳叶公庙北,庙前有《叶公子高诸梁碑》。"熊会贞疏:

> 《风俗通》二,叶公退老于叶,及其终也,叶人追思而立祠。注言魏令长修饰旧宇。又《寰宇记》,叶公庙在叶县东北三里,唐仙州刺史张景洪建。盖屡重修矣。在今县南旧北门外。②

叶地位于河南境内的澧水流域,后人为纪念叶公子高所建的叶公庙经世累修,至今尚存。可见,叶公子高的人生具有传奇色彩,他的身前生后均享有盛名。

另外,叶公子高曾居蔡。《左传》记载,鲁哀公二年(前493年),蔡昭侯迁州来,都城在今安徽凤台县,这是蔡侯为了求得南方吴国救援,对抗强楚的威慑而采取迁都措施,但是造成的客观效果,却是更进一步拉近了蔡与南楚的地理空间距离。据《史记·管蔡世家》记载,楚灭蔡在春秋后二十三年。《左传·哀公四年》记载道:

---

① 何建章:《战国策注释》,北京:中华书局,1990年版,第527页。
② 杨守敬、熊会贞:《水经注疏》,南京:江苏古籍出版社,1989年版,第1770 - 1773页。

> 左司马眅、申公寿余、叶公诸梁致蔡于负函。①

杜预注：“此蔡之故地人民，楚因以为邑。致之者，会其众也。”此处记载鲁哀公四年（前 491），三位楚国大夫司马眅、申公寿余、叶公诸梁居蔡而治之。又据《国语·楚语下》记载鲁哀公十六年（前479）白公之乱前夕，叶公子高劝阻令尹子西召白公不成，遂“以疾闲居于蔡”②，最后入郢解救白公之乱，是由蔡地入楚都。这表明叶公子高居蔡的期限前后断断续续将近十载。

综观叶公子高其人，在当时的楚国，他是一位带着传奇色彩的政治人物，具有出色的政治才能与举足轻重的政治地位。来自周文化系统的孔子，在适楚过程中，曾经一度与叶公子高交往，并产生一系列历史传闻。

2. 叶公子高问政于孔子

文献中所记载孔子与叶公子高的交往经历，主要是叶公子高虚心向孔子请教的事件，涵盖从“为政”到“为人生”不同层面的问题。而且，叶公子高对孔子的观点，往往采取钦服遵从的态度。

叶公子高仰慕孔子的才学识见，想要知道到底孔子是一个什么样的人物？据《论语·述而》记载：

> 叶公问孔子于子路，子路不对。子曰：“女奚不曰，其为人也，发愤忘食，乐以忘忧，不知老之将至也云尔。”③

---

① 杨伯峻：《春秋左传注》，北京：中华书局，1990 年版，第 1626 页。
② 徐元诰：《国语集解》，北京：中华书局，2002 年版，第 531 页。
③ 杨伯峻：《论语译注》，北京：中华书局，1980 年版，第 71 页。

其中,"发愤忘食,乐以忘忧,不知老之将至"这几个短语,后世成为脍炙人口的经典话语,可以看作孔子的人生宣言,也是孔子积极入世精神和乐观人生态度的真实写照。

司马迁将这两个历史事件发生的时间,定位在鲁哀公五年(前490)孔子适叶期间。《史记·孔子世家》写道:

> 明年,孔子自蔡如叶。叶公问政,孔子曰:"政在来远附迩。"他日,叶公问孔子于子路,子路不对。孔子闻之,曰:"由,尔何不对曰'其为人也,学道不倦,诲人不厌,发愤忘食,乐以忘忧,不知老之将至'云尔。"①

这里叶公与孔子的交往事件,史实材料当是采自具有实录性质的《论语》。由于它们在孔子入楚的过程中具有典型意义,从而被纳入孔子的传记史册之中,并进一步增强了历史真实感。"学道不倦,诲人不厌",则是司马迁根据孔子一生经历与追求有所增益,更强化了孔子积极好学的入世精神气质。

关于叶公子高问政于孔子的故事,《论语·子路》记载:

> 叶公问政。子曰:"近者悦,远者来。"②

这里的叙述十分简略,集中体现出《论语》作为语录体的语言风格,十分精辟明洁。悦、来,均为使动用法,近者、远者分别代指境内外的老百姓,在施政过程中,针对境内外百姓采取不同措施。《墨子·耕柱》篇亦有类似记载:叶公子高问政于仲尼,曰:"善为政者

---

① 司马迁:《史记》,北京:中华书局,1982年版,第1928页。
② 杨伯峻:《论语译注》,北京:中华书局,1980年版,第139页。

若之何?"仲尼对曰:"善为政者,远者近之,而旧者新之。"①孔子深刻睿智的简短回答,代表儒家鲜明的政见观点。但是,孔子这番话所遵循的原因与理由,并未得到展示。《韩非子·难三》对此作了详细的记载:

> 叶公子高问政于仲尼。仲尼曰:"政在悦近而来远。"哀公问政于仲尼。仲尼曰:"政在选贤。"齐景公问政于仲尼。仲尼曰:"政在节财。"三公出,子贡问曰:"三公问夫子政一也,夫子对之不同。何也?"仲尼曰:"叶都大而国小,民有背心,故曰'政在悦近而来远'。鲁哀公有大臣三人,外障距诸侯四邻之士,内比周而以愚于君,使宗庙不扫除,社稷不血食者,必是三臣也,故曰'政在选贤'。齐景公筑雍门,为路寝,一朝而以三百乘之家赐者三,故曰'政在节财'。"②

这里的"悦近而来远",是"近者悦,远者来"的近似表达。叶公子高、鲁哀公和齐景公相继向孔子问政,孔子却给出三个不同的答案。其中,针对叶公子高的回答是基于叶地政治现状而发,孔子所言"都大而国小",主要从叶地与楚国两者的相较而言,《左传·庄公二十八年》:"凡邑,有宗庙先君之主曰都,无曰邑。"杨伯峻先生注引金鹗《求古录礼说·邑考》解释道:

> 故王国公卿采邑称大都,大夫采邑称小都,士则称邑而已。侯国卿之采邑得称都,大夫士则称邑而已。尊卑之别如此。若通而言之,都亦可称邑,如季孙氏之费、孟孙氏之成、叔孙氏之郈,皆称为邑。邑亦可称都,孟子言"王之为都者臣知

---

① 孙诒让:《墨子间诂》,北京:中华书局,2001 年版,第 431 页。
② 陈奇猷:《韩非子新校注》,上海:上海古籍出版社,2000 年版,第 904 - 905 页。

五人焉。知其罪者惟孔距心",距心为平陆宰,平陆,下邑,而亦曰都。《月令》孟夏之月"命农勉作,毋休于都",此都即四井为邑之邑,而亦曰都。①

由此可知,邑也可称为都,这里的都,即是指称叶公所受封的叶邑。叶都大而楚国小,并不是说叶都真的比楚国大,而是一个相对比较的概念。孔子敏锐地看到楚国与叶地这种两不相称的政治局势,指出叶地政局面临人心向背的问题,对症下药地提出悦近来远的施政措施,告诉叶公子高应该安抚境内人民,吸引境外百姓,从而形成政治上巨大的向心力和凝聚力。才能实现楚国的整体强大。

《韩非子·难三》对于孔子回答叶公的话语,从道理上作了阐释,有其合理因素。孔子之所以把"近者悦,远者来"作为叶公应遵循的执政纲领,还和叶地特殊的位置、作用及居民构成有着密切关联。《左传·昭公十八年》写道:

> 楚左尹王子胜言于楚子曰:"许于郑,仇敌也,而居楚地,以不礼于郑。晋、郑方睦,郑若伐许,而晋助之,楚丧地矣。君盍迁许。许不专于楚,郑方有令政。许曰:'余旧国也。'郑曰:'余俘邑也。'叶在楚国,方城外之蔽也。土不可易,国不可小,许不可俘,雠不可启,君其图之。"楚子说。冬,楚子使王子胜迁许于析,实白羽。②

对此,杨伯峻先生的注写道:

> 《会笺》云:"是年楚子迁许于析,更以叶封沈诸梁,号曰叶

---

① 杨伯峻:《春秋左传注》,北京:中华书局,1990 年版,第 242 - 243 页。
② 杨伯峻:《春秋左传注》,北京:中华书局,1990 年版,第 1399 - 1400 页。

公。定五年叶公始见于《传》,哀四年再见,十六年又见,盖自
是为楚重镇矣。"①

叶公子高是在鲁昭公十八年(前 524)始封于叶。在此之前,那里
是许人所居。《左传·成公十五年》记载:"许灵公畏偪于郑,请迁
于楚。辛丑,楚公子申迁许于叶。"②许人迁入叶地是在鲁成公十
五年(前 576),下距沈诸梁封于叶已长达五十年之久。沈诸梁是
在许人迁出叶地之后被封为叶公,下距鲁哀公六年(前 489)已是
34 年。叶地的居民成分比较复杂,那里有当地土著,许人迁走后
还会留有本族遗民,叶公子高也必然会携带一批楚人入住。叶地
居民成分复杂,又是楚国北方重镇,因此,保持那里的平稳安定是
非常重要的。孔子的回答具有很强的针对性,道出了叶公子高为
政的第一要务。所谓的"近者悦",指的是妥善处理好与叶地各类
居民的关系,使他们心悦诚服;而所谓的"远者来",则是指对叶地
之外的居民具有吸引力,愿意前来。这对于楚国北方重镇叶地而
言,既是当务之急,又是长远大计。

　　把处理好境内外居民的关系作为执政要务,楚国也有具备这
样远见卓识的人物。《国语·楚语上》记载,楚灵王耗费民力国财,
筑章华之台。对此,伍举批评道:"且夫私欲弘侈,则德义鲜少,德
义不行,则迩者骚离,而远者距违。"韦昭注:"迩,境内;远,邻
国。"③伍举也是把近者悦而远者来作为施政纲领,批评楚灵王那
种最终造成众叛亲离的做法,伍举还提到鲁昭公七年楚王在章华
之台向诸侯进行炫耀之事,最后写道:"三年,陈、蔡及不羹人纳弃
疾而弑灵王。"这样看来,伍举批评楚灵王是在鲁昭公十年(前

---

① 杨伯峻:《春秋左传注》,北京:中华书局,1990 年版,第 1399 - 1400 页。
② 杨伯峻:《春秋左传注》,北京:中华书局,1990 年版,第 877 页。
③ 徐元诰:《国语集解》,北京:中华书局,2002 年版,第 495 页。

532)，下距叶公向孔子问政的鲁哀公六年(前 489)已经四十余年。孔子向叶公提出"近者悦，远者来"的执政理念，四十年前伍举也作过类似的表述，与孔子的看法基本一致。

3. 叶公子高与孔子论直

《论语·子路》篇有如下记载：

> 叶公语孔子曰："吾党有直躬者，其父攘羊，而子证之。"孔子曰："吾党之直者异于是：父为子隐，子为父隐。——直在其中矣。"①

这里叶公子高首先对孔子讲述了一个法律与血缘相冲突的故事：楚人直躬告发自己的父亲盗羊，孔子认为此举不当，应该父子相隐。证，《说文》："证，告也。"②根据杨伯峻先生的解释，证，相当于今日的检举、揭发，《韩非子·五蠹篇》叙述这个故事情节作"谒之吏"，③《吕氏春秋·当务篇》采用"谒之上"。④ 攘，《说文》："推也，从手，襄声。"⑤襄，段玉裁注："有因而盗曰攘。凡因皆曰襄也。"⑥《尔雅·释诂》："儴、仍，因也。"⑦儴与攘相通。可见，攘有随顺、因循之义。攘羊，意思是顺势行窃而盗羊，即相当于后世的成语"顺手牵羊"之义。关于直躬，是楚人的名字。刘宝楠《论语正义》作了

① 杨伯峻：《论语译注》，北京：中华书局，1980 年版，第 139 页。
② 段玉裁：《说文解字注》，上海：上海古籍出版社，1988 年版，第 100 页。
③ 陈奇猷：《韩非子新校注》，上海：上海古籍出版社，2000 年版，第 1104 页。
④ 陈奇猷：《吕氏春秋新校释》，上海：上海古籍出版社，2002 年版，第 603 页。
⑤ 段玉裁：《说文解字注》，上海：上海古籍出版社，1988 年版，第 595 页。
⑥ 段玉裁：《说文解字注》，上海：上海古籍出版社，1988 年版，第 394 页。
⑦ 郭璞注、邢昺疏：《尔雅注疏》，上海：上海古籍出版社，2010 年版，第 79 页。

如下考证：

> 郑此《注》云："攘，盗也，我乡党有直人名弓，父盗羊而证其罪。"据《注》，是郑本作直弓，必出古、鲁、齐异文。《录续陈寔残碑》："寔字仲躬。"史传杂书、《蔡中郎集》并作仲弓，是"躬"、"弓"字古多通用。郑以弓为人名。高诱《淮南•氾论训》注亦云："直躬，楚叶县人也。"躬盖名其人，必素以直称者，故称直躬。直举其行，躬举其名。直躬犹狂接舆、盗跖之比。伪孔以为直身而行，非也。①

刘氏的说法大体正确，尚需进一步加以分析。先看"直"字，《说文•乚部》："正见也。从十目乚。古文直。或从木如此。"段玉裁注："《左传》曰：'正直为正，正曲为直。'其引申之义也，见之审，则必能矫其枉。故曰：'正曲为直。'以十目视乚，乚者无所逃也，三字会意。……从木者，木从绳则正。"②因此，直与正意义相通，表示遵循一定的准则法度，从而实现公平公正，后世连缀而成一个合成词，即正直。再看"躬"，同躳，《说文》："从吕从身，俗从弓身"。段玉裁注："从吕者，身以吕为柱也。疾执信圭，伸圭人形直。伯执躬圭，躳圭人形曲。鞠躳者，敛曲之貌也。……弓身者，曲之会意也。"③所以，躬象形人体弯曲之貌，有曲身践行之义。所谓直躬者，人如其名，应指亲自践行公平正义的人。另外，直躬的直，与孔子所说"直在其中"的直，需要区别开来，杨伯峻先生解释道："孔子伦理哲学的基础就在于'孝'和'慈'，因之说父子相隐，直在其中。"④可见，两个直代表不同的理念，后者带有儒家特定的哲学意

---

① 刘宝楠：《论语正义》，北京：中华书局，1990年版，第536－537页。
② 段玉裁：《说文解字注》，上海：上海古籍出版社，1988年版，第634页。
③ 段玉裁：《说文解字注》，上海：上海古籍出版社，1988年版，第343页。
④ 杨伯峻：《论语译注》，北京：中华书局，1980年版，第139页。

蕴色彩。

关于楚人直躬之父攘羊的故事，更为详细的记载见于先秦其它典籍。《韩非子·五蠹》篇记载道：

> 楚之有直躬，其父窃羊而谒之吏。令尹曰："杀之。"以为直于君而屈于父，报而罪之。①

另见于《吕氏春秋·当务》篇，写道：

> 楚有直躬者，其父窃羊而谒之上，上执而将诛之。直躬者请代之。将诛矣，告吏曰："父窃羊而谒之，不亦信乎？父诛而代之，不亦孝乎？信且孝而诛之，国将有不诛者乎？"荆王闻之，乃不诛也。孔子闻之曰："异哉！直躬之为信也，一父而载取名焉。"故直躬之信，不若无信。②

此处"载"，陈奇猷先生注："载、再通。"③这里的意思是直躬因为父亲而两度博取名声，一为告父，一为代父。从这两个故事的结局来看，迥然有异，前者令尹诛直躬，后者楚王不诛直躬。刘宝楠引注："宋氏翔凤《过庭录》：'两书所记，一诛一不诛，异者。盖其始，楚王不诛，而躬以直闻于楚，叶公闻孔子语，故当其为令尹而诛之。'"④宋氏的推测是有道理的。叶公子高对孔子的观点表示接受，是因为直躬的行为触犯了儒家所推行的血缘伦理观念。

叶公子高与孔子有关直躬案例的讨论，反映出楚文化与儒家学说之间的一个重要差异，忠和孝发生矛盾时，应该如何处理二者

---

① 陈奇猷：《韩非子新校注》，上海：上海古籍出版社，2000年版，第1104页。
② 陈奇猷：《吕氏春秋新校释》，上海：上海古籍出版社，2002年版，第603页。
③ 陈奇猷：《吕氏春秋新校释》，上海：上海古籍出版社，2002年版，第609页。
④ 刘宝楠：《论语正义》，北京：中华书局，1990年版，第536页。

的关系。《吕氏春秋·高义》篇有如下记载：

> 荆昭王之时，有士焉，曰石渚。其为人也，公直无私，王使为政廷。有杀人者，石渚追之，则其父也。还车而返，立于廷曰："杀人者，仆之父也。以父行法，不忍；阿有罪，废国法，不可。失法伏罪，人臣之义也。"于是乎伏斧锧，请死于王。王曰："追而不及，岂必伏罪哉？子复事矣。"石渚辞曰："不私其亲，不可谓孝子。事君枉法，不可谓忠臣。君令赦之，上之惠也。不敢废法，臣之行也。"不去斧锧，殁头乎王廷。①

这则传说还见于《韩诗外传》卷二、《新序·节士》、《史记·循吏列传》，石渚，作石奢。按照孔子所说："父为子隐，子为父隐——直在其中矣。"这位石奢完全可以不负法律责任，不必斧锧加身。而在石奢看来，当忠孝不能两全时，只能选择死亡，否则就是苟且偷生。传说石奢是楚昭王的廷臣，与孔子是同时代的人。在对忠孝出现矛盾之际所作的处理上，石奢和孔子所作的选择明显不同。

《韩诗外传》卷十有如下记载：

> 楚有士曰申鸣，治园以养父母，孝闻于楚王。……楚王以为左司马。其年，遇白公之乱，杀令尹子西、司马子期。申鸣因以兵之卫。白公谓石乞曰："申鸣，天下勇士也。今将兵，为之奈何？"石乞曰："吾闻申鸣孝也。劫其父以兵，使人谓申鸣曰：'子与我，则与子楚国。不与我，则杀乃父。'"申鸣流涕而应之曰："始则父之子，今则君之臣，已不得为孝子矣，安得不为忠臣乎？"援桴鼓之，遂杀白公，其父亦死焉。王归赏之。申鸣曰："受君之禄，避君之难，非忠臣也。正君之法，以杀其父，

---

① 陈奇猷：《吕氏春秋新校释》，上海：上海古籍出版社，2002年版，第1256页。

又非孝子也。行不两全，名不两立，悲夫！若此而生，亦何以示天下之士哉！"遂自刎而死。①

《说苑·立节》篇亦载有这个传说，文字更加详尽。楚国白公之乱发生在鲁哀公十六年（前479），孔子卒于此年。传说中的楚士申鸣和孔子处于同一时段，年辈晚于孔子。申鸣同样是处于忠孝不能两全的困境之中，他在选择尽忠之后自杀而死，以此表达不能尽孝的愧疚。石奢是先尽孝，因不能尽忠而死。申鸣是先尽忠，因不能尽孝而死。在忠与孝的位置摆放上，忠和孝同等重要，二者不能两全，就选择自杀。

《左传·昭公二十年》所载伍氏家族故事如下：

> 王执伍奢。……无极曰："奢之子材，若在吴，必忧楚国，盍以免其父召之。彼仁，必来。不然，将为患。"王使召之，曰："来，吾免尔父。"棠君尚谓其弟员曰："尔适吴，我将归死。吾知不逮，我能死，尔能报。闻免父之命，不可以莫之奔也；亲戚为戮，不可以莫之报也。奔死免父，孝也；度功而行，仁也；择任而往，知也；知死不辟，勇也。父不可弃，名不可废。尔其勉之，相从为愈。"伍尚归。奢闻员不来，曰："楚君、大夫其旰食乎！"楚人皆杀之。②

楚平王的奸臣费无极诬陷伍奢谋反，并把他拘禁起来作为人质，召伍尚、伍员兄弟前来，企图把他们全部杀掉。在这种情况下，伍尚选择了尽孝，返回之后与父亲一道被杀。伍尚为其弟伍员选择的则是为父复仇，伍员也接受了这种选择，既然不能尽孝，也就根本

---

① 屈守元：《韩诗外传笺疏》，成都：巴蜀书社，2012年版，第462页。
② 杨伯峻：《春秋左传注》，北京：中华书局，1990年版，第1407—1409页。

不考虑尽忠，而是把楚君作为复仇对象。伍尚、伍员与孔子是同时代人，他们在忠孝不能两全情况下所作的选择，也与儒家的观念不相一致。

上述事实表明，在孔子所处的春秋后期，他本人在忠与孝位置的摆放上已经有明确的观念：孝重于忠，当忠孝不能两全的时候，以孝为先，宁肯为孝而放弃忠。而在当时的楚地，尚没有形成这种明确的共识，因此，在忠孝出现矛盾之际出现多种选择。叶公与孔子所谈论的直躬举报父亲的案例，说明楚地以孝为先的理念尚未确立，孔子则以儒家的立场对直躬的做法提出非议。

孔子提出"子为父隐，父为子隐"，实质上是以血缘为重、为先。这是古代社会里常论不休、常辩不衰的忠孝两难全的话题。《孟子·尽心上》写道：

> 桃应问曰："舜为天子，皋陶为士，瞽瞍杀人，则如之何？"……曰："舜视弃天下犹弃敝蹝也。窃负而逃，遵海滨而处，终身䜣然，乐而忘天下。"①

孟子弟子桃应之问，将舜置于忠孝难以抉择的境地。儒家亚圣孟子认为，舜的父亲瞽瞍杀人犯法后，舜会选择背着父亲逃匿，而舍弃天下，欣然快乐地隐居于海边。蹝，亦作屣，杨伯峻先生注："没有脚跟的鞋子，一曰，草鞋。"②䜣，同欣，意思是欣然快乐的样子。关于隐，奉为儒家经典典籍的《礼记》，其中《檀弓》篇记载道"事亲有隐而无犯"，郑玄注："隐谓不称扬其过失也。"③《公羊传·文公十五年》："齐人来归子叔姬。其言来何？闵之也。……父母之于

---

① 杨伯峻：《孟子译注》，北京：中华书局，2005年版，第317页。
② 杨伯峻：《孟子译注》，北京：中华书局，2005年版，第317页。
③ 朱彬：《礼记训纂》，北京：中华书局，1996年版，第78页。

子,虽有罪,犹若其不欲服罪然。"何休注:"所以崇父子之亲。"①后世的一系列法令,将父子相隐的血缘伦理观念进一步制度化,如《盐铁论·周秦篇》:"父母之于子,虽有罪,犹匿之。岂不欲服罪?'子为父隐,父为子隐',夫闻父子之相坐也。"②可见,儒家所倡导的父子相隐观念,在后世血缘关系占主导的传统社会取得合法地位,同时,也强调了孝悌父母的伦理道德。

4. 叶公子高出使齐国请教于孔子的寓言

《庄子》一书作为楚文化系统内的文学作品,对孔子与叶公子高的交往,也进行了文学演绎。叶公子高将出使齐国,曾向孔子请教,《庄子·人间世》记载"叶公子高将使于齐,问于仲尼",紧接这段话的是孔子洋洋洒洒的长篇回答。其中写道:

> 仲尼曰:"天下有大戒二:其一,命也,其一,义也。子之爱亲,命也,不可解于心;臣之事君,义也,无适而非君也,无所逃于天地之间。是之谓大戒。是以夫事其亲者,不择地而安之,孝之至也;夫事其君者,不择事而安之,忠之盛也;自事其心者,哀乐不易施乎前,知其不可奈何而安之若命,德之至也。为人臣子者,固有所不得已。行事之情而忘其身,何暇至于悦生而恶死!夫子其行可矣!"③

这里,孔子对叶公子高进行循循善诱的教导,以消除叶公子高出使

---

① 徐彦:《春秋公羊传》,北京:中华书局,1980 年版影印《十三经注疏》本,第 2247 页。

② 桓宽:《盐铁论》,北京:中华书局,1996 年版《诸子集成》(七),第 59 页。

③ 郭庆藩:《庄子集释》,北京:中华书局,2004 年版,第 155 页。

前的忧惧心理。《庄子》在文中将孔子塑造成道家的代言人,传达的是道家理念,却假借孔子之口,谈父子之亲,君臣之义。可见,与儒家一样,道家同样回避不了父子君臣的关系,要实现忘乎生死,即超越"悦生而恶死"的境界,这个过程是通过超越父子、君臣即"子之爱亲"和"臣之事君"来实现。

关于叶公子高的忧患心理,《庄子·人间世》篇作了生动的展示,写道:

> 叶公子高将使于齐,问于仲尼曰:"王使诸梁也甚重。齐之待使者,盖将甚敬而不急。匹夫犹未可动也,而况诸侯乎!吾甚慄之。子常语诸梁也,曰:'凡事若小若大,寡不道以欢懽成。事若不成,则必有人道之患;事若成,则必有阴阳之患。若成若不成而后无患者,唯有德者能之。'吾食也执粗而不臧,爨无欲清之人。今吾朝受命而夕饮冰,我其内热与!吾未至乎事之情而既有阴阳之患矣;事若不成,必有人道之患。是两也,为人臣者不足以任之,子其有以语我来!"①

这里写楚王派叶公子高出使北方强大的齐国,临行前,令尹子常也进行谆谆教诲,他感到责任空前重大,因此,再一次虚心向孔子求教。"人道之患",是指受到处罚。"阴阳之患",指喜出望外的情绪变化。内热,是中国古代传统医学术语,一般古人认为,享用美食过度则内热,叶公子高谓自己"执粗而不臧,爨无欲清",是说自己食用粗茶淡饭,臧,是善的意思,清,指清薄洁净。成玄英《疏》:"承命严重,心怀怖惧,执用粗食,不暇精膳。所馔既其俭薄,爨人不欲思凉,燃火不多,无热可避之也。"②"朝受命而夕饮冰",意谓他还

---

① 郭庆藩:《庄子集释》,北京:中华书局,2004 年版,第 152–153 页。
② 郭庆藩:《庄子集释》,北京:中华书局,2004 年版,第 154 页。

使用饮冰的方式,败泄心中内火。说明叶公子高是患上了心理疾病,由于内心恐惧而造成内热,并非美食所致,并且使用饮冰这种外力疗治的方式,已不奏效。言语之中透露出这种强烈的忧惧情绪,是来自其内心深处的忧患意识。

《庄子·人间世》篇把叶公子高出使齐国之前向孔子进行咨询一事叙述得极其详细,可是,考之以历史典籍,却无法落到实处。如前所述,沈诸梁是在鲁昭公十八年(前524)被封为叶公,有关他的记载终止于《左传·哀公十九年》(前477)。在这将近半个世纪的漫长历史阶段中,《春秋》《左传》《国语》均见不到楚国使者前往齐国的记载。在那个时期,齐、楚两国确实没有什么直接交往。可以设想,如果叶公子高这样重要的人物真的出使齐国,史书不可能没有记载。进入战国之后,齐、楚之间的交往日益频繁,尤其是庄子所处的战国中期,齐、楚两国的外交活动尤为密集。庄子是把战国中期的齐楚外交背景嫁接到孔子、叶公子高所处的春秋后期,虚拟出《人间世》篇这则寓言,可视为孔子与叶公子高交往的文学演绎。历史上的叶公子高具有深切的忧患意识,《人间世》篇借此大肆渲染。叶公子高确实曾经向孔子请教,于是,《人间世》篇的孔子成为向叶公子高传道布教的高人,把孔子改造成传播道家理念的教主。

此外,在叶公子高与孔子的交往中,呈现的主要是正面形象,而在历史典故"叶公好龙"中,意外却以负面形象示人。《新序·杂事五》记载道:

> 子张见鲁哀公,七日而哀公不礼,托仆夫而去曰:"臣闻君好士,故不远千里之外,犯霜露,冒尘垢,百舍重趼,不敢休息以见君,七日而君不礼。君之好士也,有似叶公子高之好龙也。叶公子高好龙,钩以写龙,凿以写龙,屋室雕文以写龙。于是夫龙闻而下之,窥头于牖,拖尾于堂。叶公见之,弃而还

走，失其魂魄，五色无主。是叶公非好龙也，好夫似龙而非龙
者也。今臣闻君好士，故不远千里之外以见君。七日不礼，君
非好士也，好夫似士而非士者也。《诗》曰：'中心藏之，何日忘
之？'敢讬而去。"①

关于这段文字的原始文献出处，赵仲邑先生注："夫龙，应从《群书
治要》卷四十二引，……《艺文类聚》卷九十六引《庄子》、《事类赋》
注引《庄子》、《太平御览》卷四百七十五引《庄子》、《困学纪闻》卷十
引《庄子》作'天龙'。"②这里诸多典籍称引自《庄子》，而且此文行
文风格与《庄子》相符，富于天马行空的想象力，气势汪洋恣肆，语
言华美漫纡。再加上《新序》一书的文献内容，均是汉代刘向采编
自先秦典籍，而非原始创作。但是，搜罗《庄子》全书，并无此文。
可见，这段文字应是《庄子》的亡佚之文，在刘向所处的西汉时期尚
可见，甚至于《太平御览》、《困学纪闻》编撰时，人们仍然可以通过
不同的渠道见到，后世逐渐亡佚。

《新序》所存源自《庄子》的这段历史传说中，保留了《庄子》惯
于文学演绎的原始风貌，叶公子高一改正史所记载的正面人物形
象，而是成为戏谑对象。孔子弟子子张进谏鲁哀公，譬喻哀公好士
犹若叶公好龙，叶公子高整日沉迷于画龙、凿龙，在墙壁上也画满
了龙的形象。然而，当上天之龙果真出现时，却吓得惊惧而逃。
龙，是古人观念的产物，现实中并不存在，《庄子》通过这个虚构的
情节，道出深刻的哲理，即人们对喜欢的事物十分盲目，缺乏真正
的认识了解，经不住现实的考验。子张正是以此讽喻鲁哀公好士，
只是喜好"似士而非士者"，他之所以选择叶公子高作为戏谑调侃
对象，是因为叶公子高一直作为孔子的追随者、仰慕者和学习者形

---

① 赵仲邑：《新序详注》，北京：中华书局，1997年版，第172－173页。
② 赵仲邑：《新序详注》，北京：中华书局，1997年版，第172－173页。

象出现,而尚未学到儒家精神的精髓,流于形式表面化,被认为并非同道中人。

三、孔子在楚地与高层交往及相关叙事

《史记·孔子世家》把孔子至楚的时间确定为鲁哀公六年(前489),地点是在楚国北境的城父。早期典籍对孔子至楚的记载,有的合乎历史事实,可称为历史叙事;有的则是出于虚拟,或者虚实参半,可称为文学叙事。对于孔子至楚的历史和文学叙事,涉及楚国君主及其臣属,编织出一张孔子与楚地政要交往的网络。

1. 孔子与楚昭王、令尹子西

《史记·孔子世家》对孔子至楚作了如下记载:

> 楚昭王兴师迎孔子,……昭王将以书社地七百里封孔子。楚令尹子西曰:"王之使使诸侯有如子贡者乎?"曰:"无有。""王之辅相有如颜回者乎?"曰:"无有。""王之将率有如子路者乎?"曰:"无有。""王之官尹有如宰予者乎?"曰:"无有。""且楚之祖封于周,号为子男五十里。今孔丘述三王之法,明周召之业,王若用之,则楚安得世世堂堂方数千里乎? 夫文王在丰,武王在镐,百里之君,卒王天下。今孔丘得据土壤,贤弟子为佐,非楚之福也。"昭王乃止。其秋,楚昭王卒于城父。[1]

司马贞《索隐》:"古者二十五家为里,里则各立社。则书社者,书其

---

[1] 司马迁:《史记》,北京:中华书局,1982年版,第1932页。

社之人名于籍,盖以七百里书社之人封孔子也。"①楚昭王对于孔子的到来非常高兴,打算厚加封赏,把七百里书社封给他,这在当时就人口数量和土地面积而言,都是很大的。书社之名,还见于《左传·哀公十五年》、《管子·小称》、《晏子春秋·内篇杂下》、《荀子·仲尼》、《商君书·赏罚篇》、《吕氏春秋·知接》等篇。当时以书社相赏,都是以百为单位计算,齐桓公封管仲五百社,齐景公也要赏给晏子同样数量的书社。齐桓公的宠臣公子开方以七百书社赠与卫国。齐景公对流亡在齐地的鲁昭公以千社相赠。楚昭王打算对孔子慷慨相赠,表明他对这位流离在外的儒家创始人是非常欣赏的。孔子对楚昭王亦颇为认同,这从《左传·哀公六年》的下述记载可以得到印证:

> 是岁也,有云如众赤鸟,夹日以飞三日。楚子使问诸周大史。周大史曰:"其当王身乎! 若荣之,可移于令尹、司马。"王曰:"除腹心之疾,而寘诸股肱,何益? 不穀不有大过,天其夭诸? 有罪受罚,又焉移之?"遂弗荣。
>
> 初,昭王有疾。卜曰:"河为祟。"王弗祭。大夫请祭诸郊。王曰:"三代命祀,祭不越望。江、汉、睢、漳,楚之望也。祸福之至,不是过也。不穀虽不德,河非所获罪也。"遂弗祭。
>
> 孔子曰:"楚昭王知大道矣。其不失国也,宜哉!《夏书》曰:'惟彼陶唐,帅彼天常,有此冀方。今失其行,乱其纪纲,乃灭而亡。'又曰:'允出兹在兹。'由己率常,可矣。"②

杨伯峻先生注:"昭王幼年即位,在位二十七年,此时不过三十余

---

① 司马迁:《史记》,北京:中华书局,1982 年版,第 1932 页。
② 杨伯峻:《春秋左传注》,北京:中华书局,1990 年版,第 1635 - 1636 页。

岁,故曰夭折。"①楚昭王是一位明君,他在患病期间表现出清醒的
理性,他对自己的生死抱着顺应天命的态度,不肯采取襄祭的方式
把灾难转嫁给朝廷重臣,他严格遵循礼的规定,不肯为了除掉疾病
而淫祀。孔子对楚昭王的上述举措非常认可,并且援引《夏书》里
的语句加以赞扬,对他顺应天命的生死观、祭祀以礼的态度予以充
分肯定。据《史记·楚世家》记载,"孔子在陈,闻是言,曰:'楚昭王
通大道矣。其不失国,宜哉!'"孔子是在离开楚地,到达陈国之后
听到楚昭王不肯襄灾祭河的话语,赞扬他通于大道。其实,孔子本
人对于生死疾病同样持理性态度,这从《论语·述而》的下述记载
看得很清楚:

> 子疾病,子路请祷。子曰:"有诸?"子路对曰:"有之;诔
> 曰:'祷尔于上下神祇。'"子曰:"丘之祷久矣。"②

孔子病重,子路为他向神灵祈祷。孔子证实此事后,称自己久已祈
祷。言外之意是以平时的实际行动得到神灵的保佑,而不是病重
时临时祈祷。就此而论,孔子的做法与楚昭王是相通的。楚昭王
是位明君,他在病重期间表现出的清醒理性,与他平时对于礼的研
习密不可分。《国语·楚语下》记载,楚昭王向观射父询问重黎绝
地天相通之事,观射父向他讲述巫觋宗祝的由来。在祭祀楚平王
时,昭王又向观射父询问祭品的具体规定、祭祀的相关要求。观射
父所作的解答,与周代礼书的记载相契。这个事实表明,早在孔子
至楚之前,楚国宫廷的祭祀已经遵循周礼的规定,并由通晓祭祀的
朝廷大夫主持。正因为如此,楚昭王病重期间能够严格按照礼的
规定行事,而不随意祭祀。作为儒家创始人的孔子,在楚国北境感

---

① 杨伯峻:《春秋左传注》,北京:中华书局,1990 年版,第 1636 页。
② 杨伯峻:《论语译注》,北京:中华书局,1980 年版,第 76 页。

受到礼乐文化对楚地浸润,并对以礼行事的楚昭王深表认同。

　　子西在楚昭王时担当令尹之职,是最高行政长官。他阻止昭王以七百里书社封赏孔子,是出于政治上的考虑,唯恐孔子在众弟子的辅佐下在楚地发展壮大,最终造成对楚国的威胁,乃至取代楚国。子西在政治上对孔子是排斥的,但他对孔子本人及其弟子的才能则予以充分的肯定,把他们视为贤人。贤人多能,因此子西不敢接纳他们。子西称:"王之辅相有如颜回者乎?"据《史记·仲尼弟子列传》记载,孔子长颜回三十岁,颜回早夭,只活了二十九岁。《史记·孔子世家》记载,孔子至楚是在鲁哀公六年(前489),时年六十三岁。依此推算,此时颜回已去世三年以上,不可能随从。《史记·孔子世家》所叙子西之言提到颜回,当是司马迁信笔书写而及之,未能仔细考索颜回的卒年。

　　孔子在北楚之地封赏受阻,先前在齐国也有过类似的遭遇,《史记·孔子世家》叙述孔子在齐地的经历时写道:

　　　　景公问政孔子……景公说,将欲以尼豀田封孔子。晏婴进曰:"夫儒者滑稽而不可轨法;倨傲自顺,不可以为下;崇丧遂哀,破产厚葬,不可以为俗;游说乞贷,不可以为国。……今孔子盛容饰,繁登降之礼,趋详之节,累世不能殚其学,当年不能究其礼。君欲用之以移齐俗,非所以先细民也。"后,景公敬见孔子,不问其礼。①

晏婴是齐景公时期的朝廷重臣,他不但排斥孔子,而且全盘否定当时处于初创期的儒家学说。楚国子西是出于政治上的考虑而阻止昭王封赏孔子,无论子西还是昭王,对孔子及其弟子并无贬抑之意,而是很欣赏,昭王本身的行事也与儒家的理念相合。同是孔子

---

　　① 司马迁:《史记》,北京:中华书局,1982年版,第1911页。

遭到排斥,但从中可以看出齐、楚文化对儒家所持的不同态度。齐国是既排斥孔子又否定儒家,楚国则是虽然疏远孔子却认可儒家。对比之下,孔子及其创立的儒家学派在齐地的遭遇更具悲剧性。

2. 孔子与孙叔敖

《庄子·徐无鬼》写道:"仲尼之楚,楚王觞之,孙叔敖执爵而立。"[1]这里的孙叔敖作为接待孔子的角色出现,他是朝廷重臣,陪同楚王置酒欢迎孔子的到来。

关于孙叔敖其人,《左传·宣公十一年》记载:

> 令尹蔿艾猎城沂,使封人虑事,以授司徒。量功命日,分财用,平板榦,称畚筑,程土物,议远迩,略基趾,具餱粮,度有司,事三旬而成,不愆于素。[2]

杜预注:"艾猎,孙叔敖也。"[3]这是孙叔敖第一次亮相于史书记载,他担任楚庄王时期的令尹,辅佐庄王成就霸主之业,是楚国历史上的名相。鲁宣公十二年(前597),楚、晋之间爆发邲之战,开战之前,晋国主帅荀林父十分清楚敌我双方的局势,发表一番言论赞扬孙叔敖:"蔿敖为宰,择楚国之令典,军行,右辕,左追蓐,前茅虑无,中权,后劲。百官象物而动,军政不戒而备,能用典矣。"[4]最后,楚胜而晋败,楚庄王确立了霸主地位。这里再次肯定了孙叔敖为相治军有方的历史功绩。

《庄子·徐无鬼》篇孔子评价孙叔敖"甘寝秉羽而郢人投兵"。

---

① 郭庆藩:《庄子集释》,北京:中华书局,2004 年版,第 850 页。
② 杜预:《春秋左传集解》,上海:上海人民出版社,1977 年版,第 576 页。
③ 杜预:《春秋左传集解》,上海:上海人民出版社,1977 年版,第 577 页。
④ 杨伯峻:《春秋左传注》,北京:中华书局,1990 年版,第 723 – 724 页。

甘寝、秉羽两个事象,具有强烈的道家思想色彩。成玄英疏:"叔敖蕴藉实知,高枕而逍遥,会理忘言,执羽扇而自得。"①孙叔敖卧于高枕,摇执羽扇,作逍遥自得之态,以道家无为而治的理念,使得楚国大治。后世三国时期的刘蜀贤相诸葛亮执羽扇的形象有似于此。

　　郢人投兵,孔子的这一事实判断,具有具体的历史指向。郢,指楚国都城,则郢人代指楚人。投兵,司马彪注:"无所攻伐也"。②《左传·宣公十二年》记载,邲之战后,楚国大夫潘党向庄王提议:"君盍筑武军而收晋尸以为京观? 臣闻克敌必示子孙,以无忘武功。"杨伯峻先生解释道:"武军、京观是一事,收晋尸而封土,即谓之武军;建表木而书之,即谓京观。"③意思是,修建掩埋晋国败军尸体的土堆以纪念楚军胜利。楚庄王表示拒绝,提出"止戈为武"的理念,并进一步阐释道"夫武,禁暴、戢兵、保大、定功、安民、和众、丰财者也"。关于"武",杨伯峻先生考证甲骨文作𢧢,象人持戈以行,认为"春秋时人因赋予以哲学意义,所谓'战以止战',亦犹'刑期无刑'、'杀以止杀'之意"。④ 这里的解释从哲学思辨层面对武作出了意蕴阐发。需要作出辨析的是"戢兵"一词。戢,《说文》:"藏兵也。从戈。咠声。"⑤意谓收藏兵器。《诗·周颂·时迈》"载戢干戈"⑥即用此意。这里息兵偃武的策略,与孔子评价孙叔敖的"郢人投兵"不谋而合。可见,孙叔敖的形象带着具体的历史背景,虽然在《庄子》里作为文学形象出现,与孔子的交往进行了文学演绎,但是无疑印有历史胎记。

① 郭庆藩:《庄子集释》,北京:中华书局,2004 年版,第 851 页。
② 郭庆藩:《庄子集释》,北京:中华书局,2004 年版,第 851 页。
③ 杨伯峻:《春秋左传注》,北京:中华书局,1990 年版,第 744 页。
④ 杨伯峻:《春秋左传注》,北京:中华书局,1990 年版,第 744 页。
⑤ 段玉裁:《说文解字注》,上海:上海古籍出版社,1988 年版,第 632 页。
⑥ 程俊英、蒋见元:《诗经注析》,北京:中华书局,1991 年版,第 948 页。

《庄子·田子方》篇再一次出现有关孔子与孙叔敖的相关记载,具体叙述如下:

> 肩吾问于孙叔敖曰:"子三为令尹而不荣华,三去之而无忧色。吾始也疑子,今视子之鼻间栩栩然,子之用心独奈何?"孙叔敖曰:"吾何以过人哉!吾以其来不可却也,其去不可止也,吾以为得失之非我也,而无忧色而已矣。我何以过人哉!且不知其在彼乎,其在我乎?其在彼邪?亡乎我,在我邪?亡乎彼。方将踟蹰,方将四顾,何暇知乎人贵人贱哉!"仲尼闻之曰:"古之真人,知者不得说,美人不得滥,盗人不得劫,伏羲、黄帝不得友。死生亦大矣,而无变乎己,况爵禄乎!若然者,其神经乎大山而无介,入乎渊泉而不濡,处卑细而不惫,充满天地,既以与人,己愈有。"①

此处称孙叔敖三为令尹,三次被免,同样淡然处之,无喜无愠。孔子以"古之真人"评价孙叔敖,道出了孙叔敖身上鲜明的南楚道家气质与风格。

孙叔敖始见于《左传·宣公十一年》,早于孔子出生将近半个世纪。孔子是在鲁哀公五年(前490)至楚,上距鲁宣公十一年(前598)已经超过百年。孙叔敖所处的时段早于孔子,孔子至楚是在春秋后期,上距孙叔敖为相百余年,孙叔敖不可能陪同楚王欢迎孔子的到来。《庄子》一书之所以把孙叔敖与孔子整合到寓言故事中,充当对话的双方,这与孙叔敖传说所涉及地域及孔子至楚的活动空间相关。

《吕氏春秋·异宝》篇有如下记载:

---

① 郭庆藩:《庄子集释》,北京:中华书局,2004年版,第726—727页。

　　孙叔敖疾,将死,戒其子曰:"王数封我矣,吾不受也。为我死,王则封汝,必无受利地。楚、越之间有寝之丘者,此其地不利,而名甚恶。荆人畏鬼,而越人信机。可长有者,其唯此也。"孙叔敖死,王果以美地封其子,而子辞。请寝之丘,故至今不失。①

　　这是说孙叔敖深谋远虑,令其子在自己死后受赏时选择寝丘之地,那里既瘠薄,名称又不祥,不会有人来争。因此之故,孙叔敖的后代长期保有寝丘之地,一直到《吕氏春秋》成书时期还是如此。

　　《淮南子·人间训》也载有这个故事,文字稍异。其中称"受沙石之间有寝丘者,其地确石而名丑"。高诱注:"寝丘,今汝南固始地,前有垢谷,后有汪丘,名丑。"②这是把寝丘的所在地域确认在汝南固始,在今河南中部。《史记·滑稽列传》也称楚王封孙叔敖之子于寝丘,"封之寝丘,四百户,以奉其祀,后十世不绝"。裴骃集解:"徐广曰:在固始。"张守节正义:"今光州固始县,本寝丘邑也。"③把寝丘之地锁定在固始,这是古代比较一致的说法,而固始之名的由来,也和寝丘直接相关。《水经注·颍水》条目写道:

　　汝水别沟又东迳西门城,即南利也。……又东迳固始县故城北,《地理志》:"县,故寝也,寝丘在南,故藉丘名县矣。王莽更名之曰闰治。孙叔敖以土浸薄,取而为封,故能绵嗣。城北犹有《叔敖碑》。建武二年,司空李通,又慕叔敖受邑,故光武以嘉之,更名固始。"④

---

① 陈奇猷:《吕氏春秋新校释》,上海:上海古籍出版社,2002 年版,第 558 页。
② 刘文典:《淮南鸿烈集解》,北京:中华书局,1989 年版,第 589 页。
③ 司马迁:《史记》,北京:中华书局,1982 年版,第 3202 页。
④ 杨守敬、熊会贞:《水经注疏》,南京:江苏古籍出版社,1989 年版,第 1828 - 1830 页。

寝丘所在之地,西汉属寝县,东汉初更名为固始,用以纪念孙叔敖。郦道元所处的南北朝时期,那里还有孙叔敖碑遗存。

孙叔敖之子所受封之地寝丘,在淮河南,离汝水入淮处不远。又据《中国历史地图册》第一册的标示,寝丘在今河南临泉,位于颍水、汝水之间。尽管对寝丘所处地域的认定不尽相同,但都是在颍水、汝水附近,没有超出这个范围。孔子由蔡入叶,再从陈蔡之间至楚,活动范围都在颍水、汝水流域。孔子在北楚之地活动的地点距离寝丘不远,这是《庄子》把孔子和孙叔敖整合在同一个寓言故事中,并且进行对话的原因。孔子在北楚活动地域与孙叔敖后代所居寝丘的空间距离较近,从而使得《庄子》的作者打破两人在时间上的阻隔,变成处于同一时段的人物角色。

关于孙叔敖所处的时代,《左传》首次记载孙叔敖的事迹在鲁宣公十一年(前598),是楚庄王时期的名相,孔子及其弟子适楚发生在鲁哀公六年(前489),即楚昭王二十六年,其间,楚国先后历经共、康、灵、平四位君主,长达一个多世纪的时间。由此可见,孙叔敖与孔子的交往是虚拟的传闻,富于文学的想象色彩,是《庄子》一书对历史进行文学虚构、加工的产物。

据此,《庄子·田子方》篇所写孙叔敖三仕、三已的传奇经历,也可认定是一个虚构的文学事件。与《田子方》篇类似记载还见于《荀子·尧问》、《吕氏春秋·知分》、《淮南子·道应训》、《史记·邹阳传》、《史记·循吏列传》等典籍。然而,《论语·公冶长》篇写道:"令尹子文三仕为令尹,无喜色;三已之,无愠色。"说明三仕、三已的楚相实为令尹子文的传闻。刘宝楠经过详细地考辨,最后引阎若璩《四书释地又续》的话:"意《庄子》、《荀子》原系子文事,传伪而为叔敖。"①刘氏的辨析具有说服力,是可信的。本来不是同时代的人,孔子适楚过程中却与早于自己一个多世纪的楚国名相孙叔

---

① 刘宝楠:《论语正义》,北京:中华书局,1990年版,第193页。

敖相互交往,这是《庄子》按照道家理念来拼凑、加工历史人物形象,属于托人寄言的手法,具有强烈的文学色彩,符合其汪洋恣肆的浪漫风格。

3. 孔子与市南宜僚、白公

《庄子·徐无鬼》写道:

> 仲尼之楚,楚王觞之,孙叔敖执爵而立,市南宜僚受酒而祭曰:"古之人乎! 于此言已。"曰:"丘也闻不言之言矣,未之尝言,于此乎言之。市南宜僚弄丸而两家之难解,孙叔敖甘寝秉羽而郢人投兵。丘愿有喙三尺。"[1]

这里涉及楚地两位著名历史人物:孙叔敖与市南宜僚。《左传·哀公十六年》记载,楚国白公胜准备作乱,感到兵力不足,石乞向他推荐市南宜僚,"市南有熊宜僚者,若得之,可以当五百人矣。"[2]石乞对市南宜僚很了解,他的介绍道出了这位隐士的基本情况:他居住在市场南边,名宜僚,是一位隐于闹市的高人。他武艺精湛,能够发挥出五百名武装人员的作用。正因为如此,石乞建议白公胜请市南宜僚出山,参与他们的兴兵作乱。《左传·哀公十六年》有如下记载:

> 乃从白公而见之。与之言,说。告之故,辞。承之以剑,不动。胜曰:"不为利谄、不为威惕、不洩人言以求媚者,

---

① 郭庆藩:《庄子集释》,北京:中华书局,2004 年版,第 850 页。
② 杨伯峻:《春秋左传注》,北京:中华书局,1990 年版,第 1701 - 1702 页。

去之。"①

石乞与白公胜一道去见市南宜僚,双方交谈甚为融洽。可是,一旦邀请市南宜僚出山相助,他就断然拒绝,甚至以剑相逼也不屈服。从白公胜的话语判断,市南宜僚在拒绝助战的同时,也向他们承诺不把这件事泄露出去,在这场冲突中保持中立。这就是历史上的市南宜僚,是一位富贵不能淫、威武不能屈的隐士,他把繁闹的市场附近作为自己的隐居场所。

《庄子·徐无鬼》篇增加了一些《左传》所未见的情节。首先是弄丸情节。称"市南宜僚弄丸而两家之难解",这是首次提到市南宜僚的弄丸一事。但叙述得过于简略,无法了解当时的具体细节。《淮南子·主术训》篇称:"市南宜僚弄丸,而两家之难无所关其辞。"高诱注前半段文字与《左传·哀公十六年》的记载大体相近,而对白公胜、石乞与市南宜僚会面所作的叙述则更加具体:

> 乃往视之,告其故,不从。举之以剑而不动,而弄丸不辍,心志不惧。曰:"不能从子为乱,亦不泄子之事。"白公遂杀子西。故两家虽有难,不怨宜僚,故曰无所关其辞也。②

陆德明《经典释文》在解释《徐无鬼》篇上述话语时所引司马彪注,对当时场面的叙述与高诱注大体相同,当是取自高诱注。这里道出了市南宜僚弄丸不辍的具体情境与详细情节。

弄丸,是中国传统杂技,起源很早。表演者两手快速地连续抛接若干圆球,所用圆球数量越多,技巧越高。弄丸,又称跳丸。张衡《两京赋》称:"跳丸剑之挥霍,走索上而相逢。"古代杂技亦有抛

---

① 杨伯峻:《春秋左传注》,北京:中华书局,1990年版,第1702页。
② 刘文典:《淮南鸿烈集解》,北京:中华书局,1989年版,第273-274页。

接短剑者,故张衡有"跳丸剑"之语。现存汉画中有跳六丸者,当代杂技仍然保留这一节目。

弄丸是一种需要全神贯注而又技巧性很强的节目,稍一疏忽就会出现散失。市南宜僚在白公胜以剑相逼的形势下依然弄丸不辍,一方面显示出他弄丸技巧的高超,在受到外界干扰的情况下照样抛接自由;另一方面,则说明他毫不畏惧,没有慌乱失态,仍然专注于自己的杂技游戏,而根本不把白公胜的请托放在心里。《庄子·徐无鬼》篇首次出现的弄丸情节,是一种暗示和象征,用以凸显市南宜僚对现实政治的疏离和超脱。他是一位弄丸高手,而对险恶的政治风波,他同样能够抛弄于掌中,而不会陷入其中。这个情节的增入,使市南宜僚这位隐士带有几分传奇色彩,在闲定之中表现出对现实政治的坚决拒斥。

《庄子·则阳》篇还有孔子与市南宜僚交往的如下故事:

> 孔子之楚,舍于蚁丘之浆。其邻有夫妻臣妾登极者,子路曰:"是稷稷何为者邪?"
>
> 仲尼曰:"是圣人仆也。是自埋于民,自藏于畔。其声销,其志无穷。其口虽言,其心未尝言,方且与世违而不屑与之俱。是陆沉者也,是其市南宜僚邪?"
>
> 子路请往召之。孔子曰:"已矣!彼知丘之著于己也,知丘之适楚也,以丘为必使楚王之召己也,彼且以丘为佞人也。夫若然者,其于佞人也羞闻其言,而况亲见其身乎!而何以为存?"子路往视之,其室虚矣。①

孔子前往楚国时,投宿于卖浆水的旅店,邻舍的男女群集,登到屋顶最高处观看。与孔子随行的子路询问其原因,孔子断定这是隐

---

① 郭庆藩:《庄子集释》,北京:中华书局,2004 年版,第 894 - 897 页。

居于此的市南宜僚的家属成员。子路建议把市南宜僚召来面谈，孔子认为没有这种可能，因为市南宜僚担心孔子会把自己推荐给楚王，根本不会前来。子路前去观察，市南宜僚的家里已经空无一人。这则故事的背景设置在卖浆水的旅店，属于商业区。市南宜僚因为居住在市场的南面而得其号，这里同样以商业区为背景，带有市南宜僚历史原型的投影。孔子称市南宜僚是陆沉者，富有深意。人在水中会沉没，在陆地则基本没有可能。把市南宜僚说成是陆沉者，因为他隐居于民间，处于社会边缘，并且销声匿迹，不肯显露自己。他不甘于随波逐流，不趋时媚俗，保持自己独立的品格。陆沉一词，后来成为隐于世俗的代用语。

这两则故事中，市南宜僚对孔子的态度有所变化。《徐无鬼》篇中，市南宜僚与孔子一起接受楚王的赐酒，并相互进行交谈。《则阳》篇故事中的市南宜僚，唯恐孔子向楚王推荐自己，迅速地逃离居所，他对现实政治的厌恶，以及对孔子的拒斥已经达到极其强烈的程度。

《庄子·徐无鬼》篇"孙叔敖执爵而立，市南宜僚受酒而祭"，郭庆藩写道："《左传》孙叔敖是楚庄王相，孔子未生。哀公十六年，仲尼卒后，白公为乱，宜僚未尝仕楚。又宣公十二年《传》，楚有熊相宜僚，则与叔敖同时，去孔子甚远。盖寄言也。"[1]郭氏对《庄子·徐无鬼》篇出现的孔子与市南宜僚、孙叔敖三人所处的历史时段进行了辨析，指出了《庄子》并非实录，而是对三人的交往进行了文学演绎，这一推测大体可信，然而未必完全准确，主要问题在于，他把熊相宜僚与市南宜僚相混淆。根据《史记·楚世家》记载，孔子适楚是在鲁哀公六年（前489），此时距离楚国白公之乱、孔子去世尚有十余载，完全有可能见到市南宜僚。据此，可认定市南宜僚与孔子是同时代的历史人物，他们之间的交往是可能的。

---

① 郭庆藩：《庄子集释》，北京：中华书局，2004年版，第850页。

《庄子》反复出现孔子与市南宜僚之间的交往,除了他们所处的时段大体一致,还有地域方面的因素所起的作用。

《左传·哀公十六年》叙述楚国白公之乱,石乞向白公胜说道:"市南有熊宜僚者,若得之,可以当五百人矣。"白公胜是在他的领地发动叛乱,很显然,这里所说的市南,指的是白公所居城邑市场的南部,因此,只要能把白公封地的具体方位确认下来,市南宜僚居于何处也就很清楚了。

《史记·楚世家》写道:"惠王二年,子西召故平王太子建之子胜于吴,以为巢大夫,号曰白公。"①对于白公所居之地,古注作了如下解说:

> 裴骃《集解》:"徐广曰:'《伍子胥传》曰使胜守楚之边邑鄢。'骃按:服虔曰:'白,邑名。楚邑大夫皆称公。'杜预曰:'汝阴哀信县西南有白亭。'"
>
> 张守节《正义》:"巢,今庐州居巢县也。《括地志》云:'白亭在豫州哀信东南三十二里。'"②

这里对白公所居之地提出两种说法:一是白亭所在的汝南哀信,在今河南息县与淮滨之间,位于淮河北岸;二是居巢,在今安徽巢县东北。

《左传·哀公十六年》叙述楚国召回白公一事,"使处吴竟,为白公。"杨伯峻先生解释道:

> 吴竟,楚与吴接界之境,非吴境内也。……《楚语上》灵王时有白公子张,楚号县邑之长曰尹、曰公,白亦邻吴之县邑,据

---

① 司马迁:《史记》,北京:中华书局,1982年版,第1718页。

② 司马迁:《史记》,北京:中华书局,1982年版,第1719页。

杜注,当在今河南息县东七十余里。……楚惠王二年,鲁哀八年,巢已于昭二十年为吴所灭,且白公非巢公也。①

据杨伯峻先生所言,白公的领地当在今河南息县东,而不是在安徽凤阳的居巢,简称巢。《左传·昭公二十五年》写道:"楚子使薳射城州屈,复茄人焉;城丘皇,迁訾人焉。使熊相禖郭巢,季然郭卷。"②这是楚平王为加强边防所采取的一系列措施,其中就包括"熊相禖郭巢。"巢地在前一年曾被吴国占领,后来吴举召回,楚国在巢地筑外城,增强防卫能力。既然巢地是楚国防御吴国的军事要塞,白公被召回楚国,令其为巢大夫,当然是要居于巢地。《左传·哀公十六年》记载:"吴人伐慎,白公败之。"杨伯峻先生注:"据《汉书·地理志》王先谦补注,今安徽颍上县北江口集即古慎城。"③慎地与巢地隔着淮河南北相对,慎地在淮河北,巢地在淮河南,两处相距不过百余公里。白公居于巢地,吴军伐慎,他能率兵击败来犯之敌,因为两地相距很近。这样看来,白公胜的领地是在巢地,市南宜僚就生活在巢邑市场的南部。市南宜僚熊姓,又称熊宜僚。鲁昭公二十五年负责修筑巢邑外城的楚国官员是熊相禖,熊姓当是巢地望族。孔子曾在鲁哀公五年(前490)由陈入蔡,当时的蔡已迁到州来,即今安徽凤台。州来与巢地相距很近,不过百里左右,州来在淮河北,巢地在淮河南。这样看来,如果孔子入蔡时市南宜僚居于巢地,两人也不是没有交往的可能。当然,他们是否真的有过交往,已经无法落实。总之,《庄子》有关孔子与市南宜僚相遇的叙事,从时间和空间方面考察都有其合理性、可能性。

关于孔子与白公胜的交往,先秦典籍亦有记载。《墨子·非儒

①　杨伯峻:《春秋左传注》,北京:中华书局,1990年版,第1700－1701页。

②　杨伯峻:《春秋左传注》,北京:中华书局,1990年版,第1468页。

③　杨伯峻:《春秋左传注》,北京:中华书局,1990年版,第1702页。

下》写道:"孔某之荆,知白公之谋,而奉之以石乞。君身几灭,而白公僇。"这是说孔子预先得知白公将要作乱,他对此表示支持,并把石乞介绍给他作为帮凶。对此,孙诒让写道:

> 《史记·孔子世家》:楚昭王迎孔子至楚,事在哀公六年。白公,楚平王孙,名胜。其与石乞作乱事,见哀公十六年《左传》。此事不可信。《列子·说符篇》、《吕氏春秋·精通篇》、《淮南子·道应训》,并载白公与孔子问答,或因彼而误传与?毕云:"《孔丛·诘墨》云:'白公乱在哀公十六年秋也,孔子已卒十旬。'"①

孙诒让等人所作的辨析很有说服力,从时间上否定孔子与白公进行交往的可能性,但还有可补充者。白公作乱晚于孔子去世十旬,这是孔子不可能预先知道白公之谋的主要证据。另外,孔子在鲁哀公四年自陈入蔡,哀公五年到叶地,哀公六年见楚昭王,当年就离开楚地,楚昭王卒于此年。而据《史记·楚世家》的记载:"惠王二年,子西召故平王太子建之子胜于吴,以为巢大夫。"白公胜自吴返楚是在楚惠王二年,时当鲁哀公八年,此时孔子已离开楚地二年。总之,无论从哪个时段进行考察,孔子都没有与白公会面的可能。《墨子·非儒下》所叙孔子参与白公谋乱之事,是墨家为排抑儒家而发,反映的是学派之争,不具有历史的真实性。

《吕氏春秋·精谕》篇写道:

> 白公问于孔子曰:"人可与微言乎?"孔子不应。白公曰:"若以石投水奚若?"孔子曰:"没人能取之。"白公曰:"若以水投水奚若?"孔子曰:"淄、渑之合者,易牙尝而知之。"白公曰:

---

① 孙诒让:《墨子间诂》,北京:中华书局,2001年版,第298页。

"然则人不可与微言乎?"孔子曰:"胡为不可? 惟知言之谓者
为可耳。"白公弗得也。①

这场对话是虚拟的,通过孔子之口宣扬精谕的微妙。所谓微言,指
的是隐秘而言,或不言而言,交谈双方以生命相感应而沟通。《列
子·说符篇》《淮南子·道应训》的记载与上述文字大体相同,都
是以虚拟的孔子、白公之间的对话,宣扬道家的理念。

4. 叶公子高、市南宜僚及楚国政要的隐逸倾向

　　纵观孔子及其弟子南楚行程中的见闻,他们秉持儒家理念,观
照楚国风土人情,产生出强烈的新奇感和差异感。为什么楚人及
楚文化在他们眼里具有如此巨大的不同? 这要从楚文化所蕴含的
道家理念寻找原因。

　　孔子到达楚地之时,楚国正成为滋养道家思想的一片沃土,孔
子及其弟子所遇见之楚人,其中大量是隐于山林的隐士。即使是
政坛要人,也不乏对事功声名采取疏离或逃避态度之人,这种情况
在孔子入楚之前就已经初见端倪。

　　《左传·襄公二十一年》记载楚国薳子冯托病辞令尹之职,
写道:

　　　　夏,楚子庚卒。楚子使薳子冯为令尹,访于申叔豫。叔豫
　　曰:"国多宠而主弱,国不可为也。"遂以疾辞。方暑,阙地下冰
　　而床焉。重繭,衣裘,鲜食而寝。楚子使医视之。复曰:"瘠则
　　甚矣,而血气未动。"乃使子南为令尹。②

①　陈奇猷:《吕氏春秋新校释》,上海:上海古籍出版社,2002 年版,第 1177 页。
②　杨伯峻:《春秋左传注》,北京:中华书局,1990 年版,第 1058 页。

蒬子冯为了辞仕而佯病,楚王派去的御医识出破绽,指出只是身体略瘦,没有出现古代中医所说的血气方面的致命问题。蒬子冯一系列的佯病行为,可谓用心良苦,在楚国的政治危境里,这是士人们为了逃避仕宦之祸,而采取的自我保护手段。《左传·哀公十六年》记载叶公诸梁辞令尹、司马之职而终老于叶的故事:

> 沈诸梁兼二事,国宁,乃使宁为令尹,使宽为司马,而老于叶。①

杜预注:"二事,即任令尹、司马二职。"宁为子西的儿子,宽为子期的儿子。《左传·哀公十六年》详细记载了叶公诸梁平定白公之乱的过程。叶公诸梁的功劳可谓显赫,在楚国政乱平定下来后,他却选择急流勇退,这是士人对当时楚国混乱政坛的清醒认识与明智选择。蒬子冯的称病推托令尹一职,是楚地隐逸之风即将兴起的先兆。这件事发生在鲁襄公二十一年(前 552)年,下距孔子入楚的鲁哀公六年(前 489)尚有七十余年,可见士人的隐逸之想在楚地由来已久。至于功成身退的叶公,与楚地隐士市南宜僚是同时期人,都亲身经历了白公之乱。这位社稷之臣最终选择在叶地安度晚年,不肯居于政治中心,和市南宜僚可谓殊途同归,都是对政治风险的躲避。而在同时期的北方诸侯国,高官显贵阶层却见不到类似的现象。

四、孔子入叶至楚与平民隐士相遇的传闻

春秋战国之际,楚地道家思想悄然兴起,隐逸之风盛行,标志性事件是陆续出现一批隐士。孔子到达楚地,直接接触到了平民

---

① 杨伯峻:《春秋左传注》,北京:中华书局,1990 年版,第 1704 页。

阶层的隐士或具有隐士气质的人物,这些人物形象或多或少地被打上了道家思想的烙印。《庄子》是道家思想的集大成者,成书较晚,再加上楚国与庄子学派所在地域相邻,因此,他们与孔子交往的传闻,大量地被载入《庄子》书中,从而由历史人物变成文学作品的角色。尽管这些人物的形象各有特色,但都体现出鲜明的楚文化属性,成为楚文学一道亮丽的风景线。

1. 孔子与狂接舆

孔子所遇见的狂接舆,历史上实有其人,首见于《论语·微子》篇:

> 楚狂接舆歌而过孔子曰:"凤兮凤兮,何德之衰? 往者不可谏,来者犹可追。已而,已而! 今之从政者殆而!"孔子下,欲与之言。趋而避之,不得与之言。①

这件事发生在孔子驻留楚国期间,《史记·孔子世家》把它的时间定在鲁哀公六年(前 489 年),已进入春秋末期。关于狂接舆这个称谓,杨伯峻先生引曹之升《四书摭余说》如下论述:

> 《论语》所记隐士皆以其事名之。门者谓之"晨门",杖者谓之"丈人",津者谓之"沮"、"溺",接孔子之舆者谓之"接舆",非名亦非字也。②

曹之升的说法是有道理的。这位隐士是经过孔子车旁而歌,故以

① 杨伯峻:《论语译注》,北京:中华书局,1980 年版,第 193 页。
② 杨伯峻:《论语译注》,北京:中华书局,1980 年版,第 193 页。

接舆称之。因为他的行为狂放,故又冠以"狂"字。这是一位没有留下姓名的楚地隐士。

《庄子·人间世》篇也有狂接舆与孔子相见的故事:

> 孔子适楚,楚狂接舆游其门曰:"凤兮凤兮,何如德之衰也! 来世不可待,往世不可追也。天下有道,圣人成焉;天下无道,圣人生焉。方今之时,仅免刑焉。福轻乎羽,莫之知载;祸重乎地,莫之知避。已乎已乎,临人以德! 殆乎殆乎,画地而趋! 迷阳迷阳,无伤吾行! 吾行郤曲,无伤吾足!"①

这段文字基本是演绎《论语·微子》篇的上述记载,但是又有所增益和改造。

第一,《论语·微子》篇的狂接舆是以漫不经心的姿态过孔子之车而歌,《人间世》篇的狂接舆则是游于孔子之门,他对孔子进行劝谏显得更加自觉和主动。

第二,《论语·微子》篇狂接舆劝谏孔子是用短歌,《人间世》篇则是用大段话语,没有明言是进行演唱。这大段话语较之原来的歌词内容更加丰富,不但劝谏孔子,而且道出自己的人生选择。

第三,《人间世》所载狂接舆长篇话语,其中渗透的忧患意识较之《论语·微子》篇的歌词显得更加深重。《微子》篇只是说"今之从政者殆而",《人间世》篇则称"方今之时,仅免刑焉",忧患意识得到进一步强化。与此相应,《微子》篇的歌词是"往者不可待,来者犹可追",还对未来寄予希望。《人间世》则称"来世不可待,往世不可追也",不但对以往表示失望,对未来也完全绝望,属于末世情调。

狂接舆作为避世的隐士,见到南下至楚而积极入世的孔子,这

---

① 郭庆藩:《庄子集释》,北京:中华书局,2004 年版,第 183 页。

位儒家创始人想要与他交谈,他却采取避而不见的行为方式。虽然狂接舆没有与孔子直接进行对话,但是从他精心设计的一番歌辞与言语中,体现出具体的针对性。

先看狂接舆劝谏孔子的《凤兮歌》,具有深刻的寓意。与河图洛书一样,凤凰也是寓示太平盛世的象征物,在先秦典籍中出现多处,均以吉祥鸟的形象示人。其中,《山海经·南山经》:"名曰凤皇……是鸟也,自歌自舞,见则天下安宁。"①《诗经·大雅·卷阿》是一首反映西周成康治世的颂歌:"凤凰于飞,翙翙其羽,亦集爰止。蔼蔼王多吉士,维君子使,媚于天子。"据此,《韩诗外传》卷八写道:"天下有道,得凤象之一,则凤过之。得凤象之二,则凤翔之。得凤象之三,则凤集之。得凤象之四,则凤春秋下之。得凤象之五,则凤没身居之。"②通过具体事象的详细描述,汉代经师韩婴进一步强化了凤凰的吉祥鸟属性。在《凤兮歌》中,狂接舆唱道"凤兮凤兮,何德之衰",道出了天道衰微的残酷现实,这是导致凤凰不见的现实因素。他奉劝孔子不要汲汲于仕途,是作为指点迷津的角色出现,充当孔子的人生导师。狂接舆之所以劝诫孔子不要从政,就在于仕途风险太大,他对此看得很透彻。

其次,至于《人间世》篇"迷阳迷阳,无伤吾行"中的"迷阳"最难理解,前人尚未作出确切解释。仔细探究,"迷阳"之意也是针对孔子而发。迷,指迷惑、迷失。阳,用的是它的特殊意义,指遮蔽、蒙蔽。《周礼·春官·卜师》:"凡卜,辨龟之上下、左右、阴阳。"郑玄注:"阳,前弇也。"③郑玄的注是根据《尔雅·释鱼》而来,其中提到龟"前弇诸果",前弇,指龟的前甲长,把前部形体都掩盖起来,因此,对于龟而言,阳,指的是在前部加以遮掩,具体考证见于郝懿行

---

① 袁珂:《山海经校注》,上海:上海古籍出版社,1980年版,第16页。
② 屈守元:《韩诗外传笺疏》,成都:巴蜀书社,2012年版,第357页。
③ 郑玄注、贾公彦疏:《周礼注疏》,上海:上海古籍出版社,2010年版,第930页。

的《尔雅义疏》。① 阳,指在前遮蔽,这里所说的"迷阳迷阳",是狂接舆感慨孔子及世人迷失于遮蔽之下,意谓因被掩蔽而迷失方向,自己不能因此而使人生之路受到妨碍。这里的狂接舆大有"众人皆醉我独醒"的自负,是以传教布道的角色自命。

2. 孔子与长沮、桀溺、荷蓧丈人

《论语·微子》篇有以下记载:

> 长沮、桀溺耦而耕,孔子过之,使子路问津焉。长沮曰:"夫执舆者为谁?"子路曰:"为孔丘。"曰:"是鲁孔丘与?"曰:"是也。"曰:"是知津矣。"问于桀溺。桀溺曰:"子为谁?"曰:"为仲由。"曰:"是鲁孔丘之徒与?"对曰:"然。"曰:"滔滔者天下皆是也,而谁以易之? 且而与其从辟人之士也,岂若从辟世之士哉?"耰而不辍。
> 子路行以告。夫子怃然曰:"鸟兽不可与同群,吾非斯人之徒与而谁与? 天下有道,丘不与易也。"②

《史记·孔子世家》把这个故事认定在孔子"去叶,反于蔡"之时。孔子是在鲁哀公六年(前489)自蔡入叶,以此推断,孔子遇长沮、桀溺应是在鲁哀公六年(前489)期间。

关于长沮、桀溺名称的由来,刘宝楠作了如下说明:

> 金履祥《集注·考证》说长沮、桀溺:"名皆从水,子路问津,一时何自识其姓名,谅以其物色名之,如荷蒉、晨门、荷蓧

---

① 郝懿行:《尔雅义疏》,上海:上海古籍出版社,1983年版,第1195页。
② 杨伯峻:《论语译注》,北京:中华书局,1980年版,第193-194页。

丈人之类。盖二人耦耕于田,其一人长而沮洳,一人桀然高大
而涂足,因以名之。"案:金说亦甚有理。①

金履祥对于长沮、桀溺名称由来所作的推断,有一定道理,但无法
落到实处。如果说长、桀指两人身材高大,耦耕于泥水之中,那么,
他们应是在水田中翻地。可是,耦耕须屈身用力,且两脚陷于泥水
之中,很难显示出身材高大。况且两人都是身材高大,也纯属偶
然,难以求证。从这两个称呼及二人的话语判断,长沮、桀溺都是
具有象征意义的名称,取其隐遁于世之义。长,有高大之义。沮,
谓沼泽地、低洼之处。长沮,即高而居下、高而能低之义。桀,有杰
出、卓越之义。溺,谓沉没于水中。桀溺,谓杰出而沉潜隐蔽之义。
郑玄称:"长沮、桀溺,隐者也。"②郑玄注道出了这两位耦耕之人的
身份,与他们的称谓相符。因为这则故事是以水滨为背景,因此,
他们的称谓都与水相关联。

　长沮、桀溺同是两位隐士,但是,他们对人生和世道的看法并
不是完全一致,而是存在差异,这从他们对子路问话所作的回答看
得很清楚。子路问津,询问渡口之所在,长沮称孔子"是知津矣",
意谓孔子知道人生渡口之所在。郑玄注引马融之语:"言数周流,
自知津处。"③马融的解释是正确的。在长沮看来,孔子汲汲惶惶,
周游列国,寻找能够实现自己理想之处,对与他所持政见不同的君
臣则回避疏远之,这是长沮所认可的。长沮的象征意义是高而能
下,孔子四处奔波,正是高而居下的人生状态,所以长沮认为孔子
知道人生的渡口在何处。

　桀溺是杰出卓越而沉潜隐没之人,他对人生世道的看法与长

---

① 刘宝楠:《论语正义》,北京:中华书局,1990 年版,第 720 页。
② 刘宝楠:《论语正义》,北京:中华书局,1990 年版,第 720 页。
③ 刘宝楠:《论语正义》,北京:中华书局,1990 年版,第 721 页。

沮有所不同。在他看来,"滔滔者天下皆是也",整个天下是洪水泛滥,根本没有渡口,采取避人的处世方式无济于事,只有避世才有可能获得解脱。桀溺认为孔子是在避人,而未能进入避世的境地,是不足为法的。桀溺的话语带有愤世嫉俗的性质,对现实的批判远较长沮激烈,从根本上否定世上还有人生渡口可寻,劝说孔子应该从避人提升到避世,成为像他一样的沉潜隐没之人。

孔子的话语主要是针对桀溺而言,在他看来,人既然生活在世上,就不能脱离现实社会,就必须与人相交往。在桀溺看来,天下如同洪水泛滥,谁能改变这种现状呢? 意谓无力回天,不能使现实变好。孔子则称,如果是天下有道,就用不着自己加以扭转了,正因为天下无道,因此,自己要寻找人生渡口,开出治世的药方。在隐与见,出世与入世的看法上,孔子与桀溺针锋相对,二者无法调和。

《史记·孔子世家》把孔子与长沮、桀溺的相遇时间锁定在孔子自叶返蔡期间,所处时段比较确定。由此而来,这个故事发生的地域也很清晰,是在叶地和蔡地之间,刘宝楠写道:

> 《水经·潕水注》:"方城山,水东流,注潕水。故《地理志》曰:'南阳叶,方城。'邑西有黄城山,是长沮、桀溺耦耕之所,有东流水,则子路问津处。"[1]

刘氏所引《水经注》,文字多有讹误,今本的记载如下:

> 有小城,名方城,东临溪水。……世谓之方城山水,东流注潕水。故《圣贤冢墓记》曰:南阳叶邑方城西有黄城山,是

---

① 刘宝楠:《论语正义》,北京:中华书局,1990 年版,第 720 页。

长沮、桀溺耦耕之所，有东流水，则子路问津处。①

杨守敬疏对此作了辨析：

> 赵云：《寰宇记》引此文，出《圣贤冢墓记》。戴据归有光本，改《地理志》作《圣贤冢墓记》，移邑宇于叶下。《隋志》，《圣贤冢墓记》一卷，李肜撰。守敬按：《史记·孔子世家》正义引《圣贤冢墓记》，稍略。②

《圣贤冢墓记》是李肜所撰，其中称叶地方城西的黄城山，就是《论语·微子》篇所记载的子路问津处，郦道元《水经注》、张守节的《史记正义》对此都作了援引。《汉志》指《汉书·地理志》，其中只提到叶县方城，没有提到黄城山及子路问津之事。叶公所在之处的东部有溪水，向东流注于澧水，相传孔子及其弟子在那里遇到长沮、桀溺两位隐士。叶公所在的叶地，与当时蔡人所居的负函，中间隔着澧水、泜水，孔子由叶返蔡，在水滨遇到两位隐士是可能的，《论语》及《史记》的相关记载是可信的。

《论语·微子》篇还有如下记载：

> 子路从而后，遇丈人，以杖荷蓧。子路问曰："子见夫子乎？"丈人曰："四体不勤，五谷不分，孰为夫子？"植其杖而芸。子路拱而立。止子路宿，杀鸡为黍而食之，见其二子焉。明日，子路行以告。子曰："隐者也。"使子路反见之，至，则行矣。③

---

① 杨守敬、熊会贞：《水经注疏》，南京：江苏古籍出版社，1989 年版，第 2633 页。
② 杨守敬、熊会贞：《水经注疏》，南京：江苏古籍出版社，1989 年版，第 2633 页。
③ 杨伯峻：《论语译注》，北京：中华书局，1980 年版，第 196 页。

《论语·微子》篇,上述文字紧随于子路问津条目之后。《史记·孔子世家》也是如此排列,但文字稍异。

> 他日,子路行,遇荷蓧丈人,曰:"子见夫子乎?"丈人曰:"四体不勤,五谷不分,孰为夫子!"植其杖而芸。子路以告,孔子曰:"隐者也。"复往,则亡。①

《孔子世家》的记载较于《微子》篇简略,删去了隐者对子路留宿款待的情节。开头称"他日,子路行",较之《微子》篇的"子路从而后"之语更加清晰。《孔子世家》把这个故事置于孔子自叶返蔡到陈蔡绝粮之间,视为北楚之地发生的事情,是有道理的。这是孔子居于楚地与隐士又一次发生关联,但未能直接见面。

3. 孔子所接触的南北平民隐士的差异

孔子在楚地接触到一系列平民隐士,他在北方和隐士也有交往。通过对比可以发现,南北两地的隐士与孔子的关系是存在差异的。

在孔子的经验世界里,像狂接舆等楚人这样行为举止怪异的人十分少见,例外的是他的老朋友、鲁人原壤。《论语·宪问》篇写道:

> 原壤夷俟。子曰:"幼而不孙弟,长而无述焉,老而不死,是为贼。"以杖扣其胫。②

---

① 司马迁:《史记》,北京:中华书局,1982年版,第1929页。
② 杨伯峻:《论语译注》,北京:中华书局,1980年版,第159页。

夷俟,谓张开八字腿坐在那里等待孔子前来,很不礼貌,也不文雅。孙弟,即逊悌,意谓对长者礼貌、谦逊,而对平辈友好、仁爱。对行为怪诞不经的老朋友原壤,孔子进行了严厉的批评,并用拐杖击打他。孔子曾经帮原壤料理其母丧事,《礼记·檀弓》有如下记载:

> 孔子之故人曰原壤,其母死,夫子助之沐椁。原壤登木曰:"久矣,予之不讬于音也。"歌曰:"狸首之斑然,执女手之卷然。"夫子为弗闻也者而过之.从者曰:"子未可以已乎?"夫子曰:"丘闻之,亲者毋失其为亲也.故者毋失其为故也。"①

从这段记载可以看出,原壤举止十分反常,不符合儒家的丧礼仪范。母亲死了,他却登木而歌,俨然庄子丧妻却"鼓盆而歌"的道家作派,据此,可以认定原壤属于鲁国成长起来的道家人物。

孔子在鲁地结交的另一位隐士是子桑伯子。《论语·雍也》篇有如下记载:

> 仲弓问子桑伯子。子曰:"可也,简。"仲弓曰:"居敬而行简,以临其民,不亦可乎? 居简而行简,无乃大简乎?"子曰:"雍之言然。"②

孔子的弟子冉雍,字仲弓,他向孔子询问对子桑伯子的评价。朱熹《集注》写道:"子桑伯子,鲁人,胡氏以为疑即庄周所称子桑户者是也。"③子桑伯子是鲁地隐士,并且与孔子有交往,《说苑·修文》篇写道:

---

① 朱彬:《礼记训纂》,北京:中华书局,1996 年版,第 158 - 159 页。
② 杨伯峻:《论语译注》,北京:中华书局,1980 年版,第 54 页。
③ 朱熹:《四书章句集注》,北京:中华书局,1983 年版,第 83 页。

　　孔子见子桑伯子，子桑伯子不衣冠而处。弟子曰："夫子何为见此人乎?"曰："其质美而无文，吾欲说而文之。"孔子去，子桑伯子门人不说，曰："何为见孔子乎?"曰："其质美而文繁，吾欲说而去其文。"①

向宗鲁先生写道："《涉江》云:'桑扈臝行。'王逸注:'去衣裸裎，效夷狄也。'正与此文所言子桑伯子不衣冠而处相合。"②子桑伯子，即《九章·涉江》所说的桑扈，《庄子·大宗师》篇称子桑户，《庄子·山木》篇称子桑雽，都是以历史上的子桑伯子为原型。

　　孔子在鲁地所交往的两位隐士原壤和子桑伯子，都是纯任天性、放浪形骸，不受礼的约束。原壤伸开双腿坐在那里等待孔子，手扶母亲的棺木唱歌，把手触棺木比成触摸女性的手。子桑伯子则是赤身裸体而处，没有任何忌讳。原壤、子桑伯子是道家的先驱，他们的狂放率性，与后代的道家成员相比毫无逊色。与同时期的楚地隐士相比，更是有过之而无不及。但是，原壤、子桑伯子虽然狂放，却与孔子保持比较密切的关系，彼此并不排斥，原壤还是孔子的朋友，子桑伯子则接受孔子的造访。可以看出，那个时期鲁地的隐士虽然狂放，但并不拒绝接触外界，甚至连儒家的创始人孔子也可以进行交往。同时，原壤、子桑伯子对于孔子的积极入世，并没有提出非议。

　　孔子及其弟子南楚行程中，不时遇上怪人怪事。以楚地隐士为代表，面对至楚的孔门师生，他们或者以人生导师的身份自居来加以教训，或者傲慢无礼地加以拒绝排斥，其中，最具代表性的是楚狂接舆。楚狂接舆之狂怪，通过行为之狂和容貌之怪两个方面来表现，他唱《凤兮歌》讽刺孔子，却对孔子避而不见，充分体现了

① 向宗鲁：《说苑校证》，北京：中华书局，1987年版，第498–499页。
② 向宗鲁：《说苑校证》，北京：中华书局，1987年版，第498页。

行为之乖张。对于楚狂接舆的容貌之怪，不少文献予以记载。楚狂接舆以异于常人的面目出现，《战国策·秦策三》记载：

> 箕子、接舆，漆身而为厉，披发而为狂。①

描写狂接舆和箕子都是弃世的隐士，以漆黑全身、披散头发的形象示人，表示对世俗的弃绝，是其狂性的外在流露。楚辞是楚国文学的杰出代表，其中《九章·涉江》写道："接舆髡首兮，桑扈羸行。"髡，即剔也。姜亮夫先生解释道："剃发本古罪人之罚，接舆楚狂人，故以去发与世异而为狂。"②《史记·鲁仲连邹阳列传》："接舆佯狂辟世。"③司马迁清楚地道出狂接舆以"狂"作为避世的手段，不是真疯而是佯狂，佯狂的举措包括行为之狂和容貌之怪，均可以看作狂接舆有意为之而采取的方式，目的是为了逃离世俗社会。《微子》篇记载的北楚之地两位隐士长沮、桀溺，他们在回答子路的询问之后，"耰而不辍"，不停止手中的农活，不想继续与孔子及其弟子交往。《微子》篇的另一位北楚隐士荷蓧丈人，在与子路接触之后则立即迁移，子路再返回原处已无法找到他。这些隐士的话语，也以避世为宗旨。《论语》对于鲁地和北楚隐士的记载具有历史真实性，反映出二者之间游于世、接于世与避于世、逃于世的差异。《庄子》一书在把这些故事进行寓言化处理的过程中，在一定程度上保留了鲁地与北楚隐士之间的这种差异。子桑扈的原型是鲁地隐士子桑伯子，《大宗师》中的子桑户与孟子反、子琴张结为方外之友，《山木》篇则载有孔子与子桑雽的对话，子桑雽对孔子反复加以教诲，孔子则虚心聆听。接舆的原型是北楚隐士，《逍遥游》中

① 何建章：《战国策注释》，北京：中华书局，1990年版，第171页。
② 姜亮夫：《屈原赋校注》，北京：人民文学出版社，1957年版，第412页。
③ 司马迁：《史记》，北京：中华书局，1982年版，第2470页。

的接舆向肩吾讲述藐姑射神人,宣扬弃世神隐。《人间世》篇的狂接舆同样劝孔子隐遁避世。市南宜僚的原型也是楚地隐士,具体记载见于《左传·哀公十六年》。《庄子》对这位隐士所作的寓言化处理,同样保留了他的避世、遁世属性。《则阳》篇的市南宜僚是位陆沉之士,因惧怕孔子推荐自己而举家迁徙。《山木》篇的市南宜僚劝鲁君去国捐俗、虚己游世,到无人之野去当隐士。

　　《论语》及《庄子》所出现的北楚隐士,表现出鲜明的逃离社会、与现实决绝的人生态度,他们的这种抉择与品格,与北楚之地的历史文化积淀存在密切的关联。北楚之地指的是颍水、汝水流域,那里是古代早期隐士的摇篮。《吕氏春秋·离俗》篇称,商汤让天下于卞随,卞随耻之,"乃自投于颍水而死"①。《庄子·让王》篇称卞随"乃自投稠水而死"。成玄英疏:"稠水,在颍川郡界。"②卞随投水的地点,无论称为颍水,还是稠水,都在颍水流域,当是同一传说的异文。《高士传》还有如下传说:

　　　　尧让天下于许由……由于是遁耕于中岳颍水之阳,箕山之下,终身无经天下色。尧又召为九州长,由不欲闻之,洗耳于颍水滨。时其友巢父牵犊欲饮之,见由洗耳,问其故。……巢父曰:"子若处高岸深谷,人道不通,谁能见子? 子故浮游欲闻,求其名誉,污吾犊口。"牵犊上流饮之。③

尧让天下于许由,历史上实有其事,《庄子》的《逍遥游》篇、《让王》篇都有这方面的寓言。《吕氏春秋·慎行论》亦有记载。至于巢父传说,则是在许由传说基础上增益而成。许由隐于颍水之阳,北楚

---

① 陈奇猷:《吕氏春秋新校释》,上海:上海古籍出版社,2002 年版,第 1243 页。
② 郭庆藩:《庄子集释》,北京:中华书局,2004 年版,第 986 页。
③ 皇甫谧:《高士传》卷上,沈阳:辽宁教育出版社,1998 年版,第 3 页。

之地在颍水西南,属于颍水上游。《水经注·颍水》写道:

> 颍水迳其县故城南。昔舜禅禹,禹避商均,伯益避启,并于此也。……县南对箕山,山上有许由冢,尧所封也。故太史公曰:"余登箕山,其上有许由墓焉。山下有牵牛墟,侧颍水有犊泉,是巢父还牛处也。"①

其中的县故城,指阳城县故城,在今河南登封东南。嵩山之南、颍水流域,在春秋阶段之前就相继出现一批隐士,以许由、卞随最为著名。他们的共同特点是逃避现实,拒绝参与社会政治,不与外界交往。北楚之地负函、城父北距嵩山不过百余里,东距颍水则更近。至于叶公所在之地,距离嵩山、颍水也在二百里以内。至于叶公所居之地,先前是许国的疆域,而许人是早期隐士许由的后裔。从严格意义上说,北楚之地属于嵩山、颍水文化区,那一带丰厚的隐士文化积淀所形成的社会风尚,使得孔子时代的北楚隐士很大程度上继承古代风尚,呈现出与同期鲁地隐士不同的特点。

五、孟子与楚文化之间的冲突

儒家学派发展至战国时期,与楚文化的关联产生新气象、新变化。其中,儒家亚圣孟子作为此期间儒学重要代表人物,与孔子适楚、论楚的兼容并包态度有所不同。不仅孟子周游列国的路线并不涉及楚地,从未主动造访楚国,而且孟子与同时期的楚地农家之间展开辩论,对农家人物进行言语上的诘难。这些具体的历史事象,反映出孟子对楚文化采取的是一种持有戒心、拒斥的冷漠态度。

---

① 杨守敬、熊会贞:《水经注疏》,南京:江苏古籍出版社,1989 年版,第 1805 - 1806 页。

1. 农家源自楚地

《孟子·滕文公上》有如下记载:

> 有为神农之言者许行,自楚之滕,踵门而告文公曰:"远方之人,闻君行仁政,愿受一廛而为氓。"文公与之处。其徒数十人,皆衣褐,捆屦织席以为食。①

这是发生在战国中期的一个重要事件:信奉神农之言的许行从楚地进入滕国,这位农家学派的代表人物,不但假托神农之言立说,而且身体力行,按照神农之言进行实践,在滕地过着自食其力的耕织生活。许行这位农家学派的代表人物是由楚入滕,由此看来,楚地是农家学派的创始之地,许行已经在那里以农家的身份开展活动,然后才北上进入滕地。那么,南楚为什么成为农家的发祥地?要回答这个问题,还要从楚地与神农氏的关系说起。

《国语·鲁语上》有如下记载:

> 昔烈山氏之有天下也,其子曰柱,能殖百谷百蔬。夏之兴也,周弃继之,故祀以为稷。②

徐元诰注:"《路史·禅通纪》:'炎帝神农氏,生于列山之石室。'"③列山氏又作烈山氏,就是传说中的神农氏。他的后裔名柱,在农作物栽培方面建立功勋,后来被祀为农神。对此,《左传·昭公二十

---

① 杨伯峻:《孟子译注》,北京:中华书局,2005 年版,第 123 页。
② 徐元诰:《国语集解》,北京:中华书局,2002 年版,第 155 页。
③ 徐元诰:《国语集解》,北京:中华书局,2002 年版,第 155 页。

九年》亦有记载:"稷,田正也。有烈山氏之子曰柱为稷,自夏以上祀之。周弃亦为稷,自商以来祀之。"①这段话出自晋国大夫蔡墨之口,他把烈山氏之子柱成为农神而享受祭祀的时段说得很清楚,那是商代以前的事情。进入商代之后,周族的弃,亦即后稷取代柱而成为农神。神农氏后裔柱是中国古代最早的农神。神农氏即烈山氏,关于这个族群所处的具体地域,古代典籍有明确的记载。郦道元《水经注》卷三十二"潕水"条目写道:

> 潕水北出大义山,南至厉乡西,赐水入焉。水源东出大紫山,分为二水,一水西迳厉乡南,水南有重山,即烈山也。山下有一穴,父老相传,云是神农所生处也,故《礼》谓之烈山氏。水北有九井,子书所谓神农既诞,九井自穿,谓斯水也。又言汲一井则众水动。井今堙塞,遗迹仿佛存焉。亦云赖乡,故赖国也,有神农社。②

神农氏,历史上实有其族。《史记·周本纪》记载,周武王灭商之后,"武王追思先圣王,乃褒封神农之后于焦。"③神农氏后裔在周初被武王封于焦地,这说明当时的人们还保留着对神农氏的记忆和追思。郦道元提到一系列有关神农氏的传说,有的可以从古代典籍中找到相关记载。其中提到的《礼》,指《礼记·祭法》的如下记载:"是故厉山氏之有天下也,其子曰农,能殖百谷。"④所谓九井传说,见于《后汉书·郡国志》刘昭注引《荆州记》。神农氏的遗址在春秋时期的赖国境内,赖、烈,声相通之故而转用。赖国在春秋

---

① 杨伯峻:《孟子译注》,北京:中华书局,2005 年版,第 1503 - 1504 页。
② 杨守敬、熊会贞:《水经注疏》,南京:江苏古籍出版社,1989 年版,第 2655 - 2656 页。
③ 司马迁:《史记》,北京:中华书局,1982 年版,第 127 页。
④ 朱彬:《礼记训纂》,北京:中华书局,1996 年版,第 698 页。

时期先是楚的附属国,后来成为楚国的一部分,其地在今湖北随县北,神农氏发祥于楚地。唐初魏王李泰主编的《括地志》亦有明确记载:"厉山在随州随县北百里,山东有石穴,或曰神农生于此,所谓厉山氏也,春秋时为厉国。"①《括地志》的记载与《水经注》一致,神农氏确实发祥于楚地。

许行是神农之言的信奉者和实践者,曾经活动在楚地,是战国农家学派的代表人物。农家学派创始于楚地,和这个区域是神农氏发祥地密切相关,直到春秋时期,那里的赖国还是由烈山氏得名,由此就可以看出神农氏对楚文化的深远影响。周公是鲁国首封之君,创立儒家学派的孔子也是鲁人,因此,他的学说往往以周公为依托。楚国是神农氏故地,农家学派的代表人物许行曾经活动在楚国,他的学说以神农之言相标榜,与孔子以周公为依托具有相同的性质,都体现出各自所处地域的文化属性,是地域文化的产物。《汉书·艺文志》称:

> 农家者流,盖出于农稷之官。播百谷,劝农桑,以足衣食,故八政一曰食,二曰货。②

班固的上述推断是可信的。不过,这里还需要加以补充:农家最初确实出自农稷之官,具体而言就是神农氏的后裔柱,他是中国古代见于记载的首位农稷之官,是生活在楚地的先民。而作为农家学派代表人物的许行,则是出现在楚地的战国诸子之一。

农家学派的代表人物许行以神农之言相号召,那么,他所信奉的神农之言究竟是怎样的一种学说呢?这从战国诸子的相关评论可以得到答案。《汉书·艺文志·杂家》类著录《尸子》二十篇,班

---

① 贺次君:《括地志辑校》,北京:中华书局,1980年版,第190页。
② 班固:《汉书》,北京:中华书局,1962年版,第1743页。

固自注"名佼,鲁人,秦相商君师之。鞅死,佼逃入蜀。"①尸子是商鞅的老师,他所著的书已残缺不全,流传下来的《尸子》卷下称:"神农氏七十世有天下,岂每世贤哉,牧民易也。"②这里透露出的信息是神农氏以简易的方式进行治理,没有后世那些繁琐的政教措施。商鞅是尸子的学生,相传《商君书》是他所作,其中《画策》篇有如下论述:

> 神农之世,男耕而食,妇织而衣,刑政不用而治,甲兵不起而王。神农既没,以强胜弱,以众暴寡,故黄帝作为君臣上下之义,父子兄弟之礼,夫妇妃匹之合;内行刀锯,外用甲兵。故时变也。③

商鞅把神农之世与黄帝之世作为两种不同的治国理政方式看待,二者呈现出相反的性质,无法兼容。作为商鞅本人而言,他并不赞成神农氏的无为而治,强调以杀去杀,以刑去刑,推行法家路线。尸子、商鞅所处的时代略早于孟子、许行,那个阶段有关神农的传说已经自成系统。

2. 孟子对南楚农家的诘难

许行所推崇的神农氏言,其核心是无为而治,既有悖于儒家的治国理念。许行怀着这种理念从楚国进入滕国,必然与正在那里驻留的儒家亚圣孟子发生冲突。这场冲突是在许行的弟子与孟子

---

①　班固:《汉书》,北京:中华书局,1962 年版,第 1741 页。

②　四川大学古籍整理研究所:《诸子集成补编》(九),成都:四川人民出版社,1997 年版,第 700 页。

③　高亨:《商君书注译》,北京:中华书局,1974 年版,第 145 页。

之间展开的,《孟子·滕文公上》记载道:

> 陈相见孟子,道许行之言曰:"滕君则诚贤君也;虽然,未闻道也。贤者与民并耕而食,饔飧而治。今也滕有仓廪府库,则是厉民而以自养也,恶得贤?"
>
> 孟子曰:"许子必种粟而后食乎?"曰:"然。""许子必自织布而后衣之乎?"曰:"否;许子衣褐。""许子冠乎?"曰:"冠。"曰:"奚冠?"曰:"冠素。"曰:"自织之与?"曰:"否;以粟易之。"曰:"许子奚为不自织?"曰:"害于耕。"曰:"许子以釜甑爨,以铁耕乎?"曰:"然。""自为之与?"曰:"否;以粟易之。"……曰:"百工之事固不可耕且为也。然则治天下独可耕且为与?"①

陈相转达的是许行的话语。滕文公应许行的请求,给他划拨出一块田地,对此,许行表示满意。可是,他又批评滕文公"未闻道",即没有把神农之言作为治国理政的方针。《尸子》卷下记载,"神农氏夫负妻戴以治天下",②在许行看来,真正的贤君应该自食其力,与百姓同甘苦,亲身参加劳动。滕文公敛取赋税作为积蓄,是让百姓供养自己,对百姓是一种伤害。如果真的按许行的主张去做,实际上也就取消了君主。陈相所传达的许行话语令孟子大为恼火,立即反唇相讥,予以驳斥。他先是向对方追问许行所吃的粮食是否自己耕种所获,得到的答案是自种自食。紧接着孟子又连续追问,许行所戴的帽子,所用的炊具、农具是否都是自产,陈相如实相告,都是用自产粮食所换取,如果这些器物都是自己亲手制造,势必妨

---

① 杨伯峻:《孟子译注》,北京:中华书局,2005 年版,第 123 - 124 页。
② 四川大学古籍整理研究所:《诸子集成补编》(二),成都:四川人民出版社,1997年版,第 699 页。

碍农耕。这样一来孟子就达到了目的,在辩论中占了上风,反驳对方时说道:"百工之事,固不可耕且为也,然则治天下独可耕且为与?"后面还有大段话语,充分论述"劳心者治人,劳力者治于人"的道理,并列举尧、舜、禹、后稷等人的业绩加以说明。在这场对话中,孟子采用的是引入入彀的策略,把对方置于自相矛盾的语境中,最后无言以对。

《孟子·滕文公上》中,孟子和陈相的这场对话,是诸子散文的一篇名作,充分展示出孟子杰出的论辩才能。这场对话在滕国展开,而对话的契机则是许行由楚入滕,直接导火线是陈相向孟子转达许行的话语。从这个意义上说,许行是这场对话、这个文学事象的引发者。从学理层面看,辩论的结果是孟子获胜,但是,农家许行信奉的神农之言体现出深切的人文关怀,它的价值也是不可忽视的。这个文学事象显示的是南楚神农之言与儒家学说的冲突,是楚文化与邹鲁文化的较量。作为许行弟子的陈相,原本是硕儒陈良的弟子,他到达滕地后对许行极其崇拜,称他为圣人,于是改换门庭,投到许行那里成为弟子。这个事实表明,许行依托的神农之言,在当时是颇有吸引力、凝聚力的,这是农家学派能够在当时卓然自立于诸子之林的重要原因。

许行作为农家学派的代表人物出自楚地,楚地又是神农的发祥之处,由此而来,战国时期楚文学与神农有很深的渊源。

前引文献表明,神农是作为与黄帝相反类型的君主而被后代传诵,在楚地也是如此。《汉书·艺文志·道家》著录《鹖子》二十二篇,班固自住:"名熊,为周师,自文王以下问焉,周封为楚祖。"[1]熊鹖是楚国始封之君,相传是周文王之师。《鹖子》一书已残缺不全,保存下来的残篇有如下话语:"昔者黄帝十岁知神农之

---

① 班固:《汉书》,北京:中华书局,1962 年版,第 1729 页。

非而改其政",①这是把黄帝之政与神农之治明确区别开来,它们属于完全不同的两个类型。

　　道家学派生成于楚地,这个学派的经典作品《庄子》,同样把神农之世与黄帝所代表的人治区别开来,把神农之世作为理想的社会加以歌颂。《胠箧》篇写道:

　　　　子独不知至德之世乎? 昔者容成氏、大庭氏、伯皇氏、中央氏、栗陆氏、骊畜氏、轩辕氏、赫胥氏、尊庐氏、祝融氏、伏牺氏、神农氏,当是时也,民结绳而用之,甘其食,美其服,乐其俗,安其居,邻国相望,鸡狗之音相闻,民至老死而不相往来。若此之时,则至治已。今遂至使民延颈举踵曰"某所有贤者",赢粮而趣之,则内弃其亲而外去其主之事,足迹接诸侯之境,车轨结乎千里之外,则是上好知之过也。②

文中提到一系列至德之世,有的已无法可考。其中可考者有伏羲氏,传说是《易》的创制者。祝融氏是楚族祖先,曾经任火正,具体记载见于《左传·昭公二十九年》。神农氏,则是发祥于楚地的农业文明的拓荒者。至于轩辕氏,不是指黄帝,而是另有所指,称黄帝为轩辕氏,始于《史记·五帝本纪》、《大戴礼记》的《五帝德》和《帝系》。在此之前,黄帝并没有和轩辕氏相混淆,而是各自为称,《山海经》就是如此。《大荒西经》写道:"有轩辕之国,江山之南栖为吉,不寿者乃八百岁。"③《海外西经》称:"轩辕之国在此穷山之际,其不寿者八百岁。"④传说中的轩辕之国在长江之南、穷山附

---

① 四川大学古籍整理研究所:《诸子集成补编》(二),成都:四川人民出版社,1997年版,第718页。

② 郭庆藩:《庄子集释》,北京:中华书局,2004年版,第357页。

③ 袁珂:《山海经校注》,上海:上海古籍出版社,1980年版,第221页。

④ 袁珂:《山海经校注》,上海:上海古籍出版社,1980年版,第401页。

近,那里是长寿之乡,在楚文化区内。《胠箧》篇提到的至德之世,至少有三个是在楚文化区内,其中包括神农氏。文中对至德之世所作的描写,用的是《道德经》第八十章的语句,是对楚文化资源的消化吸收。神农氏列在至德之世最末时段,再往后就是尚贤尚智的社会,两者形成鲜明对照,至德之世呈现的是安定和谐,物我各得其乐的画面,而崇尚贤智的后世则使人躁动轻浮,追名逐利。

《庄子·盗跖》篇也有类似段落:

> 神农之世,卧则居居,起则于于,民知其母,不知其父,与麋鹿共处,耕而食,织而衣,无有相害之心,此至德之隆也。然而黄帝不能致德,与蚩尤战于涿鹿之野,流血百里。尧舜作,立群臣,汤放其主,武王杀纣。自是之后,以强陵弱,以众暴寡。[1]

这里也是把神农氏所处时段视为至德之世,而把黄帝及其以后的时段称作乱世。神农氏作为黄帝的对立面而存在,通过赞美神农之世而对黄帝及尧、舜、商汤王、周武王加以否定。其中对神农之世所作的描写,展示的是人类蒙昧期的某些属性,同时流露出对自由自在生存状态的向往。

《庄子·马蹄》篇也提到至德之世:

> 故至德之世,其行填填,其视颠颠。当是时也,山无蹊隧,泽无舟梁;万物群生,连属其乡;禽兽成群,草木遂长。是故禽兽可系羁而游,鸟鹊之巢可攀援而窥。[2]

---

① 郭庆藩:《庄子集释》,北京:中华书局,2004 年版,第 995 页。
② 郭庆藩:《庄子集释》,北京:中华书局,2004 年版,第 334 页。

《胠箧》和《盗跖》两篇作品中,神农之世和至德之世是同义词。《马蹄》篇虽然只提到至德之世,表面看来没有涉及神农氏,实际上,它所展现的至德之世的景象,就是按照楚人传说中的神农之世的样态予以复制,所出现的基本生存方式是相同的,至德之世就是神农之世的翻版。

文子是先秦道家学派的一位重要人物,他是老子的弟子。《文子》一书写定于战国时期,其中《道德》篇载有他与楚平王的对话,文子当是楚地学者。《文子·上义》篇写道:

> 故神农氏之法曰:“丈夫丁壮不耕,天下有受其饥者。妇人当年不织,天下有受其寒者。”故身亲耕,妻亲织,以为天下先。其导民也,不贵难得之货,不重无用之物。[1]

文子依托神农氏立论,对神农氏所作的叙述,一方面称赞他自食其力,另一方面又对他的无为之治予以充分肯定。所谓的“不贵难得之货”,是《道德经》第三章的用语。

《文子·道德》篇假托文子与楚平王的对话,其中文子说道:

> 至德之世,贾便其市,农乐其野,大夫安其职,处士修其道,人民乐其业。是以风雨不毁折,草木不夭死,河出图,洛出书。[2]

文子既援引神农氏之法,又向往至德之世,与《庄子》书中上述篇目表现出相同的取向。由神农氏之治而联想到至德之世,成为战国时期楚地道家的思维定势和惯性,神农之世成为理想社会、自由自

---

① 王利器:《文子疏义》,北京:中华书局,2000年版,第494页。
② 王利器:《文子疏义》,北京:中华书局,2000年版,第227页。

在生存状态的标志。

战国时期楚地道家把神农之治作为至德之世的象征,神农还作为文学角色出现在作品中,《庄子·知北游》有如下一段:

> 婀荷甘与神农同学于老龙吉。神农隐几阖户昼瞑,婀荷甘日中奓户而入曰:"老龙死矣!"神农隐几拥杖而起,嚗然放杖而笑,曰:"天知予僻陋慢訑,故弃予而死。已矣夫子! 无所发予之狂言而死矣夫!"①

神农以道门弟子的身份出现,他不是普通的初学道者,而是体道悟性之人。听到其师老龙吉死亡的消息,他不是失声痛哭,反而弃杖大笑。他把人的死亡看作自然造化的安排,采取的是顺应自然的态度。他以轻松的话语道出老龙吉逝世所造成的损失,其中不乏诙谐,是一种黑色幽默,神农氏是作者肯定的正面角色,这与楚地道家对神农氏的推崇一脉相承。

楚地的农家、道家都对神农氏持有认同的态度,并以神农氏为话题引发一系列相关的文学事象,其中很重要的一条线索就是对至德之世的向往和赞美。当然,《庄子》中也有例外情况,其中《缮性》篇就把神农和黄帝同等看待,对他们持否定态度。但这只是特例,在《庄子》书中不具有普遍性。

神农氏在战国时期的楚地已经成为具有特定含义的符号,成了无为而治和自由自在生存状态的象征,这是它能够贯通楚地农家和道家的根本原因。正因为如此,与神农氏相关联而由楚人所引发的文学事象,也都以回归自然为宗旨,并且带有明显的复古性质。道家与战国楚文学的密切联系,已经引起学界的普遍关注。如果再从神农氏切入去研究楚文学,会进一步发现它的丰富性、复杂性。

---

① 郭庆藩:《庄子集释》,北京:中华书局,2004 年版,第 754 页。

六、儒学南渐与江东吴地的关联

江东吴地在春秋战国时期是诸侯争霸的战场,属于兵家必争之地,然而,这个地区与早期儒学南渐的关联,尚未引起应有的关注。封邑于吴地的春申君是与信陵君、平原君、孟尝君并称的战国四公子,以善养士著称,至于他与儒学的关联,却往往被忽视。考察儒学早期南渐与江东吴地的关联,一方面,孔门弟子曾经在江东吴地传播儒学,另一方面,重视儒学的春申君黄歇则封邑于江东吴地,后期就生活在那里。通过对于以上两条线索的梳理,有助于更加全面揭示儒学早期南渐所覆盖的地域,以及江东吴地在儒学早期南渐阶段所处的地位。

1. 孔门弟子澹台灭明、商瞿南传儒学

春秋战国之际,儒学南渐并与江东吴地发生关联,其中涉及孔子的两位弟子,分别是澹台灭明与商瞿。《史记·仲尼弟子列传》著录孔门弟子姓名可考者计 77 人,生平事迹可考者 35 人,其中澹台灭明和商瞿分别排在第 13 位和 21 位,是孔门的高足,属于七十贤人之列。

《史记·仲尼弟子列传》对澹台灭明有如下记载:

> 澹台灭明,武城人,字子羽。少孔子三十九岁。状貌甚恶。欲事孔子,孔子以为材薄。既已受业,退而修行,行不由径,非公事不见卿大夫。南游至江,从弟子三百人,设取予去就,名施乎诸侯。孔子闻之,曰:"吾以言取人,失之宰予;以貌取人,失之子羽。"①

---

① 司马迁:《史记》,北京:中华书局,1982 年版,第 2205 - 2206 页。

这段话是连缀《论语》的相关记载而又有所补充。《论语·雍也》篇写道：

> 子游为武城宰。子曰："女得人焉耳乎?"曰："有澹台灭明者,行不由径,非公事,未尝至于偃之室也。"①

子游指言偃,曾任武城宰,而澹台灭明是武城人,因此,子游对他的为人处事很熟悉,赞扬他行为端正,对于居官在位者不私自拜谒,能够以礼行事。孔子慨叹"以貌取人,失之子羽",是在澹台灭明声名大振之后所言,带有自我检讨的意味。由此看来,孔子在世之时,澹台灭明就已经南行,在长江流域传播儒学。对于《仲尼弟子列传》的"南游至江"之语,司马贞《索隐》称:"今吴国东南有澹台湖,即其遗迹所在。"②由此看来,澹台灭明是到江东吴地,亦即今江苏苏州一带传播儒学。《史记·儒林列传》叙述孔门弟子在各地传播儒学的情况时写道:"澹台子羽居楚。"张守节《正义》称:"今苏州城南五里有澹台湖,湖北有澹台。"③司马贞、张守节均为唐代人,他们都指出苏州有澹台灭明的遗址,而且,现在苏州市南的澹台湖,尚有澹台湖公园。这说明澹台灭明确实到江东吴地传播儒学,而且,他是在孔子生前到达苏州一带,那里当时是吴国所在地。春秋末期,越灭吴;战国后期,楚又灭越,吴国旧地入楚,故《史记·儒林列传》称"澹台子羽居楚",那里属于东楚之地。

澹台灭明是一位传奇人物,西晋张华所撰《博物志》有如下记载:

① 杨伯峻:《论语译注》,北京:中华书局,1980年版,第59页。
② 司马迁:《史记》,北京:中华书局,1982年版,第2206页。
③ 司马迁:《史记》,北京:中华书局,1982年版,第3116页。

　　澹台子羽渡河,赍千金之璧于河,河伯欲之,至阳侯波起,两蛟夹船。子羽左掺璧,右操剑,击蛟,皆死。既渡,三投璧于河伯,河伯跃而归之,子羽毁而去。①

《水经注·河水》条目对此亦有记载,并叙述澹台子羽的话语:"吾可以义求,不可以威劫。"②郦道元把故事发生的地点锁定在延津,即在今河南滑县附近。③ 这则传说的澹台子羽是位勇士,又是位义士。他不畏强暴,斩蛟渡河,拒绝河伯索要玉璧的无理诉求。但是,他又不是吝啬,而是维护道义,因此,渡河之后三次投璧于河伯。河伯深感惭愧,把美玉返还给他。最后,子羽毁玉而去,表现得非常果断决绝。

　　澹台灭明在传说中是勇士、义士,这与他在现实生活中的立身行事密切相关。如前所述,子游称赞他"行不由径",即行为端正,不走邪路。《史记·仲尼弟子列传》称:"南游至江,从弟子三百人。"④他在江东吴地传播儒学,弟子多达三百人,可见是一位很有凝聚力的孔门高足。文中又称:"设取予去就,名施乎诸侯。"⑤取予去就属于价值判断,他教授的是人生道德修养方面的学问,在各诸侯国有很高的声望。澹台灭明渡河斩蛟弃璧的传说,体现的正是他的取予去就理念,他的传奇性故事可以与他传播儒学的实践活动相互印证。

　　与儒学南渐于江东吴地发生关联的另一位孔门弟子是商瞿。《史记·仲尼弟子列传》写道:

---

① 范宁:《博物志校注》,北京:中华书局,1980 年版,第 85 页。
② 杨守敬、熊会贞:《水经注疏》,南京:江苏古籍出版社,1989 年版,第 409 页。
③ 杨守敬、熊会贞:《水经注疏》,南京:江苏古籍出版社,1989 年版,第 408 页。
④ 司马迁:《史记》,北京:中华书局,1982 年版,第 2206 页。
⑤ 司马迁:《史记》,北京:中华书局,1982 年版,第 2206 页。

商瞿,鲁人,字子木,少孔子二十九岁。孔子传《易》于瞿,瞿传楚人馯臂子弘,弘传江东人矫子庸疵,疵传燕人周子家竖,竖传淳于人光子乘羽,羽传齐人田子庄何,何传东武人王子中同,同传菑川人杨何。何元朔中以治《易》为汉中大夫。①

这里叙述从孔子到西汉武帝时杨何的《易》学八代传承。《史记·儒林列传》也有这方面的记载:"商瞿传《易》,六世至齐人田何,字子庄,而汉兴。田何传东武人王同子仲,子仲传菑川人杨何。"②司马迁对于《易》学的传承谱系叙述得很清楚,《史记》的《仲尼弟子列传》和《儒林列传》的记载是一致的,没有相互抵牾之处。对此,陈直先生作了如下论述:

《太史公自序》云:"太史公学天官于唐都,受《易》于杨何,习道论于黄子。"故对《易》之传授,极为详明,比较《汉书·儒林传》为可信。③

司马迁的父亲司马谈曾向杨何学《易》,属于《易》学传人,自然对于《易》的传承谱系很清楚。《史记》的许多材料是司马谈积累下来的,后为司马迁所利用。因此,有关《易》学传承的记载是可信的。

《汉书·儒林传》对于《易》学传承谱系的记载,与《史记》存在差异,文中写道:

自鲁商瞿子木受《易》孔子,以授鲁桥庇子庸。子庸授江东馯臂子弓。子弓授燕周丑子家。子家授东武孙虞子乘。子

---

① 司马迁:《史记》,北京:中华书局,1982年版,第2211页。
② 司马迁:《史记》,北京:中华书局,1982年版,第3127页。
③ 陈直:《史记新证》,天津:天津人民出版社,1979年版,第123页。

乘授齐田何子装。①

按照《史记》的记载,商瞿传《易》于楚人馯臂子弘,馯臂子弘传江东人矫子庸疵,《易》的传承是在楚地或江东进行的。根据《汉书》的记载,商瞿的再传弟子是馯臂子弘,《易》的传承未必一定是在楚地。这两个《易》学传承谱系究竟哪个更合乎历史实际,因为材料有限,已经难以判定。尽管如此,无论在哪个谱系中,都有江东吴地人置身其中,儒家《易》学在战国早期的南渐,与江东之地及吴人存在密切关联,这是毋庸置疑的事实。

如前所述,春秋末期,孔门高足澹台灭明到江东传播儒家道德修身之学,商瞿嫡传或再传弟子有出自江东的学人,参与《易》学的传承。江东吴地是春秋末期到战国早期儒学南渐的重要阵地,江东学人置身于儒学南渐的传播队伍之中。

2. 春申君封吴及其习《易》

《左传》、《国语》所载春秋时期论《易》引《易》共 26 则,②其中《左传》22 则,《国语》4 则。论《易》引《易》人员分别出自晋、鲁、卫、秦、周、郑、齐诸地,而与楚、吴两地无有涉及。进入战国之后,情况为之一变。马王堆汉墓帛书、上博简、郭店简和清华简等出土文献,均有与《易》相关的内容,这说明战国时期《易》学已在楚地传播开来。在传世文献中,与江东吴地《易》学存在密切关联的重要人物是楚国春申君黄歇。

《战国策·秦策四》有如下记载:

---

① 班固:《汉书》,北京:中华书局,1962 年版,第 3596 页。
② 董治安:《先秦文献与先秦文学》,济南:齐鲁书社,1994 年版,第 191-192 页。

顷襄王二十年，秦白起拔楚西陵，或拔鄢郢夷陵，烧先王之墓。王徙东北，保于陈城。楚遂削弱，为秦所轻。于是白起又将兵来伐。

楚人有黄歇者，游学博闻，襄王以为辩，故使于秦。……说昭王曰："王若负人徒之众，杖兵甲之强，壹毁魏氏之威，而欲以力臣天下之主，臣恐有后患。《诗》云：'靡不有初，鲜克有终。'《易》曰：'狐濡其尾。'此言始之易，终之难也。……《诗》云：'大武远宅不涉。'从此观之，楚国，援也；邻国，敌也。《诗》云：'他人有心，予忖度之；跃跃毚兔，遇犬获之。'"①

这段文字对于黄歇出使秦国的背景交代得很清楚，他是在白起伐楚，楚军大败，楚国迁都于陈地之际被派往秦国出使。时当楚顷襄王二十一年（前 278），已经进入战国后期，黄歇对秦王的游说之辞，相继三次引《诗》、一次引《易》。所引《诗》分别出自《大雅·荡》、《小雅·巧言》，其中"远宅不涉"系逸诗。所引《易》出自《未济》卦。黄歇是一位游学博闻之士，他的游说之辞反复援引《诗》和《易》，这在战国策士的说辞中是很罕见的。《战国策》引《诗》共计八例，②黄歇占三例。《战国策》引《易》仅二例，③黄歇占一半。由此看来，黄歇不是普通的战国策士，而是有良好儒学修养的学人。

关于黄歇其人的来历，陈直先生写道："春申君疑为黄国之后，《左传》所谓'汉阳诸姬，楚实尽之'，灭国以后归于楚，故称为楚人。"④陈直先生所引《左传》之语出自僖公二十八年。楚灭黄的记载见于《左传·僖公十二年》，时当公元前 648 年，下距黄歇所处的战国后期近四百年。黄歇是否出自黄国，难以确认。从有关记载

---

① 何建章：《战国策注释》，北京：中华书局，1990 年版，第 240－241 页。
② 董治安：《先秦文献与先秦文学》，济南：齐鲁书社，1994 年版，第 197－198 页。
③ 董治安：《先秦文献与先秦文学》，济南：齐鲁书社，1994 年版，第 88 页。
④ 陈直：《史记新证》，天津：天津人民出版社，1979 年版，第 136 页。

考察，黄歇出自陈国贵族的可能性居多。《左传》所载陈国贵族有公子黄，见于襄公七年、二十年、二十三年，系陈哀公之弟，受到楚国的保护。他先是逃亡楚国，后来依靠楚国除掉他在国内的政敌，楚国再把他送回陈国。《左传》所载公子黄唯此一人，他的后裔有可能以黄为姓，《左传·隐公八年》记载，"无骇卒，羽父请谥与族"，最后，"公命以字为展氏"。对此，杨伯峻先生写道：

> 杜注云："公孙之子以王父（祖父）字为氏，无骇，公子展之孙也，故为展氏。"杜云以王父字为氏，盖本《公羊传》之说。明傅逊则以"展"为无骇本人之字。以文义观之，傅逊之说较为可信。[①]

展氏之姓的由来，无论是出自公子展还是出自无骇之字，都证明贵族子孙的族姓可以取自前辈的名字。陈国贵族公子黄系陈昭公之弟，他的子孙后代完全可以是黄姓。况且《左传》所载公子黄只此一人，因此，黄姓出自陈国贵族是很有可能的。公子黄与楚国有亲密的关系，他的子孙作为黄姓迁入楚国也是顺理成章之事。《战国策》所载黄姓成员只有两位，除黄歇外，另一位是黄齐，见于《楚策》四，两人均在楚国朝廷任职，应是都出自陈国贵族，是由陈地迁入楚国。

黄歇是陈国公子黄的后裔，早在春秋前期，《易》学就已经传入陈地。《左传·庄公二十二年》有如下记载：

> 陈厉公，蔡出也，故蔡人杀五父而立之，生敬仲。其少也，周史有以《周易》见陈侯者，陈侯使筮之，遇《观》☷☴之《否》☷☰。曰："是谓'观国之光，利用宾于王。'此其代陈有国乎？不在

---

① 杨伯峻：《春秋左传注》，北京：中华书局，1990 年版，第 62 页。

此，其在异国；非此其身，在其子孙。"①

这是《左传》有关《易》学的最早记载，周史所引的爻辞见于《观》卦六四。周史对于卦象所作的解说，后面还有大段话语，是研究春秋早期《易》学的宝贵材料。周史把《易》学传播到陈地，史官对此作了详细记载，黄歇的《易》学渊源，可以追溯到他的祖先陈厉公的少年时期。

《史记·春申君列传》有如下记载：

> 考烈王元年，以黄歇为相，封为春申君，赐淮北地十二县。后十五岁，黄歇言之楚王曰："淮北地边齐，其事急，请以为郡便。"因并献淮北十二县，请封于江东。考烈王许之。春申君因城故吴墟，以自为都邑。……楚于是去陈徙寿春，而秦徙卫野王，作置东郡。春申君由此就封于吴，行相事。②

此处，《史记》记载春申君是在楚考烈王十五年（前248）请求改封于吴地，然而，据有关学者考证，实际上是楚考烈王二十二年（前241）楚国徙都寿春后，春申君才真正改封于吴地，即从楚考烈王二十二年（前241）起，春申君开始在吴地生活，行使相事。③ 春申君卒于考烈王二十五年（前238），他的最后三年主要是在吴地度过的。

春秋末期，孔门弟子澹台子羽进入吴地传播儒学。战国前期，孔子再传弟子又把《易》学传入吴地。春申君黄歇在江东封地有

① 杨伯峻：《春秋左传注》，北京：中华书局，1990 年版，第 222－223 页。

② 司马迁：《史记》，北京：中华书局，1982 年版，第 2394－2396 页。

③ 骆科强：《春申君迁吴及其对江东开发的贡献》，《喀什师范学院学报》2007 年第 5 期。

《易》学积淀,他本人作为陈国贵族的后裔,《易》学也是祖传的经典,在他人生的最后阶段,还可以见到门客以《易》相谏的情况。《战国策·楚策四》有如下记载:

> 春申君相楚二十五年,考烈王病。朱英谓春申君曰:"世有无妄之福,又有无妄之祸;今君处无妄之世,以事无妄之主,安不有无妄之人乎?"春申君曰:"何谓无妄之福?"曰:"君相楚二十余年矣,虽名为相国,实楚王也。五子皆相诸侯。今王疾甚,旦暮且崩,太子衰弱,疾而不起,而君相少主,因而代立当国,如伊尹、周公。王长而反政,不即遂南面称孤,因而有楚国。此所谓无妄之福也。"春申君曰:"何谓无妄之祸?"曰:"李园不治国,王之舅也,不为兵将,而阴养死士之日久矣。楚王崩,李园必先入,据本议制断君命,秉权而杀君以灭口。此所谓无妄之祸也。"春申君曰:"何谓无妄之人?"曰:"君先仕臣为郎中,君王崩,李园先入,臣请为君劌其胸杀之。此所谓无妄之人也。"春申君曰:"先生置之,勿复言已。李园,软弱人也,仆又善之,又何至此?"朱英恐,乃亡去。①

据《史记·春申君列传》记载:"客有观津人朱英。"张守节《正义》:"今魏州观城县也。"②观津,在今河北武邑东。朱英是春申君晚年时期的门客,来自北方。他反复以无妄为题对春申君加以开导警戒。《周易》有《无妄》卦,讲的均是出乎意料之事。六三爻辞称:"无妄之灾,或系之牛,行人之得,邑人之灾。"③指的是出乎意料的邑人失牛,行人得牛。朱英的劝谏不但提到无妄之灾,还进一步明

---

① 何建章:《战国策注释》,北京:中华书局,1990年版,第593-594页。
② 司马迁:《史记》,北京:中华书局,1982年版,第2396页。
③ 高亨:《周易大传今注》,济南:齐鲁书社,1998年版,第188页。

言无妄之福、无妄之祸、无妄之世、无妄之主、无妄之人。无妄,《史记·春申君列传》作毋望,含义相同。朱英深明《易》理,春申君对《易》也很熟悉,他当初出使秦国就曾经援引《易·既济》的卦辞。正因为双方都通晓《周易》,所以,朱英对春申君以《易》理相谏。朱英把《周易·无妄》卦的宗旨进一步加以发挥,列举多种难以预料的事象,可以说是对《易》理所作的淋漓尽致的发挥,从中可以看出战国晚期江东吴地的《易》学氛围。春申君没有听朱英的劝告,结果被李园谋害,遭遇杀身之祸。春申君不肯求无妄之福,不避无妄之祸,也不肯起用无妄之人,他的结局是悲剧性的。但是,他持守正道的行为,体现的却是儒家传统的立身处世之道,与孔门弟子澹台子羽在江东吴地传授取予去就的儒家之德是一致的。

《史记·春申君列传》结尾写道:“太史公曰:吾适楚,观春申君故城,宫室盛矣哉!”①春申君在江东吴地的宫殿于司马迁所处的西汉中期还保存得比较完整,令司马迁大为感叹。《战国策》及《史记》的相关记载,记录了封邑于吴地的春申君黄歇与《易》、《诗》的关联,并且一直流传至今,从中可以看到江东吴地在早期儒学南渐过程中所处的重要地位。

---

① 司马迁:《史记》,北京:中华书局,1982 年版,第 2399 页。

第二章　墨学南渐入楚的轨迹及
　　　　文学性书写

　　《韩非子·显学》尝言："世之显学，儒、墨也。"①《吕氏春秋·当染》亦言："孔、墨之后学显荣于天下者众矣，不可胜数。"②《吕氏春秋·有度》："孔、墨之弟子徒属充满天下。"③可知，墨学与儒学并称先秦显学，孔墨并称。墨子作为春秋战国之际的重要思想家，始创墨学。然而，墨子在后世长期未受到应有的重视，《墨子》无唐宋以前的旧注，墨子生卒年无可考，史书未专列墨子传记，在《史记·孟子荀卿列传》中仅存一段寥寥数语的简单记载："盖墨翟，宋之大夫，善守御，为节用。或曰并孔子时，或曰在其后。"④墨子的言行事迹，主要由后世弟子及再传弟子记录在《墨子》一书的《耕柱》、《贵义》、《公孟》、《鲁问》、《公输》五篇中，类似于孔子与《论语》成书的关系。

　　前章讨论了儒学南渐，而孔子及其弟子影响所及的南土楚地，是否也濡染和接受了代表与儒家不同社会阶级利益的墨子之学？楚人又表现出何种接受心态？墨学与楚文化之间又进行过怎样的互动与交锋？梳理墨家在楚地的活动，可以勾勒出墨学南渐入楚

---

① 陈奇猷：《韩非子新校注》，上海：上海古籍出版社，2000 年版，第 1124 页。
② 陈奇猷：《吕氏春秋新校释》，上海：上海古籍出版社，2002 年版，第 98 页。
③ 陈奇猷：《吕氏春秋新校释》，上海：上海古籍出版社，2002 年版，第 1660 页。
④ 司马迁：《史记》，北京：中华书局，1982 年版，第 2350 页。

的轨迹,也将对上述问题作出初步回答。

一、墨子生卒年辨析

探讨墨学与楚文化的关联,首先需要解决的是有关墨子生卒年的认定问题。墨子曾经南下入楚。那么,他南下入楚的具体年龄段如何,就成为不可回避的问题。如果他是青壮年时期入楚,那么,他在楚地传播的是初创期的墨学;如果他是在进入老年阶段之后入楚,那么,他在楚地传播的是成熟期的墨学。与此相关联的是,楚人所接受的墨学究竟属于哪种类型? 产生的反应如何? 总之,对墨子生卒年加以考定,成为探讨墨学与楚文化关联的历史和逻辑的必要前提,否则,所作的论述势必流于表面,而无法触及历史的深层。

1. 古今学人对墨子生卒年的几种认定

最早对墨子所处历史时段给出说明的是司马迁,他在《史记·孟子荀卿列传》的结尾部分写道:"盖墨翟,宋之大夫,善守御,为节用。或曰并孔子时,或曰在其后。"①司马迁对于墨子所处具体历史时段列出两种说法,一种说法是墨子与孔子是同时代人,另一种说法是墨子晚于孔子,均以孔子所处的时代作为时间参照系。对于这两种说法,司马迁仅是罗列而已,没有表明自己的取舍,所持的是谨慎的态度。

班固在《汉书·艺文志》著录《墨子》七十一篇,并且自注:"名翟,为宋大夫,在孔子后。"②班固明确认定墨子所处时段晚于孔

---

① 司马迁:《史记》,北京:中华书局,1982 年版,第 2350 页。
② 班固:《汉书》,北京:中华书局,1962 年版,第 1738 页。

子。那么,墨子究竟晚于孔子多长时间? 司马贞为《史记》作索隐称:

> 《别录》云:"今按《墨子》书有文子,文子即子夏之弟子,问于墨子。"如此,则墨子在七十子之后也。①

《别录》出自刘向之手,司马贞根据《别录》的记载,把墨子所处时段定为"七十子"之后,也就是晚于孔子的嫡传弟子,而与孔子再传弟子所处的历史阶段相当。

墨子所处的时段晚于孔子,从汉代的班固到唐代的司马贞都是如此认定,这种看法在古代成为学术共识,得到普遍的认可。在此基础上,人们深入探讨的是墨子具体的生卒年。对此,清人孙诒让写道:

> 近代治《墨子》书者,毕沅以为六国时人,至周末犹存,既失之太后;汪中沿宋鲍彪之说(鲍说见《战国策·宋策》注)谓仕宋得当景公世,又失之太前……殆皆不考之过。……审覈前后,约略计之,墨子当与子思并时,而生年尚在其后。当生于周定王之初年,而卒于安王之季,盖八九十岁,亦寿考矣。②

孙诒让把墨子所处时代认定在周定王元年(前 468)至周安王二十六年(前 376)之间,并制定《墨子年表》。孙诒让对墨子生卒年所作的断年,对于近代学术界有很大影响,多数学人基本上沿袭孙氏的说法,而在局部上有所修正。钱穆先生《墨子生卒年考》中写道:

---

① 司马迁:《史记》,北京:中华书局,1982 年版,第 2350 页。
② 孙诒让:《墨子间诂》,北京:中华书局,2001 年版,第 692-693 页。

近人梁启超《墨子年代考》颇精密,然谓墨子生于周定王初年(元年至十年间)约当孔子卒后十余年,卒于周安王中叶(十二至二十年之间)约当孟子生前十余年,则犹微有误。余考墨子之生,至迟在元王之世,不出孔子卒后十年。其卒当在安王十年左右,不出孟子生前十年。较梁《考》移前十许年。①

梁氏和钱氏尽管对墨子生卒年的认定稍有不同,但均未超出孙诒让所定的框架,即在周定王元年(前 468)到周安王二十六年(前 376)的区间。现在需要进一步追问的是,孙诒让制定《墨子年表》的依据是什么? 他所提供的依靠是否可靠,能否作为断年的参照物?

2. 孙诒让《墨子年表》辨析

对于《墨子年表》的编定根据,孙诒让作了如下说明:

窃以今五十三篇之书推校之,墨子前及与公输般、鲁阳文子相回答(见《贵义》、《鲁问》、《公输》诸篇),而后及见齐太公和(见《鲁问》篇,田和为诸侯在安王十六年),与齐康公兴乐(见《非乐》上篇,康公卒于安王二十三年),楚吴起之死(见《亲士》篇,在安王二十一年)。上距孔子之卒(敬王四十一年)几及百年,则墨子之后孔子,盖信。②

孙氏是从《墨子》一书寻找内证,根据与墨子相关人物所处年代,断定墨子的生卒年。这种思路是正确的,方法是可取的,关键在于具

---

① 钱穆:《先秦诸子系年》,北京:商务印书馆,2001 年版,第 103 - 104 页。
② 孙诒让:《墨子间诂》,北京:中华书局,2001 年版,第 692 - 693 页。

体操作环节是否科学,有无疏漏。

孙氏把墨子与公输盘的交往,作为判定墨子生年的根据之一。关于公输盘的生年,孙诒让在《公输》篇的注解中写道:

> 公输盘,或谓鲁昭公子,固未必塙,然《檀弓》载季康子母死,时公输若方小,而般与敛事,则般必年长於若可知。考康子父桓子卒于哀公三年,其母死或亦在哀公初年,则般当生于昭、定间。①

孙氏根据《礼记·檀弓下》及《左传》的相关记载,推断公输盘当生于鲁昭公、定公期间,这个结论是可信的。假定公输盘生于鲁定公元年,亦即周敬王十一年(前509),那么,按照孙氏本人的说法,墨子生于周定王初年,周定王元年(前468)与周敬王十一年(前509),前后相差四十一年。也就是说,墨子晚于公输盘四十年左右。据《墨子·公输》篇的记载,墨子南下止楚攻宋,已有三百名弟子,他能招收生徒,年纪至少应在四十岁左右。照此推算,公输盘已经八十岁左右。作为八十岁的老翁,竟然还能与墨子进行攻守城池的军事演练,这是不可思议的事情。孙氏对公输盘生年的推断是可信的,毋庸置疑,而他对墨子生年的认定则是偏晚,墨子的生年不可能迟于公输盘如此之多,两人的年龄应该大体相当。

墨子与鲁阳文君的交往,是孙氏判定墨子生年的另一个主要依据。关于鲁阳文君其人,孙氏在《鲁问》篇的注解中写道:

> 考文君即公孙宽,为楚司马子期子。据《左传》,子期死白公之难,在鲁哀公十六年,次年宽即嗣父为司马,则白公作乱

---

① 孙诒让:《墨子间诂》,北京:中华书局,2001年版,第483页。

时,宽至少亦必弱冠。①

　　孙氏根据《左传》的相关记载进行推断,认定鲁阳文君在楚国白公
之乱时"至少亦必弱冠",即至少二十岁。楚白公之乱发生在鲁哀
公十六年,亦即周敬王四十一年(前479)。照此推算,鲁阳文君应
生于周敬王二十一年(前499)或更早。可是,这样一来,就与孙氏
给出的墨子生年(前468)有三十年的差距,鲁阳文君要长于墨子
三十岁左右。在《墨子·鲁问》篇,鲁阳文子与墨子有多次对话,他
把墨子作为导师看待,显然,墨子不可能小于鲁阳文君三十岁,孙
氏对墨子生年的推断有误,应当提前至少三十年。

　　孙氏作为判定墨子生年的两个根据均无法成立,他作为参照
系用以判断墨子卒年的论据,同样经不起推敲。

　　《鲁问》篇称"子墨子见齐大王",对此,孙诒让写道:

　　　　毕云:"《太平御览》无'大'字,下同。"苏云:"'大'当读
'泰',即太公田和也。盖齐僭王号之后,亦尊其祖为太王,如
周之古公云。"俞云:"大公者,始有国之尊称,故周追王自亶父
始,而称大王。齐有国自尚父始,而称大公。以及吴之大伯,
晋之大叔,皆是也。田齐始有国者,和也,故称大公,犹尚父称
大公也。至其后子孙称王,则亦应称大王矣,犹亶父称大王
也。因齐大王之称,它书罕见,故学者不得其说,《太平御览》
引此文,遂删'大'字矣。"案:苏、俞说是也。据《史记·田敬
仲世家》及《六国年表》,田庄子卒于周威烈王十五年,子大公
和立。安王十六年,田和始立为诸侯。墨子见大王,疑当在田
和为诸侯之后。②

────────

① 孙诒让:《墨子间诂》,北京:中华书局,2001年版,第468-469页。
② 孙诒让:《墨子间诂》,北京:中华书局,2001年版,第467-468页。

孙诒让承袭藤县苏氏以及俞樾的观点,把文中的"齐大王"说成是田和。《墨子年表》在周安王十六年条目注明:"墨子见齐大王,即大公和。"①其实,《鲁问》篇所说的齐大王,并非指田和,而是指墨子在世时的一位齐国君主。把在位君主称为大王,是《墨子》一书的行文习惯,在其它篇目也可以见到。《公输》篇叙述墨子与楚威王的对话,墨子称:"臣以三事之攻宋也,为与此同类,臣见大王必伤义而不得。"②这是当面称楚威王为大王。《贵义》篇记载,楚王派去接待墨子的穆贺称:"子之言则成善矣,而君王天下之大王也。"③这是楚臣称楚国君主为大王。由此可见,《鲁问》所说的"齐大王",并不是指田和,而是墨子所见到的齐国君主。孙诒让把墨子的卒年认定为周安王后期,这是一条重要的根据,因为田和是在周安王中期成为诸侯。可是,既然文中的"齐大王"不是指田和,由此看来,这条证据也就无法成立。

孙氏作墨子卒年的另一条证据是提到齐康王兴乐。《墨子·非乐上》写道:

> 昔者齐康公兴乐,万人不可衣短褐,不可食糠糟,曰:"食饮不美,面目颜色不足视也;衣服不美,身体从容丑羸,不足观也。"是以食必粱肉,衣必文绣。此掌不从事乎衣食之财,而掌食乎人者也。是故子墨子曰:"今王公大人惟毋为乐,亏夺民衣食之财以拊乐如此多也。"是故子墨子曰:"为乐非也。"④

孙氏把这条记载作为推断墨子卒年的依据,《墨子年表》序言称墨

---

① 孙诒让:《墨子间诂》,北京:中华书局,2001年版,第704页。
② 孙诒让:《墨子间诂》,北京:中华书局,2001年版,第486页。
③ 孙诒让:《墨子间诂》,北京:中华书局,2001年版,第441页。
④ 孙诒让:《墨子间诂》,北京:中华书局,2001年版,第255-257页。

子"与齐康公兴乐(见《非乐上》篇,康公卒于安王二十三年)",①孙氏认为墨子知晓齐康公兴乐之事,因此认为墨子卒于周安王后期。从上述引文可以看出,其中出自墨子之后的话语,前面都明确标示是"子墨子"所说。而那些未标明墨子所说的话语,则是墨子后学用来阐释后面所引墨子言论,是为经作传,其中包括列举事实。这里提到齐康公兴乐,应是墨子后学所见所闻,而不是墨子的见闻。孙氏误以为《非乐》等专论所录均是墨子所言,因此得出墨子生活在齐康公时期的结论。把上述记载作为推断墨子卒年的依据,是无法成立的。

　　孙氏为墨子卒年断代的另一个依据是《墨子·亲士》篇提到"吴起之裂",即吴起在楚国被杀一事。关于《亲士》篇的作者,孙氏作了如下辨析:

　　　　此书文多阙失,或称"子墨子曰",或否,疑多非古本之旧,未可据以定为墨子所自著之书也。又此篇所论,大抵《尚贤》篇之余义,亦似不当为第一篇。后人因其持论尚正,与儒言相近,遂举以冠首耳。②

孙氏所作的判断是正确的,《亲士》篇确实不是出自墨子之手。在此之前,清人汪中在《墨子序·述学》中也写道:"《亲士》、《修身》二篇,其言淳实,与曾子《立事》相表里,为七十子后学所述。"③既然《亲士》不是墨子所作,因此,即使其中提到吴起被杀事件,也不表明对此有所听闻。可是,孙氏却坚持自己对墨子卒年的推断,他写道:

---

① 孙诒让:《墨子间诂》,北京:中华书局,2001 年版,第 692 页。
② 孙诒让:《墨子间诂》,北京:中华书局,2001 年版,第 1 页。
③ 孙诒让:《墨子间诂》,北京:中华书局,2001 年版,第 669 页。

　　　　苏云:"墨子尝见楚惠王,而吴起之死当悼王二十一年,上
　　距惠王之卒已五十一年,疑墨子不及见此事,此盖弟子之词
　　也。"汪中说同。案:《鲁问》篇墨子及见田齐大公和,和受命
　　为诸侯,当楚悼王十六年,距起之死仅五年耳。况《非乐》上篇
　　说"齐康公兴乐万",康公之薨复在起死后二年。然则此书虽
　　多后人增益,而吴起之死非墨子所不及见,明矣。苏说考之
　　未审。①

孙氏列举《鲁问》篇及《非乐》上篇的材料,用以证明墨子在吴起被
害时尚在人世。前面已经论证,墨子见齐大王及提到齐康公兴乐
的两条材料,不能作为推断墨子卒年的依据。由此看来,孙诒让用
以推断墨子生卒年的材料均无法成为依据,因此,他的《墨子年表》
的客观性就大打折扣。近代学界在孙氏《年表》框架内对墨子生卒
年所作的推断,同样需要加以匡正。

3. 试断墨子生卒年

　　推断墨子的生卒年,有一系列可靠的历史记载能够利用,需要
加以梳理辨析。
　　确认墨子的生年,公输盘和楚国鲁阳公是两个重要的参照系。
如前所述,孙诒让考证公输盘"当生于昭、定间",即生于鲁昭公、定
公之际,这个结论是可信的。《墨子》一书对于墨子与公输盘的交
往多有记载,两人还进行过军事演练,他们属于同一历史阶段的人
物,是以平辈人的口吻进行交谈。既然公输盘生于鲁昭公、定公之
际,即公元前510年左右,那么,墨子的生年也应在这个时段,即公
元前510年前后,时当周敬王十年左右。

───────────

　　① 孙诒让:《墨子间诂》,北京:中华书局,2001年版,第5页。

《墨子》书中许多篇章叙述墨子与鲁阳文公的交往。关于鲁阳文公，最早的历史记载见于《国语·楚语下》：

> 惠王以梁与鲁阳文子，文子辞曰："梁险而在北境，惧子孙之有贰者也。夫事君无憾，憾则惧偪，偪则惧贰。夫盈而不偪，憾而不贰者，臣能自寿也，不知其他。纵臣而得全其首领以没，惧子孙之以梁之险，而乏臣之祀也。"王曰："子仁人，不忘子孙，施及楚国，敢不从子。"与之鲁阳。①

这是有关鲁阳文公受封的原始文献。楚惠王要把位于楚国北境的梁地封给后来的鲁阳公，受封者不肯接受。在陈述拒绝受封的理由时，这位贵族王孙显示出他的深思远虑和对家国的忧患意识，先后两次提到惟恐子孙不肖，据封地而反叛朝廷。这位贵族王孙在受封时已是成熟的政治人物，说话的口气也很老练，不是年轻人所能做到。依次推断，他当时的年龄应在三十岁左右，至少不会低于二十岁。

这位贵族王孙被封于鲁阳是在楚惠王时期，未标明具体年代，但是可以大体推断出来。《国语》各单元材料的编排，均是按照时间先后相次。《楚语下》排在鲁阳公受封前面的条目是"王孙圉聘于晋，定公飨之"，②赵简子询问楚国之宝，王孙圉提到观射父、左史倚相，两位都是楚昭王时期的人物。王孙圉出使晋国是在楚昭王时期，早于鲁阳公受封的楚惠王时期，故排列在前。

排在鲁阳公受封条目后面的是沈诸梁，亦即叶公子高阻止令尹子西召白公胜归楚。开头写道："子西使人召王孙胜，沈诸梁闻

---

① 徐元诰：《国语集解》，北京：中华书局，2002 年版，第 527-528 页。
② 徐元诰：《国语集解》，北京：中华书局，2002 年版，第 525 页。

之,见子西。"①关于子西召白公胜归楚,《史记·楚世家》写道:"惠王二年,子西召故平王太子建之子胜于吴,以为巢大夫,号曰白公。"②子西召白公胜归楚是在楚惠王二年(前487),鲁阳公受封早于此事,应是楚惠王元年封鲁阳公。赐封鲁阳文公,召白公胜归楚,都是楚惠王即位之初的举措。鲁阳公受封于楚惠王元年(前488),当时这位贵族王孙已是三十岁左右的成年人,依次推算,他应生于公元前518年左右,与公输盘的生年大体相当。鲁阳文公对墨子以师事之,由此看来,墨子的生年不应晚于鲁阳文子,至少与他相当,也应在公元前518年左右,即周敬王二年前后。

以公输盘和鲁阳文子为参照系,推断墨子的生年,都在周敬王初期,即公元前520—前510年期间。这与孙诒让《墨子年表》所认定的生于周定王之初年(前468),提早四十到五十年。照此推算,墨子出生晚于孔子三十至四十年,与孔子的嫡传弟子属于同一时代的人。

《墨子·耕柱》篇记载墨子与巫马子的多次对话,都是巫马子首先发问,然后墨子给予解答。从对话的语气判断,两人处于平等地位,巫马子的问题有时带有发难和挑战的性质。其中有如下对话:

> 巫马子谓子墨子曰:"子兼爱天下,未云利也;我不爱天下,未云贼也。功皆未至,子何独自是而非我哉?"子墨子曰:"今有燎者于此,一人奉水将灌之,一人掺火将益之,功皆未至,子何贵于二人?"巫马子曰:"我是彼奉水者之意,而非夫掺火者之意。"子墨子曰:"吾亦是吾意,而非子之意也。"③

---

① 徐元诰:《国语集解》,北京:中华书局,2002年版,第528页。
② 司马迁:《史记》,北京:中华书局,1982年版,第1718页。
③ 孙诒让:《墨子间诂》,北京:中华书局,2001年版,第427页。

巫马子与墨子分庭抗礼，对他的兼爱学说加以质疑。两人的辩论进行得很有深度，是高层次学者之间的切磋，他们应是同一时代的人。关于巫马子，苏氏称："巫马子为儒者也，疑即孔子弟子巫马期。否则其后。"①苏氏的推测是有道理的。巫马期，见于《论语·述而》，当面指出孔子对鲁昭公的称誉失实，孔子感到很幸运②。《史记·仲尼弟子列传》记载："巫马施，字子旗，少孔子三十岁。"③巫马施，字子期，比孔子小三十岁，与墨子的年龄相当，所以两人的问答带有明显的同辈人之间交流的特点。巫马期生于公元前520年，墨子的生年与此相近。

以公输盘、鲁阳文公、巫马子为参照系进行考察，对墨子生年所得出的结论大体一致，墨子应当生于公元前520—前510年期间，晚于孔子三十到四十年。

关于墨子的卒年，唯一可以依据的材料是《墨子·贵义》篇的如下记载："子墨子南游于楚，见楚献惠王。献惠王以老辞，使穆贺见子墨子。"孙诒让写道：

> 《渚宫旧事》注云："时惠王在位已五十年矣。"余说疑本《墨子》旧注。然则此事在周考王二年，鲁悼公之二十九年也。④

余知古所著《渚宫旧事》卷二对于墨子见楚惠王一事亦有记载，并且提到向楚王献书，是楚惠王五十年（前439）的事情。这条材料表明，直到周考王二年（前439），墨子仍然健在，并且再次南游到达楚国朝廷，这时他已是七十到八十高龄的老人。至于他的卒年，

---

① 孙诒让：《墨子间诂》，北京：中华书局，2001年版，第422页。
② 杨伯峻：《论语译注》，北京：中华书局，1980年版，第74页。
③ 司马迁：《史记》，北京：中华书局，1982年版，第2218页。
④ 孙诒让：《墨子间诂》，北京：中华书局，2001年版，第440－441页。

已经无法考证落实。

二、墨子南入楚廷的时间和地点

随着时过境迁的发展,墨子所处的战国时期楚文化与中土的交流日益紧密,相较于孔子仅仅涉足楚地边境,墨子则深入楚国腹地。墨子入楚的具体时间、地点,则需要进行进一步的考辨。

1. 墨子入楚制止攻宋的时间

墨子曾经南入楚廷,后世墨家弟子在《墨子》中作了相关记录。《墨子·贵义》篇:"子墨子南游于楚,见楚献惠王。献惠王以老辞,使穆贺见子墨子。"[1]写墨子献书于楚王。《墨子·公输》篇:"公输盘为楚造云梯之械成,将以攻宋。子墨子闻之,起于齐,行十日十夜而至于郢。"[2]讲述墨子止楚攻宋,与公输班进行楚廷演练的事迹。《战国策》、《韩非子》等先秦典籍也做了相应的记载。

从上述记载可知,墨子确实曾经南下,并且到达楚国朝廷所在地。那么,墨子在楚国朝廷与穆贺及公输盘的交往,究竟是同一次入楚所发生的事件,还是中间有断隔,属于两个不同的时段,对此,传世文献没有明文记载,需要根据零散的材料进行梳理辨析。

(1) 公输盘自鲁入楚的时间

墨子曾在楚国朝廷与公输盘进行军事演练,并且对公输盘加以批评。《墨子·公输》、《战国策·宋卫策》对此均有记载,是确凿无疑的历史事实。公输盘本是鲁国人,后来南下入楚,因此,只要能把公输盘入楚的时间辨析清楚,那么,墨子在楚国朝廷与公输盘

---

① 孙诒让:《墨子间诂》,北京:中华书局,2001 年版,第 440 - 441 页。
② 孙诒让:《墨子间诂》,北京:中华书局,2001 年版,第 483 页。

相遇的时段也就大体可以确定下来。

关于公输盘自鲁入楚的情况,《墨子·鲁问》篇有如下记载:

> 昔者楚人与越人舟战于江,楚人顺流而进,迎流而退,见利而进,见不利则其退难。越人迎流而进,顺流而退,见利进,见不利则其退速。越人因此若执,亟败楚人。公输子自鲁南游楚,焉始为舟战之器,作为钩强之备,退者钩之,进者强之,量其钩强之长,而制为之兵。楚之兵节,越之兵不节,楚人因此若执,亟败越人。①

公输盘入楚是在楚越进行战争之际,因此,楚越战争的具体时段,成为考察公输入楚时间的重要参照系。关于这次战争所处的历史阶段,清人汪中的《墨子序·述学》作了如下推断:

> 《檀弓下》:"季康子之母死,公输般请以机封",此事不得其年。季康子之卒在哀公二十七年,楚惠王以哀公七年即位,般固逮事惠王。《公输》篇:"楚人与越人舟战于江,公输子自鲁南游楚,作钩强以备越",亦吴亡后,楚与越为邻国事。②

汪中把公输盘自鲁入楚的时段定为楚惠王在位期间,具体时间是越灭吴之后。在汪中看来,越灭吴之后,越和楚成为邻国,发生战争,公输盘在此期间来到楚国。

越灭吴是在鲁哀公二十二年、楚惠王十六年(前473)。照此说法,公输盘入楚是在越国称霸期。孙诒让沿袭汪中的说法,他的

---

① 孙诒让:《墨子间诂》,北京:中华书局,2001年版,第479-480页。
② 孙诒让:《墨子间诂》,北京:中华书局,2001年版,第668-669页。

《墨子年表》把公输盘入楚系于楚惠王四十九年(前 440)①。

钱穆先生的《公输盘自鲁游楚考》写道:

> 孙氏《间诂》谓:"《史记·楚世家》惠王时无与越战事,盖《史》失之。"今考:《楚世家》云:"惠王十六年,越灭吴。四十二年,楚灭蔡。四十四年,楚灭杞。是时越已灭吴而不能正江淮北,楚东侵广地至泗上。"此即惠王时与越战事,岂得谓《史》失之? ……楚既得志江淮之北,般以有功见用,遂献攻城之器而围宋,则为惠王四十五年以后事矣。②

孙诒让称《史记·楚世家》没有记载惠王时期楚越之间的战事,见于他对《墨子·鲁问》篇所作的注解③,认为是《史记》的疏漏。钱穆先生则列举《史记·楚世家》的相关记载,确认其中叙述了楚惠王时期楚越之间的战事。可是,从他所引录的材料加以判断,看不出楚惠王时期楚越之间的战争。文中明言"是时越已灭吴而不能正江淮北",由于越国已经据有吴地,需要加以整治,因此,无力再向长江淮河北岸伸展势力,楚国趁此机会向东扩张,势力范围达到今苏北及山东南部,在此过程中,并没有与越国发生战争。《史记·越王勾践世家》有如下记载:

> 勾践已平吴,乃以兵北渡淮,与齐、晋诸侯会于徐州,致贡于周。周元王使人赐勾践胙,命为伯。勾践已去,渡淮南,以淮上地与楚,归吴所侵宋地于宋,与鲁泗东方百里。当是时,

---

① 孙诒让:《墨子间诂》,北京:中华书局,2001 年版,第 697 页。
② 钱穆:《先秦诸子系年》,北京:商务印书馆,2001 年版,第 158－159 页。
③ 孙诒让:《墨子间诂》,北京:中华书局,2001 年版,第 680 页。

越兵横行于江、淮东,诸侯毕贺,号称霸王。①

从这段记载可知,越王勾践灭吴之后,淮北之地拱手相让给楚国,两国之间并没有发生战争。对于"以淮上地与楚"一句,裴骃集解援引《史记·楚世家》的记载加以印证:"越灭吴而不能正江、淮北,楚东侵广地至泗上。"②裴骃所作的解释是正确的。《楚世家》和《越王勾践世家》都没有记载楚惠王在位期间楚越之间的战争,孙诒让所作的判断是正确的。钱穆先生认为越灭吴之后曾经与楚国发生战争,所列举的材料无法支撑这个结论,他的说法是难以成立的。

那么,楚惠王在位期间,楚越之间是否发生过战争冲突呢?回答是肯定的。《左传·哀公十九年》写道:

> 十九年春,越人侵楚,以误吴也。夏,楚公子庆、公孙宽追越师,至冥,不及,乃还。

杨伯峻先生注写道:

> 杜注:"误吴使不为备。"……据顾祖禹《方舆纪要》,冥地盖在苦岭关(在今安徽广德县东南七十里)与泗安镇(即今浙江长兴县西南之泗安镇)之间。越侵楚之原意仅在"误吴",故其退速。③

这场战争由越国挑起,其真实意图是以此迷惑吴国,使它放松对自

---

① 司马迁:《史记》,北京:中华书局,1982年版,第1746页。
② 司马迁:《史记》,北京:中华书局,1982年版,第1746页。
③ 杨伯峻:《春秋左传注》,北京:中华书局,1990年版,第1714页。

己的警惕,以便乘虚而入。这场战争以楚国的胜利而告终。《墨子·鲁问》篇叙述的楚越之间的战争,就是以这场战争为背景。

《鲁问》篇称:"昔者楚人与越人舟战于江,楚人顺流而进,迎流而退,见利而进,见不利则其退难。越人迎流而进,顺流而退,见利而进,见不利则其退速。"①这里叙述的双方进退态势,与当时楚越两国的地理位置及战场所在区域相合。当时楚国在北岸,越国在长江东南,长江是楚国的南部屏障。越国进攻楚国,首先要越过长江这道鸿沟。楚国追击逃回的越军到达今安徽芜湖到铜陵一段。当时楚国的都城在郢(今湖北宜城),从那里出兵迎击越军,走水路必然是沿着汉水、长江顺流而下。在长江展开水战,必定是楚军从上游顺流而进,越军的迎战必须逆水而上。楚军进易退难,越军则是进难退易。《鲁问》篇有关楚越舟战的记载,应是以《左传·哀公十九年》有关楚越之战的叙述为根据,在此基础上有所增饰。值得注意的是,《鲁问》篇提到公输盘的自鲁南游楚,并且为楚军制造钩强,使得楚军获胜。这次楚越之战发生在楚惠王十三年(前476),由此推断,公输盘自鲁入楚是在楚惠王十五年或是更早。孙诒让《墨子年表》把公输盘入楚系于楚惠王四十九年(前440),较之历史实际相差二十余年。

(2) 墨子入楚与公输盘相遇的时间

墨子南下入楚,并且与公输盘有交往,对此,《墨子》一书多有记载。《鲁问》篇在叙述楚越水战之后有如下一段:

> 公输子善其巧,以语子墨子曰:"我舟战有钩强,不知子之义亦有钩强乎?"子墨子曰:"我义之钩强,贤于子舟战之钩强。我钩强,我钩之以爱,揣之以恭。弗钩以爱则不亲,弗揣以恭则速狎,狎而不亲则速离。故交相爱,交相恭,犹若相利也。

---

① 孙诒让:《墨子间诂》,北京:中华书局,2001年版,第479–480页。

> 今子钩而止人，人亦钩而止子，子强而距人，人亦强而距子。交相钩，交相强，犹若相害也。故我义之钩强，贤于子舟战之钩强。"①

公输盘向墨子夸耀自己制造钩强的技巧，使之能用于舟战，并取得胜利。从这番对话可以推断，墨子入楚并与公输盘相会，是在楚越之战结束以后，也就是楚惠王十三年(前 476)之后。

关于墨子此次入楚的缘由，《墨子·公输》篇有如下记载：

> 公输盘为楚造云梯之械成，将以攻宋。子墨子闻之，起于齐，行十日十夜而至于郢，见公输盘。②

对于墨子此次入楚，《战国策·宋卫策》《吕氏春秋·爱类》篇也有记载，《爱类》篇作"自鲁往"，是从鲁国进入楚国宫廷。墨子此次入楚的具体时间，成为学术界一件悬案。对此，孙诒让作了如下梳理和辨析：

> 苏云："《吕氏春秋》云'声王围宋十月'。考墨子时世与声王相值，疑公输为楚攻宋，在是时。"案：《国策·宋策》鲍彪注以此事为在宋景公时，于楚则谓当昭王或惠王，与苏说不同。今考鲍、苏二说皆非也。墨子晚年逮见田和，又得闻楚悼王、吴起之乱，其生盖当在鲁哀公之末，悼公之初，则非徒不及见楚昭王，即宋景公末年亦恐未逾弱冠。是鲍说与墨子之年不合。公输盘，或谓鲁昭公子，固未必塙，然《檀弓》载季康子母死，时公输若方小，而般与敛事，则般必年长于若可知。考康

---

① 孙诒让：《墨子间诂》，北京：中华书局，2001 年版，第 480 页。
② 孙诒让：《墨子间诂》，北京：中华书局，2001 年版，第 483 - 484 页。

子父桓子卒于哀公三年,其母死或亦在哀公初年,则般生于昭、定间。自昭公卒年下距楚声王元年,亦已逾百岁,则苏说与公输之年又不合。窃以为墨、输二子年代参合校之,墨子之止攻宋,约当在宋昭公、楚惠王时。盖是时虽有伐宋之议,而以墨子之言中辍,故史无其事耳。①

关于墨子与公输盘相会的年代,主要有三种说法:《战国策·宋卫策》鲍彪注认为墨子入楚时的楚国君主"非昭即惠"②,当时正值宋景公时期。清人滕县苏氏则认为墨子入楚见公输盘是在楚声王时期。孙诒让不赞同上述两种说法,认为墨子入楚见公输盘是在宋昭公、楚惠王时期。可是,孙氏的结论仍有值得推敲的地方。他把公输盘的生年大体定在鲁昭公卒年(前 510),这个结论是基本可信的。可是,他的《墨子年表》将公输盘为楚造云梯将攻宋、墨子入楚定在楚惠王四十九年(前 440)③。照此推算,当时公输盘已经七十岁左右。《墨子·公输》篇记载,墨子与公输盘曾在楚国朝廷进行攻城和守城的军事演练:"子墨子解带为城,以牒为械,公输盘九设攻城之机变,子墨子九距之,公输盘之攻械尽,子墨子之守圉有余。"④按照孙氏的推算,公输盘当时已经七十岁左右。对于七十岁的老人而言,亲身进行如此激烈的攻城演练,是不太可能的事情。孙氏对于公输盘生年的推断大体是可信的,而对楚将攻宋、公输盘为之造云梯一事的断代则是失之过晚,以至于与他对公输盘生年的判定相矛盾。

从实际情况考察,楚国想要攻打宋国,公输盘为之造云梯,应是在楚灭陈、越灭吴之后的最初几年。楚灭陈是在楚惠王十一年

---

① 孙诒让:《墨子间诂》,北京:中华书局,2001 年版,第 483 页。
② 范祥雍:《战国策笺证》,上海:上海古籍出版社,2006 年版,第 1816 页。
③ 孙诒让:《墨子间诂》,北京:中华书局,2001 年版,第 697 页。
④ 孙诒让:《墨子间诂》,北京:中华书局,2001 年版,第 487 页。

(前478),《史记·宋微子世家》写道:"三十七年,楚惠王灭陈。荧惑守心。心,宋之分野也。景公忧之。"①司马迁把楚灭陈与宋国出现荧惑守心这个不祥星象放在一起加以叙述,表明宋人对于楚灭陈的恐惧心理。宋与陈是邻国,楚灭陈之后,楚国控制的地区与宋国接壤,直接威胁到宋国的安全。因此,宋景公对出现的不祥星象甚为忧虑,实际是对楚灭陈的恐惧。

《史记·越王勾践世家》有如下记载:

> 勾践已平吴,乃以兵北渡淮,与齐、晋诸侯会于徐州,致贡于周。周元王使人赐勾践胙,命为伯。勾践已去,渡淮南,以淮上地与楚。②

勾践灭吴是在楚惠王十六年(前473)。灭吴之后,他的一个重大举措就是把淮北之地对楚国拱手相让,使之成为楚国的势力范围。如此,则楚国对宋国所造成的威胁就更加明显。

大凡对别国进行军事干涉,总是要有借口,而利用对方的内乱出兵,是当时常见的做法。《左传·哀公二十六年》记载,宋景公去世之后,朝廷大臣在拥立嗣君问题上出现对立。大尹立启,其他大臣拥立得。最后大尹失败,"大尹奉启以奔楚,乃立得",③所拥立的嗣君得,就是宋昭公。这件事发生在楚惠王二十年(前469)。从当时的楚、宋之间的关系考察,这是楚国出兵攻宋的最佳时机,并且有借口,可以乘机把大尹和启送回宋国,立启为君,成为楚国的附庸。《墨子·公输》篇记载的"公输盘为楚造云梯之械成,将以攻宋",当是在宋昭公继位之初,楚惠王二十年(前469)或稍后。

---

① 司马迁:《史记》,北京:中华书局,1982年版,第1631页。
② 司马迁:《史记》,北京:中华书局,1982年版,第1746页。
③ 杨伯峻:《春秋左传注》,北京:中华书局,1990年版,第1731页。

墨子入楚并且与公输盘在朝廷进行军事演练,就是在这个期间的活动。

按照孙诒让的推断,公输盘大约生于鲁昭公、定公之际(前510)。根据上面所作的辨析,公输盘为楚造云梯,将要攻宋,应是在楚惠王二十年(前469)或稍后。照此推算,公输盘当时四十岁左右,正是身强力壮时期,完全有能力与墨子进行攻防演练。把公输盘为楚造云梯的时间断为楚惠王二十年、宋昭公元年,可以印证孙诒让对公输盘生年推断的可靠性。

关于墨子入楚与公输盘相会一事,除了《墨子·公输》、《战国策·宋卫策》的记载外,《吕氏春秋·爱类》篇也作了叙述:

> 公输般为高云梯,欲以攻宋。墨子闻之,自鲁往,裂裳裹足,日夜不休,十日十夜而至于郢。①

这段叙述可以与《墨子·公输》篇的记载相互印证。墨子前往楚国郢都是日夜兼程,连续行走十天十夜。其中虽有夸张渲染,但从中可以看出,墨子当时不但有坚忍不拔的毅力,而且有健壮的体魄,否则,难以进行如此急迫的长途跋涉。由此推断,墨子当时正当盛壮之年,与公输盘的年龄相近,也应生于春秋后期的鲁昭公、定公之际,即公元前510年左右。

鲍彪注《战国策》,认为公输盘与墨子在楚国朝廷相遭遇是楚昭王、或惠王时期的事件,于宋则是景公时期。他对这一事件的断年偏早,实际情况是宋昭公初年的事情。孙诒让把这个时间断为楚惠王、宋景公时期,不过,他认为墨子入楚与公输盘交往是在楚惠王四十九年、宋昭公三十年,比它的实际发生时段晚三十年。孙诒让所作的判断,与他对墨子生年的推测有误直接相关。

---

① 陈奇猷:《吕氏春秋新校释》,上海:上海古籍出版社,2002年版,第1473页。

孔子入楚是在楚昭王时期,墨子初次到达楚国朝廷是在楚惠王时期。孔子入楚是在公元前 489 年,墨子此次到达楚廷是公元前 469 年左右,前后相距大约二十年。孔子入楚已进入老年,墨子此次到达楚国朝廷则处于壮年时期。

2. 献书惠王与止楚攻宋并非同一时段之事

《墨子·贵义》篇有如下记载:"子墨子南游于楚,见楚献惠王,献惠王以老辞,使穆贺见子墨子。"孙诒让写道:

> 毕云:"检《史记》,楚无献惠王也,《艺文类聚》引作'惠王',是。又案《文选》注引本书云:'墨子献书惠王,王受而读之,曰:良书也。'恐是其间脱文。"苏云:"献惠王即楚惠王也,盖当时已有两字之谤。"……苏云:"楚惠王以周敬王三十二年立,卒于考王九年,始癸丑,终庚寅,凡五十七年。墨子之游,盖当其暮年,故以老辞。"诒让案:《渚宫旧事》注云:"时惠王在位已五十年矣。"余说疑本《墨子》旧注。然则此事在周考王二年,鲁悼公之二十九年也。①

墨子曾在楚惠王五十年(前 439)入楚献书,余知古所著《渚宫旧事》卷二有明文记载。对此,古今注家均予以认可,没有什么异议。问题在于,许多学者认为墨子止楚攻宋和向楚惠王献书,是同一时段的事情,是墨子同一次入楚所为。孙诒让所作《墨子年表》,把墨子制止楚国攻宋系于楚惠王四十九年(前 440),把墨子向楚惠王献书系于第二年,显然,他认为这是两个连续发生的事件。钱穆先生写道:

---

① 孙诒让:《墨子间诂》,北京:中华书局,2001 年版,第 440－441 页。

　　　　余谓墨子止楚攻宋，与其献书惠王，盖一时事。初本为止
　　楚攻宋而来，楚既听其说，乃献书期大用。既不得意，乃遂归
　　鲁。其事至晚不踰惠王五十年，则差可定也。①

这种说法已经得到普遍的认可，几乎已成定论。可是，这种结论是
通过推测得出的，经不起事实的检验。

　　第一，如前所述，墨子前往楚地制止攻宋，是步行前往，日夜兼
程。《墨子·公输》篇称他"行十日十夜而至于郢"②，《吕氏春秋·
爱类》篇称："墨子闻之，自鲁往，裂裳裹足，日夜不休，十日十夜而
至于郢。"③除此之外，《淮南子·修务训》、《世说新语·文学》篇注
也有类似的记载。墨子此次赴楚是徒步前行，夜以继日，为了加快
速度，必然轻装简从，不可能随身携带书籍。当时的书籍是简册，
无法远程随身携带。既然没有携带书籍前往楚国朝廷，又怎会有
献书的举措呢？

　　第二，墨子在止楚攻宋获得成功之后，并没有在楚地长期逗
留，而是迅速返回。《墨子·公输》篇在叙述墨子止楚攻宋成功之
后写道：

　　　　子墨子归，过宋，天雨，庇其闾中，守闾者不内也。故曰：
　　"治于神者，众人不知其功。争于明者，众人知之。"④

墨子之所以返回要路过宋地，因为他的弟子禽滑釐等三百人还在
宋国都城守卫，他必须把楚国停止攻宋的消息加以通报。当时的
形势不允许墨子在楚地过多逗留，因此，他也没有向楚惠王献书的

---

① 钱穆：《先秦诸子系年》，北京：商务印书馆，2001 年版，第 161 页。
② 孙诒让：《墨子间诂》，北京：中华书局，2001 年版，第 483 页。
③ 陈奇猷：《吕氏春秋新校释》，上海：上海古籍出版社，2002 年版，第 1473 页。
④ 孙诒让：《墨子间诂》，北京：中华书局，2001 年版，第 488－489 页。

可能。

　　第三，从楚惠王的表现来看，也可以证明墨子止楚攻宋和向楚王献书，是发生在不同时段的事情。《公输》篇记载墨子止楚攻宋，他和楚惠王有大段对话。对于墨子提出的问题，楚惠王均予以回应。不仅如此，楚惠王还观看墨子与公输盘的军事演练，最后说道："善哉！吾请无攻宋矣。"①从这些叙述中看不出楚惠王有何老态，并且对墨子的接待也颇为耐心。而《贵义》篇则称："子墨子南游于楚，见楚献惠王，献惠王以老辞，使穆贺见子墨子。"②此时的楚惠王已经在位五十年，他已经进入暮年，因此，以年事已高相辞，不肯见墨子，而派别人前去接待。把《公输》篇和《贵义》篇的上述记载加以对比，完全可以确认，墨子止楚攻宋和他向楚惠王献书，二者不是同一时段的事情，而是有较大的时间跨度。止楚攻宋是在楚惠王二十年（前469）或稍后，当时惠王尚处于壮年，故亲自出面接见墨子，与之周旋。而向惠王献书则是在三十年之后，时当惠王在位五十年之际（前439），惠王已是高龄老人，故没有亲自接见墨子。墨子是先后两次到达楚国宫廷，而不是只有一次。

　　钱穆先生据此考证：

　　　　余考攻宋之谋，自公输之制云梯。而公输来楚，在惠王四十四年前，其献云梯，则在四十四年东侵得志之后。③

汪中《墨子序》云："《檀弓下》，季康子之母死，公输般请以机封，此事不得其年。季康子之卒，在哀公二十七年。楚惠王以哀公七年即位，般固逮事惠王。"④钱穆先生引注曰：

---

① 孙诒让：《墨子间诂》，北京：中华书局，2001年版，第488页。
② 孙诒让：《墨子间诂》，北京：中华书局，2001年版，第440－441页。
③ 钱穆：《先秦诸子系年》，北京：商务印书馆，2001年版，第159－160页。
④ 钱穆：《先秦诸子系年》，北京：商务印书馆，2001年版，第159页。

《郑注》："般,若之族。"刘端临《经传小记》云:"若疑般之字。"王引之《春秋名字解诂》从之,曰:"郑公子班字子如。《广雅》:'如,均也。'《孟子》:'若是班乎?'赵注:'班,齐等之貌。'是班亦均也。公输般即《孟子·离娄篇》注所谓鲁班也。《汉书·扬雄传》:'般倕弃剞劂兮。'《颜注》:'般读与班同。'公输班字若,与公子班字子如同义,若犹如也。"今按:《檀弓》既云公输若方小,则其时般年决不在二十五以上。①

钱穆先生由此进一步推论道:"今假定公输生于鲁哀元年,康子母死,公输年当二十许。至楚惠四十四年,公输年当五十,至迟不踰六十也。楚既得志江淮之北,般以有功见用,遂献攻城之器而图宋,则为惠王四十五年以后事矣。"②这里的推论大体是正确的。因此,墨子入楚是在楚惠王晚年,并且大致时间可以确定在惠王四十五年至五十年间。

3. 墨子入楚的地点

由于历史上楚都屡迁,存在借用、袭用郢都旧名的情况,史有故郢或旧郢、北郢等等之别。参看谭其骧先生《中国历史地图集》(第一册),战国时期,以郢为名的地名即达三处之多:郢,郢陈,郢(寿春)。同名异地,异名同地,这里,从一个侧面反映出春秋地名使用混杂的情况。

楚国最初建都于丹阳,位于今湖北枝江县。《史记·楚世家》:"封熊绎于楚蛮,封以子男之田,姓芈氏,居丹阳。"③楚国开国之君

---

① 钱穆:《先秦诸子系年》,北京:商务印书馆,2001年版,第159页。
② 钱穆:《先秦诸子系年》,北京:商务印书馆,2001年版,第159页。
③ 司马迁:《史记》,北京:中华书局,1982年版,第1691-1692页。

熊绎受封于周成王而始都于丹阳。而从楚文王伊始,郢,首次命名
为楚国都城之名,《史记·楚世家》"子文王熊赀立,始都郢"①,记
载了公元前 689 年,楚文王从丹阳迁都至郢的历史事件。《汉书·
地理志》:"江陵,故楚郢都,楚文王自丹阳徙此。后九世平王城
之。"②此时的郢都,在今湖北江陵县附近,又名纪南城,史称"纪
郢"、"南郢"或"故郢"。《括地志》:"纪南故城在荆州江陵县北五十
里。杜预云:'国都于郢,今南郡江陵县北纪南城是也。'"③但是,
《括地志》又曰:"又至平王,更城郢,在江陵县东北六里,都郢城是
也。"④《水经注·沔水》亦曰:"沔水又东南与阳口合,水上承江陵
县赤湖。江陵西北有纪南城,楚文王自丹阳徙此,平王城之。班固
言:'楚之郢都也。'"⑤可见,一说纪南城,一说郢城,距离江陵县城
的里数也不等,仅江陵之地就出现多次混用地名"郢"的情况。杨
守敬疏《水经注》曰:

　　《吴志·朱绩传》,纪南去江陵城三十里。《括地志》,在江
陵县北十五(一作五十,误)里。在今县北十里。赵云,沈氏
曰,《荆州记》昭王十年,吴通漳水灌纪南城,决赤湖,进灌郢
城。是纪南城、郢城为二也。一清按:《史记·索隐》,楚都
郢,今江陵县北纪南城是,平王更城郢,今江陵东北故郢城是。
楚子革曰,我先君僻处荆山,以供王事,遂迁纪郢。郢与纪南
为二城明矣。而纪南本号郢,郦《注》亦未尽非。守敬按:楚
文王三句……《汉志》于江陵县下云,故楚郢都,即指纪南城
言。于郢县下云,楚别邑,故郢。则两城皆称郢可知。惟子囊

①　司马迁:《史记》,北京:中华书局,1982 年版,第 1695 页。
②　班固:《汉书》,北京:中华书局,1962 年版,第 1566 页。
③　贺次君:《括地志辑校》,北京:中华书局,1980 年版,第 197 页。
④　贺次君:《括地志辑校》,北京:中华书局,1980 年版,第 197 页。
⑤　杨守敬、熊会贞:《水经注疏》,南京:江苏古籍出版社,1989 年版,第 2404 页。

遗言所筑,班固、杜预皆以属之纪南。郦氏于此引班说平王城之。而《江水》篇之郢城,又以为子囊遗言所筑,殊为歧出。然刘昭、魏王泰皆有此说,小司马亦然。郦氏盖两存之。①

可见,关于郢都与郊郢两地的具体地理位置,连后世注疏《水经注》而生活在江汉流域的宜都人杨守敬、枝江人熊会贞也无法言明。《左传·襄公十四年》:"楚子囊还自伐吴,卒。将死,遗言谓子庚:'必城郢!'"杨伯峻先生写道:"庄十八年《传》巴人'遂门于楚',则其时已筑城矣。故《续汉郡国志》刘昭注:'江陵县北十里有纪南城,楚王所都。东南有郢城,子囊所城。'"②这里的辨析十分明确地指出,江陵附近的郢应有两处,分别为纪南城之郢都与别邑郢城。总而言之,虽有两地争议,然而楚国旧都之郢,地处长江主干,位于江陵附近是确凿无疑的事实。

江陵之郢作为楚都,一直延续到春秋后期。根据《左传·定公六年》记载,公元前504年,楚避吴乱,楚昭王迁都至鄀,都位于今湖北宜城县东南九十里,史称"北郢"或"鄀郢"。关于楚昭王时期楚国迁都一事,《左传·定公六年》记载道:

> 四月己丑,吴大子终累败楚舟师,获潘子臣、小惟子及大夫七人。楚国大惕,惧亡。子期又以陵师败于繁扬。令尹子西喜曰:"乃今可为矣。"于是乎迁郢于鄀,而改纪其政,以定楚国。③

这段话对楚国迁都的背景交待得很清楚。鲁定公五年,亦即楚昭

---

① 杨守敬、熊会贞:《水经注疏》,南京:江苏古籍出版社,1989年版,第2404-2405页。

② 杨伯峻:《春秋左传注》,北京:中华书局,1990年版,第1019-1020页。

③ 杨伯峻:《春秋左传注》,北京:中华书局,1990年版,第1557页。

公十二年(前 504)，楚国与吴国发生战争，楚军两次失败。鉴于楚
昭王十一年，亦即前一年吴军曾经攻入郢都的惨痛教训，令尹子西
恐惧楚国灭亡，于是把都城迁到鄀。对此，《汉书·地理志》在注明
南郡条目所列的若地时，写道："楚昭王畏吴，自郢徙此，后复返
郢。"颜师古注："《春秋传》作鄀，其音同。"①班固的说法很容易使
人产生这样的印象：似乎楚昭王先是把都城迁到鄀，后来又返回
旧都。对于《左传·定公六年》楚国迁都的记载，杨伯峻先生作了
如下解说：

> 　　鄀，今湖北宜城县东南九十里，据《路史·国名纪》，又名
> 北鄀。纪，治理。楚仍迁回纪南城，见《汉书·地理志》。阮元
> 《积古斋钟鼎彝器款识》有楚曾侯钟。吴闿生《吉金文录》载其
> 铭文云："唯王五十六祀徙自西阳"云云，似楚之复都纪南城在
> 楚惠王五十六年，入战国矣。然《楚世家》云："楚昭王灭唐。
> 九月，归入郢。"而不载惠王迁都事。昭王仍都纪南城。②

杨先生的上述解说提供了一些重要的学术信息，也有合理的推测。
不过，由于受《汉书·地理志》的影响，对于楚昭王迁于鄀与还郢之
事仍然判断有误，认为楚昭王在迁都鄀地之后又返回郢，仍以纪南
城为都，并以《史记·楚世家》的记载作为证据。
　　《史记·楚世家》对于昭王时期这段历史叙述如下：

> 　　昭王之出郢也，使申鲍胥请救于秦。秦以车五百乘救楚，
> 楚亦收余散兵，与秦击吴。十一年六月，败吴于稷。会吴王弟
> 夫概见吴王兵伤败，乃亡归，自立为王。阖闾闻之，引兵去楚，

---

①　班固：《汉书》，北京：中华书局，1962 年版，第 1567 页。
②　杨伯峻：《春秋左传注》，北京：中华书局，1990 年版，第 1557–1558 页。

　　归击夫概。夫概败,奔楚,楚封之堂谿,号为堂谿氏。

　　　楚昭王灭唐。九月,归入郢。十二年,吴复伐楚,取番。楚恐,去郢,北徙都鄀。①

　　这段文字对楚昭王出郢、楚国迁都于鄀的始末交代得很清楚。由于楚国被吴国战败,吴军占领楚国郢都,楚昭王被迫离都逃亡,后来,在秦国的援助下,楚国战胜吴军,并消灭协助吴国的唐国。取得这些胜利之后,楚昭王返回郢都。第二年,由于楚国再次败于吴国,因此迁都于鄀地。楚昭王返回郢都在先,迁都于鄀在后。由于对《楚世家》这段记载的误读,导致理解上的混乱。

　　楚国自楚昭王十二年(前504)迁都于鄀,终昭王之世未再迁都。直到惠王五十六年(前433),又迁回纪南城,也就是《楚曾侯钟》文所说的“惟王五十有六祀,徙自西阳。楚王能章作曾侯乙宗彝,置之于西阳,其永时用享”②。也就是说,从楚昭王十二年(前504)到楚惠王五十五年(前434),在长达七十年的时间里,楚国的都城一直在鄀地,中间未再迁移。墨子两次南下到达楚国朝廷,大约是在楚惠王二十年(前469)和楚惠王五十年(前439),他所到达的楚国首都是在鄀地。

　　墨子首次南下到达楚廷是从鲁地或齐地出发,从鲁国首都曲阜到当时楚国首都所在的鄀,直线距离是六百公里。如果从齐地出发,距离就更加遥远。墨子十日十夜到达楚廷,每天行进路程要在六十公里以上,确实是平常人难以做到的。

　　钱穆先生在《墨子止楚攻宋考》中指出:“则墨子十日十夜自鲁至郢,亦宜城之郢耳,固未深历江汉奥区,达于江陵之郢也。”③这

---

　　① 司马迁:《史记》,北京:中华书局,1982年版,第1716页。
　　② 钱穆:《先秦诸子系年》,北京:商务印书馆,2001年版,第161页。
　　③ 钱穆:《先秦诸子系年》,北京:商务印书馆,2001年版,第162页。

种判断是正确的。不过,与孔子南下入楚相比,墨子南下的距离已经超越前者。孔子南下的踪迹限于北楚之地,墨子则已经进入楚国的中心地带。

三、墨子在楚国朝廷的军事演练和学说传播

墨子曾经两度南下到达楚国朝廷所在的都地。他在那里主要进行两方面的活动:一是与公输盘的军事演练,二是传播他所创立的墨家学说。第一方面活动比较简单,只是模拟的一场军事对抗。第二方面活动的内容则比较丰富,既有墨子与楚惠王的对话,又有他与公输盘及楚廷大臣穆贺的接触。同时,由于前后两次前往楚廷相隔三十年左右,因此,他对墨家学说的传播,侧重点也明显有差异。

1. 墨子与公输般的楚廷演练

公输盘为楚造云梯之械,将攻宋。墨子赶到楚廷,制止攻宋,并与公输盘进行了一番演练。《墨子·公输》篇有如下记载:

> 于是见公输盘。子墨子解带为城,以牒为械,公输盘九设攻城之机变,子墨子九距之,公输盘之攻械尽,子墨子之守圉有余。公输盘诎,而曰:“吾知所以距子矣,吾不言。”子墨子亦曰:“吾知子所以距我,吾不言。”楚王问其故,子墨子曰:“公输子之意,不过欲杀臣。杀臣,宋莫能守,可攻也。然臣之弟子禽滑厘等三百人,已持臣守圉之器,在宋城上而待楚寇矣。虽杀臣,不能绝也。”楚王曰:“善哉! 吾请无攻宋矣。”[①]

---

① 孙诒让:《墨子间诂》,北京:中华书局,2001 年版,第 487 - 488 页。

在这段话中,墨子与公输般进行了一场精彩的攻守城的模拟演习。所用器物是带与牒,关于"牒",孙诒让《墨子间诂》解释道:

> 《史记》索隐云:"谓墨子为术,解身上革带以为城也。牒者,小木札也。械者,楼橹等也。"毕本"牒"改作"褋",云:"旧作'牒',《太平御览·兵部》引作'褋',《北堂书钞》作'襟'。案作'褋'者是也。'襟'省为'褋',《说文》云:'南楚谓禅衣曰褋。'《玉篇》云:'褋,徒颊切,禅衣也,褋同。'又案陈孔璋《为曹洪与文帝书》云:'墨子之守,萦带为垣,折箸为械',则似以意改用之。"王云:"禅衣不可以为械,毕改非也。《史记·孟子荀卿传》集解引此正作'牒',索隐曰:'牒者,小木札也。'《说文》:'札,牒也。'《广雅》曰:'牒,版也。'故可以为械。《后汉书·张衡传》注亦引作'牒'。"洪颐煊说同。俞云:"毕据《太平御览》改作'褋',王氏又以作'牒'为是。其实'牒'、'褋'皆假字也,其本字当作'梜'。'梜'与'牒'叠韵字,《玉篇·欠部》:'渫,梜渫也。'《虫部》:'蛱,蛱蝶也。''梜'之与'牒',亦犹'渫'之与'渫'、'蛱'之与'蝶',声近而义通矣。《礼记·曲礼篇》:'羹之有菜者用梜',郑曰:'梜犹箸也。'以梜为械者,以箸为械也。陈孔璋《书》曰'折箸为械'。"案:俞说亦通。《世说》注引亦云:"墨子萦带守之",与陈琳文同。①

孙氏旁征博引各家对于"牒"的考证,反而求之过深。尹黎云先生《汉字字源系统》:"片,判木也。从半木。凡片之属皆从片。甲骨文作'𤕫'、'𤕫',非'从木半',横置之为'𤕫',正是牀的象形。《说文》无爿字,段玉裁补爿篆云:'反片为爿。'其实古文爿和片是同字异词。用为象形,则为爿,爿就是牀的初文;凡牀皆以木板拼

---

① 孙诒让:《墨子间诂》,北京:中华书局,2001年版,第486–488页。

成,故从爿指事,可得'判木'义,这就是片,片就是版的初文。牉是
为初文增意符,版是为初文增声符。"①由此则可断言,"牒"的质地
应为木头,形状应为片状物。"械",《史记索隐》引刘氏云:"械,谓
飞梯、橦车、飞石、车弩之具。"②根据上下文语境,简而言之,带的
质地柔软,易于弯曲,因而能够模拟城墙,牒则是用来模拟攻城器
件的木片之类,都是墨子和公输班可在楚廷之上就地取材之物。

　　孙诒让借鉴前人的说法,把牒说成是小木札、箸,后者指筷子。
凡是军事演练,要与实战具有相似性。墨子解带为城,那个时期人
们的腰带很长,可以模拟四周城墙的形状。至于攻城武器用牒加
以模拟,必然要效仿公输盘所造的云梯,否则,这场演练就没有针
对性和实际意义。如果按照孙诒让所说,牒指的是筷子形状的小
木札,那么,它就与云梯的形状相去甚远。按照尹黎云先生所作的
解释,爿是床的初文,那么,牒与床是否有关联呢? 扬雄《方言》卷
五写道:

　　　　床,齐鲁之间谓之箦,陈楚之间或谓之第。其杠,北燕朝
　　鲜之间谓之树,自关而西秦晋之间谓之杠,南楚之间谓之赵,
　　东齐海岱之间谓之桦。其上板,卫之北郊赵魏之间谓之牒,或
　　曰牐。③

对于其中的牒,华学诚先生作了如下梳理:

　　　　牒,《广雅·释器》:"牒、牐,版也。"王念孙疏证:"《广韵》:
　　'书版曰牒。'义与床版同。……《说文》:'牐,床版也,读若

---

①　尹黎云:《汉字字源系统》,北京:中国人民大学出版社,1998年版,第247页。
②　孙诒让:《墨子间诂》,北京:中华书局,2001年版,第487页。
③　华学诚:《扬雄方言校释汇证》,北京:中华书局,2006年版,第401页。

边。'床版谓之牐，简谓之牒，亦谓之编，其义一也。"①

牒指床板，是卫地北部及赵魏地区对床板的称呼。墨子曾经到过卫地，这里用的是卫地方言。公输盘以牒为械，就是用床板模拟他所造的云梯等器械，进行攻城演练。云梯是攻城器械中形制庞大者，用床板加以模拟，二者有相似性。古代的床板并不是固定在床架上，而是可以随时掀起。《周易·剥卦》六二称："剥床以辨。"高亨先生云："辨读为牐，床板也。"②床板可以随时揭起，公输盘所用的道具是就地取材，把宫中的床板掀起用作云梯的象征。墨子执腰带象征城墙，他用道具是比较轻松的，可以自由应对。公输盘用床板作道具，则是比较笨重的，操作起来比较吃力。最后公输盘败下阵来，固然是由于攻城之术用尽，同时也是因为体力不支的缘故。

关于"圉"，孙诒让《墨子间诂》解释道：

> 毕云："圉，《史记·集解》引作'固'，一本作'固'。《太平御览》作'禦'。《御览》引有云：'今公输设攻之械，墨子设守之备，公输九攻而墨子九拒之，终弗能入，于是乃偃兵，辍不攻宋。'俱多于此文。"诒让案：《御览》所引亦与《淮南子》文略同，疑皆涉彼而伪。③

在这里，毕沅认为"圉"应为"固"之误，因形相似。《太平御览》改作'禦'，因音相近。孙氏并没有做出进一步判断与考辨。如果稍加考证，则发现两说俱失。东汉许慎《说文·幸部》："图圉，所吕拘

① 华学诚：《扬雄方言校释汇证》，北京：中华书局，2006年版，第403页。
② 高亨：《周易大传今注》，济南：齐鲁书社，1998年版，第179页。
③ 孙诒让：《墨子间诂》，北京：中华书局，2001年版，第487页。

皋人。从口卒，一曰圉垂也。一曰圉人，掌马者。"清人段玉裁
注曰：

> 卒为罪人，口为拘之。故其字作圉，他书作囹圄者，同音
> 相假也。圄者，守之也。其义别。《说文》宋本作囹圄者，非
> 是。《月令》："仲春，命有司省囹圄。孟秋，命有司缮囹圄。"注
> 曰："囹圄，所以禁守系者，若今别狱矣。"蔡邕云："囹，牢也。
> 圄，止也。所以止出入，皆罪人所舍也。崇精问曰：'狱，周曰
> 圜土，殷曰羑里，夏曰均台。囹圄，何代之狱？'焦氏答曰：'《月
> 令》秦书，则秦狱名也。汉曰若卢，魏曰司空是也。'"按：蔡说
> 囹圄皆罪人所舍，云皆则不必一地，是以口部曰囹，狱也，不连
> 圄言。此言囹圄，错见以明之。……边垂者，可守之地，养马
> 者，守视之事。疑皆圉字引申之义，各书假圉为之耳。①

圉，是"圄"的古字。段氏十分清楚地指出"圉"是一个会意字，表示
罪人被看守于四周封闭的监狱，因而有围守之义，是后世秦代监狱
命名"囹圄"之所由来。圉垂意即边陲，是可守之地；称呼养马的人
为圉人，圉人所行，为守视之事。可见，两者均强调"圉"有守之义。
关于口，象形四周被包围之情状，尹黎云《汉字字源系统研究》写
道："口，回也。象回匝之形。凡口之属皆从口。甲骨文偏旁作
〔 〕，与小篆同，象围墙之形。'圉'下云：'守也。从口，韋声。'口就
是圉的初文。"②圉，从口，这里进一步明确地解释了"圉"的围守之
义。在《墨子·公输》一文中，"公输盘之攻械尽，子墨子之守圉有
余"，以"守圉"连用，与"攻械"相对。事实上，在楚廷演练过程中，

---

① 段玉裁：《说文解字注》，上海：上海古籍出版社，1988 年版，第 496 页。
② 尹黎云：《汉字字源系统研究》，北京：中国人民大学出版社，1998 年版，第
249 页。

墨子所行之事,正是据带为城,行使备守之法。守圉一词的意思,正与此义相符合。此外,采用以《墨》证墨的方法,即从《墨子》的文本寻找内证,下文"然臣之弟子禽滑厘等三百人,已持臣守圉之器"中的"守圉之器",再次采用了守圉的构词之法。所以,毋庸置疑,"圉"字并无讹误,也无需据形似或音近而另改它字,本身即能十分圆通地解释。

在先秦文献中,"圉"与"禦"两字也存在通用的情况,《诗经·大雅·烝民》:"不侮矜寡,不畏强禦"。① 而《离骚》:"浇身被服强圉。"②强禦、强圉,两者均有守御之义,只是用法上存在南北之别,分别出现于南北两地的诗歌用语中,北方周族的大雅采用强禦,而南方楚族的楚辞选用强圉。

2. 墨子宣扬"非攻"与尚义

墨子在成功说服公输般之后,得到公输般的引荐,前往楚廷游说楚惠王。《墨子·公输》篇记载道:

> 子墨子见王,曰:"今有人于此,舍其文轩,邻有敝舆,而欲窃之;舍其锦绣,邻有短褐,而欲窃之;舍其粱肉,邻有糠糟,而欲窃之。此为何若人?"王曰:"必为窃疾矣。"子墨子曰:"荆之地,方五千里,宋之地,方五百里,此犹文轩之与敝舆也;荆有云梦,犀兕麋鹿满之,江汉之鱼鳖鼋鼍为天下富,宋所为无雉兔狐狸者也,此犹粱肉之与糠糟也;荆有长松、文梓、楩柟、豫章,宋无长木,此犹锦绣之与短褐也。臣以三事之攻宋也,为

---

① 王先谦:《诗三家义集疏》,北京:中华书局,1987年版,第969页。
② 陈子展:《楚辞直解》,上海:复旦大学出版社,1996年版,第19页。

与此同类。"……楚王曰："善哉！吾请无攻宋矣。"①

关于这段史事，《战国策·宋卫策》记载为：

> 墨子见楚王曰："今有人于此，舍其文轩，邻有弊舆，而欲窃之；舍其锦绣，邻有短褐，而欲窃之；舍其粱肉，邻有糟糠，而欲窃之。此为何若人也?"王曰："必为有窃疾矣。"
>
> 墨子曰："荆之地方五千里，宋方五百里，此犹文轩之于弊舆也；荆有云梦，犀、兕、麋、鹿盈之，江汉鱼、鳖、鼋、鼍为天下饶；宋所谓无雉、兔、鲋鱼者也，此犹粱肉之与糟糠也。荆有长松、文梓、楩、柟、豫樟，宋无长木，此犹锦绣之与短褐也。臣以王吏之攻宋为与此同类也。"王曰："善哉！请无攻宋。"②

其中，墨子大段精彩纷呈的说辞得以保留，与《墨子》原文相比照，相差无几。然而，《战国策》略去了公输般与墨子的楚廷演练部分。另外，《淮南子·修务篇》亦载此事，然而仅仅描画事件轮廓，并无墨子见楚王之前游说公输般之事，也无长篇大论的游说楚王之辞，因此，墨子的论辞十分简略。记载如下：

> 昔者，楚欲攻宋，墨子闻而悼之，自鲁趋而十日十夜，足重茧而不休息，裂衣裳裹足，至于郢，见楚王。曰："臣闻大王举兵将攻宋，计必得宋而后攻之乎? 忘其苦众劳民，顿兵挫锐，负天下以不义之名，而不得咫尺之地，犹且攻之乎?"王曰："必不得宋，又且为不义，曷为攻之!"墨子曰："臣见大王之必伤义而不得宋。"王曰："公输，天下之巧士，作云梯之械设以攻宋，

---

① 孙诒让：《墨子间诂》，北京：中华书局，2001年版，第484－486页。
② 何建章：《战国策注释》，北京：中华书局，1990年版，第1211页。

曷为弗取!"墨子曰:"令公输设攻,臣请守之。"于是公输般设攻宋之械,墨子设守宋之备,九攻而墨子九却之,弗能入。于是乃偃兵,辍不攻宋。①

可见,以上三种不同的文献来源,记载同一史事,详略不同,风格各异。究其原因,则是各自为本书的主题大旨和布局谋篇服务。《墨子》成书在前,材料最为详实,后两者援引之,而各有侧重。《战国策》主要记载战国时期众策士游说各国诸侯的言论,纵横捭阖,以雄辩见长,因此,有的放矢地保留墨子的论辩之辞,而略去楚廷演练的叙事。相较而言,西汉刘安及其门客所编写的《淮南子》,在博取诸家之说的过程中,将历史材料进行了精心编排。略写墨子止楚攻宋的历史事件,道出史实的本质即可,重点在于立己之说,所以,行文风格显得十分简略。

再看,此处《墨子·公输》的行文,墨子游说楚王之事,一方面,情节跌宕起伏,人物之间的戏剧冲突扣人心弦。另一方面,墨子的论辩之辞十分精彩,逻辑严密,情理相融,充分展示了墨子的不俗辩才,也借机宣扬了墨家的思想理念。关于文轩,孙诒让写道:"《宋策》高诱注云:'文错之车也'。"②意谓装饰精美的车子。弊舆则指破旧之车。锦绣,指精美的丝织品。短褐,指粗布短衣。粱肉,何建章先生注:"精美的食物。粱,《汉书·食货志上》注:'好粟也'。"③糟糠,谓酒糟、米糠之类粗劣的食物。文轩与弊舆,锦绣与短褐,粱肉与糟糠,三组鲜明的对比,墨子巧妙地以"有窃疾"为喻,言明楚国攻打弱小的宋国,好比富人嗜好盗窃贫穷的邻人一样。最后,墨子步步为营,以请君入瓮之法,经过与公输般在楚廷的实

---

① 刘文典:《淮南鸿烈集解》,北京:中华书局,1989年版,第635-636页。
② 孙诒让:《墨子间诂》,北京:中华书局,2001年版,第485页。
③ 何建章:《战国策注释》,北京:中华书局,1990年版,第1212页。

际演练,并以众弟子围守宋城作后援,成功地迫使楚惠王放弃攻宋的计划。

《墨子·公输》和《淮南子·修务训》的上述记载中,墨子劝楚王不要攻宋,都是以义相诱导,认为攻宋是"王必伤义而不得",是"负天下以不义之名"。墨子的非攻主张,是以尚义为根据。尚义是他的核心理念,非攻则是尚义的具体举措。

《墨子·非攻上》专门阐述非攻的合理性,其中写道:

　　杀一人谓之不义,必有一死罪矣。若以此说往,杀十人,十重不义,必有十死罪矣;杀百人,百重不义,必有百死罪矣。当此,天下之君子皆知而非之,谓之不义。今至大为不义攻国,则弗知非,从而誉之,谓之义。情不知其不义也,故书其言以遗后世。若知其不义也,夫奚说书其不义以遗后世哉?①

这是运用逻辑推理的方式,指出攻伐是最大的不义之事,应该停止攻战,从而说明非攻主张的合理性。《非攻》共上、中、下三篇,均是对战争的不义加以定性,其中《非攻下》针对当时的学术争辩,反复论述战争的不义属性。在墨子学派看来,战争与义是水火不相容,因此,尚义就要非攻。

墨子初次南下进入楚国宫廷,与公输盘交往较多。他与公输盘的对话,也是通过标举尚义而反对攻战。《鲁问》篇有如下记载:

　　昔者楚人与越人舟战于江,楚人顺流而进,迎流而退,见利而进,见不利则其退难。越人迎流而进,顺流而退,见利而进,见不利则其退速。越人因此若执,亟败楚人。公输子自鲁南游楚,焉始为舟战之器,作为钩强之备,退者钩之,进者强

____
① 孙诒让:《墨子间诂》,北京:中华书局,2001 年版,第 129 页。

之,量其钩强之长,而制为之兵。楚之兵节,越之兵不节,楚人因此若执,亟败越人。公输子善其巧,以语子墨子曰:"我舟战以钩强,不知子之义亦有钩强乎?"子墨子曰:"我义之钩强,贤于子舟战之钩强。我钩强,我钩之以爱,揣之以恭。弗钩以爱则不亲,弗揣以恭则速狎,狎而不亲则速离。故交相爱,交相恭,犹若相利也。今子钩而止人,人亦钩而止子;子强而距人,人亦强而距子。交相钩,交相强,犹若相害也。故我义之钩强,贤於子舟战之钩强。"……公输子谓子墨子曰:"吾未得见之时,我欲得宋,自我得见之后,予我宋而不义,我不为。"①

这里,亟,意谓多次。钩强,即钩拒,谭家健先生解释道:"钩的作用是在敌船逃跑时将其钩住,拒的作用是在敌船前进时将其抵挡。"②这是一种兵器,可以控制水上作战的进退之势,改变处于长江上游楚军的被动为主动地位,从而转败为胜,说明公输般所发明的舟战之钩强,具有重要的实际战略价值,发挥了巨大的实际作用。然而,墨子"义之钩强",采取隐喻的手法,在处理人与人之间关系过程中,也能够做到把握进退之势,通过友爱来拉近距离,恭敬来疏远关系,从而保持适当的亲疏关系,实现人与人之间的互利互助。但是,公输般"舟战之钩强",用来作战时相互钩相互顶,是人们之间相互加害。相利胜过相害,所以,墨子"义之钩强",胜过公输般"舟战之钩强"。最后,公输般心悦诚服,放弃攻打宋国的念头。

此外,墨子对公输般的另一段止楚攻宋的游说之辞,《墨子·公输》篇也作了记载。如下:

---

① 孙诒让:《墨子间诂》,北京:中华书局,2001 年版,第 479 - 482 页。
② 谭家健、孙中原:《墨子今注今译》,北京:商务印书馆,2009 年版,第 408 页。

公输盘为楚造云梯之械成,将以攻宋。子墨子闻之,起于齐,行十日十夜而至于郢,见公输盘。公输盘曰:"夫子何命焉?"子墨子曰:"北方有侮臣,愿藉子杀之。"公输盘不说。子墨子曰:"请献十金。"公输盘曰:"吾义固不杀人。"子墨子起,再拜曰:"请说之。吾从北方闻子为梯,将以攻宋。宋何罪之有? 荆国有余于地,而不足于民,杀所不足,而争所有余,不可谓智。宋无罪而攻之,不可谓仁。知而不争,不可谓忠。争而不得,不可谓强。义不杀少而杀众,不可谓知类。"公输盘服。①

《战国策·宋卫策》也记载了此事,文字稍异而简略。类,意谓类推、推而广之。墨子采用类推的策略,从各个角度剖析攻宋是不可为之事,是不智、不仁、不忠、不强、不知类之举。统摄整个论说的是攻宋乃是不义之举,最后公输般也被说服。

3.《墨子》书中"义"的内涵

义,从语法角度看,谭家健先生注:"意动词,依其义。"②从概念上讲,所谓的义,本身具有十分丰富的内涵意蕴,是墨家学派重要的思想理念,是贯穿《墨子》全书的终极道德价值取向之一,以义名篇,单独列出《贵义篇》进行了专题阐述。纵观《墨子》文本频繁使用"义之君子"、"义士"等字眼,渲染浓重的墨家思想色彩,提倡济骄正嬖,多财分贫,从而锄强扶弱,伸张社会公平与正义等等尚义之举,可谓后世侠义思想的滥觞。《墨子·耕柱》篇记载道:

---

① 孙诒让:《墨子间诂》,北京:中华书局,2001 年版,第 483 - 484 页。
② 谭家健、孙中原:《墨子今注今译》,北京:商务印书馆,2009 年版,第 416 页。

　　治徒娱、县子硕问于子墨子曰:"为义孰为大务?"子墨子
曰:"譬若筑墙然,能筑者筑,能实壤者实壤,能欣者欣,然后墙
成也。为义犹是也,能谈辩者谈辩,能说书者说书,能从事者
从事,然后义事成也。"①

治徒娱、县子硕是墨子的两位弟子,向墨子询问如何为义、行义。
筑,本指捣土的杵,这里名词作动词。实壤,指夯土,使得墙壁结实
坚固。欣,据孙诒让转引王引之的考证:

　　王引之云:"欣当读为睎。《说文》:'睎,望也。'《吕氏春
秋·不屈》篇曰:'今之城者,或操大筑乎城上,或负畚而赴乎
城下,或操表掇以善睎望。'……'能欣者欣',欣与睎同,即彼
所云'操表掇以善睎望'也。……故从斤之字亦与从希之字相
通。《说文》:'昕,从日,斤声,读若希。'《左传》曹公子欣时,
《汉书·古今人表》作都时,是其证也。"②

欣,指操表目测,意谓测量。这里,墨子以筑墙为喻,"能筑者筑,能
实壤者实壤,能欣者欣",能够捣墙的捣墙,能够夯土的夯土,能够
测量的测量。单打独斗很难完成这项复杂的工程,需要众人量力
而出、乐于出力,发扬集体主义精神与社会公益道德。这就言明了
义的社会意蕴与社会效应,说明义并非仅仅注重独善修身,而是强
调兼济天下,着眼点并非仅仅在于个人,而是社会的全体人民。同
时,义的理念,并非出于一己私利,散发出人道主义的人性光辉,也
就与墨家的"兼爱"、"非攻"思想能够一以贯之。
　　在墨学体系中,非攻与尚义往往联系在一起,非攻是行动口号

----

① 孙诒让:《墨子间诂》,北京:中华书局,2001年版,第426-427页。
② 孙诒让:《墨子间诂》,北京:中华书局,2001年版,第426-427页。

和具体实践,尚义则是非攻的理论支撑。那么,墨家所崇尚的义,究竟指的是什么? 它的具体内涵如何? 对此,墨家本身给出了答案。《经》和《经说》出自墨子后学之手,其中对于义作了明确的界定。《经上》写道:"义,利也。"这种概况过于笼统,因此,《经说上》作了如下解释:"义,志以天下为芬而能,能利之,不必用。"对此,孙诒让作了如下解说:

> 毕云:"此释《经上》:'义,利也。'言意以为美,而施之又忘其劳。"张云:"芬,美也。而能,才也。"俞云:"'志'当作'者',草书相似而误。……"案:毕、张、俞说并非。此下"能"字,当读如《诗》"柔远能迩"之"能"。《汉书·百官公卿表》颜注:"能,善也。""能能利之",言能善利之也。……"不必用",言不必人用其义也。①

对于《经说上》的这段话,通常断句为:"义,志以天下为芬,而能能利之,不必用。"能能连用,在先秦文献中极其罕见,在这里无法圆通,造成解读障碍,应重新断句加以解读。

"义,志以天下为芬而能",其中的芬字,张氏、孙氏俱释为善,不确切,这里是取它的特殊含义。扬雄《方言》卷十三:"芬,和也。"华学诚先生写道:

> 芬,《广雅·释诂三》:"芬,和也。"王念孙疏证:"《方言》:'芬,和也。'郭璞注云:'芬香和调。'《周官·鬯人》注云:'鬯,酿秬为酒,芬香条畅于上下也。'《大雅·凫鹥》:'旨酒欣欣,燔炙芬芬。'皆芬芳调和之意也。凡人相和好亦谓之芬。《荀子·议兵》篇云:'其民之亲我欢若父母,其好我芬若椒兰。'

---

① 孙诒让:《墨子间诂》,北京:中华书局,2001 年版,第 334 页。

《非相》篇云：'欢欣芬芗以送之。'皆是也。"①

芬，指和谐、友好，这是它的特殊含义。"志以天下为芬"，就是志以天下为和，把天下和谐作为自己的志向。《经说上》释孝称："孝，以亲为芬而能，能则亲，不必得。"②以亲为芬，就是以亲为和。芬，亦指和。

"义，志以天下为芬而能"，对于其中的能字，孙诒让引颜师古《汉书》注释为善，不确。至于他所援引《诗经·大雅·民劳》的"柔远能迩"中的能字，它的含义并不是指的善。郑玄笺："能，犹'伽'也。迩，近也。安远方之国，顺伽其近者。"③能，指顺从、顺应，这种含义在先秦文献中不时可以见到。《左传·襄公二十一年》称范鞅"与栾盈为公族大夫而不相能"，杨伯峻先生注："不相能，犹言不相得，不能共处。"④不相能，即不能顺，彼此不服。《墨子·经说上》对于义所作的界定："义，志以天下为芬而能，能利之，不必用。"意谓所说的义，指的是志在天下和谐顺随，顺随而有利，不一定为自己所用。墨家所崇尚的义，是以天下和谐为目标，使天下顺随获利，而不是谋取私利，不求天下为己所用。

墨家所崇尚的义，旨在追求天下和谐、反对损人利己。这个学派把主动发起战争比作行窃，就在它的损人利己。墨子学派主张人与人之间和平共处，相安无事，明确提出尚同的主张，这个主张也是把义作为纲领。《尚同中》写道："唯以其能一同其乡之义，是以乡治"，"唯以其能一同其国之义，是以国治"，"唯以其能一同天下之义，是以天下治。"⑤所谓的尚同，就是能用义把人统一，使得

---

① 华学诚：《扬雄方言校释汇证》，北京：中华书局，2006 年版，第 945 - 946 页。
② 孙诒让：《墨子间诂》，北京：中华书局，2001 年版，第 336 页。
③ 王先谦：《诗三家义集疏》，北京：中华书局，2009 年版，第 909 页。
④ 杨伯峻：《春秋左传注》，北京：中华书局，1990 年版，第 1058 页。
⑤ 孙诒让：《墨子间诂》，北京：中华书局，2001 年版，第 81 - 82 页。

天下太平,尚义与尚同,二者紧密联系在一起。

墨家尚义,反对战争,认为那是损人利己的行窃勾当,由此而来,约束自己也成为义的重要内涵。《说文·我部》:"义,己之威义也。从我,从羊。羛,墨翟书义从弗。"段玉裁注写道:

> 墨翟书,《艺文志》所谓《墨子》七十一篇也,今存者五十三篇。義无作羛者,盖岁久无存焉尔。从弗者,盖取矫弗合宜之意。①

许慎所见《墨子》一书,义字的写法与其它文献不同,它的构形不是从羊、从我,而是从羊、从弗。弗,指的是矫正,羛,具有自我矫正之义。由此可见,墨家所崇尚的义,带有严格的自律性质,目的是利人而不自利,以此追求天下的和谐。

墨子初次南下进入楚国朝廷,是在墨学的初创时期。他在楚地以非攻为目标,制止楚国攻宋。在此过程中,高举尚义的旗帜,传播墨家以义求社会和谐的理念。他所传播的这些思想得到楚惠王和公输盘的认同,圆满完成止楚攻宋的使命。墨学初期的入楚,收到良好的效果,为楚文化所接纳。

4. 墨子第二次到达楚廷的献书和陈辞

《墨子·贵义》篇记载道:

> 子墨子南游于楚,见楚献惠王,献惠王以老辞,使穆贺见子墨子。子墨子说穆贺,穆贺大说,谓子墨子曰:"子之言则诚善矣,而君王天下之大王也,毋乃曰'贱人之所为'而不用乎?"

---

① 段玉裁:《说文解字注》,上海:上海古籍出版社,1988 年版,第 633 页。

子墨子曰:"唯其可行。譬若药然,草之本,天子食之以顺其疾,岂曰:'一草之本'而不食哉?今农夫入其税于大人,大人为酒醴粢盛,以祭上帝鬼神,岂曰'贱人之所为'而不享哉?故虽贱人也,上比之农,下比之药,曾不若一草之本乎?且主君亦尝闻汤之说乎?昔者,汤将往见伊尹,令彭氏之子御。彭氏之子半道而问曰:'君将何之?'汤曰:'将往见伊尹。'彭氏之子曰:'伊尹,天下之贱人也。君若欲见之,亦令召问焉,彼受赐矣。'汤曰:'非女所知也。今有药于此,食之则耳加聪,目加明,则吾必说而强食之。今夫伊尹之于我国也,譬之良医善药也。而子不欲我见伊尹,是子不欲吾善也。'因下彭氏之子,不使御。彼苟然,然后可也。"①

关于墨子第二次到达楚廷的遭遇,其更详细的记载,见于《渚宫旧事》卷二:

> 墨子至郢,献书惠王,王受而读之,曰:"良书也。是寡人虽不得天下,而乐养贤人,请过进曰百种,以待官舍人,不足须天下之贤君。"墨子辞曰:"翟闻贤人进道,不行不受其赏,义不听不处其朝。今书未用,请遂行矣。"将辞王而归。王使穆贺以老辞。鲁阳文君言于王曰:"墨子,北方贤圣人,君王不见,又不为礼,毋乃失士?"乃使文君追墨子,以书社五里封之,不受而去。②

《渚宫旧事》明言"墨子至郢,献书惠王,王受而读之",而《贵义》篇没有提到献书一事。不过,穆贺称"子之言则成善矣",从这句话推

---

① 孙诒让:《墨子间诂》,北京:中华书局,2001 年版,第 440 – 441 页。
② 余知古:《渚宫旧事》,北京:中华书局,1985 年版,第 24 页。

断,墨子确实献书楚惠王,对于书中的内容,惠王颇为欣赏。

墨子第二次到达楚廷是在楚惠王五十年,距离前一次入楚止攻已经长达三十年之久。此时的墨子进入老年阶段,墨学也变得成熟,形成自己的体系。但是,楚惠王以自己年老为理由拒绝接见墨子,派穆贺与墨子交谈。墨子此次入楚受到冷遇,而对穆贺称他的书是"贱人之所为",墨子以草药可治天子之病,农夫生产的粮食可以祭神,以证明自己虽然为贱人代言,却是大有用处,然后讲述商汤王枉驾屈尊拜访伊尹的历史传说。

尚贤是墨子的重要主张,《墨子》一书专列《尚贤》篇目。在论述尚贤过程中,墨子反复提到出身微贱之人得到君王重用的历史故实。《尚贤》篇写道:

> 故古者尧举舜于服泽之阳,授之政,天下平;禹举益于阴方之中,授之政,九州成;汤举伊尹于庖厨之中,授之政,其谋得;文王举闳夭泰颠于罝罔之中,授之政,西土服。①

这里列举虞、夏、商、周四代举贤任能的故实,用以说明尚贤的重要性。他在第二次进入楚廷时再次提到商汤拜访伊尹的故事,可见他是以伊尹自命,体现的是战国士人为帝王师的情结,以及圣君贤臣遇合的理想。墨子第一次进入楚廷,显示的是义士的风范,所传播的是以尚义为核心的非攻理念。第二次入楚,他以墨学宗师的身份出现,由于遭受冷遇而表达他的尚贤理念,与首次入楚关注的焦点明显有别。

墨子第二次进入楚廷,献书楚王。楚国君臣虽然口头承认墨学"成善",却不肯采纳,理由是墨学之主张乃"贱人之所为",不合乎统治者的口味。此次墨学在楚廷遭到拒绝,从一个侧面反映出

---

① 孙诒让:《墨子间诂》,北京:中华书局,2001 年版,第 47 - 48 页。

这个学派的历史命运,它的衰落有着历史的必然性。

四、墨子在楚地鲁阳的惨淡经营

墨子在南下入楚国推行墨家学说过程中,与鲁阳文君进行了一系列的交往。据《墨子·鲁问》篇和《墨子·耕柱》篇的相关记载,墨子谏止鲁阳文君攻郑,墨子由南俗论非攻,以及鲁阳文君向墨子询问何谓忠臣,诸如此类。墨子在楚地鲁阳受到鲁阳文君的赏识,充当了鲁阳公的人生导师角色,由此在楚地鲁阳进行了一番惨淡经营。

1. 鲁阳文君与鲁阳其地

关于鲁阳文君,又称鲁阳文子,或鲁阳公,最为著名的莫过于鲁阳挥戈而日反的典故,《淮南子·览冥训》记载:"鲁阳公与韩构难,战酣日暮,援戈而撝之,日为之反三舍。"舍,高诱注:"次宿也。"刘文典转引陶方琦注云:

> 《文选》郭璞《游仙诗》注引许注:"二十八宿,一宿为一舍也。"按:《论衡·感虚》篇:"星之在天也,为日月舍,犹地有邮亭,为长吏廨也。"二十八宿有分度,一舍十度,或增或减。言日反三舍,乃三十度也。《广雅·释诂》:"宿,舍也。"[1]

照此推算,日反三舍,意即时间往后倒退了一个时辰,日照时间延长。本已日暮,天光复明,表现出鲁阳公十分恋战的情绪。这里,有关鲁阳公的传说夸诞不经,令人难以置信,历史上却实有鲁阳公

---

① 刘文典:《淮南鸿烈集解》,北京:中华书局,1989 年版,第 193 页。

其人。《左传·哀公十六年》："沈诸梁兼二事，国宁，乃使宁为令尹，使宽为司马，而老于叶。"杨伯峻先生转引高士奇《左传姓名同异考》云：

> 公孙宽亦曰鲁阳文子（见《楚语下》），亦曰鲁阳公（见《楚语下》注、《淮南子·览冥训》及注）。①

鲁阳文君是否与公孙宽为一人？高士奇的推断是以《楚语下》韦昭注为依据，韦昭注称："文子，平王之孙，司马子期子鲁阳文公也。"②可是考之于历史记载，这种说法疑点颇多。

第一，《左传·哀公十六年》记载，楚国白公之乱被平定之后，"沈诸梁兼二事，国宁，乃使宁为令尹，使宽为司马，而老于叶。"对其中的宁、宽，杜预注："子西之子子国也"、"子期之子"。③沈诸梁即叶公子高，他在平定白公之乱期间身兼令尹、司马二职。国家已经安定，他辞去这两个职务，令子西之子宁任令尹、子期之子宽为司马，这两个人都是子承父业。杜预注称宽是子期之子，而没有说他就是鲁阳文公。杜预与韦昭基本是同一历史阶段的学者，生年略晚于韦昭。如果担当楚国司马的子期之子宽就是鲁阳文公，杜预不会忽略。

第二，楚国白公之乱期间，叶公子高从叶地出兵平叛。鲁阳距离叶地很近，如果鲁阳公就是子期之子宽，那么，他应该协同叶公前往。可是，《左传》没有这方面的记载。子期在白公之乱期间被杀，如果鲁阳文公是子期之子宽，他应该而且有能力前往救助，然而，找不到这方面的信息。

---

① 杨伯峻：《春秋左传注》，北京：中华书局，1990年版，第1704页。
② 徐元诰：《国语集解》，北京：中华书局，2002年版，第527—528页。
③ 杜预：《春秋左传集解》，上海：上海人民出版社，1974年版，第1825—1826页。

由此看来,把鲁阳文公说成是子期之子宽,缺乏必要的证据。当然,这并不排除鲁阳文公有可能出自楚国公族,甚至与子期有血缘关系,只是不能把他和子期之子宽混同为一人。

《左传·哀公十六年》有如下记载:

> 胜自厉剑,子期之子平见之,曰:"王孙何自厉也?"曰:"胜以直闻,不告女,庸为直乎?将以杀尔父。"平以告子西。①

胜,指白公胜。他直言不讳地告诉子期之子平,自己磨剑为的就是要杀死子期。白公之乱期,子期之子平在楚国朝廷。平,有平坦之义。宽,有舒缓、宽阔之义,很有可能,子期之子平,就是后面提到的宽。平、宽,一为名,一为字,二者意义相通。

鲁阳文君因受封于鲁阳而得名。《国语·楚语下》记载道:

> 惠王以梁与鲁阳文子,文子辞曰:"梁险而在北境,惧子孙之有贰者也。夫事君无憾,憾则惧偪,偪则惧贰。夫盈而不偪,憾而不贰者,臣能自寿也,不知其他。纵臣而得以其首领以没,惧子孙之以梁之险,而乏臣之祀也。"王曰:"子之仁,不忘子孙,施及楚国,敢不从子。"与之鲁阳。②

这里叙述了鲁阳文君受封于鲁阳的经过,最初楚惠王以梁地封鲁阳文子。梁,今河南临汝县西,地处汝水流域,据《汉书·地理志》属河南郡,班固自注:"惮狐聚,秦灭西周徙其君于此。阳人聚,秦灭东周徙其君于此。"③又《水经注·汝水》写道:"汝水又东,得鲁

---

① 杨伯峻:《春秋左传注》,北京:中华书局,1990年版,第1701页。
② 徐元诰:《国语集解》,北京:中华书局,2002年版,第527-528页。
③ 班固:《汉书》,北京:中华书局,1962年版,第1556页。

公水口。水上承阳人城东鲁公陂。城,古梁之阳人聚也,秦灭东周,徙其君于此。……水又迳梁城西,按《春秋》,周小邑也,于战国为南梁矣。……汝水又左合三里水,水北出梁县西北,而东南流,迳其县故城西,故惮狐聚也,《地理志》云,秦灭西周,徙其君于此,因乃县之。杜预曰:河南县西南有梁城,即是县也。"熊会贞疏:

> 会贞按,《楚语》,惠王以梁与鲁阳文子。《淮南·览冥训》谓之鲁阳公,盖即此鲁公,而陂及水皆取以为名也。守敬按:《史记·秦本纪》,庄襄王元年,灭东周,不绝其祀,以阳人地赐周君。《汉志》本之,梁县下云,阳人聚,秦灭东周,徙其君于此。注下载秦灭西周事,称《地理志》云,此不举所参据者,以东周灭徙事详史篇,故不具也。《地形志》,汝北郡初治阳仁城。仁、人古通。《括地志》,阳人故城在梁县西四十里。在今汝州西……会贞按:《齐策》南梁,高注,梁,韩邑,今河南梁也。大梁,魏都,在北,故曰南梁。《史记·田齐世家》索隐引《晋太康地记》,战国谓梁为南梁者,别之于大梁、少梁也。大梁,见《渠水》篇,少梁见《河水注》四。①

梁,自古属于兵家必争之地,历史上几易其主,春秋时,处于东周与楚国的边境,最后战国时属韩。起初鲁阳文君担忧后代居于楚境梁地,极易畔楚而造成灭族,因而不接受楚惠王的赐封,而改封鲁阳。关于鲁阳的得名由来,《水经注·滍水》:

> 滍水又东迳鲁阳县故城南……有鲁山,县居其阳,故因名焉。王莽之鲁山也。昔在于楚,文子守之,与韩遘战,有返景

---

① 杨守敬、熊会贞:《水经注疏》,南京:江苏古籍出版社,1989年版,第1747 -1749页。

之诚。内有《南阳都乡正卫为碑》。①

鲁山,古属南阳郡,在今河南鲁山县。据《汉书·地理志》:"鲁阳,有鲁山。古鲁县,御龙氏所迁。鲁山,滍水所出,东北至定陵入汝。"②滍水即泚水,泚水源出于鲁山,后汇入汝水。鲁阳因位于鲁山的南面而得名。墨子曾经由北入楚,鲁阳是必经之地,因此,墨子与鲁阳文君的交往是可能的。

2. 墨子止鲁阳文君攻郑

春秋、战国之际,诸侯之间的兼并战争日趋激烈。墨子来到楚国之时,正值楚国强盛于南方,连年吞并陈、杞诸类小国。墨子认为楚人多事侵占攻伐,称楚为好战之国,《墨子·非攻下》篇言:"今天下好战之国,齐、晋、楚、越。"③又《墨子·节葬下》篇云:"诸侯力征,南有楚越之王,北有齐晋之君。"④所以,墨子与鲁阳文君交往中,极力宣扬墨家的"非攻"主张,重点围绕"非攻"理念而展开。

首先,墨子曾阻止鲁阳公攻郑,《墨子·鲁问》篇写道:

> 鲁阳文君将攻郑,子墨子闻而止之,谓阳文君曰:"今使鲁四境之内,大都攻其小都,大家伐其小家,杀其民人,取其牛马狗豕布帛米粟货财,则何若?"鲁阳文君曰:"鲁四境之内,皆寡人之臣也。今大都攻其小都,大家伐其小家,夺之货财,则寡人必将厚罚之。"子墨子曰:"夫天之兼有天下也,亦犹君之有

---

① 杨守敬、熊会贞:《水经注疏》,南京:江苏古籍出版社,1989 年版,第 2584 - 2585 页。
② 班固:《汉书》,北京:中华书局,1962 年版,第 1564 页。
③ 孙诒让:《墨子间诂》,北京:中华书局,2001 年版,第 145 页。
④ 孙诒让:《墨子间诂》,北京:中华书局,2001 年版,第 179 页。

四境之内也。今举兵将以攻郑，天诛其不至乎?"鲁阳文君曰：
"先生止我攻郑也? 我攻郑，顺于天之志。郑人三世杀其父，
天加诛焉，使三年不全，我将助天诛也。"子墨子曰："郑人三世
杀其父，而天加诛焉，使三年不全，天诛足矣。今又举兵将以
攻郑，曰：'吾攻郑也，顺于天之志。'譬有人于此，其子强梁不
材，故其父笞之。其邻家之父举木而击之，曰：'吾击之也，顺
于其父之志。'则岂不悖哉?"①

这里鲁阳文君伐郑的理由是郑国频繁弑父的现象。关于郑人三世
弑其父，孙诒让认为弑父是弑君，三世是二世之误，辨析如下：

> 苏云："'父'当作'君'，据《史记·郑世家》云：'哀公八年，
> 郑人弑哀公而立声公弟丑，是为共公。三十年，共公卒，子幽
> 公已立。幽公元年，韩武子伐郑，杀幽公，郑人立幽公弟骀，是
> 为繻公。二十七年，子阳之党共弑繻公'，是三世弑君事
> 也。"……考文君即公孙宽，为楚司马子期子。据《左传》，子期
> 死白公之难，在鲁哀公十六年，次年宽即嗣父为司马，即白公
> 作乱时，宽至少亦必已弱冠。郑繻公之弑，在鲁穆公十四年，
> 上距哀公十六年已八十四年，文子若在，约计殆逾百岁，岂尚
> 能谋攻郑乎? 窃疑此"三世"并当作"二世"，盖即在韩杀幽公
> 之后。幽公之死当鲁元公八年，时文子约计当七十余岁，于情
> 事倘有合者。②

孙氏的辨析极其充分，但是，失之考之过实、求之过深，并且随意更
改古人本意。《鲁问》篇明确记载"郑人三世弑其父"，孙氏认为其

---

① 孙诒让：《墨子间诂》，北京：中华书局，2001年版，第468-469页。
② 孙诒让：《墨子间诂》，北京：中华书局，2001年版，第469页。

中的父指国君,这就陷于武断。从当时郑国的实际情况考察,无论如何也找不到郑人三世弑其君的记载,因此,孙氏便认为三世是二世之误,用以证成其说。事实上,对于"郑人三世弑其父",不必与弑君相联系,取其字面本义即可。尤其,在鲁文君时代,郑国有的家族连续三世弑其父,是严重违背父子之义的忤逆之道,因此,鲁阳文君据此伐郑。三年不全,孙诒让注:"《吕氏春秋·本生》篇高注云:'全犹顺也。'三年不全,犹《玉藻》云:'年不顺成。'"①在古人的观念里,认为这是上天旨在惩戒的体现。孙氏训全为顺,以《吕氏春秋·本生》篇高诱注为据。可是,高注并不准确,不能作为依据。《吕氏春秋·本生》篇称:

> 始生之者,天也;养成之者,人也。能养天之所生而勿撄之谓天子。天子之动也,以全天为故者也。此官之所自立也。立官者以全生也。②

这里相继提到全天、全生,对于其中的全字,要从《本生》篇以下论述中去寻找它的具体含义:

> 万人操弓共射一招,招无不中。万物章章,以害一生,生无不伤;以便一生,生无不长。故圣人之制万物也,以全其天也。③

这里再次提到"全其天"。文中以射箭作比喻指出,人如果放纵耳目口腹之欲,就会像万人操弓共射同一靶子那样,被万物所伤害。

---

① 孙诒让:《墨子间诂》,北京:中华书局,2001年版,第469页。
② 陈奇猷:《吕氏春秋新校释》,上海:上海古籍出版社,2002年版,第21页。
③ 陈奇猷:《吕氏春秋新校释》,上海:上海古籍出版社,2002年版,第22页。

所谓的全其生,指的是节制情欲、统辖万物,不被外物伤害,保全天性。《本生》篇的全天、全生,指的是保全天性、保全生命。全,指的是保全,高诱注不确切,孙氏以此为据训"三年不全"为三年不顺,失之牵强。

《鲁问》篇的"三年不全",不是指三年不顺、三年收成不好,而是另有所指。《周礼·天官·医师》:"岁终则稽其医事,以制其食,十全为上。"郑玄注:"全,犹愈也。"贾公彦疏:"据所治愈不愈之状,而制其食禄。"①全,在这里通"痊",谓痊愈。《黄帝内经素问·示从容论》:

> 黄帝燕坐,召雷公而问之曰:"……子务明之可以十全,即不能知,为世所怨。"雷公曰:"臣请诵《脉经·上下篇》,甚众多矣,别异比类,犹未能以十全,又安足以明之?"②

雷公是传说中的神医,黄帝与他的对话都提到十全。所谓的十全,指能经过治疗全部康复,全,谓痊愈。

全,有时指痊愈,《鲁问》篇的"三年不全",用的正是这种意义。传说郑国有的家族连续三世弑其父,凶手受到上天的惩罚,得病三年而无法痊愈。这才是原文的本义,与年成丰歉无关。

对于《鲁问》中的强梁不材,孙诒让注:"《道德经》云:'强梁者不得其死',《庄子·山木》释文云:'强梁,多力也。'《诗·大雅·荡》《毛传》云:'强梁,御善也。'孔疏云:'强梁,任威使气之貌。'"③可见,这里的意思是强横霸行,并且不具备真才实学,属于典型的不肖子孙,因而受到其父苛责。

---

① 郑玄注、贾公彦疏:《周礼注疏》,上海:上海古籍出版社,2010 年版,第 150 页。

② 林亿等:《重广补注黄帝内经》,成都:四川人民出版社,1997 年版《诸子集成补编》(四),第 531 页。

③ 孙诒让:《墨子间诂》,北京:中华书局,2001 年版,第 469 页。

　　这里,墨子首先从鲁阳的实际出发,根据鲁阳的法律制度,"大都攻其小都,大家伐其小家",杀民虏财,将会遭到严厉的处罚。推而广之,就天下来说,毫无由来地攻郑也同样应当受到厚罚。最后,巧妙地以邻人之父僭越亲疏关系而去惩罚邻人之子的事例为喻,说明郑人弑父是郑国家族之政,而伐郑则是越权干涉郑国内政,是一场违背情理的无义之战。因此,照此逻辑,鲁阳文君不再有理由去伐郑。

　　早在一个多世纪以前的楚地,也发生了类似的事例,同样认为,以武力干涉他国内政是无义之举。据《左传·宣公十一年》记载:

　　　　冬,楚子为陈夏氏乱故,伐陈。谓陈人:"勿动!将讨于少西氏。"遂入陈,杀夏征舒,轘诸栗门。因县陈。陈侯在晋。

　　　　申叔时使于齐,反,复命而退。王使让之曰:"夏征舒为不道,弑其君,寡人以诸侯讨而戮之,诸侯、县公皆庆寡人,女独不庆寡人,何故?"对曰:"犹可辞乎?"王曰:"可哉!"曰:"夏征舒弑其君,其罪大矣;讨而戮之,君之义也。抑人亦有言曰:'牵牛以蹊人之田,而夺之牛。'牵牛以蹊者,信有罪矣;而夺之牛,罚已重矣。诸侯之从也,曰讨有罪也。今县陈,贪其富也。以讨召诸侯,而以贪归之,无乃不可乎?"王曰:"善哉!吾未之闻也。反之,可乎?"对曰:"吾侪小人所谓'取诸其怀而与之'也。"乃复封陈,乡取一人焉以归,谓之夏州。[1]

蹊,名词作动词,杨伯峻先生解释道:"径也。此作动词用,谓牵牛从人田中走过以为捷径也。"[2]此事也记载于《史记·楚世家》、《史

────────────
　①　杨伯峻:《春秋左传注》,北京:中华书局,1990 年版,第 714－715 页。
　②　杨伯峻:《春秋左传注》,北京:中华书局,1990 年版,第 715 页。

记·陈世家》《淮南子·人间训》,文字稍异而简略。鲁宣公十一年(前589),楚庄王因陈国大夫夏征舒弑其君灵侯,而征讨陈国,并灭之。申叔时以"牵牛以蹊人之田,而夺之牛"的故事,劝谏楚庄王干涉别国内政实属过分,最后,楚庄王复封陈国。可见,早在一百年前,楚人就萌发了近似墨家学派"非攻"学说的思想因子,反对以武力肆意干涉邻国内政而发动无义之战。

3. 墨子与鲁阳文君论"非攻"

墨子以"非攻"说鲁阳文君,事迹记载于《墨子·鲁问》篇与《墨子·耕柱》篇。而墨家学派的"非攻"理念,在《墨子·非攻》上、中、下三篇得到集中阐释与论述,因此,两者往往可以相互印证,《非攻》篇是墨子游说鲁阳文君的理论根据,而墨子游说鲁阳文君则是"非攻"理论的实践运用,是对《非攻》篇所作的生动注脚。

首先,墨子以童子为马的游戏来论"非攻"。《墨子·耕柱》写道:

> 子墨子谓鲁阳文君曰:"大国之攻小国,譬犹童子之为马也。童子之为马,足用而劳。今大国之攻小国也,攻者农夫不得耕,妇人不得织,以守为事;攻人者,亦农夫不得耕,妇人不得织,以攻为事。故大国之攻小国也,譬犹童子之为马也。"①

此处,墨子以"童子之为马"为喻,言攻伐之事。与之相互印证,《墨子·非攻下》写道:"子墨子曰:夫天下处攻伐久矣,譬若傅子之为马然。"孙诒让注:"王云:傅当为'僮'之误也。僮,今童字也。"②谭

---

①　孙诒让:《墨子间诂》,北京:中华书局,2001年版,第431–432页。

②　孙诒让:《墨子间诂》,北京:中华书局,2001年版,第122页。

家健先生解释:"天下处于攻伐时代已经很久了,就像小孩子把竹竿当马骑一样,无用而徒劳。"①《庄子·徐无鬼》有牧马童子言于黄帝治天下若牧马的传说,古时日常生活中则童子也常常以竹马为戏,是指儿童游戏时骑坐竹竿作驾马之态,双足必须蹬地才能驱驶前进。所以,墨子言"足用而劳",意思是双足徒劳而无所功用。因此之故,墨子从功用主义角度出发,认为诸侯之间的攻伐,妨碍了耕织,这于普天之下的人民百姓毫无益处,仅是劳民伤财而徒劳无功,正如童子戏为竹马的游戏。

其次,万事莫贵于义(《墨子·贵义》),墨子言"非攻",往往以义立论,以义为上。有时采用以家言国而小中喻大的推论方式,反之亦然,由大言小,由家国天下而推及邻里纠纷,用来阐明攻伐伤义,而"非攻"全义的道理。《墨子·鲁问》篇写道:

> 子墨子谓鲁阳文君曰:"攻其邻国,杀其民人,取其牛马粟米货财,则书之于竹帛,镂之于金石,以为铭于钟鼎,传遗后世子孙,曰:'莫若我多!'今贱人也,亦攻其邻家,杀其人民,取其狗豕食粮衣裘,亦书之竹帛,以为铭于席豆,以遗后世子孙,曰:'莫若我多',亓可乎?"鲁阳文君曰:"然。吾以子之言观之,则天下之所谓可者,未必然也。"②

亓,是"其"的古字,代指墨子前面所叙的内容,并加以反问的语气,表示否定意义。这里墨子以国及家的推论方式,推而广之,说明攻伐就像邻里之间的赤裸裸的巧取豪夺一样,均是不合情理的。针对鲁阳文君所言"天下之所谓可者",在《墨子·鲁问》篇中,墨子又进一步阐述道:

---

① 谭家健、孙中原:《墨子今注今译》,北京:商务印书馆,2009年版,第122页。
② 孙诒让:《墨子间诂》,北京:中华书局,2001年版,第469页。

> 子墨子谓鲁阳文君曰："世俗之君子,皆知小物而不知大物。今有人于此,窃一犬一彘则谓之不仁,窃一国一都则以为义。譬犹小视白谓之白,大视白则谓之黑。是故世俗之君子,知小物而不知大物者,此若言之谓也。"①

这里,墨子指出"窃一国一都,则以为义",正是鲁阳文君所言"天下之所谓可者",这是人们错误的观念所导致。行窃之事,属于明法禁令的行为,人们认为是不仁的;而攻伐却是盗窃整个国家,人们却不能看清事实的错误本质,误以为是行义之事。墨子进一步找到人们此种认识的错误方法论根源,是"知小物而不知大物",即只知道小事情,不知道大事情。犹如看见一点白说是白,看见一大片白则说是黑。

以上墨子的说辞,与之相互对应的是《墨子·非攻上》中的一段文字,《墨子·非攻上》篇写道:

> 今有一人,入人园圃,窃其桃李,众闻则非之,上为政者得则罚之。此何也? 以亏人自利也。至攘人犬豕鸡豚者,其不义又甚入人园圃窃桃李。是何故也? 以亏人愈多,其不仁兹甚,罪益厚。至入人栏厩,取人马牛者,其不仁义又甚攘人犬豕鸡豚。此何故也? 以其亏人愈多。苟亏人愈多,其不仁兹甚,罪益厚。至杀不辜人也,扡其衣裘、取戈剑者,其不义又甚入人栏厩、取人马牛。此何故也? 以其亏人愈多。苟亏人愈多,其不仁兹甚矣,罪益厚。当此,天下之君子皆知而非之,谓之不义。今至大为攻国,则弗知非,从而誉之,谓之义。此可谓知义与不义之别乎?
>
> 杀一人谓之不义,必有一死罪矣。若以此说往,杀十人,

---

① 孙诒让:《墨子间诂》,北京:中华书局,2001 年版,第 469-470 页。

> 十重不义,必有十死罪矣。杀百人,百重不义,必有百死罪矣。当此,天下之君子皆知而非之,谓之不义。今至大为不义攻国,则弗知非,从而誉之,谓之义。情不知其不义也,故书其言以遗后世。若知其不义也,夫奚说书其不义以遗后世哉?①

此处的论述正是墨家学派"非攻"思想的集中体现,因此,说理更显得缜密,逻辑清晰而井然有序。与墨子对鲁阳文君的说辞相比较,体现出以下几个共同点:

第一,两者的行文逻辑是一致的,都是正反面兼有之的论证方法。分别采用以"今至大为攻国"而小中喻大,反之亦然,以及"若以此说往"而由大言小的推论方式,以此来论说"义与不义之别",目的在于推出最后的结论,即攻伐是不义之事。

第二,同样使用例证法,两者录用大致相类似的事例,而且,相同的文字也见诸字里行间。具体来看,两者均不约而同地论及窃取邻人之财物,攻打邻国即窃国,并且书攻伐之事而遗后世诸类例子。

两篇论述的关键论题与中心主旨,不言自明,只有一个,即墨家学派的"非攻"理念。

墨子还以"有窃疾"论非攻。《墨子·耕柱》写道:

> 子墨子谓鲁阳文君曰:"今有一人于此,羊牛刍豢,维人但割而和之,食之不可胜食也,见人之作饼,则还然窃之,曰:'舍余食。'不知日月安不足乎? 其有窃疾乎?"鲁阳文君曰:"有窃疾也。"子墨子曰:"楚四竟之田,旷芜而不可胜辟,评灵数千,不可胜,见宋郑之闲邑,则还然窃之,此与彼异乎?"鲁阳文君

---

① 孙诒让:《墨子间诂》,北京:中华书局,2001 年版,第 128 - 129 页。

曰:"是犹彼也,实有窃疾也。"①

此段文字解读障碍较多,前人已有所辨析。关于维人、但,孙诒让注:"毕云:'维人'当为'饔人'之误。'但割'即'袒割'。《说文》云:'但,裼也。从人,旦声。《经典》用'但'为'第'字之义,而忘其本。诒让案:'雍'、'维'形近而误。《仪礼》"公食大夫礼"、"少年馈食礼"并有'雍人'。雍,雝之隶变,即饔之省。"②维人是指饔人,古之厨师。但,则为"袒",意思是脱去上衣。毕沅、孙诒让都是改字别释,显得牵强。前面一段文字应断句如下:

> 今有一人于此,羊牛刍豢、维,人但割而和之,食之不可胜食也。

羊牛刍豢,指以草喂养牛羊。维,指捆绑。把喂养的牛羊用绳索捆绑起来,准备宰杀。维指捆绑,在先秦文献中经常可以见到。"人但割而和之",关键对于但字的解释。《说文·人部》:"但,裼也。"段玉裁注:

> 《衣部》曰:"裼者,但也。"二篆为转注,古但、裼字如此。袒则训衣缝解,今之绽裂字也。今之经典,凡但裼字皆改为袒裼矣。《衣部》又曰"裎者,但也。"《释训》、《毛传》皆曰:"袒裼,肉袒也。"肉袒也,肉外见无衣也。③

段氏对于但字的本义及延伸义梳理得很清楚。但,指裼、袒。袒,

---

① 孙诒让:《墨子间诂》,北京:中华书局,2001 年版,第 436 - 437 页。
② 孙诒让:《墨子间诂》,北京:中华书局,2001 年版,第 436 页。
③ 段玉裁:《说文解字注》,上海:上海古籍出版社,1988 年版,第 382 页。

指绽裂,谓肌肉外露。但、袒,本义皆指衣缝绽裂,衣缝绽裂则肌肉外露。"人但割而和之",其中的但,指宰杀牛羊,将其皮撕裂剥下,露出肌肉。割,指对剥下皮的牛羊肉加以分割,切成块状。和,谓烹调。这段话不必改字别释,其义自通。还,孙诒让注:"'还'疑'睘'之借字。《说文·目部》:'睘,惊视也。'"①还然,惊恐而环视的样子,则刻画出了盗窃邻人的神态。日月,孙诒让注:"毕云:或当云'明不足乎?'……诒让案:'日月'疑'耳目'之误,言其见物而贪也。"②孙氏据上下文意而改,道出了窃邻人的心理原因。灵评,据孙氏的考辨,即为"呼虚",③意思是闲置空旷的土地。

墨子前往楚廷游说楚惠王,也曾以"有窃疾"论非攻。《墨子·公输》篇的记载如下:

> 子墨子见王,曰:"今有人于此,舍其文轩,邻有敝舆,而欲窃之;舍其锦绣,邻有短褐,而欲窃之;舍其粱肉,邻有糠糟,而欲窃之。此为何若人?"王曰:"必为窃疾矣。"子墨子曰:"荆之地,方五千里,宋之地,方五百里,此犹文轩之与敝舆也;荆有云梦,犀兕麋鹿满之,江汉之鱼鳖鼋鼍为天下富,宋所为无雉兔狐狸者也,此犹粱肉之与糠糟也;荆有长松、文梓、楩柟、豫章,宋无长木,此犹锦绣之与短褐也。臣以三事之攻宋也,为与此同类,臣见大王之必伤义而不得。"④

鲁阳属于楚地,墨子游说楚惠王与鲁阳文君时,采用的也是一套相类似的说辞。相较而言,只是这里的《公输》篇显得辞藻更为华美,气象更为恢宏。以上"有窃疾"之说,是在窃邻人喻窃国即攻伐他

---

①　孙诒让:《墨子间诂》,北京:中华书局,2001年版,第436页。
②　孙诒让:《墨子间诂》,北京:中华书局,2001年版,第436页。
③　孙诒让:《墨子间诂》,北京:中华书局,2001年版,第437页。
④　孙诒让:《墨子间诂》,北京:中华书局,2001年版,第484-486页。

国的基础之上生发而成。在墨家学派"非攻"的理论中,窃邻、窃国与窃疾,实际上是属于同一个隐喻系统,喻体只有一个,即攻伐他国,实际上所言为攻伐掠夺之事。

楚地道家思想的集大成者《庄子》一书,也有"窃钩者诛,窃国者诸侯"之论,《庄子·胠箧》篇写道:

> 然而田成子一日杀齐君而盗其国。所盗者岂独其国邪?并与其圣知之法而盗之。故田成子有乎盗贼之名,而身处尧舜之安;小国不敢非,大国不敢诛,十二世有齐国。则是不乃窃齐国,并与其圣知之法以守其盗贼之身乎?……彼窃钩者诛,窃国者为诸侯。①

田常,即齐国大夫田成子。据史记载,陈国公子田敬仲完逃亡至于齐国,而受齐桓公之封,鲁哀公十四年(前481),其后裔田常弑齐简公,改立平公而专权,三世之后,其曾孙田和取代齐康公而成为齐国君主。《史记·齐世家》:"十九年,田常曾孙田和始为诸侯,迁康公海滨。二十六年,康公卒,吕氏遂绝其祀。田氏卒有齐国,为齐威王,强于天下。"②而据《史记·十二诸侯年表》,鲁哀公十五年(前480),齐平公骜元年,"齐自是称田氏"③。这里,《庄子》与《年表》的说法一致,认为是田常是窃取齐国的始作俑者。

关于"窃钩者诛,窃国者为诸侯",陆德明《释文》:"钩,谓带也。"成玄英疏云:"钩者,腰带钩也。夫圣迹之兴,本惩恶劝善。今私窃钩带,必遭刑戮;公劫齐国,斗获诸侯;仁义不存,无由率众。以此而言,岂非窃圣迹而盗国邪?"④《庄子·胠箧》篇一文中,通过

---

① 郭庆藩:《庄子集释》,北京:中华书局,2004年版,第343-350页。
② 司马迁:《史记》,北京:中华书局,1982年版,第1512页。
③ 司马迁:《史记》,北京:中华书局,1982年版,第680页。
④ 郭庆藩:《庄子集释》,北京:中华书局,2004年版,第351页。

盗跖与其弟子的对话,以齐国田成子弑君篡权的事例,指出天下诸侯窃国的事实,认为圣人之法与仁义之道都被用作盗取天下的手段,从而,宣扬应该摒弃"仁义"、"礼法",提出道家"绝圣弃智"的理念。《庄子》一书晚出,虽然所秉持的道家理念与墨子学派的思想相比较,两者各立其说,相去甚远,但是,均以行窃之事,喻天下诸侯之间的兼并攻伐,并且都持反对态度,十分一致。

墨子还以南俗谈非攻,《墨子·鲁问》记载道:

> 鲁阳文君语子墨子曰:"楚之南,有啖人之国者桥,其国之长子生,则鲜而食之,谓之宜弟。美则以遗其君,君喜则赏其父。岂不恶俗哉?"子墨子曰:"虽中国之俗,亦犹是也。杀其父而赏其子,何以异食其子而赏其父者哉?苟不用仁义,何以非夷人食其子也?"①

此处,关于"宜弟"之俗,《左传·文公元年》记载,楚成王将立楚灵王商臣为太子,而访之令尹子上。子上回答道:"楚国之举,恒在少者。"杨伯峻先生注:"楚国以立少者为常。举,立也。"②又《左传·昭公十三年》:"芈姓有乱,必季实立,楚之常也。"③楚共王有宠子五人,后来的康王、灵王以及平王先后为王,平王则为共王幼子。可见,楚国存在与中原不同的王位世袭之俗,正是楚国鲁阳文君所发问"宜弟"之所由来。关于南俗食子的记载,又见于《墨子·节葬下》篇,写道:

> 昔者越之东,有輆沐之国者,其长子生,则解而食之,谓之

---

① 孙诒让:《墨子间诂》,北京:中华书局,2001 年版,第 470 页。
② 杨伯峻:《春秋左传注》,北京:中华书局,1990 年版,第 514 页。
③ 杨伯峻:《春秋左传注》,北京:中华书局,1990 年版,第 1351 页。

"宜弟"。……楚之南,有炎人国者,其亲戚死,朽其肉而弃之,然后埋其骨,乃成为孝子。①

以上这一段记载,亦见于《列子·汤问》篇、两汉之际桓谭的《新论》和西晋张华的《博物志》,文字稍有所异。解,《列子·汤问》篇作"鲜",与《墨子·节葬下》异,而与《墨子·鲁问》篇同。

另外,《后汉书·南蛮西南夷列传》也记载道:

> 《礼记》称:"'南方曰蛮,雕题交阯。'……其西有啖人国,生首子辄解而食之,谓之宜弟。味旨,则以遗其君,君喜而赏其父。……今乌浒人是也。"②

可见,范晔所在的南朝宋时,尚有南方啖人国的习俗传闻存在。李贤注引万震《南州异物志》曰:"乌浒,地名也。在广州之南,交州之北。恒出道间伺候行旅,辄出击之。利得人食之,不食其财货,并以其肉为肴菹,又取其髑髅破之以饮酒。以人掌趾为珍异,以食长老。"③以上文献中,有关食子习俗盛行的啖人国,分别处于楚之南、越之东,虽然具体地理位置有所不同,但是都是源于南方蛮夷之地,有别于北方的中原文化,即墨子所说"中国之俗"。然而,墨子却认为两者在本质上是一样的,中原各诸侯国弑君而另立其君之子的情况,比比皆是,即所谓"杀其父而赏其子"。墨子巧妙地借用南俗食子的话题,来劝谏鲁阳文君要实行仁义,才能杜绝父子相互残食的残酷事实。

墨子在与鲁阳文君交往的过程中,主要宣扬墨家学派"非攻"

---

① 孙诒让:《墨子间诂》,北京:中华书局,2001 年版,第 187 - 188 页。
② 范晔:《后汉书》,北京:中华书局,1965 年版,第 2834 页。
③ 范晔:《后汉书》,北京:中华书局,1965 年版,第 2834 - 2835 页。

的思想,而"非攻"思想的核心价值观,则是仁义之"义"。对于义,《墨子·贵义》篇进行了专门的阐述,但是,此篇一般认为是墨子后学所著,墨子自己在墨家的逻辑学"墨经"或称"墨辩"中论及"义",主要以义利相互统一的观点来立论,言义必称利,并且直截了当地以"利"训"义"。《墨子·经说上》篇第八条写道:"义,利也。说义。志以天下为芬,而能能利之,不必用。"谭戒甫先生解释道:"墨子之志,急于救世;故以天下事为己分内事,乃能兼利天下。……墨子屡言'国家百姓人民之利',又曰:'交相利',意谓凡利必义。不义之利,则又不得谓之利矣。故此直言:义,利也。"①《墨子·经说下》篇第七十六也写道:"说仁。仁,爱也。义,利也。"谭戒甫先生解释道:"而此言仁则体爱,言义则兼利,其意尤深。盖天下未有不能爱己而爱人者;亦未有不能利人而能利己者。……有仁而后有义,有兼爱而后有兼利,仁爱义利,其归是一。"②可见,墨子的义与利是一个统一的整体。综而观之,墨子游说鲁阳文君的说辞,采用义利统一观,以义立说,归结于利,来阐释"非攻"学说。

综上,墨子南游楚地鲁阳而游说鲁阳文君,鲁阳文君十分钦佩墨子。墨子曾阻止其攻郑,历史并无鲁阳攻郑的记载,可见,鲁阳文君确实是遵从墨子的劝说而放弃了攻打计划。对于墨子所论"非攻"理念,鲁阳文君也分别答以"然。吾以子之言观之,则天下之所谓可者,未必然也"(《墨子·鲁问》),与"是犹彼也,实有窃疾也"(《墨子·耕柱》),表示心悦诚服地认同。最后,鲁阳文君甚至改变被动游说的姿态,而主动向墨子请教南俗的问题。墨子充当了鲁阳文君之师的角色,最后,却不见用于楚国鲁阳,墨子在鲁阳进行的苦心经营,可谓惨淡而无果。

---

① 谭戒甫:《墨辩发微》,北京:中华书局,1964 年版,第 85 - 86 页。
② 谭戒甫:《墨辩发微》,北京:中华书局,1964 年版,第 86 页。

五、墨子弟子的南楚行迹

墨子为止楚攻宋而南入楚廷,善守的禽滑厘等弟子则驻守宋城作为呼应。可见,墨子入楚过程中,众弟子并未从游追随,如果不是墨子单枪匹马,独自一人,随从人员也是极其有限。这与孔门诸弟子簇拥着孔子南至楚地的情形,截然不同。然而,墨家弟子与楚国的关联并未绝于此,据早期典籍的相关记载,墨子使弟子耕柱子仕于楚,墨家钜子孟胜及其众弟子为楚阳城君守城殉难,田鸠因楚王而见秦王,以及邓陵子等南方墨家成员,均与楚文化有着不容忽视的关联。

关于墨子弟子的总体规模,早期典籍作了相关记载。孙诒让的《墨子间诂·墨学传授考》写道:

> 吕不韦曰:"孔墨徒属弥众,弟子弥丰,充满天下。"又曰:"孔墨之后学,显荣于天下者众矣,不可胜数。"盖墨学之昌几埒洙泗,斯亦盛矣!《公输》篇墨子之说楚王曰:"臣之弟子禽滑厘等三百人",淮南王书亦谓墨子服役者百八十人,皆可使赴火蹈刃,死不旋踵。而荆吴起之乱,墨者钜子孟胜以死为阳城君守,弟子死者百八十五人。则不韦所述,信不诬也。①

事实上,从《墨子·公输》篇,《淮南子·泰族训》篇,以及《吕氏春秋》一书的《有度》、《当染》、《上德》诸篇的上述记载来看,墨子弟子的数量的确十分可观,动辄数以百计,可谓声势浩大。在先秦时代,孔、墨并称显学,《韩非子·显学篇》:"世之显学,儒、墨也。……孔墨之后,儒分为八,墨离为三。"②对照儒、墨两大学派,

---

① 孙诒让:《墨子间诂》,北京:中华书局,2001年版,第706 - 707页。
② 陈奇猷:《韩非子新校注》,上海:上海古籍出版社,2000年版,第1124页。

史传孔门弟子三千,有《史记·仲尼弟子列传》一文进行专门地记录,其中孔门弟子姓名可考者达77人,生平事迹详尽可考者占35人。然而,与孔门弟子相比,墨门弟子的后世资料却显得十分有限,通过对墨子弟子的有关记载进行全面地搜罗和统计,孙诒让在《墨子间诂·墨学传授考》中写道:

> 凡得墨子弟子十五人(附存三人),再传弟子三人,三传弟子一人,治墨术而不详其传授系次者十三人,杂家四人,大都不逾三十余人,传记所载,尽于此矣。①

据孙氏的统计,有名可考的墨子弟子不过三十余人,另据《汉书·艺文志》记载:"《尹佚》二篇,《田俅子》三篇,《我子》一篇,《随巢子》六篇,《胡非子》三篇,《墨子》七十一篇,右墨六家,八十六篇。"②墨家有著作流传后世的,仅仅只有6人。这与其先秦显学的规模很不相称,所出现的此种情况,与墨学后世几乎成为绝学的事实相互吻合。

　　根据孙诒让《墨子间诂·墨学传授考》的考辨,其中,耕柱子被列为"墨子弟子",三位墨家钜子孟胜、田襄子、腹䵍,与孟胜弟子徐弱,以及"三墨"之一的邓陵子均被列为"治墨术而不详其授系次者",田鸠则被列为墨家名家。在墨学南渐中,以上墨家学派的诸位成员,均与南方楚文化有着某种关联。

1. 耕柱子仕楚

　　墨子曾令众位弟子游仕于各诸侯国,其具体事迹记录在《墨

---

① 孙诒让:《墨子间诂》,北京:中华书局,2001年版,第707页。
② 班固:《汉书》,北京:中华书局,1962年版,第1737页。

子》一书中,由北而南,有胜绰事齐将项子牛,高石子仕卫,曹公子
仕宋,耕柱子仕楚,公尚过、魏越仕越。可见,耕柱子位列其中,足
以称为墨门高足弟子。

关于耕柱子,《墨子·耕柱》篇记载:

> 子墨子怒耕柱子。耕柱子曰:"我毋俞于人乎?"子墨子
> 曰:"我将上大行,驾骥与羊,子将谁驱?"耕柱子曰:"将驱骥
> 也。"子墨子曰:"何故驱骥也?"耕柱子曰:"骥足以责。"子墨子
> 曰:"我亦以子为足以责。"①

此处,俞,意思是胜过。大行,即太行山。骥,指跑得快的良马。墨
子以骥为喻,认为弟子耕柱子能够担当大任。正如墨子所预见的
一样,耕柱子仕楚而最后受到重用。《墨子·耕柱》篇写道:

> 子墨子游荆耕柱子于楚。二三子过之,食之三升,客之不
> 厚。二三子复于子墨子曰:"耕柱子处楚无益矣。二三子过
> 之,食之三升,客之不厚。"子墨子曰:"未可智也。"毋几何,而
> 遗十金于子墨子,曰:"后生不敢死,有十金于此,愿夫子之用
> 也。"子墨子曰:"果未可智也。"②

这段话表明,耕柱子在楚国入仕,所受到的待遇前后截然不同,分
别以三升饭与十金为标志。前者,耕柱子"食之三升"。三升,古代
的量度单位,这里是指每顿饭的数量。孙诒让注:"阎若璩谓古量
五当今一,则止今之大半升耳。"《说苑·尊贤》篇:"三升之稷,不足

---

① 孙诒让:《墨子间诂》,北京:中华书局,2001 年版,第 421 页。
② 孙诒让:《墨子间诂》,北京:中华书局,2001 年版,第 427 - 428 页。

于士。"①《庄子·天下》篇记载宋鈃、尹文"请欲固置五升之饭足矣。先生恐不得饱,弟子虽饥,不忘天下"②。可见,五升饭的数量不饱,三升饭更不得饱。《史记·廉颇蔺相如列传》:"廉颇为之一饭斗米,肉十斤,被甲上马,以示尚可用。"③十升为一斗,在古人的观念里,认为十升饭才是正常的饭量。这说明耕柱子一开始在楚国并不受礼遇,食不果腹。其后,耕柱子"遗十金于子墨子"。关于金的量度,历来有两种说法:其一,一金相当于一镒,一镒为二十两,见于赵岐注《孟子·公孙丑》、孔颖达引臣瓒注《史记·燕赵世家》。其二,一金重一斤,十六两为一斤,以何休《公羊传·隐公五年》、李善引韦昭注《文选·王命论》为代表。"十金",合计为二百两或者一百六十两黄金,无论是哪一种量度进制,都是一笔数量不小的馈赠,尤其墨家尚俭、节用,更显得耕柱子对墨子的进奉颇丰,说明耕柱子最后在楚国的境遇十分优越。

以上表明,墨子弟子耕柱子在楚国入仕受到厚遇,楚人接受墨家弟子的入仕并予以优待,也即对墨家学说的认可与肯定,是墨学与楚文化发生密切关联的表现。

2. 孟胜为楚阳城君殉难而死

墨家钜子孟胜及众弟子为楚国阳城君之难而死,在墨学历史上是一桩重大事件。关于这一悲壮的故事,《吕氏春秋·上德》篇记载道:

> 墨者钜子孟胜,善荆之阳城君。阳城君令守于国,毁璜以

---

① 向宗鲁:《说苑校证》,北京:中华书局,1987年版,第191页。
② 郭庆藩:《庄子集释》,北京:中华书局,2004年版,第1084页。
③ 司马迁:《史记》,北京:中华书局,1982年版,第2448页。

为符,约曰:"符合听之。"荆王薨,群臣攻吴起,兵于丧所,阳城
君与焉,荆罪之。阳城君走,荆收其国。孟胜曰:"受人之国,
与之有符。今不见符,而力不能禁,不能死,不可。"其弟子徐
弱谏孟胜曰:"死而有益阳城君,死之可矣。无益也,而绝墨者
于世,不可。"孟胜曰:"不然。吾于阳城君也,非师则友也,非
友则臣也。不死,自今以来,求严师必不于墨者矣,求贤友必
不于墨者矣,求良臣必不于墨者矣。死之,所以行墨者之义而
继其业者也。我将属钜子于宋之田襄子。田襄子,贤者也,何
患墨者之绝世也?"徐弱曰:"若夫子之言,弱请先死以除路。"
还殊头前于孟胜。因使二人传钜子于田襄子。孟胜死,弟子
死之者百八十,三人以致令于田襄子,欲反死孟胜于荆,田襄
子止之曰:"孟子已传钜子于我矣,当听。"遂反死之。墨者以
为不听钜子不察。严罚厚赏,不足以致此。今世之言治,多以
严罚厚赏,此上世之若客也。①

此处,孟胜、徐弱、田襄子皆墨门弟子,孟胜及其以徐弱为代表的墨
门再传弟子一百八十余人,俱事于楚阳城君,最后为阳城君守城殉
难而死,三人亦俱见于《汉书·古今人表》。这件事的发生以楚国
吴起变法而死难事件为背景,时间大致在周安王二十二年(前380
年),即楚肃王元年。荆王薨,是指楚悼王去世,楚国王公贵戚皆群
起攻伐吴起,吴起伏楚王尸而死,楚肃王即位而诛杀乱臣,楚阳城
君惧诛而逃亡。

关于钜子,陈奇猷先生解释引毕沅注:"亦以名归之,而使其弟
子皆从之受学也。"②钜子相当于墨子去世后的墨家学派掌门人,
墨家成员组织的首脑人物,具有举足轻重的地位。墨子卒后,墨家

① 陈奇猷:《吕氏春秋新校释》,北京:中华书局,2002年版,第1266页。
② 陈奇猷:《吕氏春秋新校释》,北京:中华书局,2002年版,第1276页。

成员孟胜、田襄子相继成为墨家钜子,因而留名于史。对于墨家的钜子,《庄子·天下》篇写道:"以巨子为圣人,皆愿为之尸,冀得为其后世,至今不决。"庄子所言巨子,即墨家钜子。尸,有主之义。郭象注:"尸者,主也。"[①]尹黎云《汉字字源系统研究》写道:"甲骨文作乛,非'象卧之形',而是人的变体,象人高坐之形。《仪礼·士虞礼》:'祝迎尸。'郑玄注:'尸,主也。孝子之祭,不见亲之形象,心无所系,立尸而注意焉。一人,主人兄弟。'尸的本义就是代表死者受祭的尸主。我国古代尚席地而坐,惟尸主必高坐,故人高坐之形可表示尸主义。……尸为尸主,引申有主义;以其代表死者,引申又有尸体义,后世增死为屍,分化为二字。"[②]由此可见,墨学创始人墨子卒后,为使墨学薪火相传而不绝于世,墨门后世弟子以钜子为墨子之尸主,顶礼膜拜而追随之。因此,这种墨家学派的组织形式,具有一种明显的宗教属性,并且十分严格地奉行宗教式的教义与律法,上行下效,钜子往往具有至高无上的示范与表率影响力。秦惠文王时期的另一个墨家钜子腹䵍曾不徇私情而执行墨门家法,不顾秦王赦免而处死自己的儿子。《吕氏春秋·去私》篇记载道:

> 墨者有钜子腹䵍,居秦,其子杀人。秦惠王曰:"先生之年长矣,非有它子也,寡人已令吏弗诛矣,先生之以此听寡人也。"腹䵍对曰:"墨者之法曰:'杀人者死,伤人者刑。'此所以禁杀伤人也。夫禁杀伤人者,天下之大义也。王虽为之赐,而令吏弗诛,腹䵍不可不行墨者之法。"不许惠王,而遂杀之。子,人之所私也,忍所私以行大义,钜子可谓公矣。[③]

---

① 郭庆藩:《庄子集释》,北京:中华书局,2004年版,第1080页。

② 尹黎云:《汉字字源系统研究》,北京:中国人民大学出版社,1998年版,第42、43页。

③ 陈奇猷:《吕氏春秋新校释》,北京:中华书局,2002年版,第56-57页。

这里,腹䵍之子因杀人而触犯了刑法,秦王怜悯腹䵍年老独子而赦免其子。腹䵍本可以不处死其子,然而,腹䵍身为墨家钜子,严格地遵守所谓"杀人者死,伤人者刑"的墨者之法,最终,严厉地处死了自己的儿子,反映了墨家十分严苛的组织律法。

　　这里,墨家钜子孟胜及其弟子集体死于义的行为,正所谓墨者"皆可赴火蹈刃,死不旋踵"(《淮南子·泰族训》)的真实写照,也是严格践行墨者之义的悲壮展示。从事件背景来看,孟胜率领墨家众弟子之所以坚决地为楚国阳城君守城殉难自杀,主要的原因在于,阳城君对其礼遇在先,不仅以璜符为信,而且以非师则友、非友则臣的规格以诚相待,孟胜则报答以墨者之义。阳城君见于《汉书·古今人表》,应属于楚国王公贵族之列。阳城君如此善待墨家钜子孟胜及其众弟子,说明当时楚国地方贵族对墨家学派持有欣赏的态度。孟胜与阳城君之间的交往、纠葛,是墨学一度与楚人、楚文化发生紧密关联的直接反映。

3. 田鸠因楚王见秦王

　　田鸠,即田俅子,鸠、俅二字,音相近而互通,《汉书·艺文志》著录《田俅子》三篇,列为墨家。田鸠甚为博学,《韩非子·外储说左上》篇有田鸠与楚王谈论墨家,《韩非子·问田》篇也载有徐渠问田鸠语。

　　田鸠曾经因楚王见秦王,《吕氏春秋·首时》篇记载道:

　　　　墨者有田鸠,欲见秦惠王,留秦三年而弗得见。客有言之于楚王者,往见楚王,楚王说之,与将军之节以如秦。至,因见惠王。告人曰:"之秦之道,乃之楚乎?"[1]

---

① 陈奇猷:《吕氏春秋新校释》,北京:中华书局,2002年版,第773页。

这段记载亦见于《淮南子・道应》篇，文字更为详细。《淮南子・道应》篇写道：

> 墨者有田鸠者，欲见秦惠王。约车申辕，留于秦，周年不得见。客有言之楚王者，往见楚王，楚王甚悦之，予以节，使于秦。至，因见予之将军之节，惠王见而说之。出舍，喟然而叹，告从者曰："吾留秦三年不得见，不识道之可以从楚也。"物故有近之而远，远之而近者。故大人之行，不掩以绳，至所极而已矣。此所谓《管子》"枭飞而维绳"者。①

约，谓装饰。申，刘文典先生引高诱注："申，束也。"并进一步解释道：

> 陶方琦云："《文选・七发》注、谢玄晖《京路夜发》注引许注：'装，束也。'"按：《文选》引许君《淮南》注作"装，束也"，当即此处注，或旧本作装。又《文选》谢惠连《西陵遇风诗》注引作"装，饰也"。《思玄赋》"简元辰而俶装"，注亦曰："装，束也。"《诗・出车》笺："装载物而往。"义同。②

这里的意思是说，田鸠去见秦惠王之前，把出行的车子装载得满满的，并且十分美观，显得格外隆重。这与他在秦国所遭受的冷遇，两者形成鲜明对比。关于将军，《左传・昭公二十八年》："岂将军食之而有不足。"杨伯峻先生解释道：

> 《晋语四》："郑人以詹伯为将军"，《吴语》："十行一嬖大

---

① 刘文典：《淮南鸿烈集解》，北京：中华书局，1989 年版，第 414－415 页。
② 刘文典：《淮南鸿烈集解》，北京：中华书局，1989 年版，第 414 页。

夫,十旌一将军",似春秋时已有"将军"之官名。或谓"将军"
之官始于战国,则《礼记·檀弓》上"将军文子之丧",亦以战国
官名为春秋官名乎? 疑"将军"于春秋虽非一定武职之官名,
然独将一军者,俗称为"将军"。此亦俗称,卫有公孙弥牟,《檀
弓》称为"将军文子",可见春秋末有"将军"之称。至战国时乃
更有上将军、大将军之名耳。参《日知录》卷廿四。①

可见,将军为官职名,起源甚早,至战国时期,则演变为固定的官职
名称。秦惠王即秦惠文王,于周显王三十二年至周赧王五年期间
(前337—前310)在位,时值楚威王、怀王。

　　由此可知,战国时期,墨学盛于南方,相比较秦国而言,墨家成
员更加得到楚国统治者的认可,与楚文化有着密切的交流,墨学后
世弟子田鸠在秦、楚不同的遭遇即是明证。田鸠拜见秦惠王,还需
要凭借楚王的帮助才能实现。楚王给予田鸠"将军之节",即将军
级别的礼节性待遇。这里只是虚职,非实质性的官名。最后,田鸠
以楚国将军之名义出使,才得以见到秦惠王。田鸠的感叹语"吾留
秦三年不得见,不识道之可以从楚也",即欲往秦而先往楚,道出了
秦、楚统治者对待墨学截然不同的态度。

　　《韩非子·外储说左上》记载道:

　　　　楚王谓田鸠曰:"墨子者,显学也。其身体则可,其言多而
　　不辩,何也?"曰:"昔秦伯嫁其女于晋公子,令晋为之饰装,从
　　衣文之媵七十人。至晋,晋人爱其妾而贱公女。此可谓善嫁
　　妾而未可谓善嫁女也。楚人有卖其珠于郑者,为木兰之柜,薰
　　以桂椒,缀以珠玉,饰以玫瑰,辑以翡翠。郑人买其椟而还其
　　珠。此可谓善卖椟矣,未可谓善鬻珠也。今世之谈也,皆道

────────────
① 杨伯峻:《春秋左传注》,北京:中华书局,1990年版,第1497页。

辩说文辞之言,人主览其文而忘有用。墨子之说,传先王之道,论圣人之言,以宣告人。若辩其辞,则恐人怀其文忘其直,以文害用也。此与楚人鬻珠、秦伯嫁女同类,故其言多不辩。"①

此处,媵,指古代贵族妇女出嫁时,随嫁的人或物。《左传·成公八年》:"卫人来媵共姬,礼也。凡诸侯嫁女,同姓媵之,异姓则否。"杨伯峻先生解释道:"媵,遣女陪嫁。据礼,一国国君之女嫁与另一国君,他国送女陪嫁。"②椟,盛放珠宝的木匣子。鬻,意谓出售。

　　楚王对墨家存在误解,先扬后抑,首先言其"身体则可"即身体力行的实践能力尚可,再谓墨家"其言多而不辩"。田鸠的回答十分睿智,以秦伯嫁女与买椟还珠两个后世脍炙人口的寓言故事,说明墨家注重内容胜过形式,并提出了墨家对后世文论影响深远的"以文害用"、先质后文的实用主义观点。田鸠的墨家理念应该是得到了楚王的欣赏与肯定,所以楚王才欣然出手相助,使得田鸠以楚国"将军之节"拜见秦王,而一了其求见秦王的夙愿。

4. 邓陵子等南方墨家成员

墨家后学中,三墨分立。《韩非子·显学》篇详细地记载道:

　　世之显学,儒、墨也。儒之所至,孔丘也。墨之所至,墨翟也。自孔子之死也,有子张之儒,有子思之儒,有颜氏之儒,有孟氏之儒,有漆雕氏之儒,有仲良氏之儒,有孙氏之儒,有乐正

---

① 陈奇猷:《韩非子新校注》,上海:上海古籍出版社,2000年版,第668页。
② 杨伯峻:《春秋左传注》,北京:中华书局,1990年版,第840页。

氏之儒。自墨子之死也，有相里氏之墨，有相夫氏之墨，有邓
陵氏之墨。故孔、墨之后，儒分为八，墨离为三，取舍相反不
同，而皆自谓真孔、墨。①

据此记载，墨学分为相里氏、相夫氏和邓陵氏三个学派。相夫氏，
又作祖夫氏，陈奇猷先生引孙诒让注："蒲阪圆引山仲质云：'相夫，
一本作祖夫。'案《广韵》二十陌伯字注云：'《韩子》有伯父氏，墨家
者流。'则古本'相'或作'伯'。山氏所见本作'祖夫'，疑即'伯夫'
之误。（相或当为柏之误，故柏伯声同字通。）王先慎曰：'《意林》
'夫'作'芬'。'"②虽然墨学具体派别名称稍有所异，已难考证，然
而，邓陵氏位列"三墨"之一，却是确凿无疑的事实。

对于墨家的传承学脉，《庄子·天下》也写道：

　　相里勤之弟子五侯之徒，南方之墨者苦获、已齿、邓陵子
之属，俱诵《墨经》，而倍谲不同，相谓别墨；以坚白同异之辩相
訾，以觭偶不仵之辞相应；以巨子为圣人，皆愿为之尸，冀得为
其后世，至今不决。③

这里，明确地指出邓陵子属于南方之墨，明言邓陵子等墨家成员所
处的大致方位是南方。关于邓陵子其人，孙诒让引《姓纂》云："楚
公子，食邑邓陵，因氏焉。"《姓纂》又云："邓陵子箸书，见《韩
子》。"④因为年代久远，今天所见的《韩非子》中早已不载此说。唐
宪宗年间的林宝进一步确认墨家后学邓陵子属于楚人。

---

① 陈奇猷：《韩非子新校注》，上海：上海古籍出版社，2000 年版，第 1124 页。
② 陈奇猷：《韩非子新校注》，上海：上海古籍出版社，2000 年版，第 1127 页。
③ 郭庆藩：《庄子集释》，北京：中华书局，2004 年版，第 1079 页。
④ 孙诒让：《墨子间诂》，北京：中华书局，2001 年版，第 717 页。

5. 墨门弟子南楚行径的阶段性特点

在战国时期,墨门弟子耕柱子、孟胜、田鸠及邓陵子等先后活动于楚地,构成前后相继的链条。如果按照时间先后对他们的活动轨迹进行划分,会发现其在不同时段,具有不同的特点。

从墨门弟子与楚地政治的关系来看,随着时间的推移,他们对楚国贵族的依附呈现的是弱化的趋势。

耕柱子是墨子的嫡传弟子,他在楚国入仕,成为那里政治集团的一员,是以墨门弟子的身份而投身于楚国政治,扮演的是楚地官员的社会角色,与楚国政治的关系极为密切。耕柱子作为墨子的嫡传弟子,所处的时段应是战国初期。

墨门钜子孟胜生活在楚悼王去世之前的时段,处于战国中期的前段。他为楚国阳城君守城,成为楚地贵族所依靠的对象。孟胜及其弟子也已经融入楚国政治,并且与阳城君共存亡,成为楚国政治斗争的牺牲品。

田鸠活动在秦惠王当政期间,时值楚威王、怀王之际。他受到楚王的接纳,并且假借于楚王的帮助得以见到秦惠王。楚王授予他将军之节,用以提高他的身份。但是,授予将军之节,仅是一种形式上的政治待遇,田鸠并没有在楚国朝廷担当实际职务。与耕柱子、孟胜相比,田鸠对楚国政治的依附相对减弱,他没有把自己与楚国政治捆绑在一起,只是借助于楚王的权力赴秦而已。

《庄子·天下》及《韩非子·显学》提到的南方墨者苦获、已齿、邓陵子之属,文献中只是记载他们学说的歧异,而没有涉及与楚国政坛的关联。这批南方墨者应是活动在战国中期、后期之际,他们已经不再依附于楚国政治,而成为以宣传墨家理念、相互论辩为主要活动内容的学术群体。

耕柱子、孟胜是融入楚国政治的墨门弟子,田鸠与楚国政坛是若即若离的关系,邓陵子等南方墨者则与楚国政治不再有依附关系。

从墨门弟子在楚地对本派学说的传播方式来看,随着时间的推移,身体力行的践履方式逐渐减弱,而言语陈说则不断强化。

耕柱子作为墨子的嫡传弟子,他虽然在楚地入仕,仍然保持着墨家的尚俭风尚。墨门弟子前往楚地,他用以招待同门的不过是"食之三升",根本无法吃饱。由此可以推断,平时他自己也过着这种俭朴的生活,他在入仕之后不久就向墨子奉送十金,也可以看出他是节约而攒下这笔钱,体现出墨门弟子的特色,是以身体力行的方式践履墨家理念。

墨门钜子孟胜,以及他的弟子徐弱等,传达命令的两位使者,都是以自杀的方式延续墨学传统,维护和弘扬墨家崇廉尚义的理念,是用生命捍卫本学派的尊严,采用极端的方式身体力行。

田鸠生活的时代已进入战国中期的后段,与战国前期、中期前段的耕柱子、孟胜等人相比,田鸠践履墨家学说主要不是身体力行,而是用言词陈说。他以"约车申辕"拜见秦王,已经不再保持墨家尚俭的传统。楚王称墨子虽为显学,但是"其言多而不辩",即所用的言词不够巧妙动听,缺少修饰。田鸠以秦伯嫁女和买椟还珠两个故事作为回答,妙趣横生,娓娓动听,属于辩丽之言。他是用有别于原始墨学的那种表达方式维护墨学的权威,以辩丽的言辞为原始墨学的"言多而不辩"进行辩解。

南方墨者苦获、已齿、邓陵子之属,《庄子·天下》篇称他们:"俱诵《墨经》,而倍谲不同,相谓别墨;以坚白同异之辩相訾,以觭偶不仵之辞相应。"①这些南方墨者都自认为是墨家正宗,而称与自己见解不同的其他墨学传人为别墨,也就是旁流支脉。他们宣扬墨家学说的主要方式是彼此论辩,已经放弃那种身体力行的苦

---

① 郭庆藩:《庄子集释》,北京:中华书局,2004 年版,第 1079 页。

修苦练。

　　楚地墨门弟子由身体力行、赴汤蹈火到言词辩丽、以坚白同异相争,这种转变反映的是南方墨学的楚化,也就是楚文化对墨学的同化。田鸠所处的楚威王、怀王之际,是楚辞即将生成的阶段。战国楚文学属于美文学,在它的熏陶下,墨家弟子的言词也向辩丽的方向演变。《庄子》是楚文化的结晶,其中对于庄子与惠施的论辩多有记载,惠施就是以坚白同异之辩著称。由此看来,战国后期南方墨者的论辩,也是墨学楚化的体现。

第三章 《韩非子》对楚文化取材 所建构的格局

法家思想的重要代表人物韩非(？—前233)受李斯陷害而卒于秦,时间是秦王政十四年(前233),距离秦灭六国(前221)仅仅十余年。韩非身处战国末期,《韩非子》亦成书于此期间。这个时代是先秦诸子百家争鸣逐渐接近尾声的总结时期,因此,韩非的法家思想兼具批判性与继承性。不少研究韩非子的学者如董治安先生在《韩非子评传》中指出,韩非子的学说不仅是先秦法家思想的集大成者,而且广泛吸收其他诸子各派的思想因子。[①] 事实上,除了思想源流的多样性外,《韩非子》全书所运用的历史材料也堪称宏富广博,这固然是时代的因素而感于治乱兴衰使然,同时,与韩非身为韩国贵胄公子的家世出身、又师从先秦时期学者型的儒学大师荀子的学历背景也紧密不可分。

《韩非子》是先秦说理散文的杰出代表,以峻刻奇峭的风格著称,逻辑严密,长于分析。与《庄子》散文的汪洋恣肆风格不同,不尚奇幻而是讲求平实,其中一个重要的原因,就是韩非子善于组织和驱遣各类材料,大量运用历史故事,征之于实,并进行深刻的现实思考。因此,考察《韩非子》书中所运用有关楚国历史的材料,以及对楚文化取材所建构的格局,可以了解韩非子对楚国历史、楚文

---

① 董治安:《先秦文献与先秦文学》,济南:齐鲁书社,1994年版,第321页。

化所持有的态度,并进一步找出韩非子所持的法家思想与楚文化的某些关联。

一、诸篇政论：楚政之失的生动显现

《韩非子》的笔法十分犀利,其中的诸篇政论,往往通过针砭历史或时事的弊端,竖起批判的靶子,先破而后立,从而旗帜鲜明地提出法家学派的思想主张。楚国作为重要的诸侯国,战国后期日益羸弱,政失多由,为强秦所蚕食欺凌。这种现象引起韩非子的注意,因此,在《韩非子》一书中,广泛征引楚政之失,对此作了生动地显现。

1.《十过》、《饰邪》篇的竖穀阳小忠

关于竖穀阳的小忠,《韩非子·十过》篇写道:

> 奚谓小忠？昔者,楚共王与晋厉公战于鄢陵,楚师败而共王伤其目。酣战之时,司马子反渴而求饮,竖穀阳操觞酒而进之。子反曰："嘻！退,酒也。"阳曰："非酒也。"子反受而饮之。子反之为人也,嗜酒,而甘之,弗能绝于口,而醉。战既罢,共王欲复战,令人召司马子反,司马子反辞以心疾。共王驾而自往,入其幄中,闻酒臭而还,曰："今日之战,不穀亲伤,所恃者司马也,而司马又醉如此,是亡楚国之社稷而不恤吾众也。不穀无复战矣。"于是还师而去,斩司马子反以为大戮。故竖穀阳之进酒,不以雠子反也,其心忠爱之而适足以杀之。故曰：行小忠则大忠之贼也。[1]

---

[1] 陈奇猷：《韩非子新校注》,上海：上海古籍出版社,2000 年版,第 200 页。

此事亦见于《韩非子·饰邪》、《吕氏春秋·权勋》、《淮南子·人间训》、《说苑·敬慎》;《左传·成公十六年》,《国语·楚语上》以及《史记》的《晋世家》、《楚世家》也有记载,详略不同。这段话所记载的鄢陵之战,发生于鲁成公十六年(前575),是春秋时期晋楚争霸过程中继城濮之战、邲之战之后的第三次大战,前两次战争晋、楚各有胜负,分别发生于鲁僖公三十二年(前618)和鲁宣公十二年(前597),战争结局直接导致争霸的胜负,先后确立了晋文公、楚庄王的春秋霸主地位。所以,这一次战局胜负也显得十分重要。楚共王亲临战场,被晋将魏锜射中左眼,而楚国神射手养由基也将魏锜一箭毙命。然而,最后楚败晋胜,楚军主帅子反因醉酒误失战机而受到严厉惩罚。

这里有两个古人常用习语,需要具体地辨析。首先,不穀,与《韩非子·饰邪》篇中楚共王自称的"寡人"均是指楚共王的自称。关于穀,《说文·禾部》:"穀,续也,百谷之总名。从禾,㱿声。"段玉裁注:"穀与粟同义,引申为善也。《释诂》《毛传》皆曰:'穀,善也。'又《大雅》传曰:'穀,禄也。'"[1]《道德经》第三十九章写道:"故贵以贱为本,高以下为基,是以侯王以自谓孤、寡、不穀。"[2]又《道德经》第四十二章:"人之所恶,惟孤、寡、不穀,而王公以为称。"[3]可见,穀的本义指善,或禄,均指美好的事物,反其意用之,古代天子、诸侯借以表示对自己的谦称。其次,关于竖,竖子是古代对未施行冠礼的儿童的专称。《说文·𡎺部》:"竖,坚立也,从𡋲,豆声。𧋇籀文竪,从殳。"段玉裁注:

竖立,谓坚固立之也。……《周礼》:"内竖。"郑云:"竖,未

---

① 段玉裁:《说文解字注》,上海:上海古籍出版社,1988年版,第326页。
② 楼宇烈:《老子道德经注校释》,北京:中华书局,2008年版,第106页。
③ 楼宇烈:《老子道德经注校释》,北京:中华书局,2008年版,第117页。

冠者之官名。盖未冠者才能自立,故名之竖。因以为官名。
竖之言孺也。"①

《庄子·山木》:"故人喜,命竖子杀雁而烹之。"成玄英疏:"竖子,童
仆也。"②《左传·成公十年》:"公梦疾为二竖子。"杨伯峻先生解释
道:"竖子,儿童。"③可见,竖子,在古代指儿童或童仆,后来也用于
表示对人的蔑称,相当于口语中的"小子"。如《战国策·燕策三》
写荆轲叱燕太子丹曰:"今日往而不反者,竖子也!"④《史记·项羽
本纪》记载亚父范增怒项羽曰:"竖子不足与谋!"⑤关于楚人竖穀
阳,又作竖阳穀或穀阳竖。其具体身份,前人多有猜测与辨析。陈
奇猷先生写道:

　　王先慎曰:"他书无以竖阳穀为子反友者。《吕览·权勋
篇》、《淮南子·人间训》高诱注:'竖,小使也。'《左传·成公十
六年》杜注:'穀阳,反内竖。'《正义》云:'关阮云:'竖,未冠之
名。'故杜以为内竖也。''友'字当为衍文。"奇猷案:《史记·
晋世家》云"其使者竖穀阳(《史记》皆作"阳穀",与本书异,详
《十过》篇)进酒",《楚世家》云"从者竖阳穀进酒",则此文当作
"其使","友"乃"使"字坏而误者。王删"友"字,则是读作"其
竖穀阳",以"竖"为侍从之义,虽可通,但"友"字无缘致衍,且
各书皆读作"竖阳穀",如"竖刁"之比。故王说未可从也。⑥

---

① 段玉裁:《说文解字注》,上海:上海古籍出版社,1988 年版,第 118 页。
② 郭庆藩:《庄子集释》,北京:中华书局,2004 年版,第 667 页。
③ 杨伯峻:《春秋左传注》,北京:中华书局,1990 年版,第 849 页。
④ 徐建章:《战国策注释》,北京:中华书局,1990 年版,第 1193 页。
⑤ 司马迁:《史记》,北京:中华书局,1982 年版,第 315 页。
⑥ 陈奇猷:《韩非子新校注》,上海:上海古籍出版社,2000 年版,第 353 页。

这里的辨析大体正确,竖穀阳并非楚帅子反的友人,最有可能的是担任子反的侍从,因年幼且地位低下而称为竖,穀阳为其名。他在战场上以酒为子反解渴,使得子反大醉。年龄尚幼而不谙世事,才做出唐突冒失的事情来,正与其称呼相互符合。春秋时期相类似的人名,亦见于鲁国的竖牛。《左传·昭公四年》记载鲁卿大夫叔孙豹命名其私生子为"竖牛",记载道:"未问其名,号之曰:'牛!'曰:'唯。'皆召其徒使视之,遂使为竖。"①被抱来认父的小孩,长相正与叔孙豹梦中自号为牛的人相合,因而得名曰牛,并且由于年幼,又在其名之前冠以"竖",史称竖牛。可见,竖穀阳之"竖"得名的由来,是因为他年龄小,地位低。

在《十过》篇中,子反的童仆竖穀阳所行之事,韩非子批判其为"小忠",即对君主的忠心反而酿成大祸,被列为施政过失的"十过"之首。《韩非子·十过》篇的开端写道:

> 十过:一曰行小忠,则大忠之贼也。二曰顾小利,则大利之残也。三曰行僻自用,无礼诸侯,则亡身之至也。四曰不务听治而好五音,则穷身之事也。五曰贪愎喜利,则灭国杀身之本也。六曰耽于女乐,不顾国政,则亡国之祸也。七曰离内远游而忽于谏士,则危身之道也。八曰过而不听于忠臣,而独行其意,则灭高名为人笑之始也。九曰内不量力,外恃诸侯,则削国之患也。十曰国小无礼,不用谏臣,则绝世之势也。②

这里韩非子列举出法家所批判的十条失政罪状,其中,小忠首当其冲,列于第一位。贼,即祸害。小忠,韩非子认为是"大忠之贼也",在战争的关键时刻,竖穀阳不顾大局,对嗜酒的子反呈献以美酒,

---

① 杨伯峻:《春秋左传注》,北京:中华书局,1990年版,第1256—1257页。
② 陈奇猷:《韩非子新校注》,上海:上海古籍出版社,2000年版,第199页。

表示出侍奉主人的一片忠心,却反而招致子反之死。

　　这个历史故事,同样被《饰邪》篇所采用,文字大致相同而稍有所异,比如《十过》篇的楚共王,这里作荆恭王,前者的操觞酒、不穀,这里做奉卮酒、寡人,诸如此类,大抵均是同义词的相互替换。

　　韩非子采录同一个故事,反复用于不同的篇目借以立论,即从同一例证中得出不同的结论,主要是论述的角度不同。

　　相较而言,《十过》篇主要指出诸侯施政的十大失误之处,并以十个相应的故事予以生动地展示。其中,列于首位的"小忠"之过,韩非子将鄢陵之战楚国的失败归咎于竖穀阳的小忠,从而得出"行小忠则大忠之贼也"的结论,对事件的本身进行了定性。但是,从本质上说,仅仅是简单的事象列举,而无深层次的事理分析。然而,在《饰邪》篇中,不仅仅指出失政的事实,而且诊断出病因,对症下药地献出良策。韩非子照样引用竖穀阳小忠的事例,在"小忠,大忠之贼也"的事实判断基础上,进一步指出"小忠不可使主法",碍于私情而妨害治国大义,从而明确地提出法家学派"明法制"的主张。强调法家思想体系"法、术、势"之"法"的核心理念,举出依法治国的思路。《饰邪》篇是韩非子的后期作品,是阐述韩非子法治思想的重要政论文。与《十过》篇不同,《饰邪》篇说理十分透彻,有大段论说的文字,指出公私不分是实施法治的障碍,叙述竖穀阳小忠的故事,是从小忠属私而妨害公法的角度来立论的。

　　由上观之,竖穀阳小忠的故事,在《韩非子》的不同篇目中,被用来从不同的角度阐发法家的思想理念,这是属于同一学派的情况。而在不同学派的著作中,又是怎样的情况呢?

　　竖穀阳小忠的故事也见于其它典籍,立论与结论却各有所不同:

　　其一,《吕氏春秋·权勋》篇引述此故事来言明"忠不可兼"、

"不去小忠,则大忠不至"。①

其二,《淮南子·人间训》篇在此故事之末写道:"此所谓欲利之而反害之者也。"②说明这个故事透露的信息是人情物态的变幻多端,应该采取辩证的态度。高诱题解曰:"人间之事,吉凶之中,征得失之端,反存亡之几也,故曰'人间'。"③只是罗列事例,而并未作进一步的引申。

其三,《说苑》是西汉刘向搜集整理早期典籍所成,最后写道:"小忠,大忠之贼也。小利,大利之残也。"④显然,是对前面几种文献的集录,杂取各家观点而存之。

《韩非子·十过》篇列举君主治国的十种过失,把小忠列于首位。而叙述小忠造成的危害时,选择的是竖榖阳使子反醉酒导致战败一事,取材于楚国故实。韩非对于小忠案例的选择表面上看似具有偶然性,实际上和楚文化的风尚密切相关。所谓的小忠,指的是私忠,是把个人的喜好置于法度之上,专注于个人之间的情感,而忽视国家整体利益。竖榖阳的小忠体现在下属对上级投其所好,导致醉酒误事。韩非子反对小忠,立足点在于要依法行事,而不能单凭个人的喜好处理军国大事。《饰邪》篇写道:"小忠,大忠之贼也。若使小忠主法,则必将赦罪以相爱,是与下安矣,然而妨害于治民者也。"⑤按照这种说法,所谓的小忠,不局限于下属对上级投其所好,主政者如果不按法度处理相关事务,而是以赦罪的方式施恩惠,也属于小忠。纵观春秋时期的楚国,当权者确实存在这种违法施惠的做法,并且经常可以见到。即以韩非子提到的晋楚鄢陵之战为例,不仅有竖榖阳的小忠,而且楚共王、楚军将领子

---

① 陈奇猷:《吕氏春秋新校释》,上海:上海古籍出版社,2002年版,第872页。
② 刘文典:《淮南鸿烈集解》,北京:中华书局,1989年版,第593页。
③ 刘文典:《淮南鸿烈集解》,北京:中华书局,1989年版,第586页。
④ 向宗鲁:《说苑校证》,北京:中华书局,1987年版,第256页。
⑤ 陈奇猷:《韩非子新校注》,上海:上海古籍出版社,2000年版,第349页。

重,也有这种小忠行为。《左传·成公十六年》写道:

> 郤至三遇楚子之卒,见楚子,必下,免胄而趋风。楚子使
> 工尹襄问之以弓,曰:"方事之殷也,有韎韦之跗注,君子也。
> 识见不穀而趋,无乃伤乎?"①

郤至是晋军将领,他遵循君臣之礼,在战斗中遇到楚共王就加以回
避,体现的是礼乐文化熏陶出来的君子风度。楚共王为此很感动,
派工尹襄赠给对方弓,并且加以问候。楚王与郤至在战场上是敌
人,如果按法度行事,彼此都不应该放过对方。可是,楚王却出自
私情,施惠于对方,这正是韩非子所说的小忠。

《左传·成公十六年》还有如下记载:

> 栾鍼见子重之旌,请曰:"楚人谓夫旌,子重之麾也,彼其
> 子重也。日臣之使于楚也,子重问晋国之勇。臣对曰:'好以
> 众整。'曰:'又何如?'臣对曰:'好以暇。'今两国治戎,行人不
> 使,不可谓整;临事而食言,不可谓暇。请摄饮焉。"公许之。
> 使行人执榼承饮,造于子重,……子重曰:"夫子尝与吾言于
> 楚,必是故也,不亦识乎!"受而饮之。免使者而复鼓。旦而
> 战,见星未已。②

栾鍼是晋军首领,出使期间与楚国的子重有过交往,并且夸耀晋军
的勇武。栾鍼派使者向子重送酒,为的是显示晋军的风度。而子
重对于所送的酒不加拒绝,饮过之后继续交战。这个事件可以看
出,虽然是兵戎相见的战场,子重作为楚军将领,依然很重视个人

---

① 杨伯峻:《春秋左传注》,北京:中华书局,1990 年版,第 887 页。
② 杨伯峻:《春秋左传注》,北京:中华书局,1990 年版,第 889 页。

之间的情谊,对于栾鍼所派出的使者以礼相待。而在法家看来,这属于不合法度的举动,可列入小忠。

《韩非子·说林》选录的有关楚地的故事,也体现出楚国主法者赦罪施惠的小忠。《说林上》写道:

> 有献不死之药于荆王者,谒者操之以入。中射之士问曰:"可食乎?"曰:"可。"因夺而食之。王大怒,使人杀中射之士。中射之士使人说王曰:"臣问谒者,曰'可食',臣故食之,是臣无罪,而罪在谒者也。且客献不死之药,臣食之而王杀臣,是死药也,是客欺王也。夫杀无罪之臣,而明人之欺王也,不如释臣。"王乃不杀。①

对于中射之士,陈奇猷先生写道:"给事宫中之官。"②中射之士是服侍楚王的人员,与楚王的关系很密切。按照法律规定,中射之士把献给楚王的礼物吞食,是必须治罪的。中射之士巧为之辩,楚王最终使其赦免,是典型的施惠和小忠。

通过以上事例可以看出,意气用事,施惠赦过,在楚人那里是经常出现的事象。韩非把竖縠阳作为小忠的角色加以处理,看似出于偶然,实则有楚文化的背景,是对楚地风气所作的法家评判。

2.《二柄》、《十过》篇的楚灵王行僻

关于楚灵王的行僻,《韩非子·十过》记载:

> 奚谓行僻?昔者,楚灵王为申之会,宋太子后至,执而囚

① 陈奇猷:《韩非子新校注》,上海:上海古籍出版社,2000年版,第475页。
② 陈奇猷:《韩非子新校注》,上海:上海古籍出版社,2000年版,第475页。

之,狎徐君,拘齐庆封。中射士谏曰:"合诸侯不可无礼,此存亡之机也。昔者桀为有戎之会,而有缗叛之;纣为黎丘之蒐,而戎、狄叛之;由无礼也。君其图之。"君不听,遂行其意。居未期年,灵王南游,群臣从而劫之。灵王饿而死乾谿之上。故曰:行僻自用,无礼诸侯,则亡身之至也。①

此处所记载楚灵王为申之会是在鲁昭公四年(前 538)。这里,狎,王先慎注:"轻侮之也。"②蒐,谓春天打猎。期年,指一年。

这个故事,源于历史事实,具有历史背景,具体的细节却有诸多与历史不合之处。具体来看,表现在以下几个方面:

首先,时间不一致,这里说楚灵王亡国身死"居未期年",即未满一年。而据《左传》,楚灵王之死的时间,是在鲁昭公十三年(前529),距离申之盟会的时间为鲁昭公四年(前 538),两者时隔九年,并非这里所写的不足一年。

第二,关于楚灵王之死的具体方式,历来有两种说法,一为饿死,除了此处《韩非子·十过》篇的记载之外,《淮南子·泰族训》采用此说:"饿于乾谿,食莽饮水,枕块而死。"③二为自缢而死。《左传·昭公十三年》记载:

> 芋尹无宇之子申亥曰:"吾父再奸王命,王弗诛,惠孰大焉?君不可忍,不可弃,吾其从王。"乃求王,遇诸棘闱以归。夏五月癸亥,王缢于芋尹申亥氏。申亥以其二女殉而葬之。④

持有相同说法的是《国语·吴语》,记载道:

---

① 陈奇猷:《韩非子新校注》,上海:上海古籍出版社,2000 年版,第 204 页。
② 王先慎:《韩非子集解》,北京:中华书局,1998 年版,第 61 页。
③ 刘文典:《淮南鸿烈集解》,北京:中华书局,1989 年版,第 688 页。
④ 杨伯峻:《春秋左传注》,北京:中华书局,1990 年版,第 1347 页。

　　王缢,申亥负王以归而土埋之其室。①

其实,楚地沿袭一种风气,上层社会的君主臣属在走投无路之际往往选择自缢而死。例如,楚成王与白公均选择以自缢的方式自杀。《左传·文公元年》:"冬十月,以宫甲围成王。王请食熊蹯而死。弗听。丁未,王缢。"②鲁文公元年(前 626),太子商臣篡位,熊掌难熟,楚成王想借吃熊掌的机会等候外援,没有得到允许,无计可施而选择自缢。《左传·哀公十六年》:"使与国人以攻白公,白公奔山而缢。"③鲁哀公十六年(前 479),白公之乱中,白公也是受到国人的围攻而自缢。再如,楚国主帅在历次战败之后,往往也以自缢的方式谢罪。《左传》记载了大量的此类典型事例,如《左传·桓公十三年》记载莫敖屈瑕伐罗失败,自缢于荒谷。《左传·僖公二十八年》记载令尹子玉战败于城濮之战,于返回郢都的途中自缢而死,《左传·昭公二十三年》记载司马薳越与吴军交战失败,缢于薳澨等。

　　《国语·吴语》对楚灵王死于乾豀的具体情形进行了细致地刻画。写道:

　　　　其民不忍饥劳之殃,三军叛王于乾豀。王亲独行,屏营仿偟于山林之中,三日乃见其涓人畴。王呼之曰:"余不食三日矣。"畴趋而进,王枕其股以寝于地。王寐,畴枕王以璞而去之。王觉而无见也,乃匍匐将入于棘闱,棘闱不纳,乃入芊尹申亥氏焉。④

---

① 徐元诰:《国语集解》,北京:中华书局,2002 年版,第 542 页。
② 杨伯峻:《春秋左传注》,北京:中华书局,1990 年版,第 515 页。
③ 杨伯峻:《春秋左传注》,北京:中华书局,1990 年版,第 1704 页。
④ 徐元诰:《国语集解》,北京:中华书局,2002 年版,第 542 页。

由此可知,楚灵王被弃之乾谿,饿于棘闱,"不食三日",正是韩非子所言"灵王饿而死乾谿之上"的史实来源与依据。可见,《韩非子·十过》篇称楚灵王饿死,对历史事实进行了细节上的改造,并且具有一定的历史依据。

第三,人名、地名稍有所异。《韩非子·十过》篇写楚灵王的劝谏者为中射士,略去了具体的人名,据史,实则为楚国名臣椒举,即伍举①。此外,谏辞中的地名也有抵牾之处,如《左传·昭公四年》记载椒举的劝谏之辞:"夏桀为仍之会,有缗叛之。商纣为黎之蒐,东夷叛之。周幽为大室之盟,戎狄叛之。"杨伯峻先生注:"《韩非子·十过》篇云:'昔者桀为有戎之会,而有缗叛之,纣为黎丘之蒐而戎、狄叛之。''仍'误作'戎',仍即任,太昊风姓后,见雷学淇《竹书纪年义证》卷十。"②

由上观之,相对于早期的历史记载,《韩非子·十过》篇的叙事显得更为生动鲜明。楚灵王的行僻,被韩非子列为诸侯失政的"十过"之一,强调"行僻自用,无礼诸侯,则亡身之至也",即楚灵王盟会诸侯于申的倨慢,直接导致了死于乾谿的凄惨结局。由此,韩非子为增强论说的力度,为自己的论点服务,对历史事件进行了有的放矢地重编与改造,杂取糅合而成雄辩有力的历史事例论证。并且,此种情况在《韩非子》全书中,不乏其例。

《韩非子·十过》篇把楚灵王在申地诸侯会盟的诸种表现,作为君主行僻的典型,这种选择有历史依据,并且在一定程度上反映出楚国在外交政策方面的严重失误。

申之会见于《左传·昭公四年》的记载,其中提到楚灵王的一系列违礼之行:他不及时接待宋太子,拘禁徐国君主。又率领诸侯伐吴,拘执齐国逃亡到吴地的庆丰。庆丰有弑君之罪,楚灵王在

---

① 陈奇猷:《韩非子新校注》,上海:上海古籍出版社,2000 年版,第 204 页。
② 杨伯峻:《春秋左传注》,北京:中华书局,1990 年版,第 1252 页。

对他行刑之前列举他的这一罪状,庆丰反唇相讥,揭露楚灵王弑兄子自立的罪恶,使灵王无地自容。申之会是楚灵王首次主持诸侯盟会,"楚子示诸侯侈",①也就是向诸侯显示自己的威风,结果是自取其辱。

楚灵王在申之会期间怠慢、甚至凌辱诸侯,是外交上的重大失误。春秋时期,楚国在主持诸侯会盟及接待诸侯使者方面,还有一系列违礼之行。《左传·襄公二十九年》记载,鲁襄公前往楚国参加会盟,适值楚康王卒。"楚人使公亲襚,公患之",杨伯峻先生写道:

> 襚音遂,为死者穿衣。含、襚、赗、临为诸侯使臣吊邻国之丧之礼,详《礼记·杂记上》。此时鲁公至楚,楚人竟欲鲁公亲为之。②

为去世的国君穿衣,本是诸侯国使者应做的事。可是,楚人却指派作为一国之君的鲁襄公亲自为之,确实是有违礼数,对于鲁君来说是一种耻辱。《左传·定公三年》还有如下记载:

> 蔡昭侯为两佩与两裘以如楚,献一佩一裘于昭王。昭王服之,以享蔡侯。蔡侯亦服其一。子常欲之,弗与,三年止之。唐成公如楚,有两肃爽马,子常欲之,弗与,亦三年止之。③

子常在楚国任令尹,他对前来的蔡昭侯、唐成公进行敲诈勒索。未能如愿,就扣留他们不许返回。这类事情在其它诸侯国是很罕见

---

① 杨伯峻:《春秋左传注》,北京:中华书局,1990年版,第1252页。
② 杨伯峻:《春秋左传注》,北京:中华书局,1990年版,第1154页。
③ 杨伯峻:《春秋左传注》,北京:中华书局,1990年版,第1531页。

的。韩非以诸侯会盟为背景,揭露楚灵王的行僻,有其历史根源。

《韩非子》列举君主的十种过失,其中两种取自楚国故实。这个事实表明,韩非对于春秋时期楚国政治的失误,有着准确的把握。在这篇文章的总体格局中,楚文化的案例占有重要的位置,分别列于第一和第三位,指的是小忠和行僻。他所列举的这两方面的过失,确实是楚国政治、外交的弊病。

此外,楚灵王的行僻还表现为"好细腰",《韩非子·二柄》篇写道:

> 人主有二患:任贤,则臣将乘于贤以劫其君;妄举,则事沮不胜。故人主好贤,则群臣饰行以要君欲则是群臣之情不效;群臣之情不效,则人主无以异其臣矣。故越王好勇,而民多轻死;楚灵王好细腰,而国中多饿人;齐桓公妒外而好内,故竖刁自宫以治内;桓公好味,易牙蒸其子首而进之;燕子哙好贤,故子之明不受国。故君见恶则群臣匿端,君见好则群臣诬能。人主欲见,则群臣之情态得其资矣。故子之托于贤以夺其君者也,竖刁、易牙因君之欲以侵其君者也。其卒子哙以乱死,桓公虫流出户而不葬。此其故何也?人君以情借臣之患也。人臣之情非必能爱其君也,为重利之故也。今人主不掩其情,不匿其端,而使人臣有缘以侵其主,则群臣为子之、田常不难矣。故曰:"去好去恶,群臣见素。群臣见素,则大君不蔽矣。"①

沮,王先慎注:"毁败也。"②匿端,陈奇猷先生注:"藏匿其将使君主

① 陈奇猷:《韩非子新校注》,上海:上海古籍出版社,2000年版,第130-131页。
② 王先慎:《韩非子集解》,北京:中华书局,1998年版,第41页。

厌恶之端绪。"①诬能,王先慎注:"诬其能,欲见用。"并进一步疏证
道:"群臣之情态,皆欲求利,君见其好恶,则知利其所存,故得以为
资。"②意思是说,臣下都怀着唯利是图之心,如果君上表现出好恶
爱憎之情,就乘虚而入,有利可图。这段话以越王好勇,楚灵王好
细腰,齐桓公好内、好味,以及燕子哙好贤等四个历史故事来阐述
法家重要的"术"之思想,君主应该"去好去恶",不表露喜好与厌
恶的情感倾向,使得臣属无机可乘,这是"大蔽"即高超的蒙蔽
手段。

楚灵王好细腰,历史多有记载,广泛见诸早期文献。《墨子·
兼爱中》、《战国策·楚策一》、《管子·七臣七主》、《荀子·君道》篇
以及《淮南子·主术训》均有记载。仔细考察以上文献,则其立论,
各有所不同:其中,《战国策·楚策一》记载莫敖子华的话语,写
道:"昔者先君灵王好小要,楚士约食,冯而能立,式而能起。食之
可欲,忍而不入。"③增加了许多叙事的细节。《墨子·兼爱中》则
于故事之尾得出的结论是"君说之,故臣能之也",④强调了臣从君
好之意,从而提出墨家"兼相爱、交相利"的主张。《淮南子·主术
训》记载道:"故灵王好细要。而民有杀食自饥也……由此观之,权
势之柄,其以移风易俗矣。"⑤谓楚人因为楚王好细腰,而争先节食
来跟随细腰风尚,这里,论述了权柄的重要性。《荀子·君道》篇:
"有乱君,无乱国;有治人,无治法。……楚庄王好细腰,故朝有饿
人。……故曰:闻修身,未尝闻为国也。"⑥这里的庄王应为灵王之
误。荀子则从治国角度,对楚灵王好细腰的行僻做出了相应的批

① 陈奇猷:《韩非子新校注》,上海:上海古籍出版社,2000年版,第135页。
② 王先慎:《韩非子集解》,北京:中华书局,1998年版,第42页。
③ 徐建章:《战国策注释》,北京:中华书局,1990年版,第525页。
④ 孙诒让:《墨子间诂》,北京:中华书局,2001年版,第105页。
⑤ 刘文典:《淮南鸿烈集解》,北京:中华书局,1989年版,第287页。
⑥ 梁启雄:《荀子简释》,北京:中华书局,1983年版,第158-162页。

判,提出儒家修身治国的理念。

楚灵王好细腰,而且欣赏美男子。《左传·昭公七年》记载:"楚子成章华之台,愿与诸侯落之。"①这里所说的落之,指参加落成典礼。许多诸侯国君主聚集于楚国章华之台,《国语·楚语上》对于这件事也有记载。楚国大夫伍举说道:"使富都那竖赞焉,而使长鬣之士相焉,臣不知其美也。"韦昭注:"富,富于容貌。都,闲也。那,美也。竖,未冠者也。言取美好不尚德。长鬣,美须髯也。"②楚灵王用来接待诸侯的人员,或是面目姣美的娈童,或是留蓄胡须的美男子。从这件事可以看出,楚灵王对于人体美有一种特殊的爱好,所作所为确实怪僻。

韩非子把楚灵王划入行僻之列,符合历史实际,反映出韩非对怪僻之行的排斥和否定。楚灵王是位荒亡之君,作为一国之主,他的行僻不可取。作为考察楚文化的一个标本,则自有其认识价值。楚灵王的行僻,体现出楚文化的两种属性,一是崇尚奇异,二是有较强的审美观照意识。楚灵王所喜欢的细腰,在《楚辞·大招》中作为正面形象出现:"小腰秀颈,若鲜卑只。"王逸注:"言好女之状,腰支细小,颈锐秀长,靖然而特异,若以鲜卑之带,约而束之也。"③这里的小腰,指的就是细腰。在楚人看来,细腰是一种形体美,而不是病态。楚灵王喜欢胡须旺盛的美男子,《楚辞·招魂》写道:"长发曼鬋,艳陆离些。"王逸注:"言美人长发工结,鬋鬓滑泽,其状艳美,仪貌陆离,而难具形也。"④这里出现的女性长发披拂,也是以怪异为美。至于《九章·涉江》所展示的长铗陆离、高冠切云的抒情主人公形象,更是奇异之美的典型。总之,从韩非对楚灵王行僻的批判切入,可以看到楚文化以奇为美的特点。

---

① 杨伯峻:《春秋左传注》,北京:中华书局,1990 年版,第 1285 页。
② 徐元诰:《国语集解》,北京:中华书局,2002 年版,第 495 页。
③ 洪兴祖:《楚辞补注》,北京:中华书局,1983 年版,第 222 页。
④ 洪兴祖:《楚辞补注》,北京:中华书局,1983 年版,第 210 页。

3.《和氏》篇的和氏受刑与吴起被害

关于和氏受刑,《韩非子·和氏》篇记载道:

> 楚人和氏得玉璞楚山中,奉而献之厉王。厉王使玉人相之,玉人曰:"石也。"王以和为诳,而刖其左足。及厉王薨,武王即位,和又奉其璞而献之武王;武王使玉人相之,又曰:"石也。"王又以和为诳,而刖其右足。武王薨,文王即位,和乃抱其璞而哭于楚山之下,三日三夜,泣尽而继之以血。王闻之,使人问其故,曰:"天下之刖者多矣,子奚哭之悲也?"和曰:"吾非悲刖也,悲夫宝玉而题之以'石',贞士而名之以'诳',此吾所以悲也。"王乃使玉人理其璞而得宝焉,遂命曰:"和氏之璧"。
>
> 夫珠玉人主之所急也,和虽献璞而未美,未为王之害也,然犹两足斩而宝乃论,论宝若此其难也。今人主之于法术也,未必和璧之急也,而禁群臣士民之私邪。然则有道者之不僇也,特帝王之璞未献耳。主用术则大臣不得擅断,近习不敢卖重;官行法则浮萌趋于耕农,而游士危于战陈。则法术者乃群臣士民之所祸也。人主非能倍大臣之议,越民萌之诽,独周乎道言也。则法术之士虽至死亡,道必不论矣。①

僇,通"戮",即戮杀。璞,陈奇猷先生注:"《尹文子·大道下》:'郑人谓玉未理者为璞',《国策·秦策》应侯语同。"②和氏,即楚人卞和。这里和氏献玉的故事,具有历史的真实性,后世历史典故"完

---

① 陈奇猷:《韩非子新校注》,上海:上海古籍出版社,2000年版,第271-273页。
② 陈奇猷:《韩非子新校注》,上海:上海古籍出版社,2000年版,第272页。

璧归赵"中的和氏之璧,即此玉。这里提及三世楚君,即厉王、武王和成王,陈奇猷先生注:

> 张淏曰:"按《楚世家》:'熊通自立为武王',是楚之王自熊通始,其先初无所谓厉王者,岂即其兄蚡冒耶?今姑置而勿论。且以武王初即位之年言之,是岁为周平王之三十一年,岁在辛丑,至文王即位之年壬辰已五十二年矣,若加以厉王当不止于此,和虽三献,不应历年如是之久,疑有舛误处。然此事见于他书者亦多异同,《新序》无文王而有共王,《淮南子》注及《前汉》邹阳并《后汉》孔融及陈元三传注,俱无厉王而有成王。又《赵壹传》注引《琴操》又有怀王及子平王,其不同如此。既无明据,不敢以臆见定其是否。但武王至共王已六世,几于百年,平王在怀王之前,相去甚远,初非父子,此乃谬妄显然矣。"(《云谷杂记》卷一)奇猷案:孙志祖、卢文弨、顾广圻、洪颐煊、洪亮吉、王先慎诸氏于此条均有校说,与张淏说大同小异,文繁不具引。[①]

以上关于卞和献玉于三世楚君的说法,具体究竟是哪三世楚王,由于年代久远,已经莫衷一是。楚君无厉王,据以上文献,最有可能的是楚武王、文王和成王。楚武王(前 740—前 690)在位五十一年,楚文王(前 689—前 675)在位十五年,楚成王(前 671—前 626),则三世相及至少 20 年,而卞和能够于文王之世献玉,至少年及弱冠,不过四十年余岁,如此看来,这种推测是大致可信的,因此,汉代高诱注《淮南子》、邹阳注《汉书》、孔融及陈元注《后汉书》,均采用此说,"俱无厉王而有成王",改厉王为成王,使得这段故事发生的时间更具有历史合理性。

---

① 陈奇猷:《韩非子新校注》,上海:上海古籍出版社,2000 年版,第 272 页。

在这段话中，卞和献玉三次，历经两次残酷的刖刑，付出失去两条腿的惨重代价，最后一次才得到了楚王的认可与赏识，幸而保全生命而和氏之玉留名于世。这个故事的寓意十分深远，另有所寓，献玉尚且如此艰难，献法术则更难。王先慎写道："'帝王之璞'即法术也，有道之士所以不见僇者，则以未献法术也。"①作为法家的重要代表人物，韩非子借用和氏献玉的历史故事，为法家代言，表达法家之术不受君王重视的不满，以及推行法家之术畏若危途。

这段故事也见于《新序·杂事》篇，文字大体相同，结论则迥然有异，记载如下：

> 故曰：珠玉者，人主之所贵也。和虽献宝而美，未为玉尹用也。进宝且若彼之难也，况进贤人乎？贤人与奸臣犹仇雠也，于庸君意不合。夫欲使奸臣进其雠于不合意之君，其难万倍于和氏之璧。又无断两足之臣以推，其难犹拔山也。千岁一合若继踵，然后霸王之君兴焉。其贤而不用，不可胜载。故有道者之不戮也，宜白玉之璞未献耳。②

可见，这里刘向的立论基于贤人难进，以璞玉比贤人。两相对照，可以发现，其说理的逻辑与韩非子论法家之术是一致的。《新序》是西汉刘向辑录前世文献而成，所以，这里显然是取材于先秦时期《韩非子》的资料，并进一步借鉴了其论说的方法。

关于吴起变法而被害，《韩非子·和氏》篇记载如下：

> 昔者吴起教楚悼王以楚国之俗曰："大臣太重，封君太众，

---

① 王先慎：《韩非子集解》，北京：中华书局，1998年版，第96页。
② 赵仲邑：《新序详注》，北京：中华书局，1997年版，第178页。

若此则上逼主而下虐民，此贫国弱兵之道也。不如使封君之子孙三世而收爵禄，绝灭百吏之禄秩，损不急之枝官，以奉选练之士。"悼王行之期年而薨矣，吴起枝解于楚。商君教秦孝公以连什伍，设告坐之过，燔诗书而明法令，塞私门之请而遂公家之劳，禁游宦之民而显耕战之士。孝公行之，主以尊安，国以富强，八年而薨，商君车裂于秦。楚不用吴起而削乱，秦行商君法而富强，二子之言也已当矣，然而枝解吴起而车裂商君者何也？大臣苦法而细民恶治也。当今之世，大臣贪重，细民安乱，甚于秦、楚之俗，而人主无悼王、孝公之听，则法术之士安能蒙二子之危也而明己之法术哉！此世所以乱无霸王也。①

燔，意思是焚烧。枝解，即肢解，与下文的"车裂"，是指同一种残酷的古代刑罚，只是各国采用不同的刑名而已。王先慎注："《释名》：'车裂曰轘。轘，散也，肢体分散也。'是二子皆受轘死，各国名刑不同，韩非亦因而称之耳。"②这里，列举楚国吴起变法与秦国商鞅变法的历史故事，吴起、商鞅分别得到楚悼王、秦孝公的重用而施行法家的思想主张，虽然他们的变法主张得到不同程度的支持，最后的结局，却是一致的，都是死于严苛的刑罚。韩非子借用法家先贤的遭遇，反思当时法家思想的推行情况，指出法术不用是导致霸王不出的主要原因。

吴起、商鞅所实行的变法，是战国时期的重要事件。韩非作为战国法家的集大成者，对于这两次变法自然格外关注。值得注意的是，《和氏》这篇文章有两个事件都取自楚国。先是讲述和氏玉的难以识别，以及卞和的悲惨遭遇。这一段相当于《诗经》的起兴，

---

① 陈奇猷：《韩非子新校注》，上海：上海古籍出版社，2000 年版，第 275 页。
② 王先慎：《韩非子集解》，北京：中华书局，1998 年版，第 104 页。

为的是引出下文法术难识的话题。在选择变法的事象时,首先列举的是吴起在楚国的变法,与前面的卞和之玉故事紧密相连、前后呼应。用楚地的美玉难识故事引出楚地变法事件,从而使得文章形成特殊的格局,楚文化因素在其中起着主要的支撑作用。

4.《奸劫弑臣》篇的春申君弃妻杀子与公子围弑君自立

关于春申君弃妻杀子的故事,《韩非子·奸劫弑臣》篇记载如下:

> 处非道之位,被众口之谮,溺于当世之言,而欲当严天子而求安,几不亦难哉!此夫智士所以至死而不显于世者也。楚庄王之弟春申君有爱妾曰余,春申君之正妻子曰甲,余欲君之弃其妻也,因自伤其身以视君而泣,曰:"得为君之妾,甚幸。虽然,适夫人非所以事君也,适君非所以事夫人也。身故不肖,力不足以适二主,其势不俱适,与其死夫人所者,不若赐死君前。妾以赐死,若复幸于左右,愿君必察之,无为人笑。"君因信妾余之诈,为弃正妻。余又欲杀甲而以其子为后,因自裂其亲身衣之裹以示君而泣,曰:"余之得幸君之日久矣,甲非弗知也,今乃欲强戏余,余与争之,至裂余之衣,而此子之不孝莫大于此矣。"君怒,而杀甲也。故妻以妾余之诈弃,而子以之死。从是观之,父之爱子也,犹可以毁而害也。君臣之相与也,非有父子之亲也,而群臣之毁言,非特一妾之口也,何怪夫贤圣之戮死哉!此商君之所以车裂于秦,而吴起之所以枝解于楚者也。凡人臣者,有罪固不欲诛,无功者皆欲尊显。而圣人之治国也,赏不加于无功,而诛必行于有罪者也。然则有术数者之为人也,固左右奸臣之所害,非明主弗能听也。①

---

① 陈奇猷:《韩非子新校注》,上海:上海古籍出版社,2000年版,第289-290页。

春申君,姓黄,名歇。关于春申君其人,陈奇猷先生注:"顾广圻曰:'与《楚世家》、《春申君列传》皆不合。'奇猷案:《史记·春申君列传》:'春申君者,名歇,姓黄氏,事楚顷襄王。'案顷襄王上距庄王近三百年,此庄王疑顷襄王之误。盖庄、襄音近而误为'顷庄王',后人见楚无'顷庄王',遂又删去'顷'字也。"①这里的解释大体是正确的。春申君与平原君、信陵君、孟尝君并称为战国四公子,《史记·楚世家》:"楚使左徒侍太子于秦。三十六年,顷襄王病,太子亡归。秋,顷襄王卒,太子熊元代立,是为考烈王。考烈王以左徒为令尹,封于吴,号春申君。"②春申君先后仕于楚顷襄王、楚考烈王之世,与楚庄王称霸的春秋时期,相去甚远。甲,陈奇猷先生引松皋圆曰:"'甲'恐非名。《史记》任少卿曰:'某子甲何不来乎',《万石君传》:'长子建,次子甲,次子乙',注:'史失其名,故曰甲、乙。'"③

　　关于这段话,《史记·楚世家》、《史记·春申君列传》等史料也有相同的记载,并采用与《韩非子》相一致的体例,先史后论,论从史出,即在所征引的历史故事之后,提出法家的思想主张。这里,春申君误听其妾的谗言而弃妻杀子,韩非子则借用春申君弃妻杀子的历史故事,以家喻国,反观贤臣遭到奸佞的诬陷与君主的猜忌,从而为法家的先驱人物吴起与商鞅的遭遇鸣不平。

　　关于公子围弑君自立,《韩非子·奸劫弑臣》篇记载道:

　　　　谚曰:"厉怜王。"此不恭之言也。虽然,古无虚谚,不可不察也。此谓劫杀死亡之主言也。人主无法术以御其臣,虽长年而美材,大臣犹将得势,擅事主断,而各为其私急。而恐父

---

① 陈奇猷:《韩非子新校注》,上海:上海古籍出版社,2000年版,第291页。
② 司马迁:《史记》,北京:中华书局,1982年版,第1735页。
③ 陈奇猷:《韩非子新校注》,上海:上海古籍出版社,2000年版,第291页。

兄豪杰之士,借人主之力以禁诛于己也,故弑贤长而立幼弱,废正的而立不义。故《春秋》记之曰:"楚王子围将聘于郑,未出境,闻王病而反。因入问病,以其冠缨绞王而杀之,遂自立也。齐崔杼其妻美,而庄公通之,数如崔氏之室。及公往,崔子之徒贾举率崔子之徒而攻公。公入室,请与之分国,崔子不许。公请自刃于庙,崔子又不听。公乃走,踰于北墙。贾举射公,中其股,公坠。崔子之徒以戈斫公而死之,而立其弟景公。"近之所见:李兑之用赵也,饿主父百日而死;淖齿之用齐也,擢湣王之筋,悬之庙梁,宿昔而死。故厉虽臃肿疕疡,上比于《春秋》,未至于绞颈射股也;下比于近世,未至饿死擢筋也。故劫杀死亡之君,此其心之忧惧,形之苦痛也,必甚厉矣。由此观之,虽"厉怜王"可也。①

厉,即疠。徐建章先生注《战国策·楚策四》写道:"吴补'癞也。'恶疮,即麻风病。《韩非子·奸劫弑臣》:'谚曰:厉怜王。'则此为古谚语。厉人怜王,是说生疠病的人是人所共厌恶的,被人臣杀死的国君还不如生疠病的人,所以生疠病的人反而可怜国君了。"②公子围,即楚灵王,是楚共王之子、楚康王之弟。据《左传》鲁昭公元年(前 541),公子围弑楚康王之子郏敖,而自立为王。

　　先秦时期,往往相同的一段话,被不同的编著者征引,出现在不同的典籍中。与上面这段话大体相同的记载,亦见于《战国策·楚策四》和《韩诗外传》卷四。屈守元先生注《韩诗外传》卷四云:"此章所载,见《战国策·楚策》,其诗又见《荀子·赋篇》,'鄙语曰'以下,则见于《韩非子·奸劫弑臣》篇。"③又引清人汪中语,写道:

---

① 陈奇猷:《韩非子新校注》,上海:上海古籍出版社,2000 年版,第 297 - 298 页。
② 徐建章:《战国策注释》,北京:中华书局,1990 年版,第 585 页。
③ 屈守元:《韩诗外传笺疏》,成都:巴蜀书社,2012 年版,第 217 页。

　　汪中《荀卿子通论》论此文云："按：春申君请孙子，孙子答书，或去或就，曾不一言。而泛引前世劫杀死亡之事，未知其意何属。其灵王虽无道，固楚之先君也。岂宜向其臣子斥言其罪？不知何人凿空为此。韩婴误以为《诗》。刘向不察，采入《国策》，其《叙荀子新书》又载之。斯失之矣。此书自'厉怜王'以下，乃《韩非子·奸劫弑臣》文。其言刻觚舞知以御入，固非之本志。其赋词乃《荀子·佹诗》之小歌，见于《赋篇》。由二者杂采成篇，故文义前后不属。幸本篇具在，其妄不难破尔。……《诗外传》、《国策》所载或说春申君之词，即因此以为缘饰。周、秦间记载，若是者多矣。至引事说《诗》，韩婴书之成例。《国策》载其文，而不去其《诗》，此故奏之葛龚也。"（《述学·补遗》卷四）①

这里道出了早期文献之间的相互征引、借用的原委。《韩非子·奸劫弑臣》篇的记载，被后世晚出的《战国策》和《韩诗外传》两书引用，而两书又各成体例，所以出现了一文而多用的情形。

　　《奸劫弑臣》篇所选择发生在楚国的事件，分别出自春申君和楚灵王。春申君生活在战国末期，与荀子有过交往。韩非是荀子的学生，因此，他对春申君的为人处世也非常熟悉。他把发生在春申君家庭中的悲剧写入文中，是就近取材，无论从时间还是从空间来看，韩非与春申君的距离都很近。这是他选取这个事件的重要原因。文中提到的公子围就是楚灵王，韩非对他的劣迹恶行也很熟悉，《十过》、《饰邪》都提到过他，因此，在《奸劫弑臣》篇把他作为以臣弑君的典型来批判。公子围弑君发生在鲁昭公元年（前541），在此之前，当时人对于他弑君自立的企图早已有所觉察。鲁襄公三十一年（前542），《左传·襄公三十一年》记载：

―――――――――――

① 屈守元：《韩诗外传笺疏》，成都：巴蜀书社，2012 年版，第 217－218 页。

> 卫侯在楚,北宫文子见令尹围之威仪,言于卫侯曰:"令尹似君矣! 将有他志,虽获其志,不能终也。"①

卫国北宫文子已经看出公子围将要篡位的野心,并预言他不得善终。《左传·昭公元年》记载,诸侯在虢地会盟,公子围用楚王的仪仗出席,鲁国叔孙穆子称:"楚公子美矣,君哉!"郑国公孙挥则称公子围对楚王的仪仗是"假而不反",②意谓借而不还,将要弑君自立之意。公子围弑君自立事件在当时就引起强烈反响,这也是韩非把它写入文中的原因之一。

《韩非子·奸劫弑臣》篇一文有两桩案例取自楚国,这两个事件都很惨烈。从一个侧面反映出楚国贵族阶层内部斗争的残酷性,这类事件最早可以追溯到《左传·文公元年》记载的太子商臣弑父自立。楚国这类事件往往很酷烈,因权力欲望而骨肉相残,这正好为韩非的崇法理念提供了证据,成为重要的取材对象。

二、《喻老》:楚地故事与哲理名言的珠联璧合

《史记》的七十列传中,往往合传某学派的两位代表人物,如儒家之孟荀,法家之管晏,兵家之孙吴,这种情况符合人们的思维定势。而《老子韩非列传》实属例外,合并的是道家创始人老子与法家重要代表人物韩非的传记。司马迁的编写理由在于韩非学说的"归本于黄老",③这是将两者进行合传的关键连接点。可以说,这是较早敏锐观察到韩非学说与道家思想有某种关涉的判断。综观《韩非子》一书,主要有《解老》、《喻老》篇依托于楚地道家思想,用

---

① 杨伯峻:《春秋左传注》,北京:中华书局,1990 年版,第 1193 - 1194 页。
② 杨伯峻:《春秋左传注》,北京:中华书局,1990 年版,第 1202 - 1203 页。
③ 司马迁:《史记》,北京:中华书局,1982 年版,第 2146 页。

来演绎、宣扬韩非的法家学说。

在《喻老》篇中，韩非子具体的做法是借用《道德经》文本中的至理名言，以讲述历史故事的方式，汲取道、法两派相通的思想因子，用来阐发法家学说的哲学意蕴。《喻老》篇总共记载 26 则历史故事，其中 3 则故事均就楚国历史传说而进行取材，可谓楚地故事与道家至理名言的珠联璧合。

1. 善建不拔：孙叔敖请汉间之地

关于孙叔敖请汉间之地，《韩非子·喻老》记载道：

> 楚庄王既胜狩于河雍，归而赏孙叔敖。孙叔敖请汉间之地，沙石之处。楚邦之法，禄臣再世而收地，唯孙叔敖独在。此不以其邦为收者，瘠也，故九世而祀不绝。故曰："善建不拔，善抱不脱，子孙以其祭祀世世不辍。"孙叔敖之谓也。①

此事的记载，也见于《吕氏春秋·异宝》篇、《淮南子·人间训》篇、《列子·说符》篇。这里的狩，前人以为"晋"之误，陈奇猷先生解释道：

> 松皋圆曰："《淮南子·人间训》'狩'作'晋'，是也。"《史记》："楚庄王十七年败晋师于河上，遂至卫雍而归"，高诱注："庄王败晋荀林父之师于邲。邲，河雍地也。"奇猷案："狩"作晋，是。本篇后文有"楚庄王胜晋于河雍"可证。②

---

① 陈奇猷：《韩非子新校注》，上海：上海古籍出版社，2000 年版，第 435 页。
② 陈奇猷：《韩非子新校注》，上海：上海古籍出版社，2000 年版，第 435 页。

然而,周勋初先生的解释不同,其断句为"楚庄王既胜,狩于河雍。"并进一步解释道:"在河雍地方狩猎,显耀武力。"①联系上下文的语境来看,周勋初先生的解释更为合理。据《左传》记载,邲之战,楚胜晋败,楚大夫建议楚庄王建立武军、京观以遗后世,最后,楚人"祀于河,作先君宫,告成事而还"②。与这里的"狩"一样,均是想要显耀和发扬楚国战绩、武功的表现,只是两者的具体表现形式有所不同。

这里的两个地名,河雍,《左传·宣公十二年》:"次于卫雍。"杨伯峻先生注:"《韩非子·喻老》:'楚庄王既胜,狩于河雍。'河雍即卫雍也,战国时又曰垣雍,在河南省原武县(今废,并入原阳县)西北五里。黄河旧在其北二十二里。"③关于孙叔敖的封地,位于"汉间之地,沙石之处",其它典籍均作寝丘。据本书第一章的考证,寝丘之地,历来有两种观点,一是今河南固始,二是今河南临泉,尽管对寝丘所处地域的认定不尽相同,但都是在颍水、汝水附近。孙叔敖之所以选择寝丘为封地,是因为他明智地考虑到此地并非世人的必争之处。一方面,土地并不肥饶,而是十分贫瘠。另一方面,则是地名不祥。《淮南子·人间训》篇写道:"而受沙石之间有寝丘者。其地碻石而名丑,荆人鬼,越人禨,人莫之利也。"④禨,同禜。《说文·鬼部》:"禜俗也。从鬼,幾声。《淮南》传曰:'吴人鬼,越人禜。'"段玉裁注曰:

> 谓好事鬼成俗也。《淮南子·人间训》曰:"荆人鬼,越人禨。"高云:"鬼,好事鬼也。禨,祥也。"《景十三王传》:"治宫室禨祥。"伏虔曰:"禨祥,求福也。"《史记正义》引顾野王云:"禨

---

① 周勋初:《韩非子校注》,南京:凤凰出版社,2009 年版,第 177 页。
② 杨伯峻:《春秋左传注》,北京:中华书局,1990 年版,第 747 页。
③ 杨伯峻:《春秋左传注》,北京:中华书局,1990 年版,第 744 页。
④ 刘文典:《淮南鸿烈集解》,北京:中华书局,1989 年版,第 551 页。

祥,吉凶之先见也。"按伏读禨同祈,顾读为"知幾其神"之"幾"。皆好事鬼神之意耳。……各书从示作禨,同。①

由上可见,寝丘的地名反映出楚人好鬼的习俗,蕴含着楚文化的因子。由于土地尽是沙石,堪比不毛之地,人迹罕至,因而获此恶名。寝,有时指宗庙后部停放死者牌位和先人遗物的地方。寝丘,顾名思义,死亡者所在之丘。其地与其名,实际上是名副其实,互为表里。

孙叔敖辅助楚庄王成就霸主之业,邲之战起了关键性的作用,孙叔敖因而获封。根据楚国的法律,封地在功臣受封二世之后,即被重新收归朝廷。韩非子作为法家的重要代表人物,十分熟谙各国的法典,指出"楚邦之法,禄臣再世而收地"。再世,即二世。但是,最终楚国并没有收回孙叔敖的封地,而是"九世而祀不绝",孙叔敖的后代长久地保有此地。

《韩非子》在这段故事的末尾,征引《道德经》的话来作总结,写道:"善建不拔,善抱不脱,子孙以祭祀不辍。"这段引语出自《道德经》第五十四章。全章如下:

　　善建者不拔,善抱者不脱,子孙祭祀不辍。修之于身,其德乃真;修之于家,其德乃余;修之于乡,其德乃长;修之于国,其德乃丰;修之于天下,其德乃普。故以身观身,以家观家,以乡观乡,以国观国,以天下观天下。吾何以知天下然哉?以此。②

第五十四章属于"德经"部分,这段话围绕修德的论题,主要阐述了

① 段玉裁:《说文解字注》,上海:上海古籍出版社,1988年版,第436页。
② 楼宇烈:《老子道德经注校释》,北京:中华书局,2008年版,第143页。

道家的道德理想,由修身而进一步推广到治理家、乡、国、天下。全章的重点在于前三句:"善建者不拔",河上公章句曰:"善以道立身立国者,不可得引而拔。"①"善抱者不脱",河上公章句曰:"善以道抱精神者,终不可拔引解脱。"②"子孙祭祀不辍",陈鼓应先生的解说更直白些,写道:"世世代代都能遵守'善建'、'善抱'的道理,后代的烟火就不会绝灭。"③

《韩非子》一书的《解老》和《喻老》,联袂而成姊妹篇,针对《道德经》一书,一个重在阐发性的论述,另一个重在解说性的叙事,两者均与道家思想有着千丝万缕的关系。《喻老》篇引《道德经》第五十四章的话语评论孙叔敖请封寝丘的故事,与之相印证,《解老》篇的最后一段,则集中阐释《道德经》第五十四章。其文如下:

> 人无愚智,莫不有趋舍。恬淡平安,莫不知祸福之所由来。得于好恶,怵于淫物,而后变乱。所以然者,引于外物,乱于玩好也。恬淡有趋舍之义,平安知祸福之计。而今也玩好变之,外物引之,引之而往,故曰"拔"。至圣人不然,一建其趋舍,虽见所好之物不能引,不能引之谓"不拔"。一于其情,虽有可欲之类,神不为动,神不为动之谓"不脱"。为人子孙者,体此道,以守宗庙不灭之谓"祭祀不绝"。身以积精为德,家以资财为德,乡国天下皆以民为德。今治身而外物不能乱其精神,故曰:"修之身,其德乃真。"真者,慎之固也。治家,无用之物不能动其计则资有余,故曰:"修之家,其德有余。"治乡者行此节,则家之有余者益众,故曰:"修之乡,其德乃长。"治邦者行此节,则乡之有德者益众,故曰:"修之邦,其德乃丰。"莅天

---

① 王卡点校:《老子道德经河上公章句》,北京:中华书局,1993年版,第207页。
② 王卡点校:《老子道德经河上公章句》,北京:中华书局,1993年版,第207页。
③ 陈鼓应:《老子今注今译》,上海:上海古籍出版社,2003年版,第271页。

> 下者行此节,则民之生莫不受其泽,故曰:"修之天下,其德乃普。"修身者以此别君子小人,治乡治邦莅天下者各以此科适观息耗,则万不失一。故曰:"以身观身,以家观家,以乡观乡,以邦观邦,以天下观天下。吾奚以知天下之然也以此。"①

此处所进行的逐字逐句地解说,是法家学说与道家思想的相合之处,韩非子的解说,颇得道家思想的内在精髓与哲学意蕴。主要分为两个层次:一是修身,重在不为外物所役,有道者具有岿然不动的精神价值取向,即内在之德;二是由修身言及管理家庭与治理天下。韩非清楚地看到治理家、乡、国、天下的领域大小不同,所处理的具体事务各异,采用的具体策略也应该避免千篇一律、千门一法,这显然有别于儒家所提倡的修身、齐家、治国与平天下的治国理念。所谓"以身观身,以家观家,以乡观乡,以邦观邦,以天下观天下",按照法家的理解,应该是"身以积精为德,家以资财为德,乡国天下皆以民为德"。其中,积精、资财和以民为德,显得十分功利,从修身、理家和治国的实际出发,注重切实的物质效用,这是从法家的立场,对道家学说所进行的重新理解与二度阐释,涂抹上了法家思想的色彩。

韩非子认为楚国名相孙叔敖的做法,恰好是对《道德经》第五十四章中所言"善建不拔,善抱不脱,子孙以祭祀不辍"的实际践行,符合道家的标准,即《道德经》所谓的"善建者"、"善抱者",因而,能够使得后代子孙长久保留封地而不绝于祀。可见,这里实行的是以退为进、以柔胜强的智谋策略,体现了道家的尚柔、守谦的哲学理念。关于孙叔敖的具体形象,《韩非子·外储说左下》记载:

---

① 陈奇猷:《韩非子新校注》,上海:上海古籍出版社,2000 年版,第 428－429 页。

> 孙叔敖相楚,栈车牝马,粝饭菜羹,枯鱼之膳,冬羔裘,夏葛衣,面有饥色,则良大夫也,其俭偪下。①

据王先慎的搜集,《韩非子》的多处佚文也写道:"孙叔敖冬日黑裘,夏日葛衣(《北堂书钞》卷一百二十九引)","孙叔敖相楚,粝饭菜羹(以上又见《初学记》卷二十六注引,"相楚"作"为令尹"),枯鱼之膳(《北堂书钞》卷一百四十三引)",以及"孙叔敖相楚,衣羖羊裘(《太平御览》卷六百九十四引)"。② 以上所列举的一系列事象,包括栈车、牝马,粝饭、菜羹,枯鱼之膳,羊裘,葛衣,均是孙叔敖生活简朴的表现。《淮南子·齐俗训》写道:"贫人则夏被褐带索……冬则羊裘解札。"③其中,栈车,陈奇猷先生注:"旧注:柴车也。奇猷案:《周礼·考工记》:'栈车欲弇。'郑注:'士乘栈车。'《说文》:'栈,棚也。竹木之车曰栈。'"④可见,在《韩非子》一书中,孙叔敖形象的俭朴特征是一以贯之的,虽然居于政要高位,却甘于淡泊朴素的生活,作收敛之象,沾染了浓烈的道家色彩。

但是,仔细地加以追究,《韩非子·喻老》篇的最终目的,绝不是仅仅为了证明道家思想的正确性与可行性,而是另有所寓,另有所指。可以这样认为,其做法是援引道家而入于法家,借用《道德经》一书的文本,表面披上道家思想的外衣,而真正的思想实质内核,却仍然是韩非子所主张的法家学说。

具体来说,韩非子讲述的孙叔敖受封故事,实际上是以楚国封邑之法为背景依托,"法"一直是他所无法回避的中心议题,也是构成韩非子学说体系的三块基石之一。楚国法律已经散佚,据《艺文类聚·刑法部》载晋人张斐的《律序》云:"郑铸《刑书》,晋作《执

---

① 陈奇猷:《韩非子新校注》,上海:上海古籍出版社,2000年版,第749页。
② 王先慎:《韩非子集解》,北京:中华书局,1998年版,第12、13、15页。
③ 刘文典:《淮南鸿烈集解》,北京:中华书局,1989年版,第375页。
④ 陈奇猷:《韩非子新校注》,上海:上海古籍出版社,2000年版,第750页。

秋》，楚造《仆区》，并述法律之名。"又《左传·昭公七年》记载："吾先君文王，作仆区之法，曰：'盗所隐器，与盗同罪'。"①可见，春秋时期的楚国之法命名为《仆区》，具体内容已经散佚不传，只是零星见于早期典籍。这里，《韩非子·喻老》篇所言的"楚邦之法，禄臣再世而收地"，便是遗留后世的宝贵的楚国法典资料之一。此条法令也见于其它典籍，《史记·滑稽列传》："以奉其祀，后十世不绝。"张守节正义：《吕氏春秋》云："楚功臣封二世而收。"②又《韩非子·和氏》篇记载吴起推行变法的条例，其中写道："楚法三世而收爵禄。"③只是具体时限不同，有二世和三世之别，孰是孰非，后世已经无从考证。

由上可知，这段历史故事的主人公，是具有道家思想色彩的楚人孙叔敖，文本援引的是道家经典《道德经》里的哲理名言，而讨论的中心议题，却是有关如何趋利避害的问题。这里，以楚国封邑之法的推行过程中，孙叔敖请封寝丘的故事为例，说明能够以个体的谋略智慧，实现家族的长盛不衰。可以说，这个故事是把道家思想、法家学说与楚文化的因子，巧妙地熔于一炉。

再看其它典籍对这个故事所吸收、接受的情况，以及其所代表学派的思想与态度：

其一，具有黄老思想倾向的《淮南子》，其《人间训》篇亦载有此故事，并且附有评论之语。写道：

> 天下有三危：少德而多宠，一危也；才下而位高，二危也；身无大功而受厚禄，三危也。故物或损之而益，或益之而损。何以知其然也？……此所谓损之而益也。④

---

① 杨伯峻：《春秋左传注》，北京：中华书局，1990 年版，第 1284 页。
② 司马迁：《史记》，北京：中华书局，1982 年版，第 3202 页。
③ 陈奇猷：《韩非子新校注》，上海：上海古籍出版社，2000 年版，第 275 页。
④ 刘文典：《淮南鸿烈集解》，北京：中华书局，1989 年版，第 588－590 页。

这段话体现出道家的辩证思维特点,符合《淮南子·人间训》篇的主旨,即对待世间万事万物的变化,应该采取辩证的态度。其中,评价孙叔敖请封寝丘是"损之而益"之举,探求其思想的来源,可溯源至《道德经》第四十二章的"故物或损之而益,或益之而损"之语。

其二,《吕氏春秋》是吕不韦召集门下宾客集体编撰而成,"兼儒墨,合名法",杂取各家思想。关于这个故事,《吕氏春秋·异宝》篇评曰:"古之人非无宝也,其所宝者异也。……孙叔敖之知,知不以利为利矣,知以人之所恶为己之所喜,此有道者之所以异乎俗也。"①陈奇猷先生案语:

> 奇猷案:篇中述孙叔敖戒其子勿受利地,以为常人所谓利者实不利,与《道德经》第二章"天下皆知美之为美斯恶已,皆知善之为善斯不善已"同一旨趣。……则此篇为道家者流之作也。②

这里道出了《异宝》篇与道家思想的关联,两者旨趣相通。《道德经》第二章是道家辩证思想的集中体现,以"天下皆知美之为美,斯恶已;皆知善之为善,斯不善已",指明美恶观念、善与不善观念的产生机制。与之相应,在《吕氏春秋·异宝》篇中,则指出利与不利、所恶与所喜,均是相对立的概念与范畴,在人们的认识里能够进行相互的转化,强调有道者异乎时俗、卓然独立的姿态,从一个侧面反映出了道家思想的批判精神。

第三,《列子·说符》篇则是简单记载这个故事,没有评论之语。

以上三部典籍,叙述孙叔敖请封寝丘的故事,所采取的处理方

---

① 陈奇猷:《吕氏春秋新校释》,上海:上海古籍出版社,2002年版,第558页。
② 陈奇猷:《吕氏春秋新校释》,上海:上海古籍出版社,2002年版,第559页。

式不同,但是,均宣扬道家的辩证思想。与之相较,《韩非子·喻老》篇以法解老,兼纳法、道两家思想,情况相对复杂,需要进行仔细地辨析。

2. 大器晚成:楚庄王对答右司马御座

关于楚庄王对答右司马,《韩非子·喻老》篇的记载,如下:

> 楚庄王莅政三年,无令发,无政为也。右司马御座而与王隐曰:"有鸟止南方之阜,三年不翅不飞不鸣,嘿然无声,此为何名?"王曰:"三年不翅,将以长羽翼。不飞不鸣,将以观民则。虽无飞,飞必冲天;虽无鸣,鸣必惊人。子释之,不榖知之矣。"处半年,乃自听政。所废者十,所起者九,诛大臣五,举处士六,而邦大治。举兵诛齐,败之徐州,胜晋于河雍,合诸侯于宋,遂霸天下。庄王不为小害善,故有大名;不蚤见示,故有大功。故曰:"大器晚成,大音希声。"①

御座,陈奇猷先生注:"犹言侍坐也。又案:此仅言官衔右司马,不书其名。"②隐,谓用隐喻的方式进谏。陈奇猷先生注:"《吕氏春秋》作'讔'。《说文》无'讔'字,盖本作'隐',后人加言旁耳。"③《文心雕龙·谐隐篇》:"讔者,隐也,遁辞以隐意,谲譬以指事也。"④隐即猜谜语,《新序·杂事二》记载齐宣王之后无盐女"窃尝喜隐",赵仲邑先生注:"隐同讔,谜面一般是用语言构成的,故又称隐语、谜

---

① 陈奇猷:《韩非子新校注》,上海:上海古籍出版社,2000年版,第456-457页。
② 陈奇猷:《韩非子新校注》,上海:上海古籍出版社,2000年版,第457页。
③ 陈奇猷:《韩非子新校注》,上海:上海古籍出版社,2000年版,第457页。
④ 周振甫:《文心雕龙今译》,北京:中华书局,1986年版,第135页。

语,但也有通过表演动作来表达。"①《说苑·正谏》:"臣善隐。"向宗鲁先生注:

> 《汉书·艺文志》:"《隐书》十八篇。"注引《别录》曰:"隐书者,疑其言以相应,对者以虑思之,可以无不喻。"《列女传》六、《新序·杂事》二:"齐宣王发《隐书》而读之。"《齐东野语》云:"古之所谓廋词,即今之隐语,而俗所谓谜。"(关氏引。)②

嘿,同"默",表示沉默、不作声。处士,指尚未做官的士人,《荀子·非十二子》称"古之所谓处士者,德盛者也"。③ 蚤、希,分别是早、稀二字的通假字。

《喻老》篇的这段话,是对楚庄王故事的生动讲述,"大器晚成"、"不鸣则已,一鸣惊人"、"不飞则已,一飞冲天"等成语典故,在后世广为流传,脍炙人口。这个故事有多个流传版本,早期典籍的相关记载,文字大体相同,只是对楚庄王进谏的人物,各有所异。其中《吕氏春秋·重言》、《渚宫旧事》卷一均作成公贾,《新序·杂事二》作士庆,《吴越春秋·王僚使公子光传》作伍举,而《史记·楚世家》作伍举进隐语而苏从直谏,《说苑·正谏》仅作苏从直谏。另外,《史记·滑稽列传》又作为淳于髡说齐威王的事例。由此可见,楚庄王"大器晚成"的传说,作为古代著名明君贤相故事的蓝本,被广泛地口头征引和文本演绎,由于传播渠道的不同,而版本各异。

《韩非子·喻老》篇对这段故事所做的评语是"大器晚成,大音希声",这句话来自《道德经》第四十一章。全章如下:

---

① 赵仲邑:《新序详注》,北京:中华书局,1997年版,第71页。
② 向宗鲁:《说苑校证》,北京:中华书局,1987年版,第209页。
③ 梁启雄:《荀子简释》,北京:中华书局,1983年版,第67页。

上士闻道，勤而行之；中士闻道，若存若亡；下士闻道，大笑之。不笑不足以为道。故建言有之：明道若昧，进道若退，夷道若纇。上德若谷，大白若辱，广德若不足，建德若偷，质真若渝。大方无隅，大器晚成，大音希声，大象无形。道隐无名。夫唯道善贷且成。①

关于“建言”的“建”，历来注家多释为建立、设立之意。王弼注：“建，犹立也。”②河上公章句：“建，设也。”③陈鼓应先生也写道：“建言，立言。”并引林希逸曰：“建言者，立言也，言自古立言之士有此数语。”④细究之，以上均未得建之本义。建，《说文》：“建，立朝律也。从聿、从廴。”段玉裁注：“今谓凡竖立为建。许云‘立朝律也’，此必古意，今未考出。”⑤段氏认为竖立、建立只是“建”字经过演变之后的意义，而古意难求。关于建的本义。尹黎云先生在《汉字字源系统研究》中写道：

甲骨文作，金文作，非“从廴”，而是在聿之侧增彳或辵。可见古文律和建乃同字异词。聿本有法义禁义，彳或辵均表示行动，故增彳或辵可以足意。其字从聿从彳（或从辵），犹言禁止通行。由此取义，则为建。建即楗的初文《说文·六上·木部》：“楗，距门也。”这才是建的本义。凡楗均人工设置，引申建有设置义。许慎所谓“立朝律”，不过是设置义的引

① 楼宇烈：《老子道德经注校释》，北京：中华书局，2008年版，第113页。
② 楼宇烈：《老子道德经注校释》，北京：中华书局，2008年版，第111－113页。
③ 王卡点校：《老子道德经河上公章句》，北京：中华书局，1993年版，第163页。
④ 陈鼓应：《老子今注今译》，北京：中华书局，2003年版，第230页。
⑤ 段玉裁：《说文解字注》，上海：上海古籍出版社，1988年版，第77页。

伸而已。①

尹氏的辨析是大体正确的,这里的"建"应作形容词来解,而不是普通意义上所理解的动词"建立、设立"之义。《道德经》乃是采用古意,聿有禁义,所以,建言意谓经典的名言,禁止人们对其作随意地篡改,近似于不刊之论,强调无可挑剔的典范意义与约定俗成的固定形式。与此类似,采用建字古意而相同的构词,如建木,见于《山海经·海内经》篇和《山海经·海内南经》篇的相关记载。又《吕氏春秋·有始》记载:"白民之南,建木之下,日中无影,呼而无响,盖天地之中也。"②《淮南子·坠形训》也写道:"建木在都广,众帝所自上下。日中无景,呼而无响,盖天地之中也。"③顾名思义,建木是传说中的一种神木,"日中无景,呼而无响",十分神异,是众位天帝仙人前往神界的通道,换言之,世间俗人见此神木,却只能望而却步,仅止于此,有禁止通行之义,因而命其名为"建木"。可见,建言一词的内涵与意蕴,与建木得名的由来,可以相互对照反观。

在这里,《韩非子·喻老》篇所引的"大器晚成,大音希声",便是《道德经》一书中的至理名言,即建言。《道德经》第四十一章重在描述"道"与"德"的各种属性、样态,所使用的短语,后世成为耳熟能详的经典名言。其中,大器晚成,河上公章句:"大器之人若九鼎瑚琏,不可卒成也。"④意谓道犹如最贵重的器物,总是最后才能圆满完成。大音希声,王弼注:"听之不闻名曰希。大音,不可得闻之音也。有声则有分,有分则不宫而商矣。分则不能统众,故有声

① 尹黎云:《汉字字源系统研究》,北京:中国人民大学出版社,1998 年版,第108 页。

② 陈奇猷:《吕氏春秋新校释》,北京:中华书局,2002 年版,第 663 页。

③ 刘文典:《淮南鸿烈集解》,北京:中华书局,1989 年版,第 136 页。

④ 王卡点校:《老子道德经河上公章句》,北京:中华书局,1993 年版,第 165 页。

者非大音也。"①则是说，道仿若最洪大的声音，反而听起来没有响声。

就具体的历史指向来说，韩非子观察到楚庄王即位后相当长的一段时间里，确实不作为。根据《左传》记载，楚庄王立于鲁文公十四年(前613)，直到鲁文公十六年(前611)，"秦人、巴人从楚师。群蛮从楚子盟，遂灭庸"②。楚庄王即位的第三年，才开始有所行动。对此，《史记·楚世家》记载道：

> 于是乃罢淫乐，听政，所诛者数百人，所进者数百人，任伍举、苏从以政，国人大说。是岁灭庸。③

与之相应，《韩非子·喻老》篇，写道：

> 所废者十，所起者九，诛大臣五，举处士六，而邦大治。④

这里，楚庄王举贤任能，赏罚分明，至于涉及的具体人数与《史记》所载相去甚远。但是，所废黜者与所起用者、大臣与处士，均是废与举、罚与赏的对立面，具体人数大体相当。这是韩非子信笔所至，并非实际的数目，而是理想化的表述，韩非子十分肯定楚庄王所实行的法令，赏罚有别而且公平持衡。同时，当时楚国的政治，内有文治，外有武功，称楚庄王"诛齐"、"胜晋"，并且"合诸侯于宋，遂霸天下"。最后，韩非子评论道："庄王不为小害善，故有大名；不蚤见示，故有大功。"具体来看，楚庄王从一开始的无所作为，到最

---

① 楼宇烈：《老子道德经注校释》，北京：中华书局，2008年版，第113页。
② 杨伯峻：《春秋左传注》，北京：中华书局，1990年版，第619页。
③ 司马迁：《史记》，北京：中华书局，1982年版，第1700页。
④ 陈奇猷：《韩非子新校注》，上海：上海古籍出版社，2000年版，第457页。

后成就显赫一时的春秋霸主之业,正是道家哲理名言"大器晚成,大音希声"的真实写照。从时间跨度上,把楚庄王比作晚成之大器;隐喻中南方大鸟的"不鸣则已",则暗合《道德经》第四十一章"大音希声"之义。十分巧妙地缝合历史故事与哲理名言,这都使得韩非子选用《道德经》的话语,显得浑然而天成。

但是,事实上韩非子所采用的楚庄王材料,与所引用的《道德经》话语,两者却是貌合神离。表面上,一为传说,一为赞语,两者缝合得天衣无缝。然而,《韩非子·喻老》篇所讲述的楚庄王故事的方式与目的,是出自法家的立场,其真正的目的,在于强调君主要韬光养晦,不轻易显露自己。

其它典籍采录此故事的情形如下:

其一,《吕氏春秋·重言》篇记载这个故事,以"重言"立论,写楚庄王"不听而好讔",成公贾入谏也称"臣非敢谏也,愿与君王讔也",并且评论道"成公贾之讔,贤于太宰嚭之说也"。陈奇猷先生解题曰:"重言者,不轻易发言也。"①并分析此篇的学派归属,把著作权归于名家,写道:

> 奇猷案:本《览》八篇,主旨在反对诡辩,诽议邓析、惠施、公孙龙等诡辩家,读此下八篇即明。因其反对诡辩,以为诡辩足以混乱人之视听,故云"人主出声应容,不可不审",人臣有言,必"以其言为之名,取其实以责其名",此所以作《审应》以示人主也。诡辩既足淆乱人治视听,故"圣人听于无声,视于无形"(语见《重言》),"圣人相论不待言"(语见《精论》),此《重言》、《精论》二篇之所以作也。……综上所论,则此《览》八篇既反对诡辩,而又融合法家、墨家之说,以成其一家之言。据

---

① 陈奇猷:《吕氏春秋新校释》,上海:上海古籍出版社,2002年版,第1167页。

此,则此八篇当出于料子、宋鈃、尹文等一派之手。①

陈先生对此的分析是大体正确的。《吕氏春秋》为杂家著作,体现出思想流派的多元性,显然《重言》篇则是出自先秦名家。结合成公贾以隐语说楚庄王与太宰嚭说吴王夫差攻齐的历史故事,以历史成败的结局,反观臣属的进谏左右君主的决策,强调言语论辩方式的重要性。

其二,《说苑·正谏》篇的记载,没有南方之鸟的隐喻。主要列举了正谏、降谏、忠谏、戆谏和讽谏五种谏言方式,把苏从以死直谏楚庄王的故事归入正谏类。并详细地记载其谏辞,写道:"好道者多资,好乐者多迷,好道者多粮,好乐者多亡。"②这是其它典籍所没有的。

第三,史书类的记载,对于此故事的细节,亦是各有所取舍。《史记·楚世家》记载伍举以南方之鸟的隐语说庄王,而苏从直谏庄王。这是司马迁整合多种渠道的传闻,采取折中的立场,使得进谏的人员数量扩至两位,进谏的方式也多样化。《吴越春秋·王僚使公子光传》主要记载伍举以隐语故事进谏楚王,把进谏楚庄王的人员定为伍举,这是由于涉及由楚奔吴的伍子胥的家世背景。文中写道:"五年,楚之亡臣伍子胥来奔吴。伍子胥者,楚人也,名员。员父奢,兄尚。其前,名曰伍举,以直谏事楚庄王。"周生春先生注:"'前名',当作'前人'。举即奢之父,员之祖。"③伍举是伍子胥的祖父,以劝谏楚庄王留名后世,因而作了重点叙述,而并无《史记》所载苏从直谏之事。

最后,《新序·杂事二》的记载,将士庆以隐语谏庄王而获相印

① 陈奇猷:《吕氏春秋新校释》,上海:上海古籍出版社,2002年版,第1153-1154页。
② 向宗鲁:《说苑校证》,北京:中华书局,1987年版,第208页。
③ 周生春:《吴越春秋辑校汇考》,上海:上海古籍出版社,1997年版,第23页。

的故事,与楚庄王以国宝璧玉赐中庶子的故事,连缀成篇。将谏言与忠行,视为士人所不可或缺的品质,并强调了谏言的重要性,最后写道"忠信者,士之行也。言语者,士之道路也。道路不修治,士无所行矣"①。这是西汉时期的刘向在整理早期材料过程中,在广泛占有丰富材料的基础上而进行的重新整合。

以隐语谏楚庄王的故事有多个流传版本,除《韩非子·喻老》篇之外,其余版本所关注的是进谏和纳谏的双方,尤其对进谏的一方甚为重视。《韩非子·喻老》篇则不同,它的观照视角聚焦于楚庄王,即纳谏的一方。而对于楚庄王这个角色,主要不是关注他的纳谏,而是他韬光养晦、依法治国。韩非是以法家理念为本位,对这个故事作了新的解读,实现了视角的转换和故事宗旨的挪移。

3. 自见谓之明:楚庄王听从杜子之谏

关于楚庄王听从杜子之谏,《韩非子·喻老》篇写道:

> 楚庄王欲伐越,杜子谏曰:"王之伐越,何也?"曰:"政乱兵弱。"杜子曰:"臣愚患之,智如目也,能见百步之外,而不能自见其睫。王之兵自败于秦、晋,丧地数百里,此兵之弱也。庄蹻为盗于境内,而吏不能禁,此政之乱也。王之弱乱,非越之下也,而欲伐越,此智之如目也。"王乃止。故知之难,不在见人,在自见。故曰:"自见之谓明。"②

这段话涉及几个历史人物的具体身份与所处时段,历来众说纷纭。

---

① 赵仲邑:《新序详注》,北京:中华书局,1997年版,第65页。
② 陈奇猷:《韩非子新校注》,上海:上海古籍出版社,2000年版,第457-458页。

关于杜子,一说为庄子之误,实为庄辛。① 另一说为庄子,或即有杜子其人。② 关于楚庄王,其一为楚威王之误,顾广圻曰:"按庄王与庄蹻不同时,或此庄王亦威王也。《古今人表》下有严蹻与威王相接。"③其二为楚庄王亦即楚顷襄王,"庄"与"襄"音相近,见钱穆先生《先秦诸子系年·楚顷襄王又称庄王考》,详细地考证如下:

> 庄蹻之事,又见《荀子·议兵》篇,云:"楚兵殆于垂沙,唐蔑死。庄蹻起,楚分为三四。秦师至,而鄢郢举,若振槁然。"此三事相续。垂沙之败在怀王时,鄢郢之举在襄王时,庄蹻为盗,据《韩非》书在庄王时。然怀襄之间别无庄王,则庄王即襄王之证二也。……战国时君多有异谥兼行,后人不考,如庄蹻之事,遂纠结而不可解矣。④

关于庄蹻其人,历史上也有不同的认定。第一种说法,一人而兼有盗寇与楚将两种身份,《史记·西南夷列传》写道:"始楚威王时,使将军庄蹻将兵循江上,略巴、黔中以西。庄蹻者,故楚庄王苗裔也。蹻至滇池,方三百里,旁平地,肥饶数千里,以兵威定属楚。欲归报,会秦击夺楚巴、黔中郡,道塞不通,因还,以其众王滇,变服,从其俗,以长之。"⑤又《荀子·议兵》:"庄蹻起,楚分为三四。"杨倞注:"蹻初为盗,后为楚将。"⑥第二种说法,异人而同名,一为盗,一为楚将。皮锡瑞曰:"疑楚有两庄蹻,并非一人。……前之庄蹻为盗者在楚威王时,今本《韩子》作庄王误也。后之庄蹻为将者在顷

---

① 钱穆:《先秦诸子系年》,北京:商务印书馆,2001 年版,第 469 页。
② 陈奇猷:《韩非子新校注》,上海:上海古籍出版社,2000 年版,第 458 页。
③ 陈奇猷:《韩非子新校注》,上海:上海古籍出版社,2000 年版,第 458 页。
④ 钱穆:《先秦诸子系年》,北京:商务印书馆,2001 年版,第 469 - 470 页。
⑤ 司马迁:《史记》,北京:中华书局,1982 年版,第 2993 页。
⑥ 梁启雄:《荀子简释》,北京:中华书局,1983 年版,第 202 页。

襄王时,当从《华阳国志》,今本《史记》、《汉书》作威王亦误也。"①

《韩非子·喻老》篇引《道德经》三十三章的话语"自见之谓明",对这段故事作总结。关于自见,前人以为应为"自知"之误。陈奇猷先生解释道:

> 王先慎曰:"'自见'《道德经》作'自知'。……当依《道德经》作'知'。"奇猷案:上文言"自见",故此云"自见之谓明"。疑"见"乃韩非改《道德经》之文,而非"知"误为"见"也。盖韩非之解《道德经》,非为解《老》而解《老》,乃借《道德经》以发挥其思想。例如前条解"大器晚成,大音希声",则曰"不蚤见示,故有大功",正是《南面篇》所谓"人主欲为事,不通其端末,而以(同已)明其欲,有为之者,其为不得利,必以害反",及《主道篇》所谓"君无见其所欲,君无见其意"之义,而非《道德经》"大器晚成,大音希声"之本意。故韩非为发挥其思想之便利,引《道德经》文而改其字,非不可能也。若如王说改"见"为"知",则与上文言"见"不相蒙矣。②

此处的辨析是正确的。更具体地说,韩非子之所以改为"见",在于承接上文而来,《喻老》篇写杜子谏辞为"臣愚患之,智如目也,能见百步之外而不能自见其睫"、"此智之如目也",这里以形象的比喻,结合眼睛的生理结构与功能,说明能够见到百步之外的物体,却不能见到自己的眼睫毛。以目为喻,改"知"为"见",更为契合。这里的寓意在于言明楚国攻打越国是只看见了它国的失误,而没有反省自身的问题。这是从治国理念上进行自我剖析,是法家政治学说的体现。

---

① 陈奇猷:《韩非子新校注》,上海:上海古籍出版社,2000年版,第459页。
② 陈奇猷:《韩非子新校注》,上海:上海古籍出版社,2000年版,第459-460页。

《韩非子·喻老》篇所引《道德经》第三十三章,全章如下:

> 知人者智,自知者明。胜人者有力,自胜者强。知足者富,强行者有志。不失其所者久,死而不亡者寿。①

从全章来看,这是道家强调要重视进行个人的自我修养,并提出一系列道家学派的价值取向命题。《韩非子·喻老》篇的楚庄王听从杜子之谏故事的主旨,强调自我审视的重要性。韩非子化用《道德经》的"自知谓之明",并巧妙地改成"自见谓之明",用来解说自己的学说理念。一方面,由于韩非子对道家思想的个人研习,以及道家思想在当时的影响所及,《道德经》的某些篇章已成哲理名言,所以对韩非《道德经》十分谙熟,在写作过程中,对其征引,手到擒来,为我所用。另一方面,《韩非子·喻老》篇以目为喻的说理,正好暗合"自见谓之明"之义,与《道德经》的"自知谓之明"之语,在基本意义上有相通之处。

《韩非子·喻老》篇涉及三个楚国故事,都是以楚庄王当政阶段为时间背景。文中所作的叙事与楚国历史的实际并不完全符合,但是,从中可以看出韩非对楚庄王这个人物的特殊关注。战国诸子有过王霸之辩,韩非作为法家的代表人物,崇尚的是霸业,而不是儒家理想的王道。楚庄王是春秋五霸之一,因此,对于与楚国相关的故事,韩非把它的时段锁定在楚庄王在位期间,以此作为解释《道德经》的根据。他对楚庄王的偏爱,从一个侧面体现出他对楚文化的接纳、肯定。

《道德经》是楚文化和道家学派的经典著作,楚庄王是楚国的明君,用楚庄王时期作为时间背景的故事去阐释《道德经》,是楚文化内部不同因素之间的相互印证。在此过程中,韩非把法家理念

---

① 楼宇烈:《老子道德经注校释》,北京:中华书局,2008年版,第84页。

灌注其中,使楚文化成为他建构理论体系的宝贵资源和部件,实现了楚地故事与哲理名言的珠联璧合。

三、《说林》:展现楚地智士的画廊

韩非子创作《说林》的初衷,主要是在著述、游说的过程中,逐步筹建起广为搜罗、结集成册的资料库,以备征引之用。因此,《说林》以叙事为主,论说为辅,大多是故事的集合,辑录者的零星评语只是偶尔散见于叙事之中。这种编排方式,使得《说林》文本似乎缺乏鲜明的学说主张,甚至有意隐去论说者的立场。然而,材料取舍剪裁的本身,亦是一种态度与倾向,是辑录者的精心结撰。

综观《说林》上、下两篇共辑录了 71 则历史传说与故事,其中,针对楚地智士形象的取材,可谓一道多姿多彩的人物画廊。从一个侧面展现楚文化所散发的智慧光芒,也反映出韩非子构建自己学说体系的过程中,对楚文化的正面接纳与肯定。

1. 夺而食荆王不死之药者自全

《韩非子·说林上》记载:

> 有献不死之药于荆王者,谒者操之以入。中射之士问曰:"可食乎?"曰:"可。"因夺而食之。王大怒,使人杀中射之士。中射之士使人说王曰:"臣问谒者,曰'可食',臣故食之,是臣无罪,而罪在谒者也。且客献不死之药,臣食之而王杀臣,是死药也,是客欺王也。夫杀无罪之臣,而明人之欺王也,不如释臣。"王乃不杀。[1]

---

[1] 陈奇猷:《韩非子新校注》,上海:上海古籍出版社,2000 年版,第 475 页。

这则故事亦见于《战国策·楚策四》,文字大体相同。关于中射之士,历来注家多有考辨。王先慎引旧注云:"中射士,官有上中下。"①陈奇猷先生注《韩非子·十过》篇,引清人顾广圻注:

> 本书《说林上》、《说林下》篇皆有中射之士。"射"他书又作"谢",《吕氏春秋·去宥篇》云:"中谢,细人也",《史记·张仪列传》索隐云:"盖侍御之官。"此与《左》昭四年《传》言"椒举"不同。②

这里,顾氏言明中射即中谢,是侍御之官的官职名。清人孙诒让进一步解释道:

> 《吕览》高注云:"中谢,官名也。""谢"与"射"通,字当以"射"为正,盖即《周礼·夏官》之"射人"也(《楚策》亦有"中射之士",鲍彪注云:"射人之在中者"。鲍不引《周礼》,则似谓能射之人在中者,与余说不同)。中射者,射人之给事官内者,犹涓人之在内者谓之中涓,庶子之在内者谓之中庶子矣。《周礼》射人与大仆并掌朝位,又大丧与仆人迁尸。《礼记·檀弓》云:"扶君,卜人师扶右,射人师扶左。"郑注云:"卜当为仆,声之误也。"仆人、射人皆平生时赞正君服位者,是射人与仆人为官职,故后世合二官为侍御近臣之名曰仆射。《史记·韩信传》"连敖",集解如淳云:"楚有连尹、莫敖,其后合为一官。"亦合二官为名之证。《汉书·百官公卿表》云:"仆射,秦官,古者重武,官有主射以督课之。"此义尚与古合。李涪《刊误》引孔衍则云:"仆射,小官,扶掖左右者也。"此因后世"仆射"字音

---

① 王先慎:《韩非子集解》,北京:中华书局,1998年版,第61页。
② 陈奇猷:《韩非子新校注》,上海:上海古籍出版社,2000年版,第204页。

"夜"而为之说,不足据也。①

孙氏的辨析是可取的。中,意谓宫中,射人与仆人职属相近,明确此官职的具体职责范围。中射之士指宫内服侍君王的侍从近臣,因而此处的中射之士才可能如此大胆,抢吃献给楚王的不死之药。

在这段话中,中射之士巧妙地利用语言论辩的逻辑,抢食不死之药,并且为自己开脱罪行。首先,与拜谒者问答,关键在于"可食"的界定,王先慎曰:"谒者漫云可食,故食者不任罪。"②陈奇猷先生写道:"谒者之意谓可食之物,而中射士解为可以食之。"③中射之士故意将可食之物与可食之许可,两者相混淆,因而在得到拜谒者肯定的回答之后,马上夺食不死之药。其次,中射之士利用所献之药的"不死"逻辑,如果楚王治罪,处死自己,则导致不死之药的无效,也即证明献药者所献之药并非不死之药,进一步推论出献不死之药是欺骗楚王的行为,罪在献药者而非自己。正是中射之士如此聪明地狡辩,巧妙地为自己开脱,以理服人,使得楚王最终没有处罚自己。这个案例充分展示了楚人的机智风采,韩非子对此持肯定与赞赏的态度。

《韩非子》一书中,韩非子所记录的"客有教燕王为不死之道者"案例,与之类似,同为君王追求长生"不死"之想,燕人却遭受与楚国中射之士截然不同的人生结局。《韩非子·外储说左上》记载道:

> 客有教燕王为不死之道者,王使人学之,所使学者未及学而客死。王大怒,诛之。王不知客之欺己,而诛学者之晚也。

① 陈奇猷:《韩非子新校注》,上海:上海古籍出版社,2000年版,第204-205页。
② 王先慎:《韩非子集解》,北京:中华书局,1998年版,第177页。
③ 陈奇猷:《韩非子新校注》,上海:上海古籍出版社,2000年版,第475页。

　　　　夫信不然之物而诛无罪之臣,不察之患也。且人所急无如其
　　　身,不能自使其无死,安能使王长生哉?①

这里,燕人奉燕王之旨向人学不死之道,然而,还没来得及学道,不
死之道的传授者却死了,燕人因而被燕王诛杀。在故事末尾,韩非
子所提出"不能自使其无死,安能使王长生哉"的疑问,质疑不死之
道自身存在的矛盾逻辑,正与夺食不死之药的楚国中射之士所持
论辩逻辑一致。

　　对上述两段记载进行比较,两者的笔法有所不同。《外储说左
上》篇略于叙事而详于论说,叙事只是故事梗概,韩非子加上了大
段评语,以及前文"人主于说也,皆如燕王学道也"的断语,对燕王
盲目听信游说之辞提出了批评。相较之下,《说林》不论一字,仅仅
详细地讲述中射之士夺食不死之药事件的前因后果,尤其重点叙
述中射之士与谒者、荆王之间风趣机智的对话。这体现出《说林》
与《储说》之间的异同,虽然两者皆以"说"为篇名,却具有不同的谋
篇目的。关于《说林》的题名由来,陈奇猷先生写道:

　　　　王先慎曰:"索隐云:'说林者,广说诸事,其多若林,故曰
　　　说林也。'"……奇猷案:此盖韩非搜集之史料备著书及游说
　　　之用。②

关于《储说》的题旨,陈奇猷先生引太田方曰:

　　　　说者,篇中所云"其说在"云云之说也,谓所以然之故也。

---

　　① 陈奇猷:《韩非子新校注》,上海:上海古籍出版社,2000 年版,第 676 页。
　　② 陈奇猷:《韩非子新校注》,上海:上海古籍出版社,2000 年版,第 461 页。

言此篇储若是之说以备人主之用也。①

可见,相比较《储说》道出"所以然之故",目的是以备"人主之用",需要旗帜鲜明地亮出观点,道明原委。而《说林》往往只录故事,不加评论,故事的主旨需要读者仔细加以辨析。

这段故事的主旨,主要是韩非子所提倡的法家尚智理念的体现。楚人抢食不死之药者与不及学不死之道而受燕王诛者,两者的人生结局迥然有异,可见,韩非子贬抑燕王的愚昧,而充分肯定楚人的机智。楚国中射之士实现抢食不死之药之举,而且善于运用不死之药本身的矛盾逻辑来保全自己,这正好与法家尚智的理念不谋而合,因此,被采纳入《韩非子·说林》篇中,成为楚国智士人物画廊的组成部分。

《韩非子·说林》是一个资料库,但是,其中历史传说及故事的编排并不是杂乱无序,而是遵循以类相从的原则。前后相次的几则历史传说及故事,往往彼此相关联,用以表达韩非的相关理念。《说林》的上、下各由多个板块组成,每个板块有一条线索相贯通,表达一种理念。把握《说林》的这种结构模式,对于其中收录的楚地历史传说及故事所承载的理念,能够经过梳理而得以显示出来。

编排在楚中射之士抢食不死之药条目前面的是如下故事:

> 管仲、隰朋从于桓公而伐孤竹,春往冬反,迷惑失道。管仲曰:"老马之智可用也。"乃放老马而随之,遂得道。行山中无水,隰朋曰:"蚁冬居山之阳,夏居山之阴,蚁壤一寸而仞有水。"乃掘地,遂得水。以管仲之圣,而隰朋之智,至其所不知,

---

① 陈奇猷:《韩非子新校注》,上海:上海古籍出版社,2000年版,第560页。

不难师于老马与蚁。今人不知以其愚心而师圣人之智,不亦过乎?①

这则故事所承载的理念很鲜明,就是崇尚智慧,文中称"管仲之圣",这里所说的圣,指的是聪明,亦即多智。管仲、隰朋都是作为智慧型人物而加以肯定。结尾的议论,更是明确提出尚智的主张。

编排在楚中射之士抢食不死之药条目后面的是如下故事:

> 田驷欺邹君,邹君将使人杀之。田驷恐,告惠子。惠子见邹君曰:"今有人见君,则睐其一目,奚如?"君曰:"我必杀之。"惠子曰:"瞽,两目睐,君奚为不杀?"君曰:"不能勿睐。"惠子曰:"田驷东慢齐侯,南欺荆王,驷之于欺人,瞽也,君奚怨焉?"邹君乃不杀。②

文中所说的"睐",指闭眼睛。惠子是一位智士,他以人的闭眼睛作比喻,用以说明田驷眼中根本没有君主,是目无君主,田驷因此免于杀身之祸。至于田驷,也是一位智士,他在身处险境之际知道应该向谁求救,所以能保全自己。

楚中射之士抢食不死之药的条目编排在这两则故事的中间,它所寓托的尚智理念极其明显。这三则故事前后相次,构成一个相对独立的板块。

这三则故事有一条贯穿其中的线索,就是智士要善于找到自己的依托而制胜。管仲依托老马,隰朋依托蚂蚁,田驷依托惠子,惠子则是依托闭目这种比喻,至于抢食不死之药的中射之士,则是依托不死之药这个名称,既然是不死之药,自己吃了就不应该死,

---

① 陈奇猷:《韩非子新校注》,上海:上海古籍出版社,2000 年版,第 474 页。
② 陈奇猷:《韩非子新校注》,上海:上海古籍出版社,2000 年版,第 475 页。

这是他敢于抢吃的依托。

2. 自言善逐鹿而为楚王御者

《韩非子·说林下》叙写自言善逐鹿而为楚王御者的故事,记载道:

> 有欲以御见荆王者,众驺妒之。因曰:"臣能撠鹿。"见王。王为御,不及鹿;自御,及之。王善其御也,乃言众驺妒之。①

这里有两个疑难字需要进一步地疏通。驺,《说文·马部》:"厩御也。从马,刍声。"段玉裁注:

> 按驺之假借作趣。《周礼》、《诗》、《周书》之趣马。《月令》、《左传》谓之驺。一用假借,一用本字也。《周礼》:"乘马一师四圉,三乘为皂,皂一趣马,三皂为驺,驺一驭夫,六驭为厩,厩一仆夫,趣马掌赞正良马,而齐其饮食,掌驾说之颁。"郑曰:"趣马,趣养马者也。"按:趣者,疾也。掌疾养马故曰驺,其字从刍马,正谓养马也。《左传》:"程郑为乘马御,六驺属焉。使训群驺知礼。"杜注云:"六驺,六闲之驺。"《月令》:"季秋,命仆及七驺,咸驾。"郑云:"七驺谓趣马主为诸官驾说者也。"《周礼》:"趣马统于驭夫,驭夫统于厩之仆夫。"故约言之曰厩驭。《汉书》:"材官驺发。"苏林读为骤,如淳读为蔟。此举形声包会意。②

---

① 陈奇猷:《韩非子新校注》,上海:上海古籍出版社,2000 年版,第 500 页。
② 段玉裁:《说文解字注》,上海:上海古籍出版社,1988 年版,第 468 页。

可见,驺,兼及厩与御,即掌管养马、且善于御马的人。撽,陈奇猷
先生写道:

> 卢文弨曰:"撽,音窍,旁击也。"太田方曰:"撽、微通。《封
> 禅文》'微麋鹿之怪兽',微,遮也。能要击鹿之技也。"奇猷案:
> 撽训遮是也。遮犹今语"拦截"。①

撽鹿,意思是说拦截急驰的鹿。本为养马、御马之人,却言长于
撽鹿。所御的对象不同,然而所采用的御术却是相通的,技艺的
要求甚至更高。言此而喻彼,真实的意图在于避免同僚的嫉恨,
展示胜人一筹的驾驭之术,以引起楚王的注意与重用。陈奇猷
先生写道:

> 奇猷案:谓王为御以逐鹿,鹿善走,故王不能及鹿。此人
> 自御则能及鹿。此人之善御由此可见,故下文曰"王善其御
> 也"。盖此人善御,无可进身,自谓能撽鹿,一则不致遭众驺之
> 妒,再则可显其技于王前也。亦以喻智能之士欲进用于人主,
> 必遭重臣左右之妒,其亦可用撽鹿之法也。②

这里,善御者通过撽鹿之法,最终受到楚王的赏识,可谓匠心独具,
巧妙至极。
　　这个故事关涉如何受到人主的重用而不见妒于同僚的主题,
主要体现善为人臣之道的智慧。韩非子在《韩非子·主道》篇中极
度推崇臣下之智,写道"明君之道,使智者尽其虑,而君因以断事,

---

① 陈奇猷:《韩非子新校注》,上海:上海古籍出版社,2000年版,第500页。
② 陈奇猷:《韩非子新校注》,上海:上海古籍出版社,2000年版,第501页。

故君不穷于智"、"不智而为智者正"，①这是法家尚智理念的集中
体现。自言善逐鹿而为楚王御者的撽鹿之法，正是对韩非子所提
倡的法家尚智理念的精当阐释。

自言善逐鹿而为楚王御者故事，排在它前面的是如下传说：

> 宋之富贾有监止子者，与人争买百金之璞玉，因佯失而毁
> 之，负其百金。而理其毁瑕，得千溢焉。事有举之而有败，而
> 贤其毋举之者，负之时也。②

监止子是位富商，同时又是对玉很有鉴别能力的行家。他与别人
争买价值百金的璞玉，最后能否争到手很难预料。他深知璞玉的
价值，因此，不再与别人抢购，而是假装失手把玉毁伤，赔偿卖主百
金。负，指赔偿。他把这块受到毁坏的玉石加以治理，最后获得千
金，是赔偿金的十倍。这则故事寄托的理念也很清楚，韩非的议论
已经道出："事有举之而有败，而贤其毋举之者。"当事情面临有所
举措而必然遭遇失败的状况，那就要选择与这种举措不同的方式，
以变换方式来取胜。文中的监止子正是这样的智者，监止子，这个
称谓是虚拟的，居高临下审视而知所有止之义。

自言善逐鹿而为楚王御者故事，其中的主角也是以变换行为
方式而取胜，他如果直接说自己擅长驾车，不可能见到荆王，这样
做的结果必然以失败者告终。于是，他变换方式，说自己善于逐
鹿，这就绕过了楚王周围怀着嫉妒之心的御者，最终如愿以偿。这
个故事与前面的监止子传说异曲同工，都是说智者要善于变换自
己的行为方式，有时要以迂回的方式达到预期目的。

---

① 陈奇猷：《韩非子新校注》，上海：上海古籍出版社，2000 年版，第 67 页。
② 陈奇猷：《韩非子新校注》，上海：上海古籍出版社，2000 年版，第 500 页。

3. 楚丈人谏伐陈之楚公子

关于楚丈人谏伐陈之楚公子,《韩非子·说林下》写道:

> 荆令公子将伐陈。丈人送之曰:"晋强,不可不慎也。"公子曰:"丈人奚忧,吾为丈人破晋。"丈人曰:"可。吾方庐陈南门之外。"公子曰:"是何也?"曰:"我笑勾践也,为人之如是其易也,已独何为密密十年难乎?"①

这里叙说的楚国公子伐陈的故事,考之于史,具体的历史事件发生在鲁哀公十七年(前478),最终楚灭陈。《左传·哀公十七年》记载道:

> 三月,越子伐吴……吴师大乱,遂败之。……楚白公之乱,陈人恃其聚而侵楚。楚既宁,将取陈麦。……王卜之,武城尹吉。使帅师取陈麦。陈人御之,败,遂围陈。秋七月己卯,楚公孙朝帅师灭陈。②

在以上这段历史记载中,越败吴与楚伐陈两个事件先后相次,勾践灭吴发生在前,楚人伐陈在后,这正是《韩非子·说林下》所叙写故事的历史来源。其中奉命伐陈的楚国公子的具体身份,也可通过《左传》的记载落到实处。杜预注:"武城尹,子西子公孙朝。"③王先慎曰:"此言公子,当即公孙朝。"④王氏的推测是正确的,此处伐

---

① 陈奇猷:《韩非子新校注》,上海:上海古籍出版社,2000年版,第501页。
② 杨伯峻:《春秋左传注》,北京:中华书局,1990年版,第1708-1709页。
③ 杨伯峻:《春秋左传注》,北京:中华书局,1990年版,第1340页。
④ 王先慎:《韩非子集解》,北京:中华书局,1998年版,第189页。

陈的楚公子,当指楚国白公之乱中丧生的令尹子西之子公孙朝。密密,形容勤勉的样子。陈奇猷先生写道:"刘师培曰:案密、勉一声之转。密密犹《诗》'密勿',《诗·小雅·十月之交》'黾勉从事',《汉书·刘向传》引作'密勿从事',颜注:'犹黾勉也',是其证。"①

楚丈人对楚公子的谏言,从言易与行难两个角度言之:其一,言之易,即说起来很容易。王先慎曰:"公子方伐陈,丈人即为庐于南门之外,较公子所说更为易矣。"②意谓丈人针对楚公子的轻敌思想,巧妙地夸大其词,顺着楚公子的话语逻辑发展,则说结庐于陈国南门之外来是比伐陈更容易的事情。其二,行之难,即做起来就没那么容易。楚丈人以勾践十年卧薪尝胆才最终灭吴的故事,警醒楚公子世事不易,应该谨慎行事。陈奇猷先生写道:

> 又案勾践自会稽归,整治国家,免勉十余年,一举灭吴,始雪会稽之耻。(详见《史记·越世家》)此文盖谓伐陈如是其易,则勾践何必免勉十年然后伐吴,自可迅即灭吴而舍其南门之外也。③

这里的楚丈人以史为鉴,洞明世事,被视作智慧的化身。楚丈人之智,主要体现为他具有尊重客观现实的精神,能够正确分析实际情况,并根据积累的历史经验与常识,作出客观而真实的判断。韩非子所提倡的法家尚智主张,往往是以客观现实为基础,因此,楚丈人之智,由于十分契合韩非子的法家理念而得到肯定,其故事被纳入《韩非子·说林》篇。

根据历史记载,楚公子的身份可以落到实处,即公孙朝,然而,

---

① 陈奇猷:《韩非子新校注》,上海:上海古籍出版社,2000 年版,第 501 页。
② 王先慎:《韩非子集解》,北京:中华书局,1998 年版,第 189 页。
③ 陈奇猷:《韩非子新校注》,上海:上海古籍出版社,2000 年版,第 501 页。

楚丈人的具体身份指向却扑朔迷离,无法求证。丈人是对老年人的尊称,体现出古代社会的农业文明特征,即智慧往往出自经验的积累与年龄的增长,因此之故,此处的楚国丈人作为智慧的年老者,其具体身份,无法确指而具有泛指的功能,体现出普遍广泛的代表性。这则故事与以御见楚王故事前后相次,它所表达的依然是监止子传说所要表达的理念,即"事有举之而有败,而贤其毋举之者"。领兵楚公子是负面角色,他不懂得此次出征是"事有举之而有败",一意孤行,自以为稳操胜券,那位丈人则懂得这个道理,认为此次出征不可能轻易取得胜利。这个故事是以正反两方面表达韩非在这个板块所寄托的理念。

4. 左史倚相谏楚王分吴、攻吴与备吴

《韩非子·说林下》记载道:

> 越已胜吴,又索卒于荆而攻晋。左史倚相谓荆王曰:"夫越破吴,豪士死,锐卒尽,大甲伤。今又索卒以攻晋,示我不病也。不如起师与分吴。"荆王曰:"善。"因起师而从越。越王怒,将击之。大夫种曰:"不可。吾豪士尽,大甲伤。我与战,必不克,不如赂之。"乃割露山之阴五百里以赂之。
>
> 荆伐陈,吴救之,军间三十里。雨十日,夜星。左史倚相谓子期曰:"雨十日,甲辑而兵聚。吴人必至,不如备之。"乃为陈。陈未成也而吴人至,见荆陈而反。左史曰:"吴反覆六十里,其君子必休,小人必食。我行三十里击之,必可败也。"乃从之,遂破吴军。①

---

① 陈奇猷:《韩非子新校注》,上海:上海古籍出版社,2000 年版,第 513 - 514 页。

割露山之阴五百里，循之于史，事实上指的是越人灭吴之后划拨江淮之间的土地于楚国。《史记·越世家》记载道："勾践已去，渡淮南，以淮上地与楚，归吴所侵宋地于宋，与鲁泗东方百里。"①

在以上的记载中，左史倚相的两次进谏，分别言及楚人分吴，与备吴、克吴，如果以越灭吴为时间分界点，备吴、克吴在前，与越分吴在后。但是，对于两个故事的编排顺序，韩非子并非简单地按照时间的先后进行，而是有所侧重的选择，融入了鲜明的法家立场。这里楚人与越分吴的故事，被排列在前，主要侧重点在于，韩非子认为楚人分吴，不折一兵一卒，即不战而屈人之兵、分人之地，乃是上上之策。相比较备吴、克吴，则是运用"知己知彼，百战不殆"战略而取得胜利的结果。可见，两个故事所运用的策略与智谋，自有高下之分，从法家尚智的角度出发，韩非子认为前者胜于后者，因此，打乱时间顺序，将左史倚相劝谏楚王分吴的故事排列在前。

这里的楚国智士左史倚相，历史上实有其人，担任楚国左史一职。史的起源很早，赵诚先生《甲骨文简明辞典》写道：

> ![字]史。或作![字]，从又（手），持中会意。![字]或![字]为何物，众说纷纭，皆不可信。史在商代为官名，在商王左右，地位较高，或主持们祭祀、或记事、或为君王之大使，与臣、尹似有分别。从卜辞看，商代的史官又分为卿史、御史、东史、西史、北史各类。既有东史、西史、北史，应当还有南史。有人因此以为卿史、御史是在中央工作之史，东、南、西、北四史则为派出之史。卜辞不仅于人间的君王有史，于天上的上帝也有史，称之为帝史，……可见史和臣在商人的心目中大体相当。②

① 司马迁：《史记》，北京：中华书局，1982年版，第1746页。
② 赵诚：《甲骨文简明辞典》，北京：中华书局，1988年版，第60页。

最初殷商时期甲骨文中所记载的史官,具有主祭祀、记事或为君王之使诸项多重职能。在后代,则进一步专职化、精细化。关于左史所担任的职责,班固《汉书·艺文志》写道:"左史记言,右史记事。事为《春秋》,言为《尚书》。"①史载楚、晋皆有左史之官。迁延之役中,《左传·襄公十四年》:"左史谓魏庄子。"杨伯峻先生解释道:

> 左史,官名。《逸周书·史记解》,"维正月,王在成周,昧爽,召三公、左史、戎夫";《文选·思玄赋》《注》引古文《周书》,"周穆王问左史氏史豹、史良";昭十二年《传》有左史倚相。《晋书·职官志》云:"著作郎,周左史之任也。"此左史盖随军记述之官。②

由上可知,左史非独楚国专有,具体职能也众说各异。不过可以确定的是左史倚相时任楚国史官,以睿智著称,因而留其名于史册,《左传》、《国语》多处记载其人其事。《左传·昭公十二年》记载:"左史倚相趋过,王曰:'是良史也,子善视之! 是能读三坟、五典、八索、九丘。'"③楚灵王向前来觐见的右尹子革郑重推介左史倚相。又《国语·楚语下》记载楚大夫王孙圉聘于晋,回答赵简子曰:"楚之所宝者曰观射父,……又有左史倚相,能道训典以叙百物,以朝夕献善败于寡君,使寡君无忘先王之业,又能上下说于鬼神,顺道其欲恶,使神无有怨痛于楚国。"④从上述的两段话来看,楚灵王与楚大夫王孙圉均认为左史倚相乃博闻饱学之士。《国语·楚语上》亦记载左史倚相劝谏申公士亹继续为楚国效劳,举以卫武公、周文王的史事为例。此外,左史倚相还以子木违反若敖之欲而去

---

① 班固:《汉书》,北京:中华书局,1962 年版,第 1715 页。
② 杨伯峻:《春秋左传注》,北京:中华书局,1990 年版,第 1009 页。
③ 杨伯峻:《春秋左传注》,北京:中华书局,1990 年版,第 1340 页。
④ 徐元诰:《国语集解》,北京:中华书局,2002 年版,第 526 页。

芰荐,子囊违逆楚恭王之命谥,穀阳竖献酒于主帅子反而毙于鄢陵之战,芋尹申亥从楚灵王之欲而陨于乾谿为例,从正反史实两方面来劝止司马子期以其妾为内子。左史倚相的谏辞均以大量史实为鉴,信手拈来,滔滔不绝,极具个性化的语言,符合其史官的身份。

细究左史倚相的具体生平,最早见于史传的时间是《左传·昭公十二年》,即鲁昭公十二年(前530),最晚至于《国语·楚语下》的"王孙圉聘于晋,定公飨之"条目,楚大夫王孙圉聘于晋而论观射父、左史倚相为楚国之宝,此条材料没有明确标示具体的年份。《国语》的材料按照时间先后顺序进行编排,并且划分相对独立而完整的单元。《国语·楚语下》共采录9条材料,王孙圉论左史倚相为楚国之宝的材料,列于第7条。排在其后的一条材料是"惠王以梁与鲁阳文子"条目,再往后是"子西使人召王孙胜"条目,《史记·楚世家》记载道:"惠王二年,子西召故平王太子建之子胜于吴,以为巢大夫,号曰白公。"[①]可知,子西召白公胜归楚是在楚惠王二年(前489)。鲁阳文子受封则在此前,应是楚惠王即位之初的举措。再看,第1至6条材料,均属于楚昭王时期的事例,主要涉及楚昭王问观射父祭礼、令尹子常贪婪而致吴人败楚,吴人入楚而昭王出奔。可见,《楚语下》大致分为两个单元,以第7条材料为界,往前且包括此条材料属于楚昭王史事单元,往后则属于楚惠王史事单元。据此推测,左史倚相活动的下限是楚昭王时期,惠王时期已不载于史册。

再看,《国语·楚语下》所记"王孙圉聘于晋,定公飨之"条目,时值晋定公、赵简子在位期间。史载晋定公、赵简子卒于同一年。《左传·哀公二十年》:"十一月,越围吴,赵孟降于丧食。"杜注:"赵孟,襄子无恤,时有父简子之丧。"[②]赵简子卒于鲁哀公二十年(前

---

① 司马迁:《史记》,北京:中华书局,1982年版,第1718页。

② 杨伯峻:《春秋左传注》,北京:中华书局,1990年版,第1716页。

475)。又《史记·晋世家》:"三十三年,孔子卒。三十七年,定公卒。"①晋定公卒于孔子之后四年,也即公元前475年。晋定公立于鲁昭公三十一年(前511),在位达37年之久,时当楚昭、惠王时期。左史倚相历经楚灵王、平王、昭王时期,可知,晋定公、赵简子与左史倚相同时,且年辈晚之。据《左传·哀公二十二年》记载"冬十一月丁卯,越灭吴",即勾践灭吴国发生于鲁哀公二十二年(前473),距离晋定公、赵简子去世已经两年。由此可见,晋定公、赵简子尚不及见越灭吴的史事,更何况年辈甚高的左史倚相。以上属于佐证。

综上,有关左史倚相事迹的记载,在后世已经具有历史传说的性质。本来只是左史所为,然而姓名不详,由于左史倚相的深远历史影响力,所以,后人均冠之以倚相之名。此处《韩非·说林下》篇写左史倚相劝谏楚王与越分吴的故事,即是一例。韩非子根据历史传闻,进行剪裁、编排,明言劝谏楚王分吴的楚国左史即是倚相,因此,这段材料来源于历史,却有异于真实的历史,其编写目的是强调尚智的法家思想。

排在倚相传说前面的三则故事,首则是齐国管仲、鲍叔牙的故事。结尾写道:

> 故谚曰:"巫咸虽善祝,不能自祓也;秦医虽善除,不能自弹也。"以管仲之圣而待鲍叔之助,此鄙谚所谓"虏自卖裘而不售,士自誉辩而不信"者也。②

这段议论提出一个问题,即智慧、权谋如何能与诚信相协调,权谋以诚信为基础。这则故事后面的吴使沮卫蹙融犒于荆师而未被杀

---

① 司马迁:《史记》,北京:中华书局,1982年版,第1685页。
② 陈奇猷:《韩非子新校注》,上海:上海古籍出版社,2000年版,第509页。

害、知伯将伐仇由，都是围绕智慧、权谋与诚信关联的线索展开。排在倚相故事后面的是如下两则故事：

> 韩、赵相与为难。韩子索兵于魏，曰："愿借师以伐赵。"魏文侯曰："寡人与赵兄弟，不可以从。"赵又索兵攻韩，文侯曰："寡人与韩兄弟，不敢从。"二国不得兵，怒而反。已乃知文侯拘于己，乃皆朝魏。

> 齐伐鲁，索谗鼎，鲁以其赝往。齐人曰："赝也。"鲁人曰："真也。"齐曰："使乐正子春来，吾将听子。"鲁君请乐正子春，乐正子春曰："胡不以其真往也？"君曰："我爱之。"答曰："臣亦爱臣之信。"①

魏文侯是位有智慧的明君，他不肯参与赵、韩双方的争夺，而对双方使者把赵、韩都说成是兄弟之国。这是他的智慧，也是一种权谋，但却是心怀诚信，因此，最终得到赵、韩两国的拥戴。鲁国把假鼎送给齐国，以假充真，是在运用权谋，搞欺诈，没有诚信可言，因此，作为孔门后学的乐正子春拒绝前去证伪，因为他珍惜自己的诚信。

排在倚相故事前面的三则故事，以智慧、权谋与诚信的关联为线索。倚相故事后面的两则故事，强调的是权谋与诚信的统一。倚相的两则故事置于这两组故事中间，是从正面反映韩非的理念，即权谋与诚信的统一。倚相是在运用计谋，但是，他心怀对楚国的忠诚，对客观形势所作的分析又合乎实际，因此楚国取得胜利，并且体现出计谋与诚信的协调一致。

《韩非子·说林》篇总共搜录 4 个有关楚人尚智的故事，勾勒出一道多姿多彩的楚地智士人物画廊。韩非子在针对楚地智士的

---

① 陈奇猷：《韩非子新校注》，上海：上海古籍出版社，2000 年版，第 515 页。

取材过程中,叙写手法各异。具有以下特征:

第一,楚人之智,或言辞过人、或权术制胜、或深思熟虑,呈现出多样态的形式。具体言之,楚中射之士利用不死之药本身的逻辑矛盾来开脱罪责,具有过人的语言巧辩能力;言善逐鹿而为楚王御者,则是熟谙为人臣之道,善于获取当权者的肯定,是精于权谋的智慧;楚丈人以勾践灭吴的史实劝谏伐陈的公孙朝,以及左史倚相劝谏楚王分吴、备吴与攻吴,则是深思熟虑的智慧表现。

其次,所录智士故事的主人公,他们身份背景各异,来自楚国社会不同的阶层,具有广泛的代表性。中射之士、驺人属于地位低下的社会底层,左史倚相在楚国社会上层担任一定的官职,而劝谏楚公子伐陈的老丈人却无法明确其具体身份来历。可见,韩非在针对楚国智士的取材过程中,并非仅仅局限于某一个社会阶层,而是对楚人、楚文化进行全面的考察,广泛搜罗、加工编排,从一定程度上真实地反映了楚人智慧的一面。

最后,这些故事有的采自真实的历史史实,有的则是来源于历史传闻。比如,左史倚相劝谏楚王分吴的故事中,左史倚相的名字存在张冠李戴的现象,虽然不完全是历史事实,却又脱胎于一定的历史背景。

综而观之,韩非子从法家尚智理念出发,《韩非子·说林》篇对这些故事进行巧妙地加工编排,构成了一道楚地智士的人物画廊,体现出韩非子对楚文化批判性地接受与吸纳。

四、《韩非子》与《左传》关于楚国叙事的对比

春秋战国时期,乃多事之秋,战火连绵。战争是一个不容回避的中心议题,涉及楚国战争事例的取材,也在《韩非子》一书中频繁出现。综观《韩非子》涉及楚人的战争,如发生于鲁成公十六年(前575)的鄢陵之战,鲁定公四年(前506)的柏举之战,同时也在《左

传》中出现。《左传》作为先秦叙事文学作品的典范,尤其擅长战争描写,由此,《左传》成为一个重要的参照系,考察《韩非子》针对楚国叙事的取材特点,可以与《左传》的相关战争叙事进行相互对照。

1. 子反之死与楚地败军之将的自杀风气

鲁成公十六年(前 575),楚、晋春秋争霸的鄢陵之战中,子反饮酒误战而死。《韩非子·十过》记载道:

> 昔者,楚共王与晋厉公战于鄢陵,楚师败,而共王伤其目。酣战之时,司马子反渴而求饮,竖縠阳操觞酒而进之。子反曰:"嘻!退,酒也。"竖縠阳曰:"非酒也。"子反受而饮之。子反之为人也,嗜酒而甘之,弗能绝于口,而醉。战既罢,共王欲复战,令人召司马子反,司马子反辞以心疾。共王驾而自往,入其幄中,闻酒臭而还,曰:"今日之战,不縠亲伤,所恃者司马也。而司马又醉如此,是亡楚国之社稷而不恤吾众也。不縠无复战矣。"于是还师而去,斩司马子反以为大戮。①

此处,对于战争结局的处理,明言子反之死,是被楚王斩杀。与之相对照,《左传·成公十六年》记载道:

> 王闻之,召子反谋。縠阳竖献饮于子反,子反醉而不能见。王曰:"天败楚也夫!余不可以待。"乃宵遁。晋入楚军,三日谷……楚师还,及瑕,王使谓子反曰:"先大夫之覆师徒者,君不在。子无以为过,不縠之罪也。"子反再拜稽首曰:"君赐臣死,死且不朽。臣之卒实奔,臣之罪也。"子重使谓子反

---

① 陈奇猷:《韩非子新校注》,上海:上海古籍出版社,2000 年版,第 200 页。

曰:"初陨师徒者,而亦闻之矣。盍图之!"对曰:"虽微先大夫有之,大夫名侧,侧敢不义? 侧亡君师,敢忘其死?"王使止之,弗及而卒。①

杨伯峻先生解释道:

先大夫指成得臣(子玉),晋、楚城濮之役,楚军大败,当时楚成王不在军中。……子重又逼子反自杀,即郤至所谓"二卿相恶"。②

这里,鄢陵之战败之后,楚王派使者向子反传达指令,说城濮之战子玉未在军中,战败的责任由楚王承担,言外之意,这次鄢陵之战子反是主师,要为战败负责。子反心领神会,这是楚王逼他自杀,他表示一定会以死赎罪。与他矛盾甚深的子重也乘机施加压力,提起城濮之战中战败自杀的子玉。子反的回答慷慨利落,表示自己一定会自杀,不会苟且偷生。楚王的使者想对他进行劝阻,但为时已晚,子反选择以自杀的方式谢罪,与他的前任子玉一样,都是迅速做出决定,而不存侥幸心理,不作迁延等待,可谓义无反顾。

《左传·成公十六年》记载的楚将子反自杀一事,言之凿凿,说得非常确定。可是,《史记·楚世家》称:"王怒,射杀子反。"③《史记·晋世家》又称:"王怒,让子反,子反死。"④司马迁时而称子反是自杀,时而又称子反是为楚王所杀,在他所处的西汉时期已有不同的传闻,司马迁两存其说,分别把它们写进《史记》的不同篇目。

---

① 杨伯峻:《春秋左传注》,北京:中华书局,1990年版,第889-890页。
② 杨伯峻:《春秋左传注》,北京:中华书局,1990年版,第890页。
③ 司马迁:《史记》,北京:中华书局,1982年版,第1703页。
④ 司马迁:《史记》,北京:中华书局,1982年版,第1680页。

《韩非子·十过》记载,子反在鄢陵之战的关键时刻喝得大醉,无法参战。楚共王到子反帐中闻到浓烈的酒气,勃然大怒,"于是还师而去,斩司马子反以为大戮"①,《十过》篇有关子反之死的记载较之《左传》增加了许多细节,并且把子反自杀说成是被楚王所杀。《吕氏春秋·权勋》篇的记载与《韩非子·十过》篇相同,也称楚王"斩司马子反以为戮"②,只是《十过》篇的楚共王,《权勋》篇作龚王。《淮南子·人间》篇作"龚王……于是罢师而去,斩司马子反为僇"③。《十过》篇的"戮",《人间》篇作"僇",两字意义相同。《说苑》所录多是先秦时期流传的故事,《说苑·敬慎》篇记载的子反之死事件,与《韩非子》、《吕氏春秋》的叙事基本一致,其中的楚君称为恭王,"于是乃诛子反以为戮,还师"④。

把子反的自杀说成是他杀,这个进程始于先秦时期。以上诸家都把子反说成是被楚王所杀,而不是自杀,这是司马迁《史记·楚世家》的材料来源。至迟从战国后期开始,子反之死的具体情节已经出现两种不同的说法,以《韩非子·十过》篇的记载为代表,人们按照当时普遍施行的对败军之将的惩罚方式去修改《左传》的记载,而忽略了楚文化在春秋时期所具有的特殊性。

胜败乃兵家之常事,然而,从《左传》的记载来看,楚国败战之军的将领往往以自杀为结局。

鲁桓公十三年(前699),楚国伐罗之战,莫敖屈瑕因轻敌兵败而自杀,这是《左传》记载楚国败军之将自杀的首个案例。具体记载如下:

> 十三年春,楚屈瑕伐罗,斗伯比送之。还,谓其御曰:"莫

① 陈奇猷:《韩非子新校注》,上海:上海古籍出版社,2000年版,第200页。
② 陈奇猷:《吕氏春秋新校释》,上海:上海古籍出版社,2002年版,第873页。
③ 刘文典:《淮南鸿烈集解》,北京:中华书局,1989年版,第593页。
④ 向宗鲁:《说苑校证》,北京:中华书局,1987年版,第256页。

敖必败。举趾高,心不固矣。"遂见楚子,曰:"必济师!"楚子辞
焉。入告夫人邓曼。邓曼曰:"大夫其非众之谓,其谓君抚小
民以信,训诸司以德,而威莫敖以刑也。莫敖狃于蒲骚之役,
将自用也,必小罗。君若不镇抚,其不设备乎!"……楚子使赖
人追之,不及。莫敖使徇于师曰:"谏者有刑!"及鄢,乱次以
济,遂无次。且不设备。及罗,罗与卢戎两军之,大败之。莫
敖缢于荒谷。群帅囚于冶父以听刑。楚子曰:"孤之罪也。"皆
免之。[1]

屈瑕刚愎自用,战前已听不进任何规劝意见,再加上,统兵纪律上
则松垮散漫。"乱次以济",这里的"济",意谓渡河,与上文的"济
师"之"济"表示增援有所不同,楚军毫无军纪,行军过河没有秩序,
而且轻敌不设防备。最后,莫敖屈瑕勇于承担战败责任,"缢于荒
谷",以自杀的方式为自己的行为赎罪。从这段叙事来看,莫敖是
在战败之后立即选择自杀的方式了结生命,没有过多的犹豫迟疑。
他所伐的罗国在今湖北宜城罗川城,而自经之地荒谷,杨伯峻先生
注:"荒谷在今湖北江陵县西。"[2]当时楚国都城在今湖北江陵,屈
瑕是在从罗地返回郢都途中自杀,没有抵达郢城。

　　发生于公元前 632 年的城濮之战,是《左传》所记载的第一次
大规模战役。争战双方是争霸的楚国与晋国,结果以楚败告终,继
齐桓公之后,晋文公奠定霸主地位。《左传·僖公二十八年》记
载道:

　　　　既败,王使谓之曰:"大夫若入,其若申、息之老何?"子
西、孙伯曰:"得臣将死。二臣止之,曰:'君其将以为戮。'"及

---

①　杨伯峻:《春秋左传注》,北京:中华书局,1990 年版,第 136 - 138 页。
②　杨伯峻:《春秋左传注》,北京:中华书局,1990 年版,第 138 页。

连谷而死。①

关于子玉之死,《左传·文公十年》还有如下记载:

> 城濮之役,王思之,故使止子玉曰:"毋死。"不及。止子
> 西,子西缢而县绝,王使适至,遂止之,使为商公。②

把这两段记载串联起来加以解读,对于子玉自杀的经过可以有一个全面的把握。先是楚王对子玉进行问责,有强迫他自杀的目的。子西、孙伯对传达楚王指令的使者说道,先前子玉已经萌生自杀的念头,是他们两人对他进行劝阻才没有自杀。楚王的问责传达之后,子玉就在连谷自杀。后来楚王改变主意,阻止败军之将自杀,可是,为时已晚,子玉自杀已成事实。所幸子西自经时绳索断开,朝廷使者适至,这才免于一死。子玉在战败之后就决定自杀,只是由于部下的劝阻而未能实施。楚王的问责信息传达之后,他就立即自杀身亡。至于楚军的另一位将领子西,他不是主帅,不承担主要责任,可以不自杀,但他也选择了自杀而死的方式。由此看来,楚国这两位败军之将选择自杀,都是出于主动和自觉,并不是外部压力下所采取的被动行为。战败自杀,对于他们来说是必须遵循的原则,没有别的选择。

通过以上梳理,对于《左传》所载楚国败军之将的自杀事件,可以得出如下结论:

第一,楚国败军之将的自杀,是比较普遍的现象。自杀者是充当主帅的将领,其他参战将领未必如此。

第二,采取自杀方式了结生命的败军之将,往往在指挥作战过

---

① 杨伯峻:《春秋左传注》,北京:中华书局,1990年版,第468页。
② 杨伯峻:《春秋左传注》,北京:中华书局,1990年版,第576页。

程中出现失误。如：屈瑕轻敌，子玉不听楚王调遣，子反醉酒误事等。如果属于客观形势不利情况下的战败，则未必采取这种极端的方式。

第三，自杀的败军之战，基本上是自觉、主动地选择这种赎罪方式。虽然有时也有外部施加的压力，但他们自身的认可则是主要的。

第四，楚国败军之将自杀的地点，通常都是在军队返回的途中。屈瑕在荒谷，子玉在连谷，子反在瑕，都是未到达郢都即自杀。

第五，楚国败军之将的自杀方式，通常都是自缢。屈瑕缢于荒谷，子西自缢未遂而获救。由此推断，与他同时自杀的子玉所采取的也是这种方式。另据《左传·昭公二十三年》的记载，楚司马蒍越与吴军交战失败，缢于蓮澨。对于子反的自杀方式，《左传》未作交代，应该也是自缢。可能这是楚国的惯例，故《左传》不再重复标示。

春秋时期的其它诸侯国，是否也遵循败军之将自杀这一军律？据《左传》的记载来看，其它诸侯国战败主帅的结局，截然不同。如鲁宣公十二年（前597），晋国主帅荀林父战败请死，大臣劝阻。《左传·宣公十二年》记载：

> 秋，晋师归，桓子请死，晋侯欲许之。士贞子谏曰：“不可。城濮之役，晋师三日谷，文公犹有忧色，左右曰：‘有喜而忧，如有忧而喜乎？’公曰：‘得臣犹在，忧未歇也。困兽犹斗，况国相乎？’及楚杀子玉，公喜而后可知也。曰：‘莫余毒也已。’是晋再克而楚再败也，楚是以再世不竞。今天或者大警晋也，而又杀林父以重楚胜，其无乃久不竞乎？林父之事君也，进思尽忠，退思补过，社稷之卫也，若之何杀之？夫其败也，如日月之食焉，何损于明？”晋侯使复其位。①

---

① 杨伯峻：《春秋左传注》，北京：中华书局，1990年版，第748页。

桓子,即荀林父。邲之战,是发生在楚晋之间的第二次大规模战役。楚胜晋败,荀林父按照军律请求晋侯赐死,晋大夫士贞子则从两个方面进行劝阻。一是,与楚国杀子玉的事例进行对照,处死主帅是"晋再克而楚再败",说明兵败杀主帅令损失加剧。城濮之战发生在楚成王时期,直到楚庄王时期再爆发邲之战。再世,杜注:"成王、穆王。"①两场大战之间,历经楚成王和穆王两世。此期间,受城濮之战影响,晋霸而楚弱,以史为鉴,道出杀晋帅荀林父是败己胜人的行为,即"重楚胜"。二是,将功补过,认为主帅荀林父罪不至死。"进思尽忠,退思补过",孔颖达《正义》:"施之于君则称进,内省其身则称退。尽忠者,尽己之心,以进献于君;补过者,内修己心,以补君意失。故以尽忠为进,补过为退耳,非谓进见与退还也。"②孔颖达的解释大体正确,却不免拘泥。从语法角度来理解,言进与退,应为互文,谓荀林父进退皆不忘尽忠与补过,为晋国鞠躬尽瘁。这次战败失利,是瑕不掩瑜,有如"日月之食",这是古人习语,常用作形容人的行为具有疏漏过失。最后,荀林父得到"复其位"的结局。

与此相类似,鲁文公元年(前 626)和鲁文公二年(前 625),秦穆公采取连续重用战败的孟明等人的举措。《左传·文公元年》记载:

> 殽之役,晋人既归秦师,秦大夫及左右皆言于秦伯曰:"是败也,孟明之罪也,必杀之。"秦伯曰:"是孤之罪也。周芮良夫之诗曰:'大风有隧,贪人败类。听言则对,诵言如醉。匪用其良,覆俾我悖。'是贪故也,孤之谓矣。孤实贪以祸夫子,夫子

---

① 杨伯峻:《春秋左传注》,北京:中华书局,1990 年版,第 748 页。
② 孔颖达:《春秋左传正义》,北京:中华书局,2009 年影印《十三经注疏本》,第 4088 页。

何罪?"复使为政。①

这段话中,秦穆公视孟明无罪,引用周芮良夫劝谏周厉王的《诗·大雅·桑柔》一诗,把战败的责任归罪于自身的贪欲,并且,没有采取任何措施来追究战败责任。起初,鲁僖公三十三年(前627),殽之战,秦军战败班师而归的时候,秦穆公向师而哭,"不替孟明",替,训为废,与本段话的"复使为政"意同。并且说道"不以一眚掩大德",眚,意思是过错,这句话与晋大夫士贞子阻杀荀林父的谏辞"如日月之食焉,何损于明",异曲同工,殊途同归,目的都是为战败之将的罪责开脱。战败不杀主帅,并非偶然现象,而是秦穆公采取的一贯政策。又据《左传·文公二年》记载:

> 二年春,秦孟明视帅师伐晋,以报殽之役。……秦师败绩。晋人谓秦"拜赐之师"。……秦伯犹用孟明。孟明增修国政,重施于民。②

此处"拜赐之师",是指鲁僖公三十三年(前627),孟明对晋大夫阳处父有"三年将拜君赐"之语。三年后,鲁文公二年(前625),果然再伐晋国,发动彭衙之役,结果此役又败,所以遭到对方的讥讽。在第二次打了败战的情况下,孟明仍得以保留原职,并未受到军律的处罚。

可见,楚国保留并延续战败之军的统领必须自杀的军律,是楚地独有的现象。《左绣》引高息齐的评语,写道:

> 凡楚师之败,必行兵法于主将而死之,春秋之世,楚实强

---

① 杨伯峻:《春秋左传注》,北京:中华书局,1990年版,第516-517页。
② 杨伯峻:《春秋左传注》,北京:中华书局,1990年版,第519、521页。

于天下,其所以能强者,兵强也。兵之所以能强者,将帅之力也。将帅之所以力者,赏罚行也。二百四十二年之间败绩者,凡十有六,而楚居三矣。城濮之败杀得臣,鄢陵之败杀公子侧,柏举之败囊瓦奔郑,而楚始为秦弱,至于中国之败绩,凡十有三不闻加兵法于一主将者,国势浸衰,遂成姑息,魏而下,皆踵之端,可为鉴。①

高氏敏锐地看到楚国兵败将死的历史现象,与其他诸侯国迥然有别。但是,楚国这种做法,是否属于赏罚分明地"行兵法于主将",还需要进一步辨析。

《左绣》的作者冯李骅所引高息齐的评论,把楚国败军之将的自杀,归结为楚国治军的赏罚分明,认为这是在战败之后追究主将的责任,因此,败军之将只有死路一条。表面看来,高氏所作的解释似乎有道理,仔细加以推敲,就会发现这个结论难以成立。

治军必须赏罚分明,这是古今中外普遍遵循的准则,中国古代进入文明社会初期就是如此,《尚书》保留了这方面的信息。《甘誓》是夏后启伐有扈氏的战前动员,其中说道:"用命,赏于祖;弗用命,戮于社,予则孥戮汝。"②这是向部下明确表示,此次战役赏罚分明,不服从命令者要受到严惩。《汤誓》是商汤王伐夏桀的战前誓词,他向部下说道:"尔不从誓言,予则孥戮汝,罔有攸赦。"③所用话语与夏后启伐有扈的誓词相似,都是以刑罚相威慑,用以约束、激励将士。《牧誓》是周武伐商,牧野之战开始前对部下的训话,其中亦称:"尔所弗勖,其于尔躬有戮。"④和夏、商两代君主的

---

① 冯李骅:《左绣》卷十三,国学集要二集,马小梅主编,台北:文海出版社,1967年版。

② 孙星衍:《尚书今古文注疏》,北京:中华书局,1986年版,第213页。

③ 孙星衍:《尚书今古文注疏》,北京:中华书局,1986年版,第219页。

④ 孙星衍:《尚书今古文注疏》,北京:中华书局,1986年版,第290页。

战前誓词一样,周武王也申明军法的严明,不用命者将受到惩罚。

进入春秋、战国时期,夏、商、周三代在用兵时赏罚严明的准则继续沿用,有时还得到强化。《尉缭子·重刑令》写道:

> 将自千人以上,有战而北,守而降,离地逃众,命曰国贼。身戮家残,去其籍,发其坟墓,暴其骨于市,男女公于官。自百人以上,有战而北,守而降,离地逃众,命曰军贼。身死家残,男女公于官。①

《汉书·艺文志》杂家类著录《尉缭》二十九篇,班固自注:"六国时人。"颜师古注引刘向《别录》:"缭为商君学。"②《尉缭子·天官》篇有梁惠王问尉缭子的记载,可知他是战国中期人。1973 年山东临沂银雀山一号汉墓出土有《尉缭子》残简,与今本文字基本一致,证明它是先秦古籍。《重刑令》所录文字,反映出战国时期兵法的严酷,败军之将受到的惩罚已经株连到家族。

从夏商周三代的战前誓词到《尉缭子》,都提到用兵要赏罚严明,《尉缭子》更是明确规定了对败军之将的惩处办法。上述文献提到的惩罚,都是由君主或上级下达,是以外力相惩处,而不是参战将领自我惩处。春秋时期楚国败军之将的自杀,不属于这种惩罚类型。

关于败军之将的应有结局,《礼记·檀弓上》还有如下记载:"谋人之军师,败而死之。"对此,孙希旦做了如下解释:

> 一万二千五百人为军,二千五百人为师。大夫死众,谋人

---

① 施子美:《尉缭子讲义》,四川大学古籍研究所编《诸子集成补编》(四),成都:四川人民出版社,1999 年版,第 192 页。

② 班固:《汉书》,北京:中华书局,1962 年版,第 1742 页。

之军师而至于败,则丧师辱国,而其义不可以独生矣。春秋晋、楚大夫若成得臣、荀林父等,皆以军败请死,盖此义也。①

孙希旦所作的解释是合理的,道出了败军之将自杀的原因。这种自杀主要是出自道义,而不是畏惧刑罚。败军之将的自杀,是荣辱感所起的作用。如果说是惩罚,那么,这种惩罚不是来自外部,而是出于自我选择。《礼记·檀弓》所记多是丧葬之事,而且往往援引古礼。有理由推断,败军之将选择自杀的方式进行自我救赎,当是起源很早的古代习俗,而夏、商、周三代战前誓词所申明的惩罚方式,其起源则要晚于败军之将自我救赎的习俗。楚国败军之将的自杀,沿袭的是古老的习俗。

楚国对古俗多有沿袭,《左传》提供了这方面信息。《左传·哀公十一年》记载:"冬十一月,楚子灭蔡,用隐大子于冈山。"杨伯峻先生注:"用,杀之以祭。"②这是杀人以祭祀山神,继续沿用原始的祭祀方式。《左传·昭公十三年》记载:"夏五月癸亥,王缢于芊尹申亥氏。申亥以其二女殉而葬之。"③楚灵王自杀,申亥氏以其二女殉葬,沿袭的也是野蛮的原始古俗。楚国官制与中土多有不同,对此,章太炎先生在《訄书·重订》本《官统》中写道:

> 屈原称其君曰"灵修",此非诡辞也。古铜器以"灵修"为"令终"。……秦之县,万户以上为令,减万户为长。此其名本诸近古。楚相曰"令尹",上比国君;(尹即古君字。故《左传春秋》"君氏",《公羊》作"尹氏"。上世家族政体,军父同尊。父从又持权,君亦从又持权。《丧服传》曰:"权者,爵也。")其君

---

① 孙希旦:《礼记集解》,北京:中华书局,1996年版,第209页。
② 杨伯峻:《春秋左传注》,北京:中华书局,1990年版,第1327页。
③ 杨伯峻:《春秋左传注》,北京:中华书局,1990年版,第1347页。

曰"令长",下比百僚。(楚官有"莫敖",其君早殇及弑者亦曰"莫敖"。敖本酋豪字,犹西旅献豪,今作"獒"也。此亦君臣同号之一事。)①

章先生从多个方面论证楚国君臣称号的由来,指出它所保留的原始遗风。君称灵修,亦即令长,楚相称令尹,反映的是君臣之间的血缘纽带,而没有鲜明的等级制色彩。高官或早殇、被弑国君称为敖,是沿用原始部落酋长的称号。楚国在许多方面都保留了原始古俗,其中有的是野蛮性的,如杀人以殉葬,用于祭祀;有的则反映出原始社会的民主与平等,君臣称号属于此类。至于战败之将自杀,则是原始社会成员那种高尚品格的体现。

中国古代早期存在负罪者自杀的习俗,贾谊的上疏陈政事文中透露了这方面的信息,《汉书·贾谊传》有如下记载:

> 古者大臣有坐不廉而废者,不谓不廉,谓"簠簋不饰";坐污秽淫乱男女亡别者,不曰污秽,曰"帷薄不修";坐罢软不胜任者,不谓罢软,曰:"下官不职"。故贵大臣定有其罪矣,犹未斥然正以谇之也,尚迁就而为之讳也。故其在大谴大何之域者,闻谴何则白冠氂缨,盘水加剑,造请室而请罪耳。上不执缚系引而行也。其有中罪者,闻命而自弛,上不使人颈盩而加也。其有大罪者,闻命则北面再拜,跪而自裁,上不使捽抑而刑之也。②

贾谊博览全书,对古代典章制度、风俗习惯很熟悉。他的上述话语,当是有所依据,而非空穴来风。中国古代早期对于负罪之人所

---

① 章太炎:《章太炎全集》(三),上海:上海人民出版社,1984 年版,第 255 页。
② 班固:《汉书》,北京:中华书局,1962 年版,第 2257 页。

作的处置,尤其是有一定身份地位的人,往往令其自裁,而不是用外力惩罚。负罪之人也能自觉地遵循这个规则,以自裁的方式了结生命。《左传》记载的楚国败军之将,往往以自杀的方式了结生命,这些记载合乎历史事实,反映的是楚文化所保留的原始古俗。中国古代早期的负罪者往往以自杀的方式结束生命,与那个历史阶段原始初民所崇尚的人格心理密切相关。恩格斯在《家庭私有制和国家起源》一文中写道:

> 凡与未被腐化的印第安人接触过的白种人,都称赞这种野蛮人的自尊心、公正、刚强和勇敢,这些称赞证明了,这样的社会能够产生怎样的男子,怎样的妇女。①

恩格斯上述论断,所依据的主要是摩尔根《古代社会》一书提供的材料。原始先民的许多可贵的品质,进入文明社会之后丧失了许多。恩格斯提到原始印第安人的自尊、公正、刚强和勇敢,在原始先民那里是普遍存在的。楚国败军之将以自杀的方式了结生命,体现的是原始先民那种强烈的自尊心、荣辱感。在他们看来,率军出征而战败是人生的耻辱,再活下去就是苟且偷生,断然采取自杀的方式了结生命,从而使得自己成为悲剧角色。因此,《左传》对那些败军之将自杀场景的描写,带有浓烈的悲剧气氛。

楚国败军之将的自杀,应是这种古老习俗的延续。而在中土则已经罕见,实行过程中会遇到障碍。由于楚地和中土的这种差异,因此,对于《左传》所载楚国将领自杀事件,后人往往按照当时普遍实行的惩罚制度加以解说,从而与《左传》的叙事相悖,《韩非子·十过》篇所叙子反被楚王惩罚而斩杀,即属此例。

---

① 马克思、恩格斯:《马克思恩格斯选集》卷四,北京:人民出版社,1972 年版,第93 页。

2. 子常败于吴的叙事辨析

鲁定公四年(前506)发生楚、吴之间的柏举之战,楚军主帅子常败于吴。《韩非子·内储说下》有如下记载:

> 吴政荆,子胥使人宣言于荆曰:"子期用,将击之;子常用,将去之。"荆人闻之,因用子常而退子期也,吴人击之,遂胜之。[1]

柏举之战中,楚人伍子胥为了替父兄复仇,借用吴国兵力大败令尹子常率领的楚军,长驱直入楚都,使得楚国实力大为受挫,楚昭王出郢奔郧,一度面临亡国的危险。这段话表明,楚军战败的关键原因是伍子胥用反语迷惑楚人,使得楚人任用子常为帅,结果大败楚军。

此处的政,陈奇猷先生解释道:"政与征通用,伐也。王氏《集解》据赵本改作'攻',非。"[2]这里提及楚军的两个重要人物:子常,即囊瓦;子期,即公子结,楚平王之子、楚昭王之兄,事迹多见于《左传》、《国语》。松皋圆曰:"子期,公子结也。忌其贤,故间之。子常,囊瓦也。柏举之败奔郑。"[3]关于子常其人,以贪婪为世人所知,《左传·定公三年》记载子常向诸侯索贿事件:"蔡侯亦服其一。子常欲之,弗与,三年止之。唐成公如楚,有两肃爽马,子常欲之,弗与,亦三年止之。"[4]写蔡侯、唐成公不肯予以子常裘衣、名马,即被拘禁于楚地。《国语·楚语下》记载道:"斗且廷见令尹子常,子

---

① 陈奇猷:《韩非子新校注》,上海:上海古籍出版社,2000年版,第651页。
② 陈奇猷:《韩非子新校注》,上海:上海古籍出版社,2000年版,第651页。
③ 陈奇猷:《韩非子新校注》,上海:上海古籍出版社,2000年版,第651页。
④ 杨伯峻:《春秋左传注》,北京:中华书局,1990年版,第1531页。

常与之语,问蓄货聚马。归以语其弟曰:'楚其亡乎! 不然,令尹其不免乎! 吾见令尹,令尹问蓄聚积实,如饿豺狼焉,殆必亡者也。'"①当时的楚大夫斗且还已经预言子常之贪,会导致自我灭亡,并给楚国带来灾难性的结局。

关于柏举之战,《左传·定公四年》的记载更为详细,如下:

> 冬,蔡侯、吴子、唐侯伐楚。舍舟于淮汭,自豫章与楚夹汉。左司马戌谓子常曰:"子沿汉而与之上下,我悉方城外以毁其舟,还塞大隧、直辕、冥阨,子济汉而伐之,我自后击之,必大败之。"既谋而行。武城黑谓子常曰:"吴用木也,我用革也,不可久也,不如速战。"史皇谓子常:"楚人恶子而好司马,若司马毁吴舟于淮,塞城口而入,是独克吴也。子必速战! 不然,不免。"乃济汉而陈,自小别至于大别。三战,子常知不可,欲奔。史皇曰:"安,求其事;难而逃之,将何所入? 子必死之,初罪必尽说。"
>
> 十一月庚午,二师陈于柏举。阖庐之弟夫槩王晨请于阖庐曰:"楚瓦不仁,其臣莫有死志。先伐之,其卒必奔;而后大师继之,必克。"弗许。夫槩王曰:"所谓'臣义而行,不待命'者,其此之谓也。今日我死,楚可入也。"以其属五千,先击子常之卒。子常之卒奔,楚师乱,吴师大败之。子常奔郑。史皇以其乘广死。吴从楚师,及清发,将击之。夫槩王曰:"困兽犹斗,况人乎? 若知不免而致死,必败我。若使先济者知免,后者慕之,蔑有斗心矣。半济而后可击也。"从之,又败之。楚人为食,吴人及之,奔。食而从之,败诸雍澨,五战,及郢。②

---

① 徐元诰:《国语集解》,北京:中华书局,2002 年版,第 521 页。
② 杨伯峻:《春秋左传注》,北京:中华书局,1990 年版,第 1542 - 1545 页。

相关记载也见于《史记·吴太伯世家》。此处，《左传》采用一贯的战争叙事风格，即省略血腥残酷的战争场面，而注重交代战争的前因后果等细节。关于柏举之战楚军战败的根本原因，即在于令尹子常的心胸狭隘，嫉贤妒能。这里通过楚大夫武城黑、史皇与令尹子常的对话，作了清楚的交代。司马沈尹戌所谋划的周密作战计划，十分地明智，打算利用楚国优越的地理形势，以方城为屏障，以江、汉为天堑，自己从方城外陆路包抄，需要子常自长江、汉江的水路配合，形成对吴军的关门打狗、瓮中捉鳖之势，从而稳操胜券。然而，子常却听信楚大夫史皇的谗言"楚人恶子而好司马"，为了与沈尹戌争功，背弃沈尹戌的谋约，不顾楚军作战大局，急于发动战争而导致最后的失败。《左传·定公五年》进一步明确地写道："子常唯思旧怨以败。"①司马沈尹戌贤，而令尹子常不仁，楚国的民意明显倾向于司马，子常对沈尹戌怀有积怨，因此妒贤而争功致败。

由此可见，关于柏举之战楚军战败的原因，《左传》与《韩非子》两书的记载，两相对照，存在严重的分歧。一方面，《左传》明言子常与司马沈尹戌争功，放弃既有的作战计划而战败，并未提及以子常取代子期之事，更遑论伍子胥的离间计。另一方面，韩非子则认为主要是伍子胥采用离间计，使得楚军主帅弃用子期而误用子常。然而，有关柏举之战的历史记载中，伍子胥的离间计致使楚帅废子期而用子常的情节，遍考史传，此说并不见于它书。

《韩非子》的叙事迥然有异，究其原因，可以从《韩非子·内储说下》的立论方面找出答案。关于"内储说"的题旨，陈奇猷先生写道：

　　旧注：储，聚也。谓聚其所说，皆君之内谋，故曰"内储

---

① 杨伯峻：《春秋左传注》，北京：中华书局，1990 年版，第 1553 页。

说。"太田方曰:"储,偫也。《扬雄传》注:'有储畜之待所用也。'说者,篇中所云'其说在'云云之说也,谓所以然之故也。言此篇储若是之说以备人主之用也。……"奇猷案:太说是也。①

这里的辨析大体正确,储取储备之义。读史益智,以史为鉴,韩非子因而广泛搜集各国历史故实,编撰成册,以备君主治国借鉴和参考,犹如储备君王南面之术的智囊。《内储说下》包括"七术"和"六微"两部分。所谓六微,《韩非子·内储说下》写道:"六微:一曰,权借在下,二曰,利异外借,三曰,託于似类,四曰,利害有反,五曰,参疑内争,六曰,敌国废置。此六者,主之所察也。"②关于"六微"的题旨,陈奇猷先生写道:

> 奇猷案:《道德经》十五章云:"古之善为士者,微妙玄通,深不可识。"韩子会其意,以为为臣者微妙玄通,深不可识。故以下所云皆人臣微妙之事,为人主者不可忽视也。故特举六者以告人主,而总其名曰六微。③

这里道出了韩非学说"喜刑名法术之学,而其归本于黄老"④的旨趣,除了《解老》、《喻老》篇集中阐发道家思想之外,《韩非子》一书还可散见道家思想的影响所及之处。六微,源于《道德经》的"微妙玄通"之说,具有道家思想的意蕴,然而,韩非子却以此为题,借以阐明君臣关系的微妙之处,为君上处理与臣属之间关系的决策,提供重要的史实参照。

---

① 陈奇猷:《韩非子新校注》,上海:上海古籍出版社,2000 年版,第 560 页。
② 陈奇猷:《韩非子新校注》,上海:上海古籍出版社,2000 年版,第 615 页。
③ 陈奇猷:《韩非子新校注》,上海:上海古籍出版社,2000 年版,第 615 页。
④ 司马迁:《史记》,北京:中华书局,1982 年版,第 2146 页。

　　韩非子所编写的伍子胥用离间计而子期废、子常用的案例,出自"六微"的"废置"条目,位列第六。在此条目下,《韩非子·内储说下》写道:

　　　　敌之所务在淫察而就靡。人主不察则敌废置矣。……是以子胥宣言而子常用。①

淫,王先慎曰:"淫,乱也。"②靡,《说文·非部》:"披靡也,从非,麻声。"③陈奇猷先生解释道:"王先慎曰:'靡,非也。'……非者,即下文所谓废置也。"④关于废置,王先慎曰:"此言人主不明敌之所务,则敌得以废置我之人才矣。"⑤这段话是说子期与子常的废置,主要是由于楚王不察伍子胥之语,受到误导而错用子常。这里,结合具体事例,从人才废置的角度,进一步阐明君主应该明察秋毫,明辨是非,尤其对敌方具有迷惑性质的言语举止应该警醒,加以谨慎地考察。

　　可见,《韩非子·内储说下》的说理十分透析,逻辑也很严密。《韩非子》作为开宗立派提出一己学说主张的理论性著作,韩非子对史实信手拈来,各取所需,为我所用,并非历史实录。确切地说,为了充分论证自己的观点,强化说理的效果,韩非子对所选取的历史材料,进行了主观的剪裁与精心的布局。

　　具体言之,从上述案例来看,为了警醒君主不应轻信敌对方迷惑性的话语,韩非举出子常败于吴的事例,列出楚国战败的具体原因是楚王被伍子胥离间之言所误导,起用子常而废置子期。实际

──────────

① 陈奇猷:《韩非子新校注》,上海:上海古籍出版社,2000 年版,第 620 页。
② 王先慎:《韩非子集解》,北京:中华书局,1998 年版,第 243 页。
③ 段玉裁:《说文解字注》,上海:上海古籍出版社,1988 年版,第 583 页。
④ 陈奇猷:《韩非子新校注》,上海:上海古籍出版社,2000 年版,第 621 页。
⑤ 王先慎:《韩非子集解》,北京:中华书局,1998 年版,第 243 页。

上,这里《韩非子·内储说下》篇所叙说的子常败于吴的历史事件,与《左传》为代表的历史记载,是相互抵牾的。其中引入子期这个历史人物是最大的不同之处。

在柏举之战中,子期是一个重要的人物。《左传·定公四年》记载道:

> 楚子在公宫之北,吴人在南。子期似王,逃王,而己为王,曰:"以我与之,王必免。"随人卜与之,不吉,乃辞吴曰:"以随之辟小,而密迩于楚,楚实存之。世有盟誓,至于今未改。若难而弃之,何以事君?执事之患不唯一人,若鸠楚竟,敢不听命?"吴人乃退。鑢金初宦于子期氏,实与随人要言。王使见,辞,曰:"不敢以约为利。"王割子期之心以与随人盟。①

杜注:"子期,昭王兄公子结。"割子期之心,杨伯峻先生解释道:"杜注:'当心前割取血以盟,示其至心。'庄三十二年《传》叙孟任割臂盟公,亦仅破肤取血。"②吴人攻进楚都王宫,由于子期长得像其弟楚昭王而伪装作楚王,帮助楚昭王逃脱。最后,为了搭救楚昭王,子期当胸前取血与随人盟誓。一系列的行为,均表明子期对楚昭王的忠心耿耿与救王存楚的重要历史功绩。

又《左传·定公五年》记载道:

> 秋七月,子期、子蒲灭唐。······吴师居麇,子期将焚之,子西曰:"父兄亲暴骨焉,不能收,又焚之,不可。"子期曰:"国亡矣,死者若有知也,可以歆旧祀?岂惮焚之?"焚之,而又战,吴

---

① 杨伯峻:《春秋左传注》,北京:中华书局,1990 年版,第 1547 页。
② 杨伯峻:《春秋左传注》,北京:中华书局,1990 年版,第 1547 页。

师败,又战于公壻之谿。吴师大败,吴子乃归。①

据《左传·定公四年》的记载,唐人联合吴国伐楚,因此灭唐。这里记载子期抗吴的一系列辉煌的战绩:灭唐,与败吴于麇、公壻之谿,最后迫使吴军完全撤退,可谓战无不胜。可见,与吴国交战过程中,一胜一败,子期、子常二人的表现形成鲜明对比,子常败于吴而奔亡于郑国,子期却带领楚军,在秦国的帮助下,对阵吴军而最后取得绝对的胜利。

可见,子期在抗吴救楚中发挥着重要的作用。楚军败于柏举之战,并非楚军缺乏得力将帅,而是错用子常,使得子期弃之不用。因此,韩非才有"用子常而退子期"之语,这是提及子期这个历史人物的重要背景与原因。可见,与《左传》相较,《韩非子·内储说下》篇所叙述的历史故事,并不完全等同于历史的真实,却又脱胎于历史,带着历史的烙印,与史实具有某种关联性。

3.《韩非子》对楚国叙事的历史真实性辨析

综上所述,对《韩非子》有关楚国叙事的历史真实性加以辨析,其中以战争为例,《韩非子·十过》所叙子反被楚王惩罚而斩杀,《韩非子·内储说下》所列子常败于吴事件,均与《左传》的相关记载存在差异,来源于历史,却又缺乏历史细节的真实性。细究之,主要存在两个方面的原因:

首先,《韩非子》的撰写受到时代的局限性,忽略了楚文化本身的特性,从当下的理念出发,对楚国事件作出法家的评判。以《韩非子·十过》所叙子反被楚王惩罚而斩杀为例,韩非按照当时普遍实行的惩罚制度加以解说,忽略了楚国败军之将的自杀习俗,从而

---

① 杨伯峻:《春秋左传注》,北京:中华书局,1990 年版,第 1551－1552 页。

与《左传》的叙事相悖。

其次,《韩非子》作为论说性为主的理论著作,强调论辩逻辑而忽略历史的真实,与史实类著作《左传》迥然不同。以《韩非子·内储说下》所列子常败于吴事件为例,为了强调君臣关系的微妙,阐明君上应该明察敌对方的离间之言而正确废置人才,以废置立论,从而引入伍子胥离间之计、弃子期而用子常的情节,是对历史事件进行的加工、改造,从而增强论辩的力度。

第四章　《吕氏春秋》与楚文化

　　《吕氏春秋》是一部具有集大成性质的杂家著作。它以海纳百川的气度,对于多种文化均予以借鉴。楚文化作为一笔底蕴丰富的历史遗产,自然成为《吕氏春秋》重要的吸纳对象。《吕氏春秋》对楚文化的吸纳是有所选择的,而不是照单全收,因此,它从楚文化那里借鉴了哪些因素,是首先必须加以梳理的课题。《吕氏春秋》是由众多人员集体编撰的,出自多个学派之手,找出它所选择的楚文化因素与相关学派之间的关联,是把《吕氏春秋》与楚文化关系研究推向深入的关键环节,需要进行仔细地辨析,这是第二方面的问题。另外,《吕氏春秋》对楚文化的借鉴,在具体操作过程中不是原封不动地沿袭楚文化,而是作了加工和改造,运用对比研究的方法找出加工改造的得失,作出科学的判断,亦是必须加以关注的问题。

一、对楚国制度文化的吸纳与借鉴

　　《吕氏春秋·序意》篇对于《十二纪》的编写意图作了如下交代:"凡《十二纪》者,所以纪治乱存亡也,所以知寿夭吉凶也。"①《十二纪》把"纪治乱存亡"作为编写宗旨之一,《吕氏春秋》全书也

---

① 陈奇猷:《吕氏春秋新校释》,上海:上海古籍出版社,2002年版,第654页。

是如此。楚作为春秋战国时期的大国,在国家的治乱存亡方面有许多典型事件,因此,成为《吕氏春秋》编写者重要的关注对象,把一系列重要的楚国故实纳入书中。对楚国的历史进行叙述和评论,使《吕氏春秋》融入大量楚文化的历史积淀,其中制度文化是重要的聚集点。

1. 对楚国历史叙事的时段及取舍倾向

《吕氏春秋》对楚国历史的叙事,主要取材于春秋战国时期。它所涉及春秋时期楚国的故实,提到最早的人物是楚文王,《长见》篇讲述这位君主赏谏者、放谀人的故事。楚文王是楚武王之子,公元前 689 至前 675 年在位,这是《吕氏春秋》有关楚国叙事的上限。

《吕氏春秋》对于战国时期楚国历史的叙事,其下限达于楚顷襄王时期。《执一》篇称"楚王问为国于詹子",关于詹子所处时段,陈奇猷先生写道:

> 考《庄子·让王》篇及本书《审为》篇载詹何与中山公子牟答问,则詹何当是楚顷襄王时人(《汉书·古今人表》列公子牟与顷襄王同时),则此文楚王盖指顷襄王,而《列子·说符》"庄"乃"襄"音近之误。①

楚王与詹何的问答,是顷襄王向当时的高士詹何询问治国之道,反映的是顷襄时期的故实。《高义》篇写道:"荆之为四十二世矣,尝有乾谿、白公之乱矣,尝有郑襄、州侯之避矣,而今犹为万乘之大

---

① 陈奇猷:《吕氏春秋新校释》,上海:上海古籍出版社,2002 年版,第 1146 -1147 页。

国,其时有臣如子囊与?"①这段话列举楚国经历的一系列磨难,其中最后提到的是郑褒、州侯给楚国造成的困扰,对此,陈奇猷先生写道:

> 王念孙曰:"'襄'当作'褒',避读为辟,谓淫辟也。"……奇猷案:王说是。郑褒系楚怀王幸姬。州侯系襄王宠臣。《韩非子·内储说下》云:"州侯相楚,贵而主断。"②

文中所说的州侯,是楚顷襄王的宠臣,《战国策·楚策四》有如下记载:

> 庄辛谓楚襄王曰:"君王左州侯,右夏侯,辇从鄢陵君与寿陵君,专淫逸侈靡,不顾国政,郢都必危矣!"襄王曰:"先生老悖乎? 将以为楚国袄祥乎?"庄辛曰:"臣诚见其必然者也,非敢以为国袄祥也;君王卒幸四子者不衰,楚国必亡矣。臣请辟于赵,淹留以观之。"庄辛去之赵,留五月,秦果举鄢郢、巫、上蔡、陈之地,襄王流揜于城阳。③

秦伐楚而取鄢、郢是在楚顷襄王二十一年(前 278)到二十二年(前277)。也就是说,顷襄王宠信州侯而误国是在此前的事情。《吕氏春秋·高义》篇提到楚国在经历丧失鄢、郢等地的惨败后,"至今犹为大国",指的是顷襄王后期收复失地,与秦媾和的事件,《史记·楚世家》写道:

---

① 陈奇猷:《吕氏春秋新校释》,上海:上海古籍出版社,2002 年版,第 1256 页。
② 陈奇猷:《吕氏春秋新校释》,上海:上海古籍出版社,2002 年版,第 1262 页。
③ 徐建章:《战国策注释》,北京:中华书局,1990 年版,第 570 - 571 页。

二十三年,襄王乃收东地兵,得十余万,复西取秦所拔我江旁十五邑以为郡,距秦。二十七年,使三万人助三晋伐燕。复与秦平,而入太子为质于秦。①

《吕氏春秋·高义》篇所说的楚"至今犹为大国",指的是顷襄王后期。到楚考烈王时代,楚国已经很衰弱,据此可以断言,《吕氏春秋》对楚国的叙事,下限是顷襄王逝世(前 263)。

《吕氏春秋·序意》篇称"维秦八年,岁在涒滩,秋,甲子朔,朔之日,良人请问《十二纪》"。陈奇猷先生称:"明此所谓'秦八年'者,系秦代周有天下之第八年,即秦始皇即位之六年(公元前二四一)庚申岁。"②公元前 241 年,《吕氏春秋·十二纪》已经编写完毕。吕不韦卒于秦王政十二年(前 235),《吕氏春秋》最迟全部完成于此年,上距楚顷襄王逝世(前 263)不足三十年。

《吕氏春秋》对楚国历史的叙事和评论,起自春秋时期的楚文王(前 689 年即位),终止于战国时期的楚顷襄王时期(前 298－263年在位),时间跨度总计四百年左右。按照春秋、战国两个阶段进行划分,每个阶段二百年左右,相差不多。可是,这两个阶段所收录的有关楚国的故实,在数量上却差异很大。《吕氏春秋》涉及楚国历史的材料,总计四十余则,其中属于春秋阶段的三十余则,战国阶段的不过十则左右,而在战国阶段十则左右的材料中,讲述墨子学派在楚地活动者就占了五则,真正涉及楚国宫廷的故实不过五则。也就是说,《吕氏春秋》对于楚国历史故实的取材,带有明显的舍近求远倾向,取自春秋阶段的多,取自战国阶段的则极其有限,《吕氏春秋》加以吸纳和借鉴的,主要是春秋时期的楚文化。

《吕氏春秋》对于春秋和战国时期的楚国故实,在选取数量上

---

① 司马迁:《史记》,北京:中华书局,1982 年版,第 1735 页。
② 陈奇猷:《吕氏春秋新校释》,上海:上海古籍出版社,2002 年版,第 654 页。

有多寡之别。除此之外,对于所选材料的叙事也有繁简之分。叙述春秋时期楚国故实,有许多采用详写的方式,构成首尾完整的故事。而屈指可数的战国阶段楚国故实,往往是简略概括,一笔带过。《介立》篇提到"庄蹻之暴郢",《慎势》提到"声王围宋十月",《高义》提到"郑襄、州侯之避",都是简短的一句话。只有《去宥》篇叙述楚威王疏远沈尹华一节略为具体。战国前期和中期楚国出现的重大事件,距离《吕氏春秋》成书的年代很近,照理说来应该进行详细叙述。可是,该书的做法恰恰相反,对于楚国故实的叙述是远者详而近者略。显然,在《吕氏春秋》编写者看来,楚国历史可供借鉴的主要在春秋阶段,而不是战国时期。因此,对于春秋时期不但取材数量多,而且往往详细叙述;而对战国阶段的楚国故实,则采取相反的操作规则,取材数量少并且简略叙述。

《吕氏春秋》的编写宗旨之一是"纪治乱存亡",对楚国历史有关治乱兴亡的叙事和评论,在许多地方涉及楚国的制度文化。《吕氏春秋》成书于秦,是以整合文化的角度观照楚国的制度,从中看到一系列值得吸纳的因素,并且予以充分肯定。而对于其中的负面因素,则引为鉴戒。

2. 君主接受臣下批评的进谏制度

《吕氏春秋》收录的有关楚国历史的文献,臣下对君主进谏。君主予以采纳,是很重要的一部分内容。楚文王、庄王作为春秋时期的两位明君,都有这方面的传说收录在书中。

《吕氏春秋·直谏》篇有如下记载:

> 荆文王得茹黄之狗,宛路之矰,以畋于云梦,三月不反;得丹之姬,淫,期年不听朝。葆申曰:"先王卜以臣为葆,吉。今王得茹黄之狗,宛路之矰,畋三月不反;得丹之姬,淫,期年不

听朝。王之罪当笞。"王曰："不穀免衣繿縷而齿于诸侯，愿请变更而无笞。"葆申曰："臣承先王之令，不敢废也。王不受笞，是废先王之令也。臣宁抵罪于王，毋抵罪于先王。"王曰："敬诺。"引席，王伏。葆申束细荆五十，跪而加之于背，如此者再，谓："王起矣！"王曰："有笞之名一也。"遂致之。申曰："臣闻君子耻之，小人痛之。耻之不变，痛之何益？"葆申趣出，自流于渊，请死罪。文王曰："此不穀之过也。葆申何罪？"王乃变更，召葆申，杀茹黄之狗，析宛路之矰，放丹之姬。后荆国兼国三十九。令荆国广大至于此者，葆申之力也，极言之功也。①

《吕氏春秋·直谏》篇共收录两则故事，第一则是鲍叔牙谏戒齐桓公、管仲、宁戚，第二则是葆申谏楚文王。这则故事的主角是楚文王和葆申。葆，通保，官职名，古代有太保、少保，充当君主的监护人和管理者。葆申向楚文王进谏采取两种方式，首先按照祖宗之法对他加以鞭笞，用荆条抽打他的后背。这种进谏方式没有奏效，就以死相谏，要投渊而死。作为进谏对象的楚文王，开始虽然勉强接受鞭笞，却认为这只不过是名义上的惩罚，因此，继续招致猎犬，取来缯矢进行田猎，继续与丹姬淫乐。后来，葆申以死相谏，他终于革心洗面，改弦更张，使楚国开始强盛。故事的情节可能有虚构，但楚文王确实是一代明君，对于楚国的兴起功不可没。《史记·楚世家》叙述文王期间的楚国状况时写道："楚强，陵江汉间小国，小国皆畏之。十一年，齐桓公始霸，楚亦始大。"②

《吕氏春秋·直谏》篇对于楚文王振兴楚国之功予以充分肯定，认为这些成就的取得，葆申的进谏起了决定性的作用。《淮南

① 陈奇猷：《吕氏春秋新校释》，上海：上海古籍出版社，2002年版，第1555页。
② 司马迁：《史记》，北京：中华书局，1982年版，第1696页。

子·说出训》称:"文王污膺,鲍申伛背,以成楚国之治。"①这个典故讲述的就是葆申强谏楚文王的传说。

《吕氏春秋·长见》篇有如下记载:

> 荆文王曰:"苋謕数犯我以义,违我以礼,与处则不安,旷之而不穀得焉,不以吾身爵之,后世有圣人,将以非不穀。"于是爵之五大夫。"申侯伯善持养吾意,吾所欲则先我为之,与处则安,旷之而不穀丧焉。不以吾身远之,后世有圣人,将以非不穀。"于是送而行之。②

这里通过楚文王的自道,讲述他对两类人不同的处理方式。苋謕是位谏臣,对文王以义相犯,以礼相违,用以纠正文王不合礼义的行为。文王与他共处就坐立不安,离他很远则觉得很自由。尽管如此,文王还是对这位敢谏之臣加以提拔,以免遭到后世的非议。而对善于迎合取媚自己的申侯伯,尽管与他共处很舒服,离开他有失落感,但是,还是把这位谀臣加以放逐,驱出楚国。文中的楚文王已经是成熟的政治家,深知臣下进谏、君主纳谏的重要性,能够超越自身的局限而放眼于治国理政的大局,有远见卓识。这则故事还见于《说苑·君道》、《新序·杂事一》。其中的楚文王放逐申侯伯,具体记载见于《左传·僖公七年》。

楚庄王是春秋五霸之一,是楚国历史上最为辉煌的君主,在后世备受赞扬。关于他的纳谏故事,更是广泛传播。《吕氏春秋·重言》有如下记载:

> 荆庄王立三年,不听而好讔。成公贾入谏。王曰:"不穀

---

① 刘文典:《淮南鸿烈集解》,北京:中华书局,1989年版,第552页。
② 陈奇猷:《吕氏春秋新校释》,上海:上海古籍出版社,2002年版,第611页。

禁谏者,今子谏,何故?"对曰:"臣非敢谏也,愿与君王讔也。"
王曰:"胡不设不穀矣?"对曰:"有鸟止于南方之阜,三年不动
不飞不鸣,是何鸟也?"王射之曰:"有鸟止于南方之阜,其三年
不动,将以定志意也;其不飞,将以长羽翼也;其不鸣,将以览
民则也。是鸟虽无飞,飞将冲天;虽无鸣,鸣将骇人。贾出矣,
不穀知之矣。"明日朝,所进者五人,所退者十人。群臣大说,
荆国之众相贺也。故《诗》曰:"何其久也,必有以也。何其处
也,必有与也。"其庄王之谓邪。成公贾之讔也,贤於太宰嚭之
说也。太宰嚭之说,听乎夫差,而吴国为墟;成公贾之讔,喻乎
荆王,而荆国以霸。①

进谏有各种方式,成公贾所用的是讽谏的方式,即不是直接批评
庄王,而是托物以言之,带有象征性和启示性,因此得到庄王的
认可。从文中叙述可以看出,庄王并不是饰非拒谏,而是没有遇到
像成公贾这样善谏的人物。一旦成公贾出现,他就从善如流,励精
图治。

这个故事还有多个流传版本。《史记·楚世家》作伍参谏庄
王,《新序·杂事一》作士庆谏庄王,《说苑·正谏》作苏从谏庄王,
《韩非子·喻老》作右司马谏庄王,《史记·滑稽列传》则又作齐淳
于髡谏齐威王。尽管流传版本颇多,但是多数都把进谏对象认定
为楚庄王,这个传说故事最初当是生成于楚地。

《吕氏春秋》所收录的楚国进谏故事,均具有典型性,或是以死
强谏,或者托物以讽谏,都收到良好效果。臣下向君主进谏,保留
的是原始民主政治的遗风。春秋时期,虽然各诸侯国均不乏直言
敢谏之臣,但是,以敢谏善谏和听从进谏而著称的主要是楚国和齐
国。齐国谏臣的代表是晏婴,《晏子春秋》专设《谏》的栏目,进谏对

---

① 陈奇猷:《吕氏春秋新校释》,上海:上海古籍出版社,2002 年版,第 1166 页。

象都是齐景公。不过,齐国像晏婴这样的谏臣极其罕见,很大程度上是一枝独秀,而楚国则相继出现一大批谏臣,并且写入史册。在《国语·楚语》所收录的十八则故事中,有八则属于进谏题材,所占比例是很高的。《左传》对于楚国的进谏纳谏也多有记载,有的事件还相当典型,《左传·庄公十九年》写道:

> 十九年春,楚子御之,大败于津。还,鬻拳弗纳,遂伐黄,败黄师于踖陵。还及湫有疾,夏六月庚申,卒。鬻拳葬诸夕室,亦自杀也,而葬于绖皇。
>
> 初,鬻拳强谏楚子,楚子弗从。临之以兵,惧而从之。鬻拳曰:"吾惧君以兵,罪莫大焉。"遂自刖也。楚人以为大阍,谓之大伯。使其后掌之。①

这里的楚王指楚文王,是鬻拳进行进谏的对象。鬻拳在以言语相谏未能奏效的情况下,以武器强迫楚文王接受自己的建议。后来,楚文王抵御巴人失利,鬻拳竟然不许他入城,这也是一种强谏。楚文王只好领兵出征,战争胜利之后因病在外地去世。鬻拳的进谏采用的是极端的方式,这固然表现了他对楚国朝廷的忠心耿耿,无所畏惧;另一方面也表明,楚国朝廷的进谏没有太大的风险,君主不会对进谏者进行打击报复。事实的确如此,即使是楚灵王这样的荒亡之君,对于臣下的进谏也不是断然拒绝,而是有所思考,只是未能采纳而已。《左传》有如下记载,《左传·昭公十一年》写申无宇批评他为边境封地筑大城有害无益,灵王未予以反驳。《左传·昭公十二年》记载楚灵王野心膨胀,子革对他进行进谏,"王揖而入,馈不食,寝不寐,数日,不能自克,以及于难"。② 他在听了子

---

① 杨伯峻:《春秋左传注》,北京:中华书局,1990年版,第211页。
② 杨伯峻:《春秋左传注》,北京:中华书局,1990年版,第1341页。

革的进谏之后也有悔改之意,但未能付诸行动,最终死于内乱。

和其它诸侯国相比,春秋时期的楚国朝廷在进谏纳谏方面具有良好的氛围,很大程度上保留原始民主遗风,成为楚国制度文化的一个亮点。《吕氏春秋》的编撰者身处百家争鸣的战国时期,言论自由、民主政治是他们的理想和追求。尽管他们即将面对的是大一统专制的秦帝国,但是,楚文化良好的进谏纳谏传统,仍被他们视为宝贵的历史遗产而被纳入书中,遗憾的是这笔遗产没有作为财富被秦王朝利用。把楚文化的进谏纳谏作为正面事象纳入书中,是《吕氏春秋》的一个亮点。

3. 举贤授能的用人机制

《吕氏春秋》反复提到的楚国重要人物是孙叔敖,分别见于《情欲》、《当染》、《尊师》、《异宝》、《知分》、《察传》、《赞能》诸篇。其中《赞能》篇的记载最为详细:

> 孙叔敖、沈尹茎相与友。叔敖游于郢三年,声问不知,修行不闻。沈尹茎谓孙叔敖曰:"说义以听,方术信行,能令人主上至于王,下至于霸,我不若子也。耦世接俗,说义调均,以适主心,子不若我也。子何以不归耕乎? 吾将为子游。"沈尹茎游于郢五年,荆王欲以为令尹,沈尹茎辞曰:"期思之鄙人有孙叔敖者,圣人也。王必用之,臣不若也。"荆王于是使人以王舆迎叔敖以为令尹,十二年而庄王霸。此沈尹茎之力也。①

沈尹茎,《察传》篇称"楚庄闻孙叔敖于沈尹筮,审之也,故国霸诸侯

---

① 陈奇猷:《吕氏春秋新校释》,上海:上海古籍出版社,2002 年版,第 1601－1602 页。

也。"①又作沈尹筮。这则荐贤授能的故事广为流传,并且与楚庄王时期的历史事实相吻合。陈奇猷先生写道:

> 《史记·楚世家》述此事,更谓其"所诛者数百人,所进者数百人",而系此事于庄王三年与五年之间,可知庄王广求贤智之士在三年与五年之间,而孙叔敖于此时得见庄王至为可能。然则上所推定孙叔敖见用于庄王在庄王五年,与庄王求贤之事正相融洽。②

孙叔敖是春秋时期楚国的一代名相,协助楚庄王成就霸业。孙叔敖被举用一事之所以在历史上成为佳话,很重要的一个原因,就是他出身低微,并非来自贵族,故《赞能》篇称他是"期思之鄙人",《史记·循吏列传》称:"孙叔敖者,楚之处士也。虞丘相进于楚庄王,以自代也。"③上述记载均可证明孙叔敖出自社会下层,由平民而升为令尹。关于孙叔敖所出的期思之地,石光瑛先生作了如下考证:

> 惟《荀子》、《吕览》皆有孙叔敖为期思鄙人语,考期思本蓼国地,即春秋寝丘,汉名寝县,东汉名固始。楚子于宣八年灭蓼,宣十二年即有孙叔敖名,见于《策书》,则以蓼名期思,必蓼灭后,期思之鄙人,始得用虞丘之荐,而举为令尹。此固案之《春秋》,互证之它书,而显然有者。况《史记·滑稽列传》云:叔敖死,其子穷困负薪。庄王听优孟言,封寝丘。正以寝丘即期思,本叔敖故居,因封之。则是所居所封皆蓼国,为蓼人无

---

① 陈奇猷:《吕氏春秋新校释》,上海:上海古籍出版社,2002 年版,第 1536 页。
② 陈奇猷:《吕氏春秋新校释》,上海:上海古籍出版社,2002 年版,第 1609 页。
③ 司马迁:《史记》,北京:中华书局,1982 年版,第 3099 页。

疑。若云楚公族,则公族世爵,未有身为令尹,则子负薪者,又未有止封以地,而不给予以爵者。①

按照这种说法,孙叔敖本是蓼国人。楚灭蓼之后,他以蓼国遗民的身份入仕楚廷,成为令尹。蓼地又称期思、寝丘,孙叔敖之子被封于寝丘,《吕氏春秋·异宝》篇也有记载。孙叔敖成为楚国令尹一事之所以广为流传,很大程度上因为他是以蓼国遗民的身份而得到破格任用。

春秋时期,居于中土核心地带的鲁、卫、晋等姬姓诸侯国,实行的世卿世禄制度,国家重要官职基本都由公族成员担当,罕有例外。虽然《国语·楚语上》有楚材晋用之说,实际上流亡到晋国的楚人并未真正担当重要的职务。相反,处于中土边缘的齐、楚、秦等非姬姓诸侯国,却能在一定程度上超越世卿世禄的局限,重用一大批非公族成员。吴国虽然是姬姓诸侯,因为远处东南海滨,在用人方面也能广开招贤之路。楚国朝廷能够在公族之外选用人才,许多亡国遗民,政治流亡者在那里担当要职。《左传·哀公十七年》记载道:

> 楚白公之乱,陈人恃其聚而侵楚。楚既宁,将取陈麦。楚子问帅于大师子穀与叶公诸梁。……子高曰:"率贱,民慢之,惧不用命焉。"子穀曰:"观丁父,鄀俘也,武王以为军率,是以克州、蓼,服随、唐,大启群蛮。彭仲爽,申俘也,文王以为令尹,实县申、息,朝陈、蔡,封畛于汝。唯其任也,何贱之有?"②

① 石光瑛:《新序校释》,北京:中华书局,2009 年版,第 22 页。
② 杨伯峻:《春秋左传注》,北京:中华书局,1990 年版,第 1708 页。

与此类似,《左传·成公十五年》记载,晋国伯宗被杀,其子"伯州犁奔楚",杨伯峻先生注:"伯州犁奔楚后为太宰,见明年及昭元年诸传。"①《左传·襄公十九年》记载,郑国发生内乱,"子革子良出奔楚。子革为右尹。"杨伯峻先生注:"为楚国之右尹。见昭十二年、十三年《传》,一称郑丹,一称然丹。"②楚国对于观丁父、彭仲爽、伯州犁、子革这类政治流亡者,不但迅速加以任用,而且担当楚帅、令尹、太宰、右尹等重要职务,属于朝廷高官,这种做法在鲁、卫、晋等诸侯国是见不到的。

任用非公族成员在朝廷担当要职,是春秋时期楚国政治的一个亮点。屈原在《离骚》中所说的"举贤而授能"、"及前王之踵武",其中就包含对春秋时期楚国用人传统的追忆和呼唤。楚国在春秋时期没有完全按照世卿世禄制度行事,这是它在当时能够强盛的一个重要原因。

春秋时期的楚国出现两位名相,一位是令尹子文,一位是孙叔敖,《论语·公冶长》篇有如下记载:

> 子张问曰:"令尹子文三仕为令尹,无喜色;三已之,无愠色。旧令尹之政,必以告新令尹。何如?"子曰:"忠矣。"曰:"仁矣乎?"曰:"未知;焉得仁?"③

在孔门师生那里传颂的楚国名相是令尹子文,孔子称他是忠臣。到了《吕氏春秋·知分》篇,在令尹位置上三仕三已而不喜不怒的人物被说成是孙叔敖:"孙叔敖三为令尹而不喜,三去令尹而不忧,

---

① 杨伯峻:《春秋左传注》,北京:中华书局,1990年版,第876页。
② 杨伯峻:《春秋左传注》,北京:中华书局,1990年版,第1050页。
③ 杨伯峻:《论语译注》,北京:中华书局,1980年版,第49页。

皆有所达也。有所达则物弗能惑。"①孙叔敖把令尹的位置看得很
淡,不以得失为怀。《庄子·田子方》、《淮南子·氾论训》、《史记·
循吏列传》都把孙叔敖说成是不眷恋令尹之位的高人。在这些典
籍中,孙叔敖取代令尹子文,成为淡于名利的楷模。这种置换之所
以会出现,很大程度上由于两个人出身不同。令尹子文是楚君同
姓公族,是贵族血统;而孙叔敖则是亡国遗民、期思之鄙人。子文
成为令尹是世卿世禄制度的产物,孙叔敖任令尹则是举贤授能的
体现。战国是士阶层崛起的时期,世卿世禄制度开始瓦解,诸侯奉
行的主要是举贤授能政策,在这种情况下,对于战国士人而言,孙
叔敖更具有魅力,为人们所乐于称道。与此相应,贵族出身的令尹
子文则被疏远,甚至有意遗忘。

　　《吕氏春秋》中的孙叔敖,作为君王师的角色而加以定位。《当
染》篇称"荆庄王染于孙叔敖、沈尹蒸"②,和他们属于同一类的人
物有管仲、鲍叔牙、咎犯、郤偃、伍子胥、文之仪、范蠡、文种。这些
人是春秋五霸的得力辅佐,与所事君主是师友关系。《尊师》篇称
"楚庄王师孙叔敖、沈尹巫"③,与他们并列的,除春秋五霸的主要
辅佐之臣外,前面还提到从传说时代到夏、商、周一系列作为君
王师角色的人物,其中包括伊尹、姜太公、周公旦等。由此可见,
《吕氏春秋》的编撰者对楚国举贤任能,使孙叔敖居令尹之位一
事大加赞扬,对楚国春秋时期用人机制的肯定,同时也反映出他
们欲为君王师的情结。秦帝国的建立,使得士人为君王师的理
想破灭,但是,举贤授能却成为一项基本国策,为后代的明君所
遵循。

---

①　陈奇猷:《吕氏春秋新校释》,上海:上海古籍出版社,2002 年版,第 1354 页。
②　陈奇猷:《吕氏春秋新校释》,上海:上海古籍出版社,2002 年版,第 97 页。
③　陈奇猷:《吕氏春秋新校释》,上海:上海古籍出版社,2002 年版,第 207 页。

4. 谀臣谗言的祸国殃民

《吕氏春秋》对楚国的制度文化多有肯定,赞扬它的纳谏制度,举贤授能的用人机制。同时,对于楚国制度文化的缺失,也作了具体的揭露,其中很重要的一个方面,就是谀臣谗言所造成的祸国殃民的恶果。《慎行》篇有如下记载:

> 荆平王有臣曰费无忌,害太子建,欲去之。王为建取妻于秦而美,无忌劝王夺。王已夺之,而疏太子。无忌说王曰:"晋之霸也,近于诸夏,而荆僻也,故不能与争。不若大城城父而置太子焉,以求北方,王收南方,是得天下也。"王说,使太子居于城父。居一年,乃恶之曰:"建与连尹将以方城外反。"王曰:"已为我太子矣,又尚奚求?"对曰:"以妻事怨。且自以为犹宋也,齐、晋又辅之,将以害荆,其事已集矣。"王信之,使执连尹。太子建出奔。①

以上所述见于《左传·昭公十九年》、《左传·昭公二十年》,是楚国出现的一场内部残杀。费无忌是楚平王的宠臣,他先是用卑鄙的手段离间平王与太子建的关系,把太子置于北方边城。接着又制造谣言,诬陷太子建要造反。楚平王偏听偏信,杀死太子的师傅伍奢,太子建流亡到郑国。费无忌的谗言给楚国造成一系列恶果。伍奢被杀,楚国丧失一位优秀人材。伍奢之子伍子胥逃亡到吴国,为父复仇、引吴军入郢,楚国几乎灭亡。太子建之子白公胜归国后发动叛乱,杀死令尹和司马,楚惠王险些丧命。费无忌的谗言害人还不止于此,他又陷害左尹郤宛要借宴请的机会除掉令尹子常,结

---

① 陈奇猷:《吕氏春秋新校释》,上海:上海古籍出版社,2002年版,第1491页。

果郤宛被令尹子常所杀。只是到了这个时候，子常在沈尹戌的开导下才幡然悔悟，杀死费无忌，尽灭其族。楚国在这个历史阶段的一系列灾难，根源主要在于谀人费无忌的谗言。

《吕氏春秋·去宥》篇还有如下记载：

> 荆威王学书于沈尹华，昭釐恶之。威王好制。有中谢佐制者，为昭釐谓威王曰："国人皆曰：'王乃沈尹华之弟子也。'"王不悦，因疏沈尹华。中谢，细人也，一言而令威王不闻先王之术，文学之士不得进，令昭釐得行其私。故细人之言，不可不察也。①

对于其中的"威王好制"，陈奇猷先生称："'制'义未详。高此注训术数，下注又训法制，未知孰是？"②要确认制字在句中的含义，还须首先明确"中谢"之称的所指。陈奇猷先生写道：

> 毕沅曰："梁仲子曰：'楚官有中射士，见《韩非子·十过》篇。此作中谢，亦通用。'卢云：'《史记·张仪传》，后陈轸举中谢对楚王云云，《索隐》云：中谢，盖谓侍御之官'，则知楚之官，实有中谢，正与此同。"③

中谢，又称中射，是楚国宫廷设置的侍御之官，供君主驱使，是君主身边的侍从。那么，中射或称中谢，其具体职责是什么呢？这从《韩非子·十过》篇的记载可以找到答案：

---

① 陈奇猷：《吕氏春秋新校释》，上海：上海古籍出版社，2002年版，第1023页。
② 陈奇猷：《吕氏春秋新校释》，上海：上海古籍出版社，2002年版，第1026页。
③ 陈奇猷：《吕氏春秋新校释》，上海：上海古籍出版社，2002年版，第1026页。

　　有献不死之药于荆王者,谒者操之以入,中射之士问曰:
"可食乎?"曰:"可。"因夺而食之。王大怒,使人杀中射之士。
中射之士使人说王曰:"臣问谒者曰可食,臣故食之,是臣无
罪,而罪在谒者也。且客献不死之药,臣食之而王杀臣,是死
药也,是客欺王也。夫杀无罪之臣,而明人之欺王也,不如释
臣。"王乃不杀。①

这里出现的中射之士询问不死之药是否可食,得到肯定回答之后
就把它吃了下去。他关注的是吃,由此推断,他的职责应与君主的
膳食有关,否则不会如此大胆。中射之名,当是负责食品方面的
人员。

《国语·楚语下》在叙述祭祀之礼时写道:

　　天子禘郊之事,必自射其牲,王后必自舂其粢。诸侯宗庙
之事,必自射牛,刲羊,击豕,夫人必自舂其盛。②

在这段文字中,射牛与刲羊、击豕并列而言,射、击,指的是宰杀,
所用的词语不同而已。所谓的"自射其牲",指的是亲自宰杀用于
祭祀的牲畜。射,指的正是宰杀。

《周礼·天官·典瑞》称:"璋邸射,以祀山川,以造赠宾客。"郑
玄注:"璋有邸而射,取杀于四望。郑司农云:'射,剡也。'"③郑玄
释射为杀,郑众释射为剡。《周易·系辞上》:"剡木为楫"、"剡木为
矢",高亨先生称:"剡,削尖也。"④释射为杀、为剡,指的是杀、削,
这与《楚语下》所说的射牲、射牛中的射字意义相通。顾名思义,

---

① 陈奇猷:《韩非子新校注》,上海:上海古籍出版社,2000 年版,第 475 页。
② 徐元诰:《国语集解》,北京:中华书局,2002 年版,第 519 页。
③ 郑玄注、贾公彦疏:《周礼注疏》,上海:上海古籍出版社,2010 年版,第 771 页。
④ 高亨:《周易大传今注》,济南:齐鲁书社,1998 年版,第 422 页。

所谓的中射之士,指的是在宫中负责宰杀牲畜的人员,又称为庖人。

"威王好制",这里的制,用的是它特殊意义。《礼记·月令》孟夏条目称:"其祀灶,祭先肺。"郑玄《注》:"设主于灶,乃制肺及心肝为俎。"孔颖达正义:"制谓裁割心肝。"①孔颖达把制解释为裁割用以祭祀的牲畜心肝,合乎郑玄注及《月令》的原义。《礼记·礼器》有如下文字:

> 大庙之内敬矣,君亲牵牲,大夫赞币而从;君亲制祭,夫人荐盎;君亲割牲,夫人荐酒。②

对于其中的"君亲制祭",郑玄注:"亲则祭,谓朝事进血膏时。所制者,制肝洗於郁鬯,以祭于室及主。"孔颖达正义:"此谓杀牲已毕,进血腥之时,夫人荐盎齐以先献。"③从这条记载可以看出,制,这里指分割用作祭品的牲畜内脏,取其裁割之义。"威王好制",指威王喜欢裁割牲畜内脏,而"中谢佐制",则是指宫内负责膳食的人员帮助他进行裁割。当然,威王裁割的未必限于牲畜内脏,应包括对牲畜的宰杀,这项工作必须有人协助。"中谢佐制者"是地位低下的宫中侍御,由于他在君主身边,因此很容易得到君主的宠信,他对楚威王与沈尹华的离间迅速奏效。

《吕氏春秋》所选择的楚国佞臣谗言祸国殃民的两则材料,很有代表性。费无忌向楚平王进谗言,引发连锁反应,相继出现一系列祸乱。中谢佐制者的一番挑拨,则使楚威王疏离教自己写字的老师。这两位佞臣的地位都不高,所造成的破坏却很严重。从中

---

① 孔颖达:《礼记正义》,北京:中华书局,2009 年版影印本《十三经注疏本》,第 1163 - 1164 页。

② 朱彬:《礼记训纂》,北京:中华书局,1996 年版,第 376 页。

③ 朱彬:《礼记训纂》,北京:中华书局,1996 年版,第 376 页。

可以看出,楚国的制度文化存在明显的缺失,对谀人谗言缺少必要的监察机制,使得君主的宠臣为所欲为而可以逍遥法外。《吕氏春秋》的撰写者把楚国制度文化的这种缺失加以揭露,把它作为反面教训而引以为戒。

谀臣谗言是古代政治的通病和顽症,《诗经》许多作品对此反复加以抨击,屈原也深受谀臣谗言的迫害,对此进行控诉。《吕氏春秋》揭示的楚国制度文化的缺失,是向君主敲响警钟,把楚文化作为一面镜子,提醒人们避免重蹈历史的覆辙。

二、对楚国精神文化的多维展示和取舍

《吕氏春秋》对楚国历史所做的叙述和评论,涉及许多精神层面的因素。楚人的战争理念、忠孝观,楚地民性的智与愚,以及楚地的习俗风尚,都在书中有所反映。《吕氏春秋》的编撰者对楚地精神文化的审视,采用多维视角,材料的选择及所作的评论,也从多个侧面显示出编撰者对楚地精神文化的态度,以及他们本身的价值取向。

1. 以义取舍、以人为本的战争理念

《吕氏春秋》对楚国的叙事和评论主要取材于春秋时期,这个历史阶段战争频繁,各诸侯国之间的军事冲突连绵不断。楚人所持的战争理念,是《吕氏春秋》重要的取材对象。楚庄王是春秋时期五霸之一,《吕氏春秋》所展示的楚人战争理念,主要通过楚庄王对战争的处置体现出来。

楚国是南方强国,春秋时期不断向外扩张。对于与它相邻的小国,什么时候应该加以攻打,是楚国君主经常面临的实际问题。楚庄王对于这个问题的处理,显得颇为理性,在《吕氏春秋》中得到

充分的肯定。《召类》篇有如下记载：

> 士尹池为荆使于宋，司城子罕觞之。南家之墙，犨于前而不直；西家之潦，径其宫而不止。士尹池问其故。司城子罕曰："南家，工人也，为鞔百也。吾将徙之。其父曰：'吾恃为鞔以食三世矣。今徙之，是宋国之求鞔者不知吾处也。吾将不食。愿相国之忧吾不食也。'为是故，吾弗徙也。西家高，吾宫庳，潦之经吾宫也利，故弗禁也。"士尹池归荆，荆王适兴兵而攻宋，士尹池谏于荆王曰："宋不可攻也。其主贤，其相仁。贤者能得民，仁者能用人。荆国攻之，其无功而为天下笑乎！"故释宋而攻郑。①

这则故事不见于《左传》，属于历史传说。关于士尹池，陈奇猷先生写道：

> 松皋圆曰："'士'，'工'字讹。《左传》文十年'王使为工尹'，宣十二年'工尹齐将右拒卒'，杜注：'掌百工之官。'"……奇猷案：松说是。工尹为楚姓，《左传》成十六年、《国语·晋语》、《汉书·古今人表》并有工尹商阳，《晋语》韦注、《檀弓》郑注并云"工尹，楚官名"，是"工尹"系以官为氏也。②

工尹，本是主管建筑的行政长官，后来成为姓氏的尊称。工尹池是楚国主管建筑的行政长官，名池，他作为外交使者前往宋国。司城子罕，历史上实有其人，春秋时期宋国贤相，高诱注："司城、司空，

---

① 陈奇猷：《吕氏春秋新校释》，上海：上海古籍出版社，2002年版，第1370页。
② 陈奇猷：《吕氏春秋新校释》，上海：上海古籍出版社，2002年版，第1375页。

卿官。宋武公名司空,故改为'司城'。"①在这则故事中,楚国使者的官职是工尹,宋国主人的官职是司城,两人的职务名称都与建筑有关,因此,他们的对话集中在房屋建筑及格局方面。司城子罕是位仁人,不因为邻居的房屋对自己有妨碍而强迫他们搬迁,与邻里和睦相处。此时楚国正准备进攻宋国,工尹池以自己在宋国的见闻为依据向庄王进谏,建议取消攻宋的军事行动,庄王采纳了他的建议。这个故事表现了庄王能够纳谏的优点,同时从中也可以看出他所持的战争理念,那就是对贤君仁臣所在的国家不能随意征伐,因为他们得到国民的拥戴。把战争强加于贤君仁臣统治的诸侯,不但徒劳无功,而且将被天下嘲笑。这里体现的是以义弃取、以人为本的战争理念,并且得到《吕氏春秋》编撰者的认可。这则故事收录在《召类》栏目,在编撰者看来,司城子罕是仁者,楚庄王不对宋国动武亦是仁者之行,军队是仁义之师。

《似顺》篇记载的事件,属于另一类性质:

> 荆庄王欲伐陈,使人视之。使者曰:"陈不可伐也。"庄王曰:"何故?"对曰:"城郭高,沟洫深,蓄积多也。"宁国曰:"陈可伐也。夫陈,小国也,而蓄积多,赋敛重也,则民怨上矣;城郭高,沟洫深,则民力罢矣。兴兵伐之,陈可取也。"庄王听之,遂取陈焉。②

楚庄王伐陈,事见《左传·宣公十一年》,但见不到上述记载,这则故事属于历史传说。对于是否要征伐陈国一事,楚国朝廷出现两种相反的意见。前往陈国侦察的使者见到的是表面的物质现象,认为陈国高城深池,蓄积甚多,不宜进行征伐。宁国则透过这些表

---

① 陈奇猷:《吕氏春秋新校释》,上海:上海古籍出版社,2002年版,第1375页。
② 陈奇猷:《吕氏春秋新校释》,上海:上海古籍出版社,2002年版,第1644页。

面现象,推断出陈国统治者不得人心的结论,主张兴兵伐之。楚庄王采纳后一种意见,取得战争的胜利。楚庄王所作出的决断,是以陈国的人心向背为依据。既然陈国百姓对君主众叛亲离,怨声载道,并且民生凋敝,国力大衰,当然可以出兵征讨。这与他放弃攻宋的做法相反,但都是以义取舍、以人为本,所持的战争理念是一致的。文中称"遂取陈焉",指战争进行得很顺利,没有遇到大的障碍。对此,陈奇猷先生写道:

> 高注:"《传》曰:'伐而言取,易也。'"……奇猷案:《左传》昭四年云:"取鄫,言易也。凡克邑不用师徒曰取。"《公羊传》哀九年云:"宋王瑗帅师取郑。其言取何? 易也。"即高此注所本。①

所谓的"遂取陈焉",亦指很容易地取得战争的胜利。对于战争,有出兵与不出兵的选择。战争爆发之后,又有适时休战的问题,楚庄王在这方面所做的决断,同样得到《吕氏春秋》的认可。《行论》篇有如下记载:

> 楚庄王使文无畏于齐,过于宋,不先假道。还反,华元言于宋昭公曰:"往不假道,来不假道,是以宋为野鄙也。楚之会田也,故鞭君之仆于孟诸。请诛之。"乃杀文无畏于扬梁之隄。楚王方削袂,闻之曰:"嘻!"投袂而起,履及诸庭,剑及诸门,车及之蒲疏之市,遂舍于郊,兴师围宋九月。宋人易子而食之,析骨而爨之。宋公肉袒执牺,委服告病,曰:"大国若宥图之,唯命是听。"庄王曰:"情矣宋公之言也。"乃为却四十里,而舍于卢门之闉,所以为成而归也。凡事之本在人主之患,人主之

---

① 陈奇猷:《吕氏春秋新校释》,上海:上海古籍出版社,2002 年版,第 1646 页。

患，在先事而简人，简人则事穷矣。今人臣死而不当，亲帅士民以讨其故，可谓不简人矣。宋公服以病告而还师，可谓不穷矣。夫舍诸侯于汉阳而饮至者，其以义进退邪？强不足以成此也。①

楚庄王率兵伐宋一事，见于《左传》宣公十四年、十五年，上文所述与《左传》的记载大体一致。楚庄王派使者前往齐国，往返路经宋国而不加以通告借道，是对宋国的藐视。再加上以往的积怨，宋国一气之下把楚国使者杀死。楚国不向宋国借道固然是失礼，而宋国杀掉路经其地的使者，又未免做得过分。楚庄王听到这个消息之后，愤怒到了极点，率兵围宋长达九个月之久。宋国在绝粮之后臣服求和，楚庄王同意宋国的请求，休战罢兵。楚庄王出兵为被杀死的使者复仇，合乎情理，表现出对死者的尊重。他在听过宋文公的陈述之后决定休战，是由于宋文公对于城内易子而食、析骨而爨的残酷状况以实相告，并且表示臣服。对于楚庄王的上述举措，《行论》篇予以充分肯定。楚庄王作出休战的决定，当时也承受很大的压力。《左传·宣公十四年》记载，庄王派文之无畏，亦即申舟前往齐国，并且指示他不要向宋国借道，文之无畏称"我则必死"，庄王则称："杀女，我伐之。"②庄王率兵伐宋，是兑现自己的诺言。而罢兵休战，则遭到文之无畏家庭成员的反对，"申犀稽首于王之马前曰：'毋畏知死而不敢废王命，王弃言焉。'王不能答。"③申犀是文之无畏之子，他指责庄王背弃承诺，庄王无言以对。楚庄王从宋国撤兵是一个痛苦的决定，他之所以这样做，是在权衡为使者复仇究竟应该付出多大的代价为宜，是否还要用更多人的生命来兑

① 陈奇猷：《吕氏春秋新校释》，上海：上海古籍出版社，2002年版，第1400页。
② 杨伯峻：《春秋左传注》，北京：中华书局，1990年版，第755页。
③ 杨伯峻：《春秋左传注》，北京：中华书局，1990年版，第761页。

现自己的诺言,他的关注点还是在人的生死,人心的顺服与否。

《行论》篇在叙述楚庄王围宋一事之后又写道:"夫舍诸侯于汉阳而饮至者,其以义进退邪?"对此,陈奇猷先生写道:

> 毕沅曰:"'舍'疑'合'字误。"……奇猷案:毕说是,但此当连下"而饮至者"为句。《左传》隐五年"三年而治兵,入而振旅,归而饮至,以数军实",杜注云:"饮于庙以数车徒器械及所获也。"则饮至者,饮于庙以告成功之意。此所谓"合诸侯于汉阳而饮至",疑即指楚庄王率诸侯伐陈,诛夏征舒复封陈事。事详《左传》宣十一年。《左传》,楚庄王曰"夏征舒为不道,弑其君,寡人以诸侯讨而戮之";《史记·十二诸侯年表》亦云"庄王三十六年,率诸侯诛夏征舒";是伐陈有合诸侯之事,与此文言"合诸侯"正洽。……夏征舒为不道,弑其君,庄王因率诸侯伐陈,是以义进;既平夏征舒之乱,复封陈而还,是以义退;与下文言"以义进退"亦合。①

《行论》篇把楚庄王的伐陈之举归纳为"以义进退",其实,前面提到的伐宋也是以义进退。为被杀使者复仇,是以义进;宋国表示臣服而罢兵休战,是以义退。因为宋国是贤君仁臣当政而不加以征讨,是以义退;陈国滥用民力,怨声载道,出兵加以征伐,是以义进。楚庄王在战争方面的以义进退,很大程度上是以人为本,是以攻心慑服为上,而不把攻城略地作为主要目的。

楚庄王以义进退、以人为本的战争理念,作为楚国精神文化的遗产而纳入《吕氏春秋》。尽管其中有些叙述与历史事实不完全相符合,甚至还有想象和虚构,但是,把楚庄王的军事理念归结为以义进退,还是与历史实际基本一致的。晋楚邲之战是奠定楚国霸

---

① 陈奇猷:《吕氏春秋新校释》,上海:上海古籍出版社,2002年版,第1412页。

主地位的决定性战役,对于楚军获胜之后的举措,《左传·宣公十二年》有如下记载:

> 潘党曰:"君盍筑武军而收晋尸以为京观? 臣闻克敌必示子孙,以无忘武功。"楚子曰:"非尔所知也。夫文,止戈为武。武王克商。……又作《武》,其卒章曰:'耆定尔功。'……夫武,禁暴、戢兵、保大、定功、安民、和众、丰财者也。故使子孙无忘其章。今我使二国暴骨,暴矣;观兵以威诸侯,兵不戢矣;暴而不戢,安能保大? 犹有晋在,焉得定功? 所违民欲犹多,民何安焉? 无德而强争诸侯,何以和众? 利人之几,而安人之乱,以为己荣,何以丰财? 武有七德,我无一焉,何以示子孙? 其为先君宫,告成事而已,武非吾功也。"①

对于文中提到的武军、京观,杨伯峻先生写道:"武军、京观盖是一事,收晋尸而封土,即谓之武军;建表木而书之,即谓京观。"②楚军将领潘党认为应当封土立木作为胜利的标志,相当于后代的胜利纪念碑。楚庄王则坚决反对,他援引《诗·周颂·武》一诗的句子,把武归结为七德,认为自己对于七德均不具备,不值得彰显纪念。其中提到的安民、和众,体现的还是以人为本的战争理念,他在战争胜利之后不加张扬,只是向祖宗报告成功而已,是以义进退。

《吕氏春秋·察微》有如下记载:

> 楚之边邑曰卑梁,其处女与吴之边邑处女桑于境上,戏而伤卑梁之处女。卑梁人操其伤子以让吴人,吴人应之不恭,

---

① 杨伯峻:《春秋左传注》,北京:中华书局,1990年版,第744页。
② 杨伯峻:《春秋左传注》,北京:中华书局,1990年版,第744页。

怒,杀而去之。吴人往报之,尽屠其家。卑梁公怒,曰:"吴人焉敢攻吾邑?"举兵反攻之,老弱尽杀之矣。吴王夷昧闻之,怒,使人举兵侵楚之边邑,克夷而后去之。吴、楚以此大隆。……凡持国,太上知始,其次知终,其次知中。……楚不能之也。①

这则史实还见于《史记·吴太伯世家》、《史记·伍子胥列传》、《吴越春秋·王僚使公子光传》,叙事均很简略。《察微》篇所讲述的楚、吴冲突的缘起,具有蝴蝶效应,由边境采桑的误伤事件而导致民间的武力冲突,继而发展到两国的兵戎相见。《察微》篇把主要责任归结到楚方,这是有道理的,因为首先由官方动用武力的是楚地边境长官卑梁公。《吕氏春秋·行论》篇收录了楚庄王对宋国先伐后释的事件,该篇前面的总论写道:"人主之行与布衣异,势不便,时不利,事雠以求存。执民之命,重任也,不得以快志为故。"②在对待战争的态度上,楚庄王的成功就在于不以快志为故。作为楚国边境长官的卑梁公则与相反,他以快志为故,结果导致一系列军事冲突相继发生。不过,能够代表楚文化军事理念的是楚庄王,而不是卑梁公。

2. 走向极端和偏执的忠节

忠是中国古代核心价值观的重要组成部分,《吕氏春秋》收录一大批忠臣的传说故事,其中多有来自楚地者。忠节之臣,春秋时期各诸侯国均不乏其人,但是,《吕氏春秋》记载的楚地忠臣,带有鲜明的楚文化属性,显示出有别于其它地区同类角色的特点。

---

① 陈奇猷:《吕氏春秋新校释》,上海:上海古籍出版社,2002年版,第1013页。
② 陈奇猷:《吕氏春秋新校释》,上海:上海古籍出版社,2002年版,第1398页。

《吕氏春秋·至忠》篇有如下记载：

> 荆庄哀王猎于云梦，射随兕，中之。申公子培劫王而夺之。王曰："何其暴而不敬也?"命吏诛之。左右大夫皆进谏曰："子培，贤者也，又为王百倍之臣，此必有故，愿察之也。"不出三月，子培疾而死。荆兴师，战于两棠，大胜晋，归而赏有功者。申公子培之弟进请赏于吏曰："人之有功也于军旅，臣兄之有功也于车下。"王曰："何谓也?"对曰："臣之兄犯暴不敬之名，触死亡之罪于王之侧，其愚心将以忠于君王之身，而持千岁之寿。臣之兄尝读故记曰：'杀随兕者，不出三月。'是以臣之兄惊惧而争之，故伏其罪而死。"王令人发平府而视之，于故记果有，乃厚赏之。申公子培，其忠也可谓穆行矣。穆行之意，人知之不为劝，人不知不为沮，行无高乎此矣。①

《说苑·立节》篇亦收录这则故事，具体情节稍有差异。关于文中的荆庄哀公，陈奇猷先生写道：

> 毕沅曰："此楚庄王也，不当有'哀'字。《说苑·立节篇》、《渚宫旧事》、《御览》八百九十皆作'楚庄王'，是穆王子也。或有作'庄襄王'者，亦误。"奇猷案：毕谓此为楚庄王事，是。《贾子·先醒》云："楚庄王与晋人战于两棠"，与下文"荆兴师，战于两棠，大胜晋"相合，亦可证此当为楚庄王事。②

上述考辨是可信的，狩猎而射随兕的是楚庄王。何谓随兕? 古今

---

① 陈奇猷：《吕氏春秋新校释》，上海：上海古籍出版社，2002 年版，第 584 - 585 页。

② 陈奇猷：《吕氏春秋新校释》，上海：上海古籍出版社，2002 年版，第 587 页。

学者所作的解释不相一致,对此,陈奇猷先生写道:

> 高注:"随兕,恶兽名也。"……范耕研曰:"随兕者,随国之
> 兕耳。随与楚近,见灭於楚,故楚王猎云梦得以射之,未必有
> 恶兽专名随也。"……虞兆漋《天香楼偶得》云:"《正字通》云:
> '随母之兕,始出科之雉',分兕、雉为二。夫传闻异词,正自不
> 能强合。愚谓随兕乃兕中之异者,料雉乃雉中之异者,所以申
> 公子培劫而夺之,不出三月病死,言其怪也。若随母之兕,始
> 生之雉,又何可怪之有哉?"此可备一说。案《易·随卦》云:
> "随有获,贞凶。《象》曰:随有获,其义凶也。"然则此所谓获
> 随兕不出三月而死,正是本诸《易》义。①

对随兕所作的解释,可归纳为三种情况:一是释为随地之兕,随是
地名;二是随兕指恶兽、怪兽;三是释随为跟从、随从,认为是取
《易·随卦》之义。

《说苑·立节》篇记载:"楚庄王猎于云梦,射科雉,得之。申公
子倍攻而夺之,王将杀之。"②这是同一个故事的不同流传版本,随
兕,为科雉所取代。这则故事两个版本涉及的随兕、科雉,指的是
形状怪异的野兽飞禽。随,通椭,指椭形。《史记·天官书》:"前列
直斗口三星,随北端兑,若见若不,曰阴德,或曰天一。"司马贞索
隐:"隋斗端兑,隋音汤果反。"③这里说的随北,谓北部是椭圆形,
司马贞是以椭释随。随兕,指形体为椭圆形的野牛,当然是怪兽。
再看科雉。科,有时指头上不戴帽子,头顶无覆盖之物。《史记·
张仪列传》:"秦带甲百余万,车千乘,骑万匹,虎贲之士跿跔科头贯

---

① 陈奇猷:《吕氏春秋新校释》,上海:上海古籍出版社,2002年版,第587-
588页。
② 向宗鲁:《说苑校证》,北京:中华书局,1987年版,第93页。
③ 司马迁:《史记》,北京:中华书局,1982年版,第1290页。

颐奋戟者,至不可胜计。"裴骃集解:"科头谓不著兜鍪入敌。"①兜鍪,指头盔。不著头盔称为科,科又有秃头、光头之义。扬雄《太玄·穷》曰:"土不和,木科橢。"司马光集注:"橢,徒和切。王曰:'科橢,木病也。'"②王注,指唐代王涯注。这里的科,指树木叶子脱落,变得光秃秃的,或是指树身出现洞孔。橢,谓椭圆形。正常的树干树枝圆形,椭圆形乃是病态。《太玄》把科橢视为树木的病态,有关楚庄王狩猎的传说,则把椭圆形野牛、秃头山鸡作为不祥之物,二者可以相互印证。对照相比,高诱把随兕释为恶兽,虞兆濚释为"兕中之异者",大意得之。其余说法则是出于猜测,没有可靠的依据,无法成立。

申公子倍即申公子培,关于申公子培其人,陈奇猷先生称:"申公子培即申叔时无疑矣。"③这个结论落不到实处,无法得到确认。不过,这个传说的忠臣出自申姓,倒是有深厚的历史背景。申氏是楚王同姓公族,与王室的关系非常密切。即以楚庄王在位期间为例,申公子仪父是庄王的老师,庄王还向申叔时询问教导太子之方,事见《国语·楚语上》,可见申氏家族于王室的教育多有参与。春秋时期,楚国申氏以忠著称。申公巫臣曾经劝谏楚共王不要纳身为战争俘虏的夏姬为嫔妃,后来他本人携带夏姬私奔晋、吴。尽管如此,楚共王还是对他加以保护,对大臣说道:"其自为谋也则过矣,其为吾先君谋也则忠。忠,社稷之固也,所盖多矣。"④对于逃亡的申公巫臣仍然称赞他是忠臣,与申氏家族在庄王时期所作的贡献是分不开的。春秋后期,申氏家族又陆续出现几位忠臣,《左传》对此作了具体记载,楚国发生内乱,楚灵王流落在外,申亥予以

① 司马迁:《史记》,北京:中华书局,1982年版,第2293页。
② 司马光:《太玄集注》,北京:中华书局,2006年版,第147页。
③ 陈奇猷:《吕氏春秋新校释》,上海:上海古籍出版社,2002年版,第587－588页。
④ 杨伯峻:《春秋左传注》,北京:中华书局,1990年版,第805页。

接纳，"王缢于芋尹申亥氏，申亥以其二女殉而葬之。"①用自己的女儿为自杀的楚王殉葬，对于楚王的忠诚达到愚狂的程度，以至于不惜采取残忍手段，舍弃亲生女儿。吴军入郢，楚昭王逃亡到随地，申包胥到秦国求援，陈辞时说道："寡君失守社稷，越在草莽，使下臣告急。"具体表现则是"立依于庭墙而哭，日夜不绝声，勺饮不入口七日"②。申包胥确实是一位忠臣，为了挽救楚国，也是为了使昭王返郢，他把自己的生死置之度外。春秋时期的申氏，可以说是楚国的忠臣世家，《吕氏春秋·至忠》篇的申公子培形象，就是在这种家族背景下生成的。他明知杀随兕者必死，于是，他把死亡的灾难由自己承担过来，使楚庄王逃过一劫。他是出自忠君心理而主动选择死亡，以自身的死亡换取楚王的平安。《吕氏春秋》把这则故事安排在《至忠》篇，可谓名实相符。

陈奇猷先生在对《至忠》篇解题时写道：

> 篇中言"杀随兕者，不出三月"；又谓烹文挚而不能死，覆之以绝阴阳之气，文挚乃死；则此篇盖阴阳家之言也。《汉书·艺文志》曰"阴阳家者流，舍人事而任鬼神"，正是指此类事而言也。又此篇所述公子培争随兕而死、文挚治王疾而烹事，列于《仲冬》中，则亦冬安死之旨也。③

这种推断是有道理的。《至忠》篇确实具有神秘色彩，有阴阳学说的因素，可能是阴阳学派人员所编撰。申公子培传说中的禁忌杀随兕，是楚地巫文化的反映，并且为后来的阴阳学派所接纳，把这

① 杨伯峻：《春秋左传注》，北京：中华书局，1990 年版，第 1347 页。
② 杨伯峻：《春秋左传注》，北京：中华书局，1990 年版，第 1548 页。
③ 陈奇猷：《吕氏春秋新校释》，上海：上海古籍出版社，2002 年版，第 585 - 586 页。

则故事编入冠以《至忠》的篇目中。

《吕氏春秋》浓墨重彩加以彰显的另一位楚国忠臣是子囊,具体记载见于《高义》篇:

> 荆人与吴人将战,荆师寡,吴师众。荆将军子囊曰:"我与吴人战,必败。败王师,辱王名,亏壤土,忠臣不忍为也。"不复于王而遁。至于郊,使人复于王曰:"臣请死。"王曰:"将军之遁也,以其为利也。今诚利,将军何死?"子囊曰:"遁者无罪,则后世之为王者将,皆依不利之名而效臣遁。若是则荆国终为天下挠。"遂伏剑而死。王曰:"请成将军之义。"乃为之桐棺三寸,加斧锧其上。人主之患,存而不知所以存,亡而不知所以亡,此存亡之所以数至也。郓、岐之广也,万国之顺也,从此生矣。荆之为四十二世矣,尝有乾谿、白公之乱矣,尝有郑襄、州侯之避矣,而今犹为万乘之大国,其时有臣如子囊与?子囊之节,非独厉一世之人臣也。[①]

子囊,历史上实有其人。对于上面这则故事,毕沅援引梁仲子如下论述作了辨析:

> 案此即《左传》襄十四年楚子囊还自伐吴卒之事。检《传》上文言伐吴之役,为吴所败,未能全师而还。《吕览》大与《传》违。盖子囊之死,适当旋师之时,遂相传异说。夫见可知难,军之善政,子囊何至自讨,王亦何忍与子玉、子反同诛?殆不可信。[②]

---

① 陈奇猷:《吕氏春秋新校释》,上海:上海古籍出版社,2002 年版,第 1255 - 1256 页。

② 陈奇猷:《吕氏春秋新校释》,上海:上海古籍出版社,2002 年版,第 1261 页。

梁氏所作的辨析是有道理的。子囊确实不是自愿被杀,而是自然死亡,《吕氏春秋·高义》篇的记载不符合历史事实。但是,这则传说故事并非凭空臆造,而是有它的生成根据。

第一,正如梁氏所言,"盖子囊之死,适当旋师之时,遂相传异说"。《左传·襄公十四年》记载:"楚子囊还自伐吴,卒。"①子囊之卒与伐吴班师的时间相互重合,所以,这则传说以吴、楚之战为背景。

第二,这则传说故事称子囊认为吴国军队人员众多,楚军兵力不足,因此不战而退。实际情况是子囊所率楚军败于吴军。《左传·襄公十四年》写道:

> 秋,楚子为庸浦之役故,子囊师于棠以伐吴,吴人不出而还。子囊殿,以吴为不能而弗儆。吴人自皋舟之隘要而击之。楚人不能相救。吴人败之,获楚公子宜穀。②

子囊此次伐吴大败而归,紧接着就去世,《高义》篇所说的子囊不战而退,是以此次战役为背景而衍生出来的情节。

第三,按照《高义》篇的记载,子囊认为不战而退是一种罪过,应当治以死罪。这个情节的生成,与楚国对败军之将的处置有关。《左传·僖公二十八年》记载,晋楚城濮之战,楚军失利,在楚王的逼迫之下,作为军队统帅的子玉在班师途中自杀。鲁成公十六年,晋楚鄢陵之战,楚军战败,军队统帅子反自杀。《高义》篇中的子囊把自己定为败军之将,因此一死了之。这个情节与子反、子玉的自杀有相似之处,是从楚文化背景中生成的。

第四,《高义》篇把子囊认定为忠臣,并且通过他本人的口中说

---

① 杨伯峻:《春秋左传注》,北京:中华书局,1990年版,第1019页。
② 杨伯峻:《春秋左传注》,北京:中华书局,1990年版,第1018页。

出。这个定性与子囊的立身行事相关,他确实是一位忠臣。《国语·楚语上》有如下记载:

> 恭王有疾,召大夫曰:"不穀不德,失先君之业,覆楚国之师,不穀之罪也。若得保其首领以没,唯是春秋所以从先君者,请为'灵'若'厉'。"大夫许诺。
>
> 王卒,及葬,子囊议谥。大夫曰:"君王有命矣。"子囊曰:"不可。夫事君者,先其善,不从其过。赫赫楚国,而君临之,抚征南海,训及诸夏,其宠大矣。有是宠也,而知其过,可不谓'恭'乎?若先君善,则请为'恭'。"大夫从之。①

楚恭王生病期间进行反思,认为自己未能把楚国治理好,是历史的罪人。因此,他要求臣下在他死后把谥号定为"灵"或"厉",这是两个负面意义的谥号,属于恶谥,大臣表示同意。子囊据理力争,认为这位已故君主有功于楚国,而且能够自我反省,是一位谦恭的君主,因此把他的谥号定为恭。子囊是一位忠臣,他爱惜君主的荣誉,对于已故君主也怀着深切的崇敬之情,不允许对他有贬抑。《左传·襄公十三年》对此事亦有记载,"恭王"作"共王"。

《左传·襄公十四年》有如下记载:

> 楚子囊还自伐吴,卒。将死,遗言谓子庚:"必城郢!"君子谓:"子囊忠。君薨,不忘增其名,将死,不忘卫社稷,可不谓忠乎?忠,民之望也。《诗》曰:'行归于周,万民所望。'忠也。"②

---

① 徐元诰:《国语集解》,北京:中华书局,2002 年版,第 487 页。
② 杨伯峻:《春秋左传注》,北京:中华书局,1990 年版,第 1019 - 1020 页。

对于城郢一事,杨伯峻先生写道:

> 据《史记·楚世家》,楚文王元年始都郢。据《世本》楚武
> 王已都郢。庄十八年《传》巴人"遂门于楚",则其时已筑城矣。
> 故《续汉郡国志》刘昭注:"江陵县北十余里有纪南城,楚王所
> 都。东南有郢城,子囊所城。"①

子囊临终前念念不忘的是国家的安危,嘱咐他的继任者子庚营造
新的都城。《左传》通过君子的评论赞扬了子囊的忠,并且把他为
恭王定谥号一事与城郢相勾连,子囊的忠,是忠于君主,忠于社稷。
　《吕氏春秋》记载楚国忠臣的传说故事,出自不同的学派。尽
管这些学派的思想倾向存在差异,但都对楚地的忠节大多抱着认
可的态度。这些传说故事与历史事实并不全都相符合,有许多虚
构和想象,却都是以楚文化为背景,有其历史渊源。申公子培、子
囊作为楚国忠臣的代表,他们对君主不是一般地忠,而是把忠节推
向极端,以付出生命为代价。这类忠臣在春秋时期的楚国确实
不乏其人。《左传·庄公十九年》记载:鬻拳以兵器相威胁,对楚
文王进行强谏,迫使楚文王接受他的建议。之后,鬻拳砍掉双脚,
自我惩罚,充当王宫的守门人。楚文王被巴人战败,鬻拳不许他进
城,楚文王不得不再次出兵作战,取胜,死于返回途中,"夏六月庚
申,鬻拳葬诸夕室,亦自杀也,而葬于绖皇。"②对此,杨伯峻先生
写道:

> 葬夕室,葬楚王于夕室也。……沈钦韩补注、章炳麟《左
> 传读》均谓夕室犹言柩台,盖楚国君主冢墓所在之称。绖皇即

---

① 杨伯峻:《春秋左传注》,北京:中华书局,1990 年版,第 1019 - 1020 页。
② 杨伯峻:《春秋左传注》,北京:中华书局,1990 年版,第 211 页。

宣十四年《传》"屦及于窒皇"之窒皇,窒、绖字通。盖殿前之庭
也。楚文王陵墓,必有地下宫殿,鬻拳之尸即葬于殿前之庭,
所以示愿侍君于地下为守卫也。①

鬻拳作为一名忠臣,在楚文王生前屡次强谏,并且采取极端形式,
还砍去自己双脚以自赎。楚文王死后,他负责安葬,并且随之自
杀,把自己埋在文王陵墓前。他生为忠臣,死后还要继续当忠臣,
他的忠节可谓生死不渝,是以生命践履忠君的使命。以上所述都
是楚国政治舞台上的正面角色,即使是楚国政治斗争中的反面人
物,也可以见到为忠而死的案例,石乞就是其中之一。《左传·哀
公十六年》有如下记载:

> 白公奔山而缢。其徒微之。生拘石乞而问白公之死焉。
> 对曰:"余知其死所,而长者使余勿言。"曰:"不言,将烹。"乞
> 曰:"此事克则为卿,不克则烹,固其所也,何害?"乃烹石乞。②

白公发动叛乱,石乞是主要参与者。叛乱被平定,白公登山自缢,
他的尸体被部下掩埋在隐蔽的地方。石乞成为俘虏,他明知白公
尸体所在之处,但是,他遵从白公的嘱咐,宁肯被烹也不肯说出,最
后被烹而死。石乞是叛逆之人,所忠的是不值得为他付出生命的
恶人,但他毅然决然地选择死亡,是忠节在楚地走向极端的典型
案例。
　　《吕氏春秋》对于楚国的忠臣大多持认可态度,但也有少数例
外。《权勋》篇有如下记载:

---

① 杨伯峻:《春秋左传注》,北京:中华书局,1990 年版,第 211 页。
② 杨伯峻:《春秋左传注》,北京:中华书局,1990 年版,第 1704 页。

昔荆龚王与晋厉公战于鄢陵，荆师败，龚王伤。临战，司马子反渴而求饮，竖阳榖操黍酒而进之。子反叱曰："嘻！退！酒也。"竖阳榖对曰："非酒也。"子反曰："亟退，却也。"竖阳榖又曰："非酒也。"子反受而饮之。子反之为人也嗜酒，甘而不能绝于口，以醉。战既罢，龚王欲复战而谋，使召司马子反，子反辞以心疾。龚王驾而往视之，入幄中，闻酒臭而还，曰："今日之战，不榖亲伤，所恃者司马也，而司马又若此，是忘荆国之社稷，而不恤吾众也。不榖无与复战矣。"于是罢师去之，斩司马子反以为戮。故竖阳榖之进酒也，非以醉子反也，其心以忠也，而适足以杀之。故曰：小忠，大忠之贼也。①

晋楚鄢陵之战，子反确实醉酒误事，使楚军无法再战，对此，《左传·成公十六年》作了记载。但是，子反醉酒一事叙述得很简略，也没有出现竖阳榖这个人物。《权勋》篇的记载属于传说故事，《韩非子·十过》篇的记载与此大体相同。除此之外，《韩非子·邪饰》、《淮南子·人间训》、《史记·晋世家》、《史记·楚世家》、《说苑·敬慎》亦有记载，详略有异。关于这篇传说故事的学派归属，陈奇猷先生写道：

> 本篇言欲得大利必去小利，欲致大忠必去小忠，圣人取大去小。然则以"权勋"题篇者，盖谓权量功之大小重轻也。又案：此篇主要系袭用《韩非子·十过》文。考韩非后吕不韦二年卒，《十过》可能是韩非早年之著作，流传在外，为吕氏门客袭用。不然，则是韩非与吕氏门客同抄一书所致。此篇既与

---

① 陈奇猷：《吕氏春秋新校释》，上海：上海古籍出版社，2002 年版，第 872 - 873 页。

韩非书雷同,则此篇属法家者流之言无疑。①

这则传说故事的评论确实体现的是法家理念,《权勋》开篇写道:

> 利不可两,忠不可兼。不去小利则大利不得,不去小忠则
> 大忠不至。故小利,大利之残也;小忠,大忠之贼也。圣人去
> 小取大。②

这里把忠分为大忠和小忠。所谓的大忠,指的是公忠,是对国家社稷的忠,着眼于整体、大局。所谓的小忠,指的是私忠,是对个别人的忠,出自一己考虑的忠,这种小忠、私忠往往妨害大忠、公忠,竖阳穀令子反饮酒,是对子反个人的忠,是竖阳穀发自一己之情的忠,结果导致战争无法进行下去,子反自杀身亡。《权勋》篇选择这个传说故事用以论证小忠的危害,说明楚国的忠节已经走向极端和偏执。

《礼记·表记》在论述夏、商、周三代的差异时写道:"夏道尊命,事鬼敬神而远之,近人而忠焉。"③夏道尚忠,这是人类社会早期的基本属性,在夏、商、周三个部族中,夏族建立王朝的时段最早,尚忠成为夏文化的重要特征。与北方诸侯国相比,楚国的发展相对滞后,保留许多原始遗风,尚忠就是作为历史遗产而被继承。楚人的尚忠已经走向极端,往往以生命为代价,这是其它诸侯国比较罕见的。《吕氏春秋》中多个学派都对楚国的尚忠风尚加以关注,并根据本学派的理论加以评论,或是吸纳,或是指出它的局限,所持的标准是多样的。

---

① 陈奇猷:《吕氏春秋新校释》,上海:上海古籍出版社,2002 年版,第 875 页。
② 陈奇猷:《吕氏春秋新校释》,上海:上海古籍出版社,2002 年版,第 872 页。
③ 朱彬:《礼记训纂》,北京:中华书局,1996 年版,第 792 页。

《吕氏春秋》成书于战国后期,那个时代士人奉行的是鸟择木而栖,士择主而仕的人生信条,作为历史遗产的忠节已经大打折扣。《吕氏春秋》对于楚国忠臣的传说故事加以收录和评论,既有推崇,又有批判,反映此书的编撰者对这个问题的思索。在那个社会变革的时代,在大一统封建帝国即将出现的前夕,如何构建包括忠节在内的价值体系,确实是一个必须解决的现实课题。

3. 对楚国忠孝冲突案例的判评

在人们的社会关系网络中,血缘关系和政治关系是两条强有力的纽带,二者往往纠结在一起,无法把它们分开。如何处理忠与孝之间的冲突,是古人反复面对的人生难题。《吕氏春秋》收录的楚地历史传说,有一部分是以忠孝之间的冲突为题材,该书编撰者对于这类案例所作的判评,反映出不同学派忠孝理念的差异。这类案例反复出现在楚国的历史传说中,是楚文化重要特征的体现。

《吕氏春秋·当务》篇有如下记载:

> 楚有直躬者,其父窃羊而谒之上。上执而将诛之。直躬者请代之。将诛矣,告吏曰:"父窃羊而谒之,不亦信乎?父诛而代之,不亦孝乎?信且孝而诛之,国将有不诛者乎?"荆王闻之,乃不诛也。孔子闻之曰:"异哉!直躬之为信也,一父而载取名焉。"故直躬之信,不若无信。①

对于其中的载字,陈奇猷先生称:"载、再通。详《制乐》注三四。"②其说可从。直躬,直身而行之义,是人物的假托称谓。直躬认为,

---

① 陈奇猷:《吕氏春秋新校释》,上海:上海古籍出版社,2002年版,第603页。
② 陈奇猷:《吕氏春秋新校释》,上海:上海古籍出版社,2002年版,第609页。

自己告发盗窃羊的父亲,是诚实,是对国家的忠诚。父亲被判罪后自己甘愿以身相代,这是孝。在直躬看来,他兼有信和孝两种美德,应当免于刑罚。《当务》篇的编撰者假借孔子之口,对于直躬所说的信进行判评,认为这种所谓的信实在是不足取,理由是"一父而载取名焉"。一,谓同一个。同样,按照直躬的所作所为来进行判断,他把窃羊的父亲告发,这样一来,他的父亲就是罪犯;可是,他对窃羊者要以身相代,窃羊者又被他认定为父亲。窃羊者、父亲,对于直躬而言,他只能在二者之间选择一个称谓,而不能二者兼用。这是从名实关系的角度立论,用以说明直躬之信的不可取,实际是说忠和孝无法两全。

有关直躬的传说,还见于《论语·子路》篇:

> 叶公语孔子曰:"吾党有直躬者,其父攘羊,而子证之。"孔子曰:"吾党之直者异于是:父为子隐,子为父隐,——直在其中矣。"①

叶公是楚国北境叶地的行政长官,他所讲述的儿子告发父亲窃羊案例是实有其事。孔子所作的回答很明确,这类事情父子不应该相互告发,而要彼此隐瞒。在孔子看来,父慈子孝比忠信更为重要,在二者不能兼得的情况下,要舍弃忠而取孝。

直躬告发父亲的案例收录在《吕氏春秋·当务》篇,对于该篇的宗旨及所属学派,陈奇猷先生作了如下解说:

> 此篇非直躬之信,与《论语》:孔子曰:"吾党之直者异于是:父为子隐,子为父隐"(见《子路》)之义正合。……综上所

---

① 杨伯峻:《论语译注》,北京:中华书局,1980 年版,第 139 页。

　　证,则此篇亦北宫、孟舍、漆雕学派之言也。①

　　按照陈先生依据《韩非子·显学》等文献提供的线索,北宫、孟舍、漆雕一派皆出自孔门。这样看来,《当务》篇就是孔门后学所编撰,表达的是儒家别派的观念。

　　《论语·子路》篇有关直躬的记载,孔子对于如何处理忠与孝的冲突给出了明确的答案,主张以孝为先。而《当务》篇虽然从名实关系的角度否定直躬之信,认为忠和孝无法两全,但是没有指出如何处置才恰当,与《子路》篇孔子所作的论述明显有别。由此看来,《当务》篇不应出自儒家别派,而是另有所属。从实际情况考察,《当务》篇应是法家所编撰。

　　《韩非子·五蠹》篇写道:

　　　　楚之有直躬,其父窃羊而谒之吏。令尹曰:"杀之。"以为直于君而曲于父,报而罪之。以是观之,夫君之直臣,父之暴子也。②

　　韩非子明确指出,在这类事件中,忠与孝无法兼容,二者是对立的。这种观念与《当务》篇所作的判评相一致。至于应当如何处理,韩非没有提及,与《当务》篇也是吻合的。

　　《当务》篇提出对问题的处理要得当,要切于实用,这也是韩非的重要主张。《当务》篇在叙述跖所说的"盗有道"的一番话之后称:"辨若此不如无辨。"③意谓所作的辨析不得当,没有合理性。《韩非子·五蠹》篇写道:"今人主之于言也,说其辩而不求其当

---

　　① 陈奇猷:《吕氏春秋新校释》,上海:上海古籍出版社,2002 年版,第 604 页。
　　② 陈奇猷:《韩非子新校注》,上海:上海古籍出版社,2000 年版,第 1104 页。
　　③ 陈奇猷:《吕氏春秋新校释》,上海:上海古籍出版社,2002 年版,第 603 页。

焉；……是以天下之众,其谈言者务为辩而不周于用。"①强调的是辨而得当、辨而周于用,这与《当务》篇的宗旨是一致的。

《当务》篇否定直躬之直,是以名实关系切入加以论证。在韩非及其所代表的法家理论体系中,刑名之学是重要的组成部分,这也有力地证明《当务》篇出自法家学派,是以法家的理念对直躬告发父亲一事进行判评。

《吕氏春秋·高义》篇有如下记载:

> 荆昭王之时,有士焉,曰石渚。其为人也,公直无私,王使为政廷。有杀人者,石渚追之,则其父也。还车而返,立于廷曰:"杀人者,仆之父也。以父行法,不忍;阿有罪,废国法,不可。失法伏罪,人臣之义也。"于是乎伏斧锧,请死于王。王曰:"追而不及,岂必伏罪哉? 子复事矣。"石渚辞曰:"不私其亲,不可谓孝子。事君枉法,不可谓忠臣。君令赦之,上之惠也。不敢废法,臣之行也。"不去斧锧,殁头乎王廷。正法枉必死,父犯法而不忍,王赦之而不肯,石渚之为人臣也,可谓忠且孝矣。②

石渚,《韩诗外传》卷二、《史记·循吏列传》、《新序·节士》篇皆作石奢。《循吏列传》开头写道:"石奢者,楚昭王相也。坚直廉正,无所阿避。行县,道有杀人者,相追之,乃其父也。"③据此,毕沅改"廷"为"道",而以"道有杀人者"为读,④似较为合理。

石渚面对的同样是忠与孝之间的冲突,他选择的是先尽孝后

---

① 陈奇猷:《韩非子新校注》,上海:上海古籍出版社,2000 年版,第 1111 页。
② 陈奇猷:《吕氏春秋新校释》,上海:上海古籍出版社,2002 年版,第 1256 页。
③ 司马迁:《史记》,北京:中华书局,1982 年版,第 3102 页。
④ 陈奇猷:《吕氏春秋新校释》,上海:上海古籍出版社,2002 年版,第 1256 页。

尽忠的处理方式。在放走杀了人的父亲之后，到朝廷认罪伏法，不肯接受楚昭王的赦免。《高义》篇的编撰者认为石渚做到了忠孝双全，是以生命为代价而实现的，对此予以充分肯定。石渚置身于忠与孝的激烈冲突中，他要兼顾忠孝，只能做出这样的选择。

石渚故事收录在《吕氏春秋·高义》篇，对于该篇的宗旨，陈奇猷先生作了如下论述：

> 此篇言廉、言行义，与《忠廉》、《当务》及前篇旨趣全同，所言不枉法，亦《当务》"法而当务"之意。此篇亦漆雕、北宫、孟舍学派之言也。①

漆雕、北宫、孟舍学派出自孔门，是儒家别派。按照孔子的说法，"父为子隐，子为父隐"就是所谓的直、不违背伦理道德，为对方进行隐瞒者也不必受良心的谴责。以此作为衡量标准，石渚放走了杀人的父亲无须自首认罪，更无须伏刑。这个故事反映的理念与孔子的主张不相符合，不应该出自属于儒家的派别。

《高义》把弘扬、践履义作为宗旨，开篇写道：

> 君子之自行也，动必缘义，行必诚义，俗虽谓之穷，通也；行不诚义，动不缘义，俗虽谓之通，穷也；然则君子之穷通，有异乎俗者也。故当功以受赏，当罪以受罚。赏不当，虽与之必辞；罚诚当，虽赦之不外。②

这是把义作为行动的准则，用义去衡量赏罚的当与不当，从而决定对它们的取舍。先秦诸子有多个学派都标举义为旗帜，其中对于

---

① 陈奇猷：《吕氏春秋新校释》，上海：上海古籍出版社，2002年版，第1256页。
② 陈奇猷：《吕氏春秋新校释》，上海：上海古籍出版社，2002年版，第1254页。

义最为重视的当推墨家学派。《墨子》一书专设《贵义》栏目,系统论述对于义的理解和践行。开篇称:"万事莫贵于义。"①把义的重要性强调到无与伦比的程度,在其它学派是比较罕见的,这与《吕氏春秋》专设《高义》栏目、及对义的推崇可以相互印证。

《高义》篇共收录四则故事,其中第二则故事的内容是墨子拒绝接受越王的赏赐,所占篇幅很大。这则故事还见于《墨子·鲁问》篇,具体情节大体一致。显然,这则故事是取材于墨家学派的文献,所持的理念具有墨家色彩。《高义》篇所选录的这篇故事及评论,带有明显的墨家倾向,该篇应是出自墨家学派。

《吕氏春秋·去私》篇还有如下记载:

> 墨者有钜子腹䵍,居秦,其子杀人。秦惠王曰:"先生之年长矣,非有它子也,寡人已令吏弗诛矣,先生之以此听寡人也。"腹䵍对曰:"墨者之法曰:'杀人者死,伤人者刑',此所以禁杀伤人也。夫禁杀伤人者,天下之大义也。王虽为之赐,而令吏弗诛,腹䵍不可不行墨者之法。"不许惠王,而遂杀之。子,人之所私也。忍所私以行大义,钜子可谓公矣。②

这则案例与《高义》篇记载的石渚故事异曲同工,体现的都是墨家理念。当忠义与孝慈出现冲突时,要依法处置,而不能把人情置于律法之上。石渚放走杀了人的父亲,他依法惩治自己,伏于斧锧而死。钜子作为墨家的掌门人,同样严格按照墨家之法行事,对于犯有杀人罪的儿子依法处斩,拒绝秦王的赦免。钜子腹䵍依法行事,舍弃亲生儿子的故事收录在《去私》篇,对于该篇的宗旨,陈奇猷先生写道:

---

① 孙诒让:《墨子间诂》,北京:中华书局,2001 年版,第 439 页。
② 陈奇猷:《吕氏春秋新校释》,上海:上海古籍出版社,2002 年版,第 56 页。

篇中称颂墨者大公无私。考墨子之学,以为亏人自利为众乱之源(详《墨子·兼爱》、《非攻》),故以去私为法,则此篇出于墨家者流之手,可以断言也。①

这种推断是有道理的,结论是可信的。钜子腹䵍依法处置亲子的故事,与《高义》篇石渚自杀的案例,二者体现的均是墨家理念,《高义》篇理应出自墨家学派。

墨家学派在处理忠与孝的冲突时,彰显的是守法和尚义。当忠孝无法两全时,就要付出生命捍卫法和义。墨家学派富于奉献精神,对死亡无所畏惧,因此,处理忠与孝,政治与亲情之间的冲突,往往以个体生命的毁灭为结局。《高义》篇所记载的石渚自杀案例不见于正史,属于历史传说。这则故事为墨家学派所采纳,编排在《高义》篇,成为彰显墨家尚义理念的载体。篇中所录楚国子囊因不战而退、伏法就刑的故事,亦是墨家学派所编排,宣扬的是墨家理念。

忠与孝冲突的传说故事,还见于《吕氏春秋·首时》篇:

> 王子光代吴王僚为王,任子胥。子胥乃修法制,下贤良,选练士,习战斗,六年,然后大胜楚于柏举,九战九胜,追北千里,昭王出奔随,遂有郢,亲射王宫,鞭荆平之坟三百。乡之耕,非忘其父之雠也,待时也。②

伍子胥因为他的父、兄伍奢、伍尚无辜被杀,逃亡到吴国,伺机复仇,具体记载见于《左传·昭公二十年》。吴、楚柏举大战,吴军入郢,见于《左传·定公四年》的记载。

---

① 陈奇猷:《吕氏春秋新校释》,上海:上海古籍出版社,2002年版,第57页。
② 陈奇猷:《吕氏春秋新校释》,上海:上海古籍出版社,2002年版,第773页。

这则故事收录在《首时》篇,陈奇猷先生注:"旧校云:一作'胥时'。王念孙曰:'作胥者是也。篇内三言待时,待即胥也。'"①《首时》或作《胥时》,这是因为对于"首"字在这里的特殊含义未能了解而改动篇题。首,在这里指的是向着、服从。《九章·哀郢》:"鸟飞反故乡兮,狐死必首丘。"汤炳正等先生注:

> 首丘,头向着山丘。"鸟飞反乡"、"狐死首丘"乃当时俗语,谓鸟虽远飞终返故林,狐即将死,头也向着所出生的山丘。比喻人不忘本(参《礼记·檀弓》)。②

首,谓面向、朝向,又有归服、服从之义。《后汉书·西羌传》:"虽有降首,曾莫惩革。"李贤注:"首犹服也。"③这样看来,所谓的《首时》,指的是向时,服从于时间、时机,也就是胥时、待时,篇题不必改字。

伍子胥为父复仇的故事收录在《首时》篇,关于该篇的宗旨,陈奇猷先生写道:

> 本篇言遇时举事然后可以成其功,故曰"后稷之种必待春",与《应同》之旨趣全同。《应同》曰"天为者时,而不助农于下",正是此旨可证。《应同》出于阴阳家之作,则此篇亦出阴阳家也。④

这是断定《首时》出自阴阳家之手,是用阴阳家的观念看待伍子胥

---

① 陈奇猷:《吕氏春秋新校释》,上海:上海古籍出版社,2002 年版,第 774 页。

② 汤炳正、李大明、李诚、熊良智:《楚辞今注》,上海:上海古籍出版社,1997 年版,第 141 页。

③ 范晔:《后汉书》,北京:中华书局,1965 年版,第 2914 页。

④ 陈奇猷:《吕氏春秋新校释》,上海:上海古籍出版社,2002 年版,第 774 页。

复仇一事。可是,验之以《首时》篇的叙事及议论,很难找到它与阴阳学派理念相契合之处。《汉书·艺文志》对于阴阳家作了如下概括:

> 阴阳家者流,盖出于羲和之官,敬顺昊天,历象日月星辰,敬授民时,此其所长也。及拘者为之,则牵于禁忌,泥于小数,舍人事而任鬼神。①

阴阳家的理论基础是阴阳消息、五行终始,《汉书·艺文志》录有邹衍、邹奭在这方面的著作。阴阳学派往往以天象附会人事,对日月星辰之象多有涉及。阴阳学派"舍人事而任鬼神",带有神秘色彩。然而,阴阳家的上述属性,在《首时》篇见不到痕迹。《首时》篇所收录并加以具体叙述的传说故事,均属于待时而动的题材,明显不是出自阴阳学派。

《汉书·艺文志》写道:"纵横家者流,盖出于行人之官。……言其当权事制宜,受命而不受辞,此其所长也。及邪人为之,则上诈谖而弃其信。"②纵横家的特点是权事制宜、随机应变,这个学派的代表人物有苏秦、张仪等。《史记·苏秦张仪列传》结尾写道:"三晋多权变之士,夫言从横强秦者大抵皆是三晋之人也。"③司马迁概况得很准确,纵横之士的特点是长于权变。《首时》篇对于伍子胥复仇经历的叙述,突出的正是他的权变:

> 伍子胥欲见吴王而不得,客有言之于王子光者,见之而恶其貌,不听其说而辞之。客请之王子光,王子光曰:"其貌适吾

---

① 班固:《汉书》,北京:中华书局,1962 年版,第 1734–1735 页。
② 班固:《汉书》,北京:中华书局,1962 年版,第 1740 页。
③ 司马迁:《史记》,北京:中华书局,1982 年版,第 2340 页。

所甚恶也。"客以闻伍子胥,伍子胥曰:"此易故也。愿令王子居于堂上,重帷而见其衣若手,请因说之。"王子许。伍子胥说之半,王子光举帷,搏其手而与之坐。说毕,王子光大说。伍子胥以为有吴国者,必王子光也,退而耕于野。七年,王子光代吴王僚为王,任子胥。[1]

伍子胥的善于权变,在他准备复仇期间体现得特别明显。无法见到吴王僚,就托人介绍去见王子光;王子光嫌其形貌丑,令人厌恶,他就令王子光坐在帷幕中倾听自己的倾诉,使他只闻其声,不见其人。得到王子光的认可之后,他又退而耕于野长达七年之久,等待时机的到来。文中的伍子胥是一位权谋之士,体现的是他长于权变的特点。

《首时》的宗旨是待时而动,开篇称:"圣人之于事,似缓而急,似迟而速以待时。"[2]强调相机而动,不失时宜。范蠡是纵横家的先驱,他在向越王勾践讲述韬晦之计时说道:"夫圣人随时以行,是谓守时,天时不作,弗为人客;人事不起,弗为之始。"[3]范蠡所说的守时,就是《首时》篇所说的待时。《首时》篇结尾写道:"天不再与,时不久留,能不两工,事在当之。"[4]这是强调相时而动,莫失良机。范蠡在向越王勾践陈辞时说道:"圣人之功,时为之庸。得时弗成,天有还形。天节不远,五年复反。"[5]他所强调的也是要把握机遇,而不要错失良机。把《首时》篇的相关论述与范蠡的言辞相对照,更可证明《首时》出自纵横家学派。

---

[1] 陈奇猷:《吕氏春秋新校释》,上海:上海古籍出版社,2002 年版,第 772 - 773 页。

[2] 陈奇猷:《吕氏春秋新校释》,上海:上海古籍出版社,2002 年版,第 772 页。

[3] 徐元诰:《国语集解》,北京:中华书局,2002 年版,第 575 页。

[4] 陈奇猷:《吕氏春秋新校释》,上海:上海古籍出版社,2002 年版,第 774 页。

[5] 徐元诰:《国语集解》,北京:中华书局,2002 年版,第 586 页。

纵横家主要兴盛于战国时期,其所奉行的重要人生信条是鸟择木而栖,士择主而仕,以利益相驱动,忠君观念极其淡薄。《首时》篇出自纵横家之手,在对伍子胥复仇传说进行编排的过程中,忠与孝的冲突未再提及,只是强调伍子胥为父兄报仇的方式是可取的,遵循的是待时的原则。至于伍子胥"鞭荆平之坟三百"这类极端的报复行动,也没有从忠君观念出发进行评论。

《吕氏春秋》对于楚文化忠孝冲突案例的处理,由不同的学派进行操作。在此过程中,法家学派强调忠和孝的无法兼容,二者的冲突不可能加以调和。墨家学派承认忠与孝之间的冲突,但认为二者可以兼得。在二者冲突的情况下要想忠孝两全,就要付出生命,结局是惨烈的。纵横家则极力淡化忠与孝之间的冲突,避开忠而对孝表示认可。《吕氏春秋》对楚文化忠孝冲突案例的处理,反映出多元价值取向,体现的是学派整合的趋势。对于这类案例进行处理的立场归属于不同学派,需要从各个学派本身的特点出发加以认定。

《吕氏春秋》以忠孝冲突为题材的案例多取自楚文化系统,除此之外,在其它早期典籍中也可以见到这方面的内容。《说苑·立节》有如下记载:

> 楚有士申鸣者,在家而养其父,孝闻于楚国。王欲授之相,申鸣辞不受。其父曰:"王欲相汝,汝何不受乎?"申鸣对曰:"舍父之孝子而为王之忠臣,何也?"其父曰:"使有禄于国,立义于庭,汝乐吾无忧矣。吾欲汝之相也。"申鸣曰:"诺。"遂入朝,楚王因授之相。居三年,白公为乱,杀司马子期,申鸣将往死之,父止之曰:"弃父而死,其可乎?"申鸣曰:"闻夫仕者身归于君而禄归于亲。今既去父事君,得无死其难乎?"遂辞而往,因以兵围之。白公谓石乞曰:"申鸣者,天下之勇士也,今以兵围我,吾为之奈何?"石乞曰:"申鸣者,天下之孝子也,往

劫其父以兵,申鸣闻之必来,因与之语。"白公曰:"善。"则往取
其父,持之以兵,告申鸣曰:"子与吾,吾与子分楚国。子不与
吾,子父则死矣。"申鸣流涕而应之曰:"始吾父之孝子也,今吾
君之忠臣也。吾闻之也,食其食者死其事,受其禄者毕其能。
今吾已不得为父之孝子矣,乃君之忠臣也,吾何得以全身?"援
枹鼓之,遂杀白公,其父亦死。王赏之金百斤。申鸣曰:"食君
之食,避君之难,非忠臣也。定君之国,杀臣之父,非孝子也。
名不可两立,行不可两全也,如是而生,何面目立于天下?"遂
自杀也。①

申鸣面临的是忠孝无法两全、进退维谷的艰难境地,他只好舍弃孝
而尽忠。申鸣所作的这种选择是出于无奈,极其痛苦,因此,他在
尽忠之后自杀,用以赎罪。这与《吕氏春秋·高义》篇记载的石渚
传说,在精神内涵上是一致的。石渚是为尽孝而未能尽忠,申鸣则
是因尽忠而未能尽孝,两人最后均以自杀的方式赎罪。申鸣的传
说不见于正史,《韩诗外传》卷十也有记载,文字稍略。

　　以忠孝不能两全为题材的传说故事反复出现在楚文化系统
中,这与楚国的发展相对滞后有关。在春秋战国时期,对于忠与孝
的关系如何处理,儒家学派已经给出明确的答案。《论语·子路》
篇孔子所说的"父为子隐,子为父隐",就是以孝为先,把孝置于忠
之上。《孟子·尽心上》篇有如下记载:

　　　　桃应问曰:"舜为天子,皋陶为士,瞽瞍杀人,则如之何?"
孟子曰:"执之而已矣。""然则舜不禁与?"曰:"夫舜恶得而禁
之?夫有所受之也。""然则舜如之何?"曰:"舜视弃天下犹弃

---

① 向宗鲁:《说苑校证》,北京:中华书局,1987年版,第83-84页。

　　敝蹝也。窃负而逃，遵海滨而处，终身訢然，乐而忘天下。"①

舜为天子，如果他父亲犯了杀人罪怎么办？桃应提出的问题确实很尖锐。孟子所作的回答很明确，舜的最终选择应该是把父亲从监狱里暗地救出，然后背负他逃向遥远的海滨，在那里过隐士平民的生活。这样做不会受到道德抉择的困扰，会生活得轻松愉快。孟子的回答是承袭孔子的观念而来，在儒家学派那里，尤其是曾子和思孟学派，对于孝的重视和强调，已经远远超过对于忠的弘扬。而在春秋战国时期的楚国，道德理念的建构，还没有走到这一步，人们往往在忠与孝的冲突中无法解脱。

　　如前所述，春秋时期楚人对于忠节的崇尚和践履，已经达到极端和偏执的程度。这种文化积淀所造成的社会心理，很难明确地承认孝为先、忠为后。北方儒家以孝为先的理念，不可能迅速融入楚文化。由上述原因所决定，《吕氏春秋》所收录的以忠孝为题材的楚文化传说故事，它所表现的不是二者的协调、兼容，而是它们之间的矛盾冲突，无法调和。虽然在把这些材料纳入《吕氏春秋》的过程中，有的学派力图证明忠与孝两全的可能性，墨家就是如此，但是，却是以付出生命为代价。楚文化以忠孝冲突为题材历史传说的最初生成，还必须从楚文化本身去寻找根源。

三、对楚地民性习俗的考量褒贬

　　《吕氏春秋》有关楚地的民性习俗多有涉及。由于对这些传说故事的编撰出自多个学派之手，因此，所选择的事象各有侧重，所持的态度也不尽相同，有褒有贬，体现出各个学派的特色。

---

① 杨伯峻：《孟子译注》，北京：中华书局，2005 年版，第 317 页。

1. 道家学派推崇的大智若愚

楚地民性的智与愚，是许多学派关注的重要问题。道家推崇的是大智若愚，并且从楚地的传说故事中找到了这种类型的人物，一位是孙叔敖，另一位是搭救伍子胥的江上丈人。《吕氏春秋·异宝》篇写道：

> 古之人非无宝也，其所宝者异也。孙叔敖疾，将死，戒其子曰："王数封我矣，吾不受也。为我死，王则封汝，必无受利地。楚、越之间有寝之丘者，此其地不利，而名甚恶。荆人畏鬼，而越人信机。可长有者，其唯此也。"孙叔敖死，王果以美地封其子，而子辞，请寝之丘，故至今不失。孙敖叔之知，知不以利为利矣。知以人之所恶为己之所喜，此有道者之所以异乎俗也。①

这则故事还见于《列子·说符》、《淮南子·人间训》、《史记·滑稽列传》，故事情节不尽相同。寝之丘，或作寝丘。这个地方处于楚、越交界处，属于边远地区，自然环境较差，寝丘为恶名，为人们所忌讳，对此，陈奇猷先生写道：

> 《礼记·丧大记》云："君夫人卒于路寝，大夫世妇卒于适寝，内子未命则死于下室，迁尸于寝，士之妻皆死于寝。"是"寝"为停尸之所，是鬼所在之处，故荆人畏鬼而以寝之丘为恶名。《说文》云："寝，病卧也"，故越人信机而以寝之丘是恶兆

---

① 陈奇猷：《吕氏春秋新校释》，上海：上海古籍出版社，2002年版，第558页。

（机，兆也，详后）之名。①

寝之丘，或称寝丘，顾名思义，是停尸或卧病不起走向死亡的地方，确实是一个恶名，为人们所忌讳。可是，孙叔敖偏偏选择这个地方作为子孙后代的封地，遵循的是人弃我取的处世方式。《道德经》第八章称："上善若水。水善利万物而不争，处众人之所恶。"王弼注："人恶卑也。"②老子以水喻道，水具有趋下性，而人的本能却是崇尚高处而厌恶低洼，水性与人性相反。孙叔敖取众人之所弃，处众人之所恶，正是老子所主张的处世方式。《异宝》的编撰者把孙叔敖视为智者，是智慧的化身，而他的智慧却是以愚钝的方式呈现，是大智若愚。孙叔敖是楚庄王时期的人物，他为子孙后代所定下的封地到战国后期依然保有，孙叔敖确实有先见之明。

《吕氏春秋·异宝》篇还有如下记载：

> 伍员亡，荆急求之，登太行而望郑曰："盖是国也，地险而民多知，其主，俗主也，不足与举。"去郑而之许，见许公而问所之。许公不应，东南向而唾。伍员载拜受赐曰："知所之矣。"因如吴。过于荆，至江上，欲涉，见一丈人，刺小船，方将渔，从而请焉。丈人度之，绝江。问其名族，则不肯告，解其剑以予丈人，曰："此千金之剑也，愿献之丈人。"丈人不肯受曰："荆国之法，得伍员者，爵执圭，禄万檐，金千镒。昔者子胥过，吾犹不取，今我何以子之千金剑为乎？"伍员过于吴，使人求之江上，则不能得也。每食必祭之，祝曰："江上之丈人！天地至大矣，至众矣，将奚不有为也？而无以为。为矣，而无以为之，名不可得而闻，身不可得而见，其惟江上

---

① 陈奇猷：《吕氏春秋新校释》，上海：上海古籍出版社，2002年版，第561页。
② 楼宇烈：《老子道德经注校释》，北京：中华书局，2008年版，第20页。

之丈人乎?"①

这个故事还见于《史记·伍子胥列传》、《吴越春秋》、《越绝书》等,情节不尽相同。文中的"问其名族,则不肯告,解其剑以予丈人",文中的"其",指的正是五员,也就是伍员、伍子胥。对于其中江上丈人的话语,出现两种不同的解释:

> 梁伯子云:"此江上丈人伪言也,因揣知必五员,故作此言以拒之耳。"奇猷案:据此,则前此五员自荆出亡时,渡五员者即此江上丈人,今江上丈人犹识五员,而五员则不识其即前此渡江之丈人矣。梁谓"揣知",不切。②

《史记·伍子胥列传》、《吴越春秋·王僚使公子光传》均记载,伍子胥离开楚国之后,先是到达郑国,又从郑国奔吴,他并没有先后两次渡江。从实际情况考察,梁氏所作的解释合乎原文的本意。江上丈人明知自己所摆渡的就是伍子胥,却故意作出不认识对方的样子,诡称以前曾经摆渡过伍子胥,使得对方不对他存有疑心,同时也以此为借口,拒绝伍子胥赠予的宝剑,是救人不露痕迹又不求回报。《异宝》的编撰者假借伍子胥之口,称江上丈人是"为矣而无以为之",意谓做了事情如同没有做过,没有预期目的。这句评论用的是道家之语。《道德经》第三十八章称"上仁为之,而无以为",河上公注:"为之者,为仁恩也。功成事立,无以执为。"③无以执,就是无所执持,功成不居之义。

---

① 陈奇猷:《吕氏春秋新校释》,上海:上海古籍出版社,2002 年版,第 558 - 559 页。

② 陈奇猷:《吕氏春秋新校释》,上海:上海古籍出版社,2002 年版,第 565 页。

③ 王卡点校:《老子道德经河上公章句》,北京:中华书局,1993 年版,第 148 页。

孙叔敖选择寝丘之地,江上丈人拒不受赏的故事都出自《异宝》,对于该篇编撰者的所属学派,陈奇猷先生作了如下推断:

> 篇中述孙叔敖戒其子勿受利地,以为常人所谓利者实不利,与《道德经》第二章"天下皆知美之为美斯恶已,皆知善之为善斯不善已"同一旨趣。又述江上丈人不受子胥千金之剑、子罕不受野人之宝,乃发挥《道德经》第三章及六十四章"不贵难得之货"之论。则此篇为道家者流之作也。①

《异宝》篇确实出自道家之手,孙叔敖所处的楚庄王时期,道家学派尚未出现。伍子胥所处的春秋时期,道家学派尚处于初创期。孙叔敖、江上丈人都不是道家学派的人物,但他们的立身行事有与道家理念相合之处。《异宝》篇出自道家学派之手,编撰者用道家理念进行叙事、评论,孙叔敖、江上丈人都作为道家角色出现,是大智若愚类型的人物。

2. 法家学派贬抑的至愚

《吕氏春秋》中的楚地人物,有的作为愚人的典型而被嘲笑。《察今》篇写道:

> 楚人有涉江者,其剑自舟中坠于水,遽契其舟曰:"是吾剑之所从坠。"舟止,从其所契者入水求之。舟已行矣,而剑不行,求剑若此,不亦惑乎? 以此故法为其国与此同。时已徙矣,而法不徙,以此为治,岂不难哉? 有过于江上者,见人方引婴儿而欲投之江中,婴儿啼。人问其故,曰:"此其父善游。"其

父虽善游，其子岂遽善游哉？此任物亦必悖矣。荆国之为政，有似于此。①

这两则寓言故事都是以楚地为背景，刻舟求剑，要把婴儿投入江中，现实生活中不会实有其事，故事情节是虚构的，用以嘲讽楚人的愚昧。《察今》篇还有如下记载：

> 荆人欲袭宋，使人先表澭水。澭水暴益，荆人弗知，循表而夜涉，溺死者千有余人，军惊而坏都舍。向其先表之时可导也，今水已变而益多矣，荆人尚犹循表而导之，此其所以败也。②

这则故事以楚国袭宋为背景，当是有历史根据。《察今》篇总共有三则传说故事，均是以楚地为背景，嘲笑楚人的愚蠢，主要表现是因循守旧、不知变通。楚地多水，因此，这三则寓言故事、历史传说都与水相关联。水是流动的，楚人则不知变通，水的周流无滞与楚人的拘泥凝滞形成鲜明的对照。

对于《察今》篇编撰者所属学派，陈奇猷先生写道：

> 本篇言察今之时势而变法，故以《察今》名篇。此篇重在论变法之要，谓古之命多不通乎今之言，今之法多不合乎古之法，故法当因时而变，正是《韩非子·五蠹》"事因于世而备适于事。世异则事异，事异则备变"之旨，则此篇乃法家之言也。③

---

① 陈奇猷：《吕氏春秋新校释》，上海：上海古籍出版社，2002年版，第945页。
② 陈奇猷：《吕氏春秋新校释》，上海：上海古籍出版社，2002年版，第944-945页。
③ 陈奇猷：《吕氏春秋新校释》，上海：上海古籍出版社，2002年版，第945-946页。

上述推断是准确的。《察今》篇是站在法家的立场审视楚国的政治,指出它泥古不变的弊病,确实触及了楚国的要害。在当时各诸侯国中,楚国是比较保守的。秦国实行商鞅变法,而吴起在楚国推行变法则以失败告终。《察今》篇指出楚国政治的痼疾,并以楚人不知变通的愚蠢行为加以解说,体现的是典型的法家理念。

从楚地的历史实际考察,那里确实存在泥古不变的惰性。《史记·循吏列传》有如下记载:

> 庄王以为币轻,更以小为大,百姓不便,皆去其业。市令言之相曰:"市乱,民莫安其处,次行不定。"相曰:"如此几何顷乎?"市令曰:"三月顷。"相曰:"罢,吾今令之复矣。"后五日,朝,相言之王曰:"前日更币,以为轻。今市令来言曰'市乱,民莫安其处,次行之不定'。臣请遂令复如故。"王许之,下令三日而市复如故。
>
> 楚民俗好庳车,王以为庳车不便马,欲下令使高之。相曰:"令数下,民不知所从,不可。王必欲高车,臣请教闾里使高其梱。乘车者皆君子,君子不能数下车。"王许之。居半岁,民悉自高其车。①

以上两个事件都发生在楚庄王时期,司马迁把它们作为孙叔敖的政绩加以叙述。文中的相,指的是孙叔敖。楚庄王认为货币面值过小,改用大面值货币,结果导致市场出现混乱,最后不得不继续使用原来的货币。庄王认为楚地车辆矮小,不便于马的牵引,下令改成高轮车,但是,百姓迟迟不改。在孙叔敖的建议下,各居住区的大门加高门槛,这才使得人们不得不换成高轮车。从这两个事件可以看出,楚国民性确实存在泥古守旧的惰性,要促其改变很艰

① 司马迁:《史记》,北京:中华书局,1982 年版,第 3100 页。

难,《察今》篇对楚人的愚蠢加以嘲讽,是有根据的。

《史记·货殖列传》有如下记载:

> 总之,楚越之地,地广人希,饭稻羹鱼,或火耕而水耨,果
> 隋蠃蛤,不待贾而足,地埶饶食,无饥馑之患,以故呰窳偷生,
> 无积聚而多贫。是故江淮以南,无冻饿之人,亦无千金
> 之家。①

徐广曰:"呰窳,苟且堕懒之谓也。"司马贞索隐:"苟且懒惰之谓。"②楚国地广人稀,物产丰富,由此养成百姓苟且懒惰、不思变革的习性。楚人的因循守旧、凝滞不变,可以从他们的生存状态找到根源。

《吕氏春秋》有些篇目嘲讽楚人的愚蠢,还列举他们顾此失彼的笨拙举措。《处方》篇有如下记载:

> 齐令章子将而与韩、魏攻荆,荆令唐蔑将而拒之。军相
> 当,六月而不战,齐令周最趣章子急战,其辞甚刻。章子对周
> 最曰:"杀之免之,残其家,王能得此于臣。不可以战而战,可
> 以战而不战,王不能得此于臣。"与荆人夹沘水而军,章子令人
> 视水可绝者,荆人射之,水不可得近。有刍水旁者,告齐候者
> 曰:"水浅深易知。荆人所盛守,尽其浅者也;所简守,皆其深
> 者也。"候者载刍者与见章子,章子甚喜,因练卒以夜奄荆人之
> 所盛守,果杀唐蔑。③

---

① 司马迁:《史记》,北京:中华书局,1982 年版,第 3270 页。
② 司马迁:《史记》,北京:中华书局,1982 年版,第 3270 页。
③ 陈奇猷:《吕氏春秋新校释》,上海:上海古籍出版社,2002 年版,第 1678 -
1679 页。

唐蔑作为楚军将领,在与敌方隔河对峙的过程中,对于水浅的地段,严密防守,而在水深的岸边则配置的兵力甚少。对方得知这种情况之后,"以练卒夜奄荆人之所盛守",练卒,指所挑选的步兵。对于其中的奄字,陈奇猷先生写道:

> 杨昭儁曰:"奄与掩通。谓乘其懈惰而掩袭之。"奇猷案:《说文》:"奄,覆也。"又云:"掩,敛也。"此文奄当训覆,则奄为本字。后人"奄覆"作"掩"者,盖假字也。杨说本末倒置。①

《说文》以覆释奄。覆,在战争中有时指埋伏。《左传·桓公十二年》:"楚人坐其北门,而覆诸山下。"杨伯峻先生注:"覆诸山下谓于山下设伏兵。"②《左传·襄公十三年》:"子为三覆以待我。"杨伯峻先生注:"三覆,三批伏兵。"③覆,指伏兵。"以练卒夜奄荆人之所盛守",即挑选兵卒在黑夜中埋伏在楚军严密防守之处,待楚军出动而歼之。唐蔑作为楚军将领,只知在水浅处配置重兵,而忽略了对方的夜间偷袭和埋伏,可谓顾此失彼,头脑过于简单,可以说是一位愚蠢的将领。

《吕氏春秋·分职》篇还有如下记载:

> 白公胜得荆国,不能以其府库分人。七日,石乞曰:"患至矣。不能分人则焚之,毋令人以害我。"白公又不能。九日,叶公入,乃发太府之货予众,出高库之兵以赋民,因攻之。十有九日而白公死。国非其有也,而欲有之,可谓至贪矣;不能为人,又不能自为,可谓至愚矣。④

---

① 陈奇猷:《吕氏春秋新校释》,上海:上海古籍出版社,2002 年版,第 1685 页。
② 杨伯峻:《春秋左传注》,北京:中华书局,1990 年版,第 134 页。
③ 杨伯峻:《春秋左传注》,北京:中华书局,1990 年版,第 1002 页。
④ 陈奇猷:《吕氏春秋新校释》,上海:上海古籍出版社,2002 年版,第 1667-1668 页。

白公之乱,具体记载见于《左传·哀公十六年》及《淮南子·道应训》,所述情节与《分职》篇大体一致,有些细节还详于《分职》。这篇文章的编撰者称白公"至愚",他想得到楚国,却忽略了作为立国之本的物质基础。对于国库中的财富不向下分发或焚毁,结果使得率兵平叛的叶公得以利用,白公兵败身死。白公的至愚,也体现在顾此失彼,头脑简单。

《处方》、《分职》都是从楚人顾此失彼的弱点方面进行剖析,指出其愚笨之性。关于《处方》篇,陈奇猷先生称:"则此篇亦为法家言可知矣。"①关于《分职》,陈奇猷先生亦称:"此篇为法家之言也。"②法家学派认为楚地民性愚笨,有时是指其顾此失彼的盲目性、片面性。

《吕氏春秋》所列举的楚地民性的愚笨,有时还指其反应迟钝、木讷,头脑不开窍。《淫辞》篇有如下记载:

> 荆柱国庄伯令其父视,曰:"日在天。""视其奚如?"曰:"正圆。""视其时。""日当今。"③

这段对话甚为简略,古今注家所作的解释也是歧疑颇多。柱国,楚国官名。高诱注:"柱国,官名,若秦之有相国。"④《史记·六国年表》称,楚考烈王十二年,"柱国景伯死。"⑤楚国确实有柱国之官。柱国庄伯,指担任柱国之职的人名叫庄伯。"令其父视",这里的视字,用的是它的特殊意义。《说文·见部》:"视,瞻也。从见,示声。"段玉裁写道:

---

① 陈奇猷:《吕氏春秋新校释》,上海:上海古籍出版社,2002年版,第1679页。
② 陈奇猷:《吕氏春秋新校释》,上海:上海古籍出版社,2002年版,第1668页。
③ 陈奇猷:《吕氏春秋新校释》,上海:上海古籍出版社,2002年版,第1196页。
④ 陈奇猷:《吕氏春秋新校释》,上海:上海古籍出版社,2002年版,第1199页。
⑤ 司马迁:《史记》,北京:中华书局,1982年版,第749页。

《目部》曰:"瞻,临视也。"视不必皆临,则瞻与视小别矣,浑言不别也。引伸之义,凡我所为使人见之亦曰视。……古作视,汉人作示,是为古今字。《示》下曰:"天垂象,见吉凶,所以示人也。"许书当本作视人。①

视,有垂示、指点之义。《列子·汤问》篇:"视撝则诸侯从命。"严北溟、严捷先生注:"视撝(huī):即指挥。'视'通'指';'撝'同'挥'。"②视有指点之义,"荆柱国庄伯令其父视",指的是担任楚柱国之职的庄伯请他父亲对自己加以指点。双方的对话由此开始,接着出现的是一系列的误听误解。

庄伯请父亲对他进行指点,用的是"视"字,取其特殊意义。他父亲却是从视字的常用意义方面加以理解,以为是令自己放眼观察外界,于是就回答"日在天",意谓太阳在天空,是所求非所答。柱国庄伯则认为父亲听懂了自己的话语,他是以日在中天垂照下地自况,所以接着询问:"视其奚如?"你所要指点的是什么呢?我如何做呢?他父亲继续对太阳进行描述:圆圆的。柱国庄伯又以为父亲是对他的施政进行指教,是要圆满、圆通,于是又继续请他父亲对于时限、时机进行指教,意谓何时做到圆的程度。他父亲仍然陈说太阳,"日当今",太阳在天空圆圆的,指的是今天。这场对话到此结束,父子间的对话是所问非所答,所答之义与柱国庄伯的理解毫不相干,完全是误解,双方是在错误的解读中进行对话,儿子向父亲求教的是治国理政方面的内容,父亲则是纯粹是对太阳进行陈述,但是,儿子却把父亲的话语理解为微言大义。这场对话是一幕喜剧,两个人物扮演的都是滑稽的角色。

《淫辞》篇柱国庄伯父子对话之后是如下一段文字:

---

① 段玉裁:《说文解字注》,上海:上海古籍出版社,1988年版,第407页。
② 严北溟、严捷:《列子译注》,上海:上海古籍出版社,2006年版,第127页。

令谒者："驾。"曰："无马。"令涓人："取冠。""进上。"问马齿，圉人曰："齿十二与牙三十。"①

这段对话是柱国庄伯与其属下之间所进行的，古今注家的解释亦多有歧疑，需要进一步加以辨析。

谒者是负责传达指令的官员，柱国庄伯令其"驾"，谒者的回答是"无马"。谒者以为庄伯令其以马驾车，故称无马，因为他无权支配官府的马匹。可是，庄伯所说的驾，并不是以马驾车，而是使用它的特殊意义。指的是传达。扬雄《法言·学行》："仲尼驾说者也，不在兹儒乎！"李轨注："驾，传也。"②驾，指传达、传布，这是它的特殊用法。谒者不明此义，故所问非所答。

涓者是官府负责清洁工作的人员，柱国庄伯令其"取冠"，他就回答"进上"。取的常用意义是拿来，涓者以为柱国庄伯是令其把帽子拿来，所以回答"进上"，意谓我会取来交给您。其实，庄伯在这里对于"取"字所用的不是它的常用意义，而是特殊用法。陈奇猷先生称："取犹治也，详《先己》注三。"③对《先己》篇"欲取天下"中的取字，陈奇猷先生写道：

　　高注："言不可取天下，身将先为天下所取也。"范耕研曰："高氏以攫得之义训取字，非也。'取天下'固可通，身为天下所取义不可通。知高注非也。《道德经》'取天下常以无事，及其有事，不足以取天下'，河上公注云：'取，治也。取天下常以无事，不当烦劳也。及好有事，则政教烦，民不安，故不足以治天下也。'本书多采道家说，此处'取'字应同河上公注为治，言

---

① 陈奇猷：《吕氏春秋新校释》，上海：上海古籍出版社，2002年版，第1196页。
② 扬雄：《法言》，北京：中华书局，1996年版《诸子集成》（七），第1页。
③ 陈奇猷：《吕氏春秋新校释》，上海：上海古籍出版社，2002年版，第1202页。

天下不可治,如可治,则身当先治也,故下文云'必先治身',正
与此合。"……奇猷案:范说是。①

取指治理、整治,这是它的特殊含义。柱国庄伯令涓人"取冠",是
令其整治帽子,加以清洗,这正是涓人的职责。可是,涓人不明此
义,遂误以为是令自己取来帽子交给庄伯,故所答离谱。

圉人是负责管理牛马等牲畜的官员,柱国庄伯向他询问"马
齿",圉人认为是向他询问马的牙齿数量,遂以"齿十二与牙三十"
相回答。齿指一般的牙,而牙则是大牙。实际上,庄伯在这里所询
问的马齿,指马的年龄,是一种比较文雅的说法。《吕氏春秋·权
勋》篇记载晋献公之语"马齿亦薄长矣"②,即以马齿的生长代指马
的年岁。

柱国庄伯与他父亲的对话,与其下属谒者、涓人、圉人的对话,
对于视、驾、取、齿四个字,用的是它们的特殊意义,而不是常见用
法,结果使对方产生误解,接连闹出笑话。表面看来,是回答庄伯
问话的一方愚笨,他们无法正确理解问话的含义,所答非所问。实
际上,柱国庄伯何尝不是一位蠢人呢! 他不是用明白易晓的话语
与身边的人进行交流,而是故意选择词语的特殊用法,造成沟通的
障碍,出现令人啼笑皆非的场面。与庄伯问答的几位对话者属于
反应迟钝的愚人,庄伯则是偏执凝滞的愚人。

《淫辞》篇所属学派,陈奇猷先生称:"此篇系料、宋、尹流派所
作,《审应》'注一'已言之。"③"料、宋、尹一派,接万物以别宥为始,
又取法家、墨家之说。"④《淫辞》篇是从法家的理念出发,反对言心
相离,言行相诡;也是从法家的立场出发,揭示楚国庄伯与身边人

---

① 陈奇猷:《吕氏春秋新校释》,上海:上海古籍出版社,2002 年版,第 149 页。
② 陈奇猷:《吕氏春秋新校释》,上海:上海古籍出版社,2002 年版,第 874 页。
③ 陈奇猷:《吕氏春秋新校释》,上海:上海古籍出版社,2002 年版,第 1197 页。
④ 陈奇猷:《吕氏春秋新校释》,上海:上海古籍出版社,2002 年版,第 1154 页。

对话所表现出的愚人特征。

通过展示误解误读而揭示人的愚笨,是法家经常采用的手法,《韩非子》一书就是如此。《外储说左上》写道:

> 郢人有遗燕相国书者,夜书,火不明,因谓持烛者曰:"举烛。"云而过书"举烛"。举烛,非书意也。燕相受书而说之,曰:"举烛者,尚明也。尚明也者,举贤而任之。"燕相白王,王大说,国以治。治则治矣,非书意也。今世学者多似此类。[1]

燕相自作聪明,误读郢书,实际是愚蠢。郢人误书举烛,亦属于愚人。这则寓言中交流的双方是以愚对愚,与《吕氏春秋·淫辞》所载楚庄伯与身边人的对话有相似之处。

《吕氏春秋》中出自道家的篇目,赞扬楚人的大智若愚;出自法家的篇目,则嘲讽楚人的至愚。尽管由于学派有别,对楚地民性的认定不尽一致,但均承认楚人的愚,只是愚的方式不同而已。

《礼记·表记》写道:"夏道尊命,事鬼敬神而远之,近人而忠焉。……其民之敝,惷而愚,乔而野,朴而不文。"[2]夏道尚忠,其流弊是使人变得愚蠢。楚人同样尚忠,因此,它的流弊同样使人愚蠢。楚国民性有愚的因素,这是尚忠的产物,有其历史必然性,是合乎逻辑的发展。楚人的愚以多种形式出现,有其滑稽可笑的一面,也有质朴可爱的一面,并非全是负面因素。《吕氏春秋》有关楚人之愚的记载,与历史事实并不完全相合,有许多想象和虚构成分,但是有合理的成分。

---

① 陈奇猷:《韩非子新校注》,上海:上海古籍出版社,2000年版,第696页。
② 朱彬:《礼记训纂》,北京:中华书局,1996年版,第792页。

3. 楚地的巫风和尚勇

《汉书·地理志》称楚地"信巫鬼，重淫祀"①，可是，《吕氏春秋》有关楚文化的记载，这方面内容并不是很多，只有少数几条材料有所提及。

《侈乐》篇记载："楚之衰也，作为巫音。"对此，陈奇猷先生写道：

> 则此巫音必是应上"俶诡殊瑰"。由此可推知巫音是奇异之乐器组成之乐队而且演奏奇异之乐调。楚地与中原文化本不相同，而巫风特盛，故荀卿至楚，嫉楚俗营于巫祝、信機祥（详《史记荀卿传》）。②

《侈乐》篇把楚地巫音的兴作锁定在楚国国力的衰落期，那么，历史上是否如此呢？桓谭《新论·言体》提供了这方面的信息：

> 昔楚灵王骄逸轻下，简贤鬼神，信巫祝之道，斋戒洁鲜，以祀上帝，礼群神。躬执羽绂，起舞坛前。吴人来攻，其国人告急，而灵王鼓舞自若。顾应之曰："寡人方祭上帝，乐明神，当蒙福佑焉。"不敢赴援，而吴兵遂至，俘虏其太子及后姬，甚可伤。③

以上所叙述的楚灵王所作所为，正是《汉书·地理志》所说的"信巫

---

① 班固：《汉书》，北京：中华书局，1962年版，第1666页。
② 陈奇猷：《吕氏春秋新校释》，上海：上海古籍出版社，2002年版，第272页。
③ 严可均编：《全上古三代秦汉三国六朝文》，北京：中华书局，1999年版，第540页。

鬼,重淫祀"。春秋时期,楚庄王成为霸主,是楚国最强盛的阶段。而楚国衰落,确实是从灵王开始的。他最终死于内乱,太子在内乱中被杀。至于吴军入郢,则是灵王去世以后的事情,发生在楚昭王十年(前506)。由此可见,《吕氏春秋·侈乐》把楚国巫音的兴作锁定在它的衰落期,是有历史根据的。

《吕氏春秋·至忠》篇叙述申公子培对楚王以身相救、抢夺随兕。其中写道:

> 王问:"何谓也?"对曰:"臣之兄犯暴不敬之名,触死亡之罪于王之侧,其愚心将以忠于君王之身,而持千岁之寿也。臣之兄尝读故记曰:'杀随兕者,不出三月。'是以臣之兄惊惧而争之,故伏其罪而死。"王令人发平府而视之,于故记果有。乃厚赏之。①

文中所作的回答出自申公子培弟弟之口。所说的故记,指的是古书,是楚地保存的前代文献。这种文献记载杀随兕的严重后果,人要为此付出生命。由此推断,这种文献属于巫术典籍,其中记载着禁忌。申公子培作为朝廷官员,有机会接触这类巫书。"王令人发平府而视之",这类巫书藏于朝廷平府。对于平府,陈奇猷先生写道:

> 高注:"平府,府名也。……"奇猷案:《说文》:"府,文书藏也。"②

府是收藏文书的地方,但是,为什么收藏巫书的地方称为平府,尚

---

① 陈奇猷:《吕氏春秋新校释》,上海:上海古籍出版社,2002年版,第584–585页。
② 陈奇猷:《吕氏春秋新校释》,上海:上海古籍出版社,2002年版,第591页。

须进一步加以探讨。《说文·亏部》:"平,语平舒也,从亏,八。八,分也。"段玉裁注:"说从八之意,分之而匀适则平舒矣。"①平,字形从八,故有分开之义。《山海经·西山经》:"槐江之山……实惟帝之平圃。"郭璞注:"即玄圃也。"②后代均沿袭郭璞注,释平圃为玄圃,至误。平圃,谓别圃、分圃,指天帝在下界的园圃,故称平圃。《吕氏春秋·至忠》篇所说的平府,指在朝廷所设的别府、分府,是主要藏书之处以外的分部,相当于图书馆的分馆。楚国的巫书收藏在分馆,以区别于那些正统的典籍和文书。楚国朝廷藏有巫书,这是楚国尚巫的证据之一。

楚地巫术盛行,巫术的重要组成部分包括禁忌,藏于楚国朝廷别府的巫书记载的杀随咒者必死的内容,是禁忌捕杀随咒。《吕氏春秋·异宝》记载,孙叔敖称"荆人畏鬼"③,因此之故,没有人会看中寝丘之地,原因是这个名称不吉利,意谓鬼居住之地。这是由畏鬼而产生的禁忌。

《新序·杂事一》有如下记载:

> 孙叔敖为婴儿之时,出游,见两头蛇,杀而埋之,归而泣。其母问其故,叔敖对曰:"闻见两头之蛇者死,向者吾见之,恐去母而死也。"其母曰:"蛇今安在?"曰:"恐他人又见,杀而埋之矣。"其母曰:"吾闻有阴德者,天报之以福,汝不死也。"及长,为楚令尹,未治,而国人信其仁也。④

这则传说还见于贾谊《新书·春秋》、刘向《列女传·仁智传》、王充《论衡·福虚篇》。楚人认为见到两头蛇者必死,实际上也是一种

---

① 段玉裁:《说文解字注》,上海:上海古籍出版社,1988年版,第205页。
② 袁珂:《山海经校注》,成都:巴蜀书社,1996年版,第54页。
③ 陈奇猷:《吕氏春秋新校释》,上海:上海古籍出版社,2002年版,第558页。
④ 赵仲邑:《新序详注》,北京:中华书局,1997年版,第4页。

禁忌,禁止人们接触这种怪物,对它要加以回避,这与《吕氏春秋·至忠》记载的禁杀随兕的忌讳相似,反映的是楚地的巫风。

《吕氏春秋》有关楚地巫风的相关记载,分别见于《侈乐》、《至忠》和《异宝》。其中《侈乐》出自儒家学派,是用儒家的理念论乐,对于楚国的巫音持否定态度,作为负面事象出现。《至忠》也是出自儒家学派,主要赞扬申公子培舍身救君的至忠,其中提到楚地对于随兕的禁忌,它只是作为背景材料加以运用,并未对它加以评论,所持的是中立态度。《异宝》篇出自道家学派,对于其中提到的"荆人畏鬼",所持的是否定态度。总之,《吕氏春秋》编撰者对于楚地巫风的看法是复杂的,即使同是儒家学派,涉及具体的巫术事象,也表现出不同的取向。

《吕氏春秋·知分》篇还提到楚地江中刺蛟的勇士:

> 荆有次非者,得宝剑于干遂,还反涉江,至于中流,有两蛟夹绕其船。次非谓舟人曰:"子尝见两蛟绕船能两活者乎?"船人曰:"未之见也。"次非攘臂祛衣拔宝剑曰:"此江中之腐肉朽骨也。弃剑以全己,余奚爱焉!"于是赴江刺蛟,杀之而复上船。舟中之人皆得活。荆王闻之,仕之执圭。孔子闻之曰:"夫善哉! 不以腐肉朽骨而弃剑者,其次非之谓乎!"①

次非是传说中的楚地勇士。他携带刚获得的宝剑乘船渡江,两条蛟在江中绕船索要宝剑。次非挥剑入水,斩杀两蛟,使全船人员平安渡江。这位勇士称为次非,对此,古今注家多有考辨:

> 毕沅曰:"次非,《汉书·宣帝纪》注如淳引作'兹非',《后

---

① 陈奇猷:《吕氏春秋新校释》,上海:上海古籍出版社,2002 年版,第 1354 - 1355 页。

汉书·马融蔡邕等传》注及《北堂书钞》百三十七并引作'伙飞',李善注《文选》郭景纯《江赋》作'伙非'。唯杨倞注《荀子·劝学篇》所引同。"

杨昭儁曰:"古籍中同纪一人之事往往字各不同者,盖传闻同音,即随笔于简,未遑考其孰为正字也。毕校'兹非''伙飞''伙非'之外,《战国策》三十'用兵如刺蜚',又作'刺蜚',亦即'次非'之同音假借耳。"奇猷案:杨说是。①

次非,或作伙飞、兹非、刺蜚,皆是同音假借,所用词语是音同而字异。勇士称为次非,最早记载见于《吕氏春秋·知分》。次,排列、排比之义。伙,亦是这种意义。至于刺、兹,则是同音假借,与次字没有意义上的关联。非,或作飞、蜚,非当是蜚字的简写,次非,亦即次蜚、次飞。蜚、飞,含义相同,皆指飞翔。次蜚,或作刺蜚,见于《战国策·燕策三》,又见于《史记·苏秦列传》:"此必令言如循环,用兵如刺蜚,母不能制,舅不能约。"②这几句话出自苏代之口,前两句运用的是比喻。循环,即顺环而推移,圆通流转之象。刺蜚,亦即次飞,即排列起飞之义,是鸟类腾空而飞之象。称勇士为次蜚、次非,是把他视为排列而飞的猛禽。《诗·大雅·大明》描写牧野之战时写道:"维师尚父,时维鹰扬。"毛传:"鹰扬,如鹰之飞扬也。"③这是把姜太公比作腾空而起的雄鹰,用以表现他的勇武。楚地勇士称为次非,亦即次飞、次蜚,苏代称"用兵如刺蜚",是用排列飞翔的鸟类对勇士、战将加以形容,是带有象征意义的词语,并非全是同音假借的缘故。

《管子·水地》篇写道:"楚之水淖弱而清,故其民轻果而贼。"

---

① 陈奇猷:《吕氏春秋新校释》,上海:上海古籍出版社,2002年版,第1358页。

② 司马迁:《史记》,北京:中华书局,1982年版,第2276页。

③ 王先谦:《诗三家义集疏》,北京:中华书局,2009年版,第833页。

对于其中的贼字,黎翔凤先生写道:

> 《鲁语》:"使人贼之",注:"杀也。"《左》昭十四年《传》:"杀人不忌为贼。""贼"从"杀"得义。①

《水地》篇以水性论民性,并不全都合乎历史实际。不过,把楚地民性概括为"轻果而贼",即轻剽果断而不忌杀,却是有合理因素。在楚地勇士次非身上,体现的正是这种品格,反映出楚地民性尚勇的特征。《说苑·善说》写道:"荆为长剑危冠,令尹子西出焉。"②楚人以佩带长剑为时尚,是勇武精神的体现。

次非斩蛟传说见于《吕氏春秋·知分》,关于它的学派归属,陈奇猷先生称:"此篇亦道家伊尹学派之言也。"③该篇的宗旨是达乎生死之分,从这种理念出发而选录的次非斩蛟传说,客观上却展示楚地崇尚勇武的民性和习俗。

《吕氏春秋》提到的楚国武士还有养由基;历史上实有其人,以擅长射箭著称。《左传·成公十六年》记载:"潘尪之党与养由基蹲甲而射之,彻七札焉。"杨伯峻先生注:

> 蹲甲,以甲置于物上。彻,穿透。七札,革甲内外厚薄复叠七层,见孙诒让《周礼·考工记·函人》正义。当时革甲一般皆七层,《吕氏春秋·爱士篇》叙晋惠公之车右以殳击秦穆公,已破六札,唯一札未破;《韩诗外传》八叙齐景公射穿七札,《列女·辩通传》谓晋平公亦射穿七札,皆可证。④

---

① 黎凤翔:《管子校注》,北京:中华书局,2004 年版,第 834 页。
② 向宗鲁:《说苑校证》,北京:中华书局,1987 年版,第 275 页。
③ 陈奇猷:《吕氏春秋新校释》,上海:上海古籍出版社,2002 年版,第 1356 页。
④ 杨伯峻:《春秋左传注》,北京:中华书局,1990 年版,第 886 页。

养由基能射穿七层复叠的革甲,他射出的箭很有力度,杀伤力很强。《左传·成公十六年》还有如下记载:"王召养由基,与之两矢,使射吕锜,中项,伏弢。以一矢复命。"杨伯峻先生注:"弢音叨,弓套。吕锜被射中颈项,伏于弓套而死。"①这里叙述的是晋、楚鄢陵之战的情况。吕锜是晋国将领,用箭射中楚共王的左眼。在这种情况下,楚王给养由基两支箭,令他射吕锜。养由基一箭就把吕锜射死,正中要害,用剩下的一支箭向楚王报告完成使命。养由基是位神箭手,射出的箭不但力度大,而且准确无误,杀伤力极强。

《吕氏春秋·精通》篇写道:"养由基射先,中石,矢乃饮羽,诚乎先也。"其中的先字乃兕字之讹,毕沅等注家已作校正②。《论衡·儒增篇》称:"养由基见寝石,以为兕也,射之,矢饮羽。"③这是《精通》篇所说的养由基误以石为兕而发矢饮羽的故事。为什么会如此呢?《精谕》篇对于养由基精湛射艺的解说,着眼于他射箭的心诚意真,精神专一。由于全神贯注,所以,生命的能量得到最大程度地发挥,以至于把整支箭都射入坚硬的石头。也就是通常所说的精诚所至,金石为开,与《史记·李将军列传》记载的李广误以为巨石为虎,而箭穿石头的故事相似。

对于《精通》篇所属学派,陈奇猷先生写道:

> 此篇言圣人以爱利民为心,与民精气相通,故兵未出而天下之民皆归之,即《论威》"古之至兵,才民未合,而威已谕矣,敌已服矣,岂必用枹鼓干戈哉"之意,可知此篇亦兵家言也。④

---

① 杨伯峻:《春秋左传注》,北京:中华书局,1990年版,第887页。
② 陈奇猷:《吕氏春秋新校释》,上海:上海古籍出版社,2002年版,第517-518页。
③ 王充:《论衡》,上海:上海人民出版社,1974年版,第122-123页。
④ 陈奇猷:《吕氏春秋新校释》,上海:上海古籍出版社,2002年版,第514页。

照此说法,《精通》篇出自兵家,是用兵家理念解说养由基擅射的故事。可是,《精通》篇如下一段话语,明显与兵家的思想相悖:"今夫攻者,砥厉五兵,侈衣美食,发且有日矣,所被攻者不乐,非或闻之也,神者先告也。"①这是把战争视为不祥之事,认为将要被攻的一方对于战争即将爆发有生命感应,处于忧虑恐惧之中。综观《精通》全文,无论是开篇阐明题旨的论述,还是后面收录的传说故事,所贯穿的均是生命感应理念,而不是兵家的战争理念。生命感应理念是先秦时期各个学派共同的理论基础,是生命哲学的重要组成部分。《精通》是以生命感应理念相统辖,因此,无法把它明确地归入某个学派。

《吕氏春秋·博志》篇有如下记载:

> 养由基、尹儒,皆六艺之人也。荆廷尝有神白猿,荆之善射者莫之能中,荆王请养由基射之。养由基矫弓操矢而往,未之射而括中之矣,发之则猿应矢而下,则养由基有先中中之者矣。②

这则传说把养由基的射艺渲染得神乎其神。"未之射而括中之矣",还没有发箭,箭头已经射中目标。括,指箭头。"发之则猿应矢而下",刚把箭射出,还没有到达目标,所射白猿就随着箭出弦而倒下。

这则故事出自《博志》篇,关于篇题名称,陈奇猷先生写道:

> 王念孙曰:"'博'当为'抟',与专同。谓专一其志也。篇内云'用志如此其精也,何事而不达,何事而不成',是其明证

---

① 陈奇猷:《吕氏春秋新校释》,上海:上海古籍出版社,2002年版,第513页。
② 陈奇猷:《吕氏春秋新校释》,上海:上海古籍出版社,2002年版,第1628页。

矣。古书以抟为专，传写者多误作'博'，说见《管子·幼官篇》'博一纯固'下。"奇猷案：王说至确。抟、专同，详《执一》"注六"，本篇皆言专志。①

照此说法，篇题《博志》应为《抟志》，亦即《专志》。可是，如果不更改篇题，仍然不会出现解读障碍。博，广大之义。所谓的博志，就是广大其志，树立远大志向，勤于学习。篇中所提到的孔子、墨子、宁越、尹儒，均是志向远大而又勤奋好学之人，正与《博志》篇各相符。博志指立志远大，因此之故，才会勤奋学习。养由基擅射故事收录其中，也是从立志远大、勤奋学习的角度加以叙述。所谓的"未之射而括中之矣"，指养由基志向远大，平时刻苦训练，已经达到百发百中的程度。因此，箭未射出，他在意念中已经是中的。所谓的"则养由基有先中中之者"，指平时的练习已经达到出神入化的程度。

对于《博志》篇的学派归属，陈奇猷先生写道："本篇所举孔、墨、宁越、养由基、尹儒诸例，皆是精通之事，是本篇出于阴阳家，似无可疑也。"②从篇题到具体的传说故事，贯穿的是立志远大、勤奋学习而达到通神境界的主线，和《荀子·劝学》有相通之处。这是一篇励志劝学之作，明显出自儒家学派，其中也有生命感应理念，与《精通》篇有相似之处。

《吕氏春秋》有关楚人尚勇的记载，出自不同学派。无论是道家，还是儒家，都是秉持生命感应理念，均对楚地勇武之士次非、养由基持肯定态度，把有关他们的传说故事作为传播学派理念的载体。

---

① 陈奇猷：《吕氏春秋新校释》，上海：上海古籍出版社，2002 年版，第 1628 - 1629 页。

② 陈奇猷：《吕氏春秋新校释》，上海：上海古籍出版社，2002 年版，第 1629 页。

四、对楚文化道家因素的吸纳

　　道家学派创立于春秋后期,兴盛于战国,老子、庄子是两位宗师。道家创立、兴盛于楚文化区,是楚文化的重要组成部分。《吕氏春秋》在吸纳楚文化的过程中,《道德经》、《庄子》也作为楚文化的构成要素而成为借鉴的对象。

　　《道德经》、《庄子》是道家创立期的经典著作,《吕氏春秋》对这两部著作的吸纳,所采取的方式不尽相同,所选录的内容也存在差异。这固然与《吕氏春秋》的结构、体系有关,同时也有来自两部道家经典本身在理念、内涵方面不完全一致的因素。

1. 老子学说的定位、定性

　　老子学说在《吕氏春秋》中有较重的分量,该书为老子学说定位、定性,并且在实际运用过程中作了发展。

　　《吕氏春秋》为老子学说进行定位见于《当染》篇:

　　　　孔子学于老聃、孟苏夔、靖叔。……子贡、子夏、曾子学于孔子,田子方学于子贡,段干木学于子夏,吴起学于曾子。[①]

　　《当染》所列的学派传承谱系限于儒、墨两家。在儒家学派谱系中,提到孔子的弟子及再传弟子。而老聃虽然是道家的创始人,却是身兼孔子的老师。在学派传承谱系中,老子的地位不但极高,而且很特殊,对于儒、道两家来说都是宗师。《吕氏春秋》对于老子在学派传承谱系中的崇高地位予以充分肯定,表明该书的编撰者充分

---

　　① 陈奇猷:《吕氏春秋新校释》,上海:上海古籍出版社,2002年版,第98页。

关注老子学说,是其重要的借鉴对象。

关于《当染》篇的所属学派,陈奇猷先生写道:

> 此篇首二段出自《墨子·所染》,末一段由本篇作者所增,其旨趣与《所染》全同,则此篇乃墨家者流所作。……且其叙墨家源流,不见他书,则此作者必是墨家后学无疑。①

这篇文章确实借鉴《墨子·所染》篇,不但标题相似,内容也大体相同。但是,就此认定《当染》出自墨家后学之手,理由不够充分。从行文风格及所用词句考察,更可以看出它并不是墨家学派所作。

第一,《当染》篇结尾称:"孔墨之后学显荣于天下者众矣,不可胜数,皆所染者得当也。"②这是对儒、墨两个学派进行评论,是局外人的口气,而不可能是儒、墨两个学派的内部成员。《韩非子·显学》篇写道:"世之显学,儒、墨也。儒之所至,孔丘也。墨之所至,墨翟也。"③这是站在法家的角度评论儒、墨两个学派,也是以局外人的身份作客观叙述,与《当染》篇的语气相一致。由此推断,《当染》篇的编撰者应是儒、墨之外的学派成员。

第二,《当染》篇确实取材于《墨子·所染》,但是,人物的称谓存在差异。《墨子·所染》开篇称"子墨子言见染丝者而叹"④,而《当染》篇开头则是"墨子见染丝者而叹"。子墨子是尊称,直呼墨子则没有尊崇因素。《墨子》一书出自墨子学派,其中凡是提到这个学派的开创者墨翟,均称为子墨子,没有例外。《当染》篇对墨翟直呼为墨子,明显不是墨家后学所作。否则,对于本学派开山鼻祖就有不敬之嫌。

---

① 陈奇猷:《吕氏春秋新校释》,上海:上海古籍出版社,2002年版,第98页。
② 陈奇猷:《吕氏春秋新校释》,上海:上海古籍出版社,2002年版,第98页。
③ 陈奇猷:《韩非子新校注》,上海:上海古籍出版社,2000年版,第1124页。
④ 孙诒让:《墨子间诂》,北京:中华书局,2001年版,第11页。

　　第三,《墨子·所染》后半部分开头写道:"非独国有染也,士亦有染。其友皆好仁义,淳谨畏令,则家日益,身日安,名日荣,处官得其理矣。"①《吕氏春秋·当染》后半部分开头也称:"非独国有染也",但删去了后面的"士亦有染。其友皆好仁义"等一段话。从后删除的话语判断,《当染》的编撰者对于儒墨两家均主张的仁义等理念有所忌讳、刻意回避,因此,这篇文章不是出自墨家学派,也不是出自儒家学派。

　　从《吕氏春秋·当染》篇的具体内容和宗旨来看,主要是提醒君主对于所接触的人应当持谨慎态度,而不被奸臣谀人所染,这正是法家的重要主张。《管子·小称》有如下记载:

　　　　管仲有病,桓公往问之,曰:"仲父之病病矣,若不可讳而不起此病也,仲父亦将何以诏寡人?"……管仲摄衣冠起,对曰:"臣愿君之远易牙、竖刁、堂巫、公子开方。夫易牙以调和事公,公曰惟烝婴儿之未尝,于是烝其首子而献之公。人情非不爱其子也,于子之不爱,将何有于公? 公喜宫而妒,竖刁自刑,而为公治内。人情非不爱其身也,于身之不爱,将何有于公? 公子开方事公十五年,不归视其亲。齐、卫之间,不容数日之行。臣闻之,务为不久,盖虚不长,其生不长者,其死必不终。"②

管子是先秦法家的先驱,因此,战国时期许多法家理念都假托管仲之口说出,这则历史传说就是其中之一。《韩非子·难一》也收录了这则传说,虽然对管仲的评价与传统说法不同,但是,对于齐桓公身边四名奸臣佞人的否定和鄙夷也是一致的。《吕氏春秋·知

---

　　① 孙诒让:《墨子间诂》,北京:中华书局,2001 年版,第 18 页。
　　② 黎凤翔:《管子校注》,北京:中华书局,2004 年版,第 608 页。

接》也收录了这则传说,也是从法家的立场加以评说。人须慎其所
染,国君尤其要有这方面的防范意识,这是儒家、墨家和法家共同
的看法。既然《吕氏春秋·当染》不是出自墨家、儒家,那只能是出
自法家。

老子是法家所尊崇的人物,法家的许多理念取自《道德经》,韩
非专门做《解老》、《喻老》,从法家本位出发阐释《道德经》,明乎此,
《吕氏春秋·当染》篇称"孔子学于老聃",对于老子地位的认定高
于孔子,也就不难理解了。《当染》出自法家学派,自然对老子情有
独钟,把他说成是孔子之师。司马迁的《史记》设《老子韩非列传》
把老子、韩非合在同一篇传记中,体现出二者在学脉上的关联。

《吕氏春秋》对于老子学说所作的定性见于《不二》篇:

> 听群众人议以治国,国危无日矣。何以知其然也?老耽
> 贵柔,孔子贵仁,墨翟贵廉,关尹贵清,子列子贵虚,陈骈贵齐,
> 阳生贵己,孙膑贵势,王廖贵先,儿良贵后。有金鼓所以一耳
> 也;同法令所以一心也;智者不得巧,愚者不得拙,所以一众
> 也;勇者不得先,惧者不得后,所以一力也。故一则治,异则
> 乱;一则安,异则危。夫能齐万不同,愚智工拙,皆尽力竭能,
> 如出乎一穴者,其唯圣人矣乎![1]

文中列举十个学派的代表人物,分别用一字句式的话来概括他们
学说的基本内涵和重要倾向。"老子贵柔",把老子学说概括为贵
柔,确实揭示出它的基本特征,合乎它的实际,《庄子·天下》篇有
如下论述:

---

[1] 陈奇猷:《吕氏春秋新校释》,上海:上海古籍出版社,2002 年版,第 1134 -
1135 页。

　　　老聃曰:"知其雄,守其雌,为天下谿;知其白,守其辱,为
天下谷。"人皆取先,己独取后,曰受天下之垢;人皆取实,己独
取虚,无藏也故有余,岿然而有余。其行身也,徐而不费,无为
也而笑巧;人皆求福,己独曲全,曰苟免于咎。以深为根,以约
为纪,曰坚则毁矣,锐则挫矣。常宽容于物,不削于人,可谓
至极。[①]

　　《天下》篇对老子学说进行全面总结,而不是简单概括。开始所引
老聃之语出自今本《道德经》第二十八章。所谓的知雄守雌、知白
守辱,也就是守柔。中间一段涉及取后、取虚、取拙等主张,从广义
上看,都属于贵柔的范围。结尾一段提到"坚则毁"、"锐则挫",则
更是明显地以柔为尚。《吕氏春秋·不二》和《庄子·天下》,二者
对于老子学说的概括有繁简之别,但在认证贵柔方面则是一致的,
所见略同。

　　《不二》篇列举十个学派的基本主张,用以说明诸子百家学说
的纷繁复杂,差异极大,有的甚至截然相反。这篇文章的编撰者主
张"齐万不同",就是能对各种不同的主张加以协调,进行统一,而
不是听任不同学说各行其是。老子的学说也是需要加以协调和统
一的对象,要在统一的前提下发挥其作用。那么,用什么学说来统
一各家的主张呢? 文中没有明言。《不二》篇列举的十家学说,涉
及了道、儒、墨、兵诸家。显然,这不是偶然的疏忽,而是有意为之。
这样做的潜在话语是:所列十家均是被统辖的对象,而法家不在
此列。《不二》篇未把法家与儒、墨、道等主要学派相提并论,是对
法家赋予特殊的使命,是要用它来统一各种学说。陈奇猷先生在
论述《不二》篇的所属学派时写道:

---

　　① 郭庆藩:《庄子集释》,北京:中华书局,2004 年版,第 1095 页。

此篇所论，与《韩非子·显学》之旨趣全同。韩非谓孔、墨之后，儒分为八，墨离为三，取舍相反不同，皆为"愚诬之学，杂反之行"，"杂反之行，不两立而治，今兼听杂学缪行同异之辞，安得无乱乎"？正可发明《吕氏》此文，亦可证此篇为法家言也。①

《不二》篇确实出自法家学派，不过，该文对待法家之外的诸学派，在态度上远较《韩非子》宽容。它承认各家学说的差异及片面，并未彻底否定它们。它的最终主张是"齐万不同"，是对各种学说加以统辖，使之彼此协调一致，各尽其能，各致其用，而不是像《韩非子》那样主张取缔。

《吕氏春秋》的《当染》篇对老子学说进行定位，《不二》篇对老子学说进行定性。这两篇文章均出自法家学派，是从法家本位出发对老子学说所作的定位、定性。

2. 老子学说的运用和发挥

《吕氏春秋》对于老子的学说反复加以运用，散见于众多篇目。在具体运用过程，对老子学说作了不同程度的发挥扩展。就其运用的领域而言，主要是在治国理政方面。

先看《吕氏春秋》在全生养性方面对老子学说的运用和发挥。

《道德经》第五十九章写道"治人事天莫若啬。"河上公注："啬，爱惜也。治国者当爱惜民财，不为奢泰。治身者当爱惜精气，不为放逸。"②河上公的解释合乎《道德经》本义。对于治身而言，所谓的啬，指的是内敛，不向外驰骛。《吕氏春秋》论述养生也提到啬，

---

① 陈奇猷：《吕氏春秋新校释》，上海：上海古籍出版社，2002 年版，第 1135 页。
② 王卡点校：《老子道德经章句》，北京：中华书局，1993 年版，第 231 页。

《情欲》篇写道：

> 古人得道者，生以寿长，声色滋味，能久乐之，奚故？论早
> 定也。论早定则知早啬，知早啬则精不竭。①

对于其中的"论早定"，陈奇猷先生写道：

> 高注："体道者生而能行之，故曰'论早定。'"奇猷案：论，
> 即上所论节欲长生之论。定，即《礼·王制》"论进士之贤者以
> 告于王而定其论，论定然后官之"之定，犹言"决定"也。"论早
> 定"犹言体道者对于节欲长生之论早有所决定。高氏未得
> 其义。②

"论早定"，释定为决定，可取。可是，其中的论字仍未落到实处。
《国语·齐语》："权节其用，论比协材。"韦昭注："论，择也。"③论，
有选择之义。"论早定"，指的是选择什么很早就作了决定，意谓很
早就有了决策。

《道德经》第五十九章提出"治人事天莫若啬"，啬指收敛，但
是，啬的对象是什么，并没有明确标示出来。《吕氏春秋·情欲》篇
明确指出，所收敛的是精，亦即精气，指的是生命之气。河上公注
所说的"爱惜精气"，与《吕氏春秋·情欲》篇的说法一脉相承。

《道德经》第五十九章首先提出"治人事天莫若啬"的主张，然
后列举这种主张之所以提出的理由，写道：

---

① 陈奇猷：《吕氏春秋新校释》，上海：上海古籍出版社，2002 年版，第 86 - 87 页。
② 陈奇猷：《吕氏春秋新校释》，上海：上海古籍出版社，2002 年版，第 92 页。
③ 徐元诰：《国语集解》，北京：中华书局，2002 年版，第 220 页。

夫唯啬，是谓早服。早服谓之重积德。重积德则无不克，无不克则莫知其极。莫知其极，可以有国。有国之母，可以长久。是谓深根固蒂、长生久视之道。①

《道德经》用递进盘升的句式，论述敛啬的必要性。其中的早服，指的是早顺。服，谓顺。敛啬使人生早顺，没有障碍。"早服谓之重积德"，自我敛啬、使德不断地进行积累，最后进入长生久视的境界。老子是用加法看待人生的自我收敛，认为这样做的结果是为德的积累打通道路，也就是所谓的早服。《道德经》书中与啬相近的概念是俭，第六十七章写道："我有三宝，持而保之：一曰慈，二曰俭，三曰不敢为天下先。慈，故能勇；俭，故能广；不敢为天下先，故能成器长。"②俭而能广，意谓啬俭会带有扩展的效果，还是用加法看待啬。

《吕氏春秋·情欲》篇写道：

论早定也。论早定则知早啬，知早啬则精不竭。秋早寒则冬必燠矣，春多雨则夏必旱矣。天地不能两，而况于人类乎？人之与天地也同，万物之形虽异，其情一体也。故古之治身与天下者，必法天地也。尊酌者众则速尽。万物之酌大贵之生者众矣。故大贵之生常速尽。非徒万物酌之也，又损其生以资天下之人，而终不自知。③

老子用加法看待人的自我敛啬，认为这种做法使得人的生命具有吸引力、凝聚力，德的积累会越来越厚，从而生生不息、长生久视。

① 王卡点校：《老子道德经章句》，北京：中华书局，1993年版，第231-232页。
② 王卡点校：《老子道德经章句》，北京：中华书局，1993年版，第262-263页。
③ 陈奇猷：《吕氏春秋新校释》，上海：上海古籍出版社，2002年版，第86-87页。

《吕氏春秋·情欲》篇则用减法论述人的早啬。认为人的生命能量是有限的、固定的,犹如容器中的酒。如果不进行自我敛啬,生命的能量就会迅速被外界消耗殆尽,犹如容器中的酒被众多的人很快酌取完毕。这篇文章的编撰者把人的早啬看作是封闭自己,不使生命能量过度外溢;而老子则把人的自我敛啬视为动态的、开放的,是生命能量的储存不断增大的过程。对于啬与其功能、效果之间关联的思索,老子运用的是逆向思维,认为啬则积、俭则广。《情欲》篇编撰者运用的则是正向思维,认为啬则避免流失,防止生命早衰。

《韩非子·解老》篇写道:

> 书之所谓"治人"者,适动静之节,省思虑之费也。所谓"事天"者,不极聪明之力,不尽智识之任。苟极尽则费神多,费神多则盲聋悖狂之祸至,是以啬之。啬之者,爱其精神,啬其智识也。故曰:"治人事天莫如啬。"①

韩非子对《道德经》第五十九章加以阐释,与《吕氏春秋·情欲》篇的论述大体一致,都是用减法论证啬敛的必要性,接着,韩非又指出啬可以"令故德不去,新和气日至",较《吕氏春秋·情欲》篇的论述更贴近《道德经》的本义。

关于《情欲》篇的学派归属,陈奇猷先生写道:

> 此篇言节制情欲,情欲之动,必自贵生出发,然后生可长而身可安,可知此篇即前《贵生》之余论,则亦子华子学派之言也。②

① 陈奇猷:《韩非子新校注》,上海:上海古籍出版社,2000年版,第394页。
② 陈奇猷:《吕氏春秋新校释》,上海:上海古籍出版社,2002年版,第87页。

子华子属于道家学派。《贵生》篇援引子华子有关尊生、全生的论述,并把《庄子·让王》篇的相关故事和议论纳入文中,确实出自道家学派。《情欲》篇接过了贵生的话题,与前篇相呼应,二者似乎同出自道家学派。可是,如果从《情欲》篇的宗旨考察,就会得出不同的结论。

《情欲》篇的宗旨很明确,就是向君主讲述早啬之道。第二段以"俗主亏情"领起,结论是:"以此君人,为身大忧,耳不乐声,目不乐色,口不甘味,与死无择。"论述的是君主放纵情欲的危害。中间论述早啬的段落,其中称"又损其生以资天下之人",也是针对君主而言。《情欲》篇结尾是如下一段:

> 世人之事君者,皆以孙叔敖之遇荆庄王为幸。自有道者论之则不然,此荆国之幸。荆庄王好周游田猎,驰骋弋射,欢乐无遗,尽傅其境内之劳与诸侯之忧于孙叔敖。孙叔敖日夜不息,不得以便生为故,故使庄王功迹著乎竹帛,传乎后世。①

楚庄王和孙叔敖作为明君贤臣遇合的范例出现,而在《情欲》篇的编撰者看来,他们的完美配合在于君逸臣劳。这实际是向君主建议,本身要啬敛安逸,不要事必躬亲,具体事务由臣下处理,君主的权力在于决断而已。这篇文章借鉴老子的养生理念,为的是服务于君主的南面之术。由此看来,它是出自法家学派。

《吕氏春秋》对于《道德经》敛啬理念的借鉴,还见于《先己》篇:

> 汤问于伊尹曰:"欲取天下,若何?"伊尹对曰:"欲取天下,天下不可取。可取,身将先取。"凡事之本,必先治身,啬其大宝。用其新,弃其陈,腠理遂通。精气日新,邪气尽去,及其天

---

① 陈奇猷:《吕氏春秋新校释》,上海:上海古籍出版社,2002 年版,第 87 页。

年。此之谓真人。①

这段话提出治身要"啬其大宝"的主张,明显是借鉴《道德经》第五十九章的说法,文中是从生命本身吐故纳新的角度对于敛啬理念加以解释,与《情欲》篇的纯用减法解说有所不同,而与《韩非子·解老》相似。文中把真人作为善于啬其大宝的典范,带有明显的道家特征。关于这篇文章的所属学派,陈奇猷先生写道:

> 先己者,谓欲治国平天下必先治己之身。治身之道,啬其大宝;治国之道,在于无为。又案:《汉书·艺文志》道家著录《伊尹》五十一篇,班固自注云:"汤相。"此篇之作者当即出于道家伊尹学派。②

把《先己》篇归于伊尹学派,其说可从,因为开篇即假托伊尹之口立论。这篇文章以治身须啬其大宝开头,后面几段论述的均是君主治国理政之道,带有明显的法家特征。对于其中的"胜天顺性"之语,陈奇猷先生写道:

> 《韩非子·大体》云"古之全大体者,望天地,观江海,因山谷,日月所照,四时所行,云布风动,不以智累心,不以私累己,不逆天理,不伤情性,守成理,因自然",可释此文"任天顺性"之义。此数语皆是法家说,高以道家言释此,殊不合。③

上述辨析是有道理的。由此看来,所谓的伊尹学派,虽然《汉书·

---

① 陈奇猷:《吕氏春秋新校释》,上海:上海古籍出版社,2002 年版,第 146 页。
② 陈奇猷:《吕氏春秋新校释》,上海:上海古籍出版社,2002 年版,第 148 页。
③ 陈奇猷:《吕氏春秋新校释》,上海:上海古籍出版社,2002 年版,第 153 - 154 页。

艺文志》把它列入道家,但它与纯粹的道家又有所不同,而是兼有道家和法家的因素,可称为道法家或新道家,是取道家的理念而服务于法家的体系。

《道德经》第十章写道:"载营魄抱一,能无离乎?"王弼注:"一,人之真也。言人能处常居之宅,抱一清神,能常无离乎? 则万物自宾也。"①抱一守真,是《道德经》提出的持身理念。第二十二章亦称:"是以圣人抱一以为天下式。"对于《道德经》的这种理念,《吕氏春秋》也予以借鉴,反复强调知一、执一。《论人》篇写道:

> 无以害其天则知精,知精则知神,知神之谓得一。凡彼万形,得一后成。故知一,则应物变化,阔大渊深,不可测也。……故知知一,则复归于朴……故知知一,则可动作当务,与时周旋,不可极也。②

把一说成是万物的本原,这种说法取自《道德经》第三十九、四十二章。把知一归结为返朴归真,见于《道德经》第十章,婴儿就是抱一的象征。《吕氏春秋·论人》篇对于知一所作的阐释,确实是取自《道德经》。这篇文章的针对性很明确,是向君主讲述知一之道。文中提到"上世之亡主"、"三代之兴王",希望君主能够以此作为借鉴。对于这篇文章的学派归属,陈奇猷先生称:"则此篇实系前篇之续笔,明此篇亦伊尹学派之言也。"③前篇即上面提到的《先己》,两篇文章确实一脉相承,均是出自道法家,亦即新道家学派。

《吕氏春秋》还强调执一,并且专列《执一》篇,开头一段写道:

---

① 楼宇烈:《老子道德经注校释》,北京:中华书局,2008 年版,第 22 页。
② 陈奇猷:《吕氏春秋新校释》,上海:上海古籍出版社,2002 年版,第 162 页。
③ 陈奇猷:《吕氏春秋新校释》,上海:上海古籍出版社,2002 年版,第 163 页。

　　王者执一,而为万物正。军必有将,所以一之也;国必有
君,所以一之也;天下必有天子,所以一之也;天子必执一,所
以抟之也。一则治,两则乱。①

《道德经》第三十九章称"侯王得一以为天下贞"。贞,河上公本作
正,注曰:"言侯王得一,故能为天下平正。"②《道德经》的这句话是
《吕氏春秋·执一》篇立论的基础。关于这篇文章的学派归属,陈
奇猷先生写道:

　　此篇亦法家言,详《审分》"注一"。一者道也,法家所谓道
即是法术,即《君守》"一能应万"之一。本篇所言即执一术以
应万事之旨,亦《韩非子·扬权》"圣人执一"及《淮南子·人间
训》"执一而应万,握要而治详谓之术"之"执一"也。③

《执一》出自法家学派,是从法家立场出发,借《道德经》有关"侯王
得一"的理念,将之用于解说君王的南面之术。
　　《道德经》第四十七章写道:

　　不出户,知天下;不窥牖,见天道。其出弥远,其知弥少。
是以圣人不行而知,不见而名,不为而成。④

这是对敛啬理念的进一步发挥,其中的户、牖指的是人的外部感
官。所谓的不出户、不窥牖,指的是精神不外骛,感官作为形体的
通道不向外输出生命的能量。《吕氏春秋·先己》篇对《道德经》此

---

① 陈奇猷:《吕氏春秋新校释》,上海:上海古籍出版社,2002 年版,第 1143 页。
② 王卡点校:《老子道德经章句》,北京:中华书局,1993 年版,第 155 页。
③ 陈奇猷:《吕氏春秋新校释》,上海:上海古籍出版社,2002 年版,第 1145 页。
④ 楼宇烈:《老子道德经注校释》,北京:中华书局,2008 年版,第 126 页。

篇有所借鉴：

> 孔子见鲁哀公，哀公曰："有语寡人曰：'为国家者，为之堂上而已矣。'寡人以为迂言也。"孔子曰："此非迂言。丘闻之：'得之于身者得之人，失之于身者失之人。'不出于门户而天下治者，其唯知反于己身者乎！"①

这是假借孔子之口，把《道德经》第四十七章的命题具体运用到治国理政，指的是君王的无为而治。《道德经》该章所说的"圣人不行而知，不见而名，不为而成"，作为行动主体的圣人，在《先己》篇被置换为君主。如前所述，《先己》篇出自伊尹学派，也就是出自整合道、法两家学说的道法家、新道家。

《吕氏春秋》对《道德经》第四十七章的借鉴还见于《君守》篇，其中写道：

> 身以盛心，心以盛智，智乎深藏，而实莫得窥乎！……故曰不出于户而知天下，不窥于牖而知天道。其出弥远者，其知弥少。故博闻之人、强识之士阙矣，事耳目、深思虑之务败矣，坚白之察、无厚之辩外矣。②

文中把不出户、不窥牖说成是不事耳目、藏心智，与《道德经》原文的本意相近。这篇文章的题目是《君守》，仅从篇题就可以作出判断，该文论述的是为君之道。对此，陈奇猷先生写道：

---

① 陈奇猷：《吕氏春秋新校释》，上海：上海古籍出版社，2002年版，第148页。
② 陈奇猷：《吕氏春秋新校释》，上海：上海古籍出版社，2002年版，第1059-1060页。

此篇为尹文学派之著作,详前篇"注一"。"君守"谓君宜守之道。此篇系法家言,法家守是守,道是道,不可混淆。《韩非子》有《三守》,有《守道》,有《主道》,又《有度》云"先王之所守要",明"守"与"道"义有别。……本篇以人主宜守之道为静与闭。①

尹文学派是法家的一个分支。《君守》篇出自法家学派,是吸纳《道德经》第四十七章的理念,强调君主的守静与闭阖。

综上所述,《吕氏春秋》吸纳《道德经》的理念,命题较多,与此相关的篇目或是出自法家学派,或是出自整合道、法两家学说的道法家、新道家,而见不到出自纯粹道家之手的篇目。《吕氏春秋》对老子学说的吸纳,主要用于阐述编撰者治国理政的理念,而不是用于全性养生领域。那些以全性养生为宗旨的篇目,主要借鉴道家子华子的论述,而不是直接取自《道德经》。

《吕氏春秋》对老子学说的运用和发挥,体现的是把道家理念进行法家化的趋向。许多理念来自《道德经》,但是所涉及篇目的宗旨却是出于法家学说。把老子学说纳入法家体系,是战国后期重要的学术走势,《吕氏春秋》在这方面的实际运作,许多地方可以与《韩非子》相互印证,二者均是援《老》入法,以法家为本位吸纳老子学说。

3.《庄子·让王》篇的析解和重新组装

《庄子》是战国中期的道家经典,也是楚文化的代表作之一。《吕氏春秋》对《庄子》一书多有援引,其中对《让王》篇援引运用的频率最高,散见于众多篇目。

---

① 陈奇猷:《吕氏春秋新校释》,上海:上海古籍出版社,2002 年版,第 1061 页。

　　《吕氏春秋》援引《庄子·让王》的篇目首见于《贵生》。《贵生》篇取自《让王》的传说故事共三则：尧让天下于子州支父，越国王子搜逃乎丹穴，鲁国颜阖躲避朝廷征召。《庄子·让王》划分为三个板块，以上三个传说故事均在第一个板块，只是前后不相联属，中间有其它传说故事穿插其间。这三个传说故事题材相近，都是不以天下国家之事为重，而把全性养生置于首位。《庄子·让王》在第一个板块的结尾作了如下总结：

　　　　故曰：道之真以治身，其绪余以为国家，其土苴以治天下。由此观之，帝王之功，圣人之余事也，非所以完身养生也。今世俗之君子，多危身弃生以殉物，岂不悲哉！凡圣人之动作也，必察其所以之与其所以为。今且有人于此，以随侯之珠弹千仞之雀，世必笑之。是何也？则其所用者重而所要者轻也。夫生者，岂特随侯之重哉！①

　　对于上述议论，《吕氏春秋·贵生》篇基本是全文照录，只有个别字句有所差异。《贵生》篇对《庄子·让王》篇的援引限于该篇的第一个板块，选录其中的传说故事，并全文援引板块结尾的评论，传说故事与结尾的评论前后相承，存在逻辑上的关联。《贵生》篇的编撰者注意到《让王》篇第一个板块的完整性、自足性，所作的引用剪裁得当，没有破坏《让王》篇的原初逻辑。

　　《吕氏春秋·贵生》篇后半部分是这样开头的："子华子曰：'全生为上，亏生次之，死次之，迫生为下。'"②《贵生》的后半部分对于子华子的论断逐层加以阐释，对于全生、亏生、死、迫生，分别作出界定，据此，陈奇猷先生写道：

---

　　① 郭庆藩：《庄子集释》，北京：中华书局，2004年版，第971－972页。
　　② 陈奇猷：《吕氏春秋新校释》，上海：上海古籍出版社，2002年版，第76页。

　　本篇乃子华子学派之言。篇中所引子华子曰:"全生为上,亏生次之,死次之,迫生为下",即是全篇骨干,亦是子华子学说之要旨(并详下)。①

断定《贵生》篇出自子华子学派,其说可从。《庄子·让王》篇第一个板块也提到子华子:

　　韩魏相与争侵地。子华子见昭僖侯,昭僖侯有忧色。子华子曰:"今使天下书铭于君之前,书之言曰:'左手攫之则右手废,右手攫之则左手废,然而攫之者必有天下。'君能攫之乎?"昭僖侯曰:"寡人不攫也。"子华子曰:"甚善!自是观之,两臂重于天下也,身亦重于两臂。韩之轻于天下亦远矣,今之所争者,其轻於韩又远。君固愁身伤生以忧戚不得也!"僖侯曰:"善哉!教寡人者众矣,未尝得闻此言也。"子华子可谓知轻重矣。②

上述记载表明,子华子学派的宗旨是贵生,认为人的性命具有至高无上的珍贵价值,没有任何东西可以与它相比,因此,主张关爱生命,珍惜生命。子华子的学说与庄子学派相一致,《庄子·让王》亦收录子华子规劝韩昭僖侯的传说。《吕氏春秋·贵生》篇在收录《庄子·让王》第一个板块的传说故事及议论之后,又对子华子的话语加以阐释。由此可以得出结论,《吕氏春秋·贵生》篇确定无疑出自道家学派。至于究竟是子华子学派,还是庄子学派,已经无法分辨清楚。

　　《吕氏春秋·诚廉》篇除首尾的议论之外,其余篇幅均是叙述

---

① 陈奇猷:《吕氏春秋新校释》,上海:上海古籍出版社,2002 年版,第 77 页。
② 郭庆藩:《庄子集释》,北京:中华书局,2004 年版,第 969 - 970 页。

伯夷、叔齐传说。《庄子·让王》第三个板块也有这个传说,置于全篇末尾。《吕氏春秋·诚廉》篇对伯夷叔齐传说的叙述,详于《庄子·让王》,但主要情节差别不大。《吕氏春秋·诚廉》结尾写道:

> 人之情莫不有重,莫不有轻。有所重则欲全之,有所轻则以养所重。伯夷、叔齐,此二士者,皆出身弃生以立其意,轻重先定也。[①]

《诚廉》篇也是从气节方面肯定伯夷、叔齐,赞扬他们为坚持自己的志向而宁肯舍弃生命。《诚廉》篇对伯夷、叔齐传说的叙述、评论,与《庄子·让王》大体一致,应是取材于《让王》,从庄子学派那里汲取营养。

关于《诚廉》篇所属学派,陈奇猷先生写道:

> 此篇亦示北宫、孟舍、漆雕学派之言也。篇中云"豪士之自好者,其不可漫以污也",又伯夷、叔齐谓"与其并乎周以漫吾身,不若避之以洁吾行",遂饿死首阳之下,皆系《忠廉》"士议不可辱"之意,则此篇与《忠廉》同为北宫、孟舍、漆雕学派之言可知。本篇言"石可破也,而不可夺坚;丹可磨也,而不可夺赤",又谓伯夷、叔齐"出身弃生以立其意",皆系孔子所谓"三军可夺帅也,匹夫不可夺志也"(见《论语·子罕》)之旨。北宫、孟舍、漆雕之学出自孔门(详《当务》"注一"),故归宗于孔子,与《当务》同,尤为此篇出于北宫、孟舍、漆雕学派之明证也。[②]

---

① 陈奇猷:《吕氏春秋新校释》,上海:上海古籍出版社,2002 年版,第 641 页。
② 陈奇猷:《吕氏春秋新校释》,上海:上海古籍出版社,2002 年版,第 641 页。

北宫、孟舍出自孔门，《孟子·公孙丑上》提到北宫黝、孟施舍，并且予以肯定，他们确实出自孔门。但是，孟子赞扬他们的"养勇"①，而不是廉节，与《吕氏春秋》的《廉节》、《诚廉》中舍生取义的节士不属于同一类型。《韩非子·显学》篇提到漆雕氏之儒，"漆雕之议，不色挠，不目逃，行曲则违于臧获，行直则怒于诸侯，世主以为廉而礼之"②。其中提到的漆雕，突出他的勇毅刚直，与《廉节》、《诚廉》中的角色亦不是同一类型。因此，断定《诚廉》出自孔门的北宫、孟舍、漆雕学派，结论无法成立。

　　《吕氏春秋·不二》篇对于十个学派予以定性，文中称"墨翟贵廉"③，这是唯一以廉定性的学派。《廉节》、《诚廉》收录的传说故事，都是杀身取义之士。在先秦诸多学派中，最能舍弃自我的是墨家学派，墨子后学中赴汤蹈火，乃至杀身取义者不乏其人。《廉节》、《诚廉》均出自墨家学派，《诚廉》篇收录伯夷、叔齐故事及评论取自《庄子·让王》，篇首的解题则是出自墨家后学之手：

> 　　石可破也，而不可夺坚；丹可磨也，而不可夺赤。坚与赤，性之有也。性也者，反受于天也，非择取而为之也。豪士之自好者，其不可漫以污也，亦犹此也。④

这个解题无异于杀身取义、保持廉节的宣言。《吕氏春秋》认定墨家尚廉，又以《廉节》、《诚廉》作为篇名，这两篇文章出自墨家，合乎这部书的内在逻辑。《吕氏春秋·孟冬纪》的《节葬》、《安死》多取墨家之说。排在《孟冬纪》后面的《仲冬纪》有《忠廉》，《季冬纪》有《士节》、《介立》、《诚廉》，都以人的气节、操守为题材，出自墨家学

---

　　① 杨伯峻：《孟子译注》，北京：中华书局，2005 年版，第 61 页。

　　② 陈奇猷：《韩非子新校注》，上海：上海古籍出版社，2000 年版，第 1129 页。

　　③ 陈奇猷：《吕氏春秋新校释》，上海：上海古籍出版社，2002 年版，第 1134 页。

　　④ 陈奇猷：《吕氏春秋新校释》，上海：上海古籍出版社，2002 年版，第 640 页。

派之手有其合理性,是编撰者的精心调遣和安排。

孔子困于陈蔡的故事,《庄子·山木》篇曾经先后两次进行叙述。另外,《庄子·让王》也有具体记载,并且有以下议论:

> 古之得道者,穷亦乐,通亦乐。所乐非穷通也,道德于此,则穷通为寒暑风雨之序矣。故许由娱于颍阳而共伯得乎共首。①

《吕氏春秋·慎人》篇对于孔子困于陈蔡的故事也有叙述和议论,与《庄子·让王》篇大体相同,只有少数字句略有差异。《慎人》篇有关孔子困于陈蔡的段落。明显是从《让王》篇摘录而来,二者所表现的都是道家情怀,不因穷困而改变情怀。

《慎人》篇隶属于《孝行览》,关于本单元篇目的所属学派,陈奇猷先生写道:

> 此卷自《首时》起,《首时》言举事首要在遇时,《义赏》言善赏罚以合于春生秋杀,《长攻》言时未至必耐心待时之至,《慎人》言遇时又必遇其人,继之以《遇合》言遇人未必合,所遇而合乃偶然而非必然,结之以《必己》言遇而合者在自己之处理得宜,而不是责之于人。一言以蔽之,此六篇所言为尽人事而待时。是此六篇之意义节节相承,一贯而下,故此篇亦阴阳家之言也。②

《孝行览》确实有一以贯之的主线。不但《首时》至《遇合》六篇以遇合为主线,就是排在前面的《孝行》、《本味》,也是围绕遇合进行叙

---

① 郭庆藩:《庄子集释》,北京:中华书局,2004 年版,第 983 页。
② 陈奇猷:《吕氏春秋新校释》,上海:上海古籍出版社,2002 年版,第 837 页。

事和议论。遇与不遇,是战国士人普遍面临的人生课题,也是那个时代的热门话题。遇与不遇,关键是机遇和决断,而在这方面最有建树的不是阴阳学派,而是战国时期崛起的纵横家。

《汉书·艺文志》称纵横家的特点是"权事制宜",①《吕氏春秋·孝行览》八篇文章贯穿的正是权事制宜的理念,应是出自纵横学派。阴阳学派有时"牵于禁忌,泥于小数,舍人事而任鬼神"②,《吕氏春秋·孝行览》各篇文章见不到这种倾向,不可能出自阴阳学派。《吕氏春秋·慎人》篇有关孔子困于陈蔡的记载是摘自《庄子·让王》,保留了原作的道家倾向,但已纳入纵横学派的体系之中。

《庄子·让王》篇第二个板块记载了列子拒绝郑子阳馈赠官粟的故事,后来郑子阳被杀,列子免受牵连。《吕氏春秋·观世》篇对于这个故事的叙述与《让王》篇一致,明显是从《让王》篇摘录出去的。《让王》对于这个事件是纯作叙述,未加评论,《吕氏春秋·观世》篇则增加了如下评论:

> 受人之养,而不死其难则不义,死其难则死无道也。死无道,逆也。子列子除不义、去逆也,岂不远哉!且方有饥寒之患矣,而犹不苟取,先见其化也。先见其化而已动,远乎性命之情也。③

对于末句,陈奇猷先生写道:

> 毕沅曰:"'远'疑'达'字之误。"王念孙曰:"《新序》作'通

----

① 班固:《汉书》,北京:中华书局,1962年版,第1740页。
② 班固:《汉书》,北京:中华书局,1962年版,第1734页。
③ 陈奇猷:《吕氏春秋新校释》,上海:上海古籍出版社,2002年版,第969页。

乎性命之情。'"奇猷案:《重己》有"不达乎性命之情"之语,字亦作"达"。此"远"字定误,但未知《吕氏》原文作"达"或作"通"耳,盖"达"、"通"皆形近也。又案:已、以同。①

上述引文先后称"岂不远哉"、"远乎性命之情",其中的远字均指深远,并非讹误。《周易·系辞下》:"其旨远,其辞文,其言曲而中。"孔颖达疏:"其旨远者,近道此事,远明彼事,是其旨意深远。"②所谓的"远乎性命之情",指对性命之情看得很深远,有远见卓识。

列子拒绝接受郑子阳馈赠的故事收录在《庄子·让王》的第二个板块,这个板块的故事主角都是安贫乐道之人,板块末尾的评论称这些人物"穷亦乐,通亦乐",其中就包括列子。《吕氏春秋·观世》篇对于列子所作的评论,从取予施报和远见卓识两个方面切入,较之《让王》篇的总结更加系统和深入,但是道家色彩有所削弱。

关于《吕氏春秋·观世》篇所属学派,陈奇猷先生写道:

> 观世者,察当世治乱之由也。本篇云"先见其化而已动,远乎性命之情也",盖即前篇先识之意,则此篇亦阴阳家言也。③

《观世》篇收录的故事,除列子拒绝郑子阳馈赠,还有周公举贤、文王用贤,晏子举荐越石父等传说。其中提到"若夫有道之士,必礼必知",晏子对越石父以礼相待,儒家色彩很浓。这篇作品应是出自儒家学派,与阴阳学派无涉。不仅如此,《观世》篇所在的《先识

---

① 陈奇猷:《吕氏春秋新校释》,上海:上海古籍出版社,2002 年版,第 977 - 978 页。
② 孔颖达:《周易正义》,北京:中华书局,2009 年影印《十三经注疏》本,第 89 页。
③ 陈奇猷:《吕氏春秋新校释》,上海:上海古籍出版社,2002 年版,第 969 页。

览》八篇文章,均是儒家学派成员所编撰。

《庄子·让王》篇三个板块所收录的传说故事,遵循的是以类相从的原则。第一个板块的故事主角都是全性养生的典型,他们拒绝富贵,按自己的本性生活。石户之农拒绝舜以天下相让,"于是夫负妻戴,携子以入于海,终身不反也"①。他逃离到海上,终身过隐士生活。而《让王》篇收录的传说故事,其主角都是以自杀告终。《吕氏春秋·离俗》篇把这两个板块加以整合,把过隐士生活的石户之农与自杀而死的北人无择、卞随、务光排列在一起,都归于离俗的类别,使得《让王》篇所显示的两类高士的差异变得很小。

《庄子·让王》篇对于一系列自杀而死的高士作了具体叙述,却没有进行总体评论。《吕氏春秋·离俗》篇则在叙述石户之农及三位自杀者的事迹之后评论道:

> 故如石户之农、北人无择、卞随、务光者,其视天下若六合之外,人之所不能察;其视富贵也,苟可得已,则必不之赖;高节厉行,独乐其意,而物莫之害;不漫于利,不牵于埶,而羞居浊世;惟此四士者之节。②

评论中的"其视富贵也,则必不之赖",以及"高节厉行,独乐其意",是录自《让王》篇对伯夷、叔齐的评论,只是个别字有改动。其余部分则是《离俗》编撰者增删的。《离俗》的评论赞扬这批人的高风亮节,他们超越了富贵权势,与混浊的世道相决绝。

关于《离俗》篇的学派所属,陈奇猷先生写道:

> 此篇盖漆雕、孟施舍、北宫黝学派之言也(此派学说内容,

---

① 郭庆藩:《庄子集释》,北京:中华书局,2004 年版,第 966 页。
② 陈奇猷:《吕氏春秋新校释》,上海:上海古籍出版社,2002 年版,第 1242 页。

详《忠廉》"注一"及《当务》"注一")。此派学说之要义为廉,……而所举石户之农、北人无择、卞随、务光等辞天下而不受,皆是廉。①

如前所述,尚廉是墨家特色,《离俗》篇一再颂扬廉节,应是出自墨家学派,而不是出自漆雕、孟舍、北宫黝所属的儒家别派。不仅如此,《离俗览》排在前面的《高义》、《上德》,也是出自墨家学派。《高义》提到墨子拒绝越王的封赏,子囊忠君而伏剑请死,石渚为忠孝两全而自杀。《上德》提到晋公子申生的自杀,墨家钜子孟胜的自杀。这些事例都是墨家用以彰显杀身取义理念的载体。

《庄子·让王》第一个板块收录的传说故事,包括周太王古公亶父从邠地迁于岐山,子华子劝韩昭僖侯息争。对此,《吕氏春秋·审为》全文予以收录,文字基本相同。《庄子·让王》第二个板块有中山公子牟与詹何的对话,《吕氏春秋·审为》篇也予以收录,放置在前两个故事的后面。《审为》篇的三则传说故事,分别取自《庄子·让王》的第一和第二两个板块。《让王》第一个板块的宗旨是全性养生,把国家之事视为余绪,板块结尾的一段评论对此作了说明。《让王》第二个板块的宗旨是"穷亦乐,通亦乐"、"穷通为寒暑风雨之序",板块结尾的评论也作了说明。两个板块的立意有相通之处,也存在微小的差异。《吕氏春秋·审为》把分属于两个板块的三则传说故事整合在一起,中山公子牟与詹何对话故事,和前两个故事之间的差异被淡化,用来表达相同的主题。

关于《审为》篇的学派所属,陈奇猷先生写道:

本篇言重生轻物,与《贵生》同一旨趣,盖亦是子华子学派

① 陈奇猷:《吕氏春秋新校释》,上海:上海古籍出版社,2002年版,第1244页。

之言也。①

《审为》篇的三则传说故事均是取自《庄子·让王》,并且有子华子的大段话语。仅就取材而言,把它归之于属于道家的子华子学派,似乎是有道理的。可是如果把它与《审为》篇前后相次的几篇,同属于《开春论》单元的文章相对比,就会觉得不能简单地把它归于子华子学派。排在《审为》前面的有《察贤》、《期贤》,儒家色彩很明显。排在《审为》后面的是《爱类》,标举的"仁也者,仁乎其类者也",②明显出自儒家学派。由此推断,《审为》虽然摘录的是《庄子·让王》的材料,在整个体系上却是纳入儒家学派。《审为》解题称:"危身伤生,刈颈断头以徇利,则亦不知所为也。"③这是明确反对以身殉利。重义轻利,是孟子学派的重要主张。《孟子·梁惠王上》记载孟子之语:"何必曰利?亦有仁义而已矣。"④这篇文章出于孟子学派的可能性居多,文中叙述的古公亶父迁到岐山一事,《孟子·梁惠王下》亦有叙述⑤。

《庄子·让王》篇共收录传说故事二十则,其中绝大多数被《吕氏春秋》所采纳,分别置于六个篇目中。这些材料取自庄子学派,被拆解分置于六篇作品中重新组装之后,分别隶属于道家、墨家、纵横家、儒家的体系之中。《庄子·让王》篇作为楚文化的组成部分,在《吕氏春秋》中成为多个学派共享的资源,得到有效的利用,发挥出多方面的效应。同一篇文章而在《吕氏春秋》中如此反复多次地加以引录,这种情况是极为罕见的,充分体现出这篇文献的重要价值。

---

① 陈奇猷:《吕氏春秋新校释》,上海:上海古籍出版社,2002 年版,第 1465 页。
② 陈奇猷:《吕氏春秋新校释》,上海:上海古籍出版社,2002 年版,第 1472 页。
③ 陈奇猷:《吕氏春秋新校释》,上海:上海古籍出版社,2002 年版,第 1463 页。
④ 杨伯峻:《孟子译注》,北京:中华书局,2005 年版,第 1 页。
⑤ 杨伯峻:《孟子译注》,北京:中华书局,2005 年版,第 37 页。

4.《庄子》其它篇目的摘录与整合

《吕氏春秋》对《庄子》其它篇目的摘取与整合，分散在多个单元，呈现出不同的趋向。

《庄子·外物》开头写道：

> 　　外物不可必，故龙逢诛，比干戮，箕子狂，恶来死，桀、纣亡。人主莫不欲其臣之忠，而忠未必信，故伍员流于江，苌弘死于蜀，藏其血三年而化为碧。人亲莫不欲其子之孝，而孝未必爱，故孝己忧而曾参悲。①

《吕氏春秋·必己》篇开头全文引录《庄子·外物》上述文字，个别字稍有差异。《外物》开篇称"外物不可必"，《吕氏春秋》则以《必己》作为篇名，明显是借鉴《庄子》。对于其中的必字，陆德明《经典释文》引南朝刘宋王叔之义疏曰："夫忘怀于我者，固无对于天下，然后外物无所用必焉。若乃有所执为者，谅亦无时而妙矣。"②王氏把必与执为视作相同意义的词语，大体近之，但不够透彻，需要进一步辨析。

《说文·八部》："必，分极也，从八、弋，八亦声。"③必，字形从弋。《说文·厂部》："弋，橜也，象折木衺锐者形。厂，象物挂之也。"④弋，指木橛，上有挂系之物。必，字形从弋，因此也有牵系、维系之义。《周礼·考工记·玉人》："天子圭中必。"郑玄注："必，

---

① 郭庆藩：《庄子集释》，北京：中华书局，2004 年版，第 920 页。
② 郭庆藩：《庄子集释》，北京：中华书局，2004 年版，第 920 页。
③ 段玉裁：《说文解字注》，上海：上海古籍出版社，1988 年版，第 49 页。
④ 段玉裁：《说文解字注》，上海：上海古籍出版社，1988 年版，第 627 页。

读如'鹿车繘'之繘,谓以组约其中央,为执之,以备失队。"①所谓的必,指拴系圭的丝绳,执持在手中,防止圭板脱落。必,有维系、执持之义。《庄子·外物》所说的"外物不可必",即外物不可维系、执持。《吕氏春秋》以《必己》作为篇名,则是强调要执持、维系自我,亦即把握自己本身。

《吕氏春秋·必己》的篇名脱胎于《庄子·外物》的开篇之语,其中所收录的故事,亦有取自《庄子》者。《庄子·山木》首篇故事是以庄子与弟子的见闻及对话为题材。山中之木,因其不材无用免遭砍伐。主人家的鹅,因其不能鸣而被屠宰待客。针对弟子的询问,庄子提出处乎材与不材之间还是无法免除遭难,而要"浮游乎万物之祖,物物而不物于物",②也就是要超然于物外,摆脱物景,《吕氏春秋·必己》对这则故事全部引录,文字差异很小。超然物外就是不受外物牵系,这就是必己,也就是把握住自己,以自身为本位,而不受外物影响和困扰。

《庄子·达生》篇有如下记载:

> 鲁有单豹者,岩居而水饮,不与民共利,行年七十而犹有婴儿之色;不幸遇饿虎,饿虎杀而食之。有张毅者,高门县薄,无不走也,行年四十而有内热之病以死。豹养其内而虎食其外,毅养其外而病攻其内,此二子者,皆不鞭其后者也。③

单豹清心寡欲,养其内德,忽视了对外部的防范,结果被饿虎吃掉。张毅奔走于外,交游权贵,最终因内热之病而死。这两个人都不懂得养生的道理,未达性命之情。

---

① 郑玄注、贾公彦疏:《周礼注疏》,上海:上海古籍出版社,2010年版,第1623页。
② 郭庆藩:《庄子集释》,北京:中华书局,2004年版,第668页。
③ 郭庆藩:《庄子集释》,北京:中华书局,2004年版,第646页。

《吕氏春秋·必己》对这两个故事作了如下叙述：

> 张毅好恭，门闾帷薄聚居众无不趋，舆隶姻媵小童无不敬，以定其身，不终其寿，内热而死。单豹好术，离俗弃尘，不食谷实，不衣芮温，身处山林岩堀，以全其生，不尽其年，而虎食之。①

所作的叙述与《庄子·达生》稍有差异。张毅被说成谦恭过分，单豹则是专事养生的术士。《必己》篇的编撰者认为，这两个人均未能把握住自己。张毅过于谦恭，是对他人看得过重而缺乏自信。单豹作为专事养生的术士，过分依赖外界条件，不食五谷，不穿御寒之衣，不住房屋而居住在山间岩穴，都是把外部条件对养生的制约作用推向极端，而忽视自己本身的决定作用。总之，张毅和单豹均未能"必己"，而是依赖外物。这两则故事取自《庄子·达生》，但《吕氏春秋·必己》所作的叙述在情节上与《达生》有差异，所表达的理念也不尽相同。

《吕氏春秋·必己》篇取自《庄子》的故事共三则，一则取自《山木》，两则取自《达生》。《庄子》的这两篇文章在编排上前后相次，内容上也有相通之处。《达生》讲述如何达性命之情，《山木》讲述人的生存处世之道。《吕氏春秋·必己》把《庄子》这两篇文章的三则故事加以摘录，整合在同一篇文章中，并且根据《必己》的宗旨对其中两则故事作了改造，处理得比较成功。

关于《必己》篇的学派归属，陈奇猷先生称："故此篇亦阴阳家之言也。"②如前所述，《吕氏春秋·孝行览》各篇文章均出自纵横

---

① 陈奇猷：《吕氏春秋新校释》，上海：上海古籍出版社，2002 年版，第 836 - 837 页。

② 陈奇猷：《吕氏春秋新校释》，上海：上海古籍出版社，2002 年版，第 837 页。

家之手,《必己》也不例外。其中有如下一段话语:

> 孔子行道而息,马逸,食人之稼,野人取其马。子贡请往说之,毕辞,野人不听。有鄙人始事孔子者曰:"请往说之。"因谓野人曰:"子不耕于东海,吾不耕于西海也,吾马何得不食子之禾?"其野人大说,相谓曰:"说亦如此其辩也,独如向之人?"解马而与之。说如此其无方也而犹行,外物岂可必哉?①

子贡是孔门的外交家,由此不难设想,他对野人所作的陈说必然娓娓动听,却不为对方所接受。鄙人出身的孔门弟子的交涉话语无道理可以称述,对方却心悦诚服。文章以此说明外物无法把握,而必须把握住自身。这个故事是典型的纵横学派的风格,《必己》确定无疑出自这个学派。《庄子》的三则故事被收录在《必己》篇,固然因为这三则故事可以用来表达《必己》的宗旨,同时还在于《庄子》汪洋恣肆的文章风格与纵横家有相似之处,故而被接纳、整合。

《吕氏春秋》对《庄子》的吸纳,有的还是法家学派所为。《去尤》篇写道:

> 《庄子》曰:"以瓦埆者翔,以钩埆者战,以黄金埆者殆。其祥一也,而有所殆者,必外有所重者也。外有所重者泄,盖内掘。"②

《去尤》所引《庄子》一书的话语出自《达生》篇:

> 以瓦注者巧,以钩注者惮,以黄金注者殙。其巧一也,而

---

① 陈奇猷:《吕氏春秋新校释》,上海:上海古籍出版社,2002 年版,第 837 页。
② 陈奇猷:《吕氏春秋新校释》,上海:上海古籍出版社,2002 年版,第 694 页。

有所矜，则重外也。凡外重者内拙。①

《吕氏春秋·去尤》所引庄子话语与《达生》篇有差异，当是流传版本不同所致。《达生》篇的这段论述以赌注游戏为例向人们昭示，把外物看得越重，内心的压力就越大，离自由状态也就越远。《吕氏春秋·去尤》抄录这段话语，所持理念也与《达生》相近，指出外重必内拙。

关于《去尤》篇的学派归属，陈奇猷先生称："则此篇及《去宥》为料子、宋钘、尹文等流派之言也。"②这个结论是可信的。《庄子·达生》篇的上面论述，成为法家学派去尤主张的理论依据。

《吕氏春秋·精谕》篇有如下记载：

> 孔子见温伯雪子，不言而出。子贡曰："夫子之欲见温伯雪子好矣，今也见之而不言，其故何也？"孔子曰："若夫人者，目击而道存矣，不可以容声矣。"故未见其人而知其志，见其人而心与志皆见，天符同也。圣人之相知，岂待言哉？③

孔子见温伯雪子的故事，载于《庄子·田子方》篇，与孔子对话的是子路，而不是子贡。该篇称"吾子欲见温伯雪子久矣"，《吕氏春秋·精谕》称"夫子之欲见温伯雪子好矣"。对此，陈奇猷先生写道：

> 吴承仕曰："好读为孔。孔，甚也。好矣犹云甚矣。"奇猷案：《周礼·考工记》"璧羡尺，好三寸以为度"，注引先郑云：

---

① 郭庆藩：《庄子集释》，北京：中华书局，2004年版，第642页。
② 陈奇猷：《吕氏春秋新校释》，上海：上海古籍出版社，2002年版，第695页。
③ 陈奇猷：《吕氏春秋新校释》，上海：上海古籍出版社，2002年版，第1177页。

"好,璧孔也。"吴谓好读为孔,盖即本此为说。①

释好为孔,句子意义可贯通。但是,《考工记》所说的好谓孔,指中间空虚的部分,难以引申出特别、甚之义。好,用的是它的特殊意义。黄瑞云先生写道:

> 《诗·周南·兔罝》:"赳赳武夫,公侯干城"、"赳赳武夫,公侯好仇"、"赳赳武夫,公侯腹心",三章中"干城"、"腹心"为联合结构,按《诗经》体例,则"好仇"亦当为联合结构。"仇,匹也",则"好亦匹也",匹,合也。②

好谓匹合,亦指偶对,此说可从。《吕氏春秋·精谕》篇所说"夫子之欲见温伯雪子好矣",即孔子想会见温伯雪子以相偶对。好,用作动词,相偶对、匹合之义。

关于《吕氏春秋·精谕》篇的学派所属,陈奇猷先生称:"此篇系料子、宋钘、尹文流派所作,《审应》'注一'已言之。"③《精谕》也是出自法家学派。

《去尤》的主旨是去掉外在的负担,《精谕》的主旨是要见于无形、听于无声,均是法家的重要主张。《庄子》书中《达生》和《田子方》的两个段落被纳入《去尤》和《精谕》,成为法家构建体系的部件。

《吕氏春秋·有度》篇写道:

> 先王不能尽知,执一而万物治。使人不能执一者,物感之

---

① 陈奇猷:《吕氏春秋新校释》,上海:上海古籍出版社,2002年版,第1182页。
② 黄瑞云:《老子本原》,北京:人民文学出版社,1998年版,第44页。
③ 陈奇猷:《吕氏春秋新校释》,上海:上海古籍出版社,2002年版,第1178页。

也。故曰：通意之悖，解心之缪，去德之累，通道之塞。贵富显严名利六者，悖意者也。容动色理气意六者，缪心者也。恶欲喜怒哀乐六者，累德者也。智能去就取舍六者，塞道者也。此四六者不荡乎胸中则正。正则静，静则清明，清明则虚，虚则无为而无不为也。①

文中列举影响道德心志的二十四种负面因素及消除措施，见于《庄子·庚桑楚》，《有度》所说的"通变之悖"，"通道之塞"，《庚桑楚》篇作"彻志之勃"、"达道之塞"②。与此相应，《有度》篇的"悖意者也"，《庚桑楚》篇作"勃志也"③；两相对比，《庚桑楚》的用词更加准确、灵活，动词用彻、解、去、达，四者不相重复。《有度》篇的动词则依次是通、解、去、通，通字重复。另外，《有度》篇前面称"通意之悖"，意与心、德、道相并列。后面又称："容动色理气意者，缪心者也。"这样一来，意又是附属于心的小范畴，前后出现矛盾。《庚桑楚》作"励志之勃"，而不是"通意之悖"，则前后逻辑清晰，没有出现《有度》篇的前后矛盾的现象。所以，《有度》篇在引录《庚桑楚》篇所作的改动，处理得比较粗糙，不如原文严密。

《庄子·庚桑楚》篇提出去除影响道德心志的二十四种负面因素，立足于生命本位，为的是使精气畅通，进入虚静的道界。《吕氏春秋·有度》借鉴《庚桑楚》的论述，把它作为君王南面之术、无为而治的理论支撑。

关于《有度》篇的学派归属，陈奇猷先生称："此篇为季子学派之言。本篇主旨即季子之言'不为私'。"④《有度》篇属于《似顺论》单元，这个板块的文章，带有明显的法家学派特征。《处方》结尾段

---

① 陈奇猷：《吕氏春秋新校释》，上海：上海古籍出版社，2002年版，第1660页。
② 郭庆藩：《庄子集释》，北京：中华书局，2004年版，第810页。
③ 郭庆藩：《庄子集释》，北京：中华书局，2004年版，第810页。
④ 陈奇猷：《吕氏春秋新校释》，上海：上海古籍出版社，2002年版，第1660页。

落称:"法也者,众之所同也,贤不肖之所以其力也。"①《慎小》结尾称:"赏罚信乎民,何事而不成,岂独兵乎?"②即以《有度》篇而论,也带有明显的法家学派特征。文中称:"孔、墨弟子徒属充满天下,皆以仁义之术教导于天下,然而无所行,教者术犹不能行,又况乎所教?"③非议儒墨是法家学派惯见的做法,《有度》篇体现的正是这种趋向。

《庄子》作为道家学派的经典著作,《吕氏春秋》对它多有借鉴。《吕氏春秋》对《庄子》的摘录和运用,呈现出与吸纳《道德经》的不同特点。《吕氏春秋》运用《庄子》著作出自多个学派,除道家之外,还有儒家、墨家、法家、纵横家。战国时期几个主要学派,都参与了对《庄子》的拆解及重新组装。而《吕氏春秋》对《道德经》的吸纳,主要是由法家及带有法家倾向的道家进行操作,所涉及的学派相对集中。二者的这种差异,是由各自的属性决定的。《道德经》总共只有五千言,所论述的问题比较集中,因此,《吕氏春秋》对它的借鉴也就主要限于道家和法家两个领域。《庄子》篇幅较大,内容庞杂,由此而来,多个学派都可以从那里各取所需。另外,《庄子·让王》篇相继被拆解、重新组装在《吕氏春秋》的六篇文章中,而《道德经》同一章的内容在《吕氏春秋》中被反复运用的情况则基本见不到。《让王》篇的主角是一批遗世独立的高人,《吕氏春秋》的编撰者对它情有独钟,这一事实表明,《庄子》为《吕氏春秋》所提供的营养,主要是在全性养生、独立人格及个体生存方式方面。而《道德经》为《吕氏春秋》所借鉴的,则主要是治国理政的观念及方略。

《道德经》、《庄子》学说的核心部分是道论,但是,《吕氏春秋》对此并没有作为重点加以借鉴,没有设置这方面的专章。与同是

---

① 陈奇猷:《吕氏春秋新校释》,上海:上海古籍出版社,2002年版,第1679页。
② 陈奇猷:《吕氏春秋新校释》,上海:上海古籍出版社,2002年版,第1690页。
③ 陈奇猷:《吕氏春秋新校释》,上海:上海古籍出版社,2002年版,第1660页。

杂家著作的《淮南子》相比,《吕氏春秋》对于道论的阐释相对薄弱。这部书主要关注的是各个学派理论的实际运用,而不是要建立形而上的理论体系。

五、对《道德经》道家因素的吸纳及其采用的书写模式

《吕氏春秋》是先秦诸子著作的殿军,是一部带有集大成性质的杂家著作,对其他先秦诸子的思想多有吸纳。老子是道家的创始人,他所著的《道德经》作为道家经典,成为《吕氏春秋》重要的借鉴对象。《吕氏春秋》的许多篇目是道家思想的载体,对此,古今学者已有大量论述,挖掘得非常充分。那么,《吕氏春秋》在借鉴老子学说过程中,采用的是怎样的书写方式和表现手法? 它的文学史价值和意义是什么? 这方面的探讨显得相对薄弱,还有许多学术空间可供拓展。这就提出一个问题,那就是如何坚持文学本位对《吕氏春秋》乃至其它先秦诸子著作进行深入研究,而不是停留于思想层面的定性。《吕氏春秋》在借鉴老子学说过程中所采用的书写方式、表现手法,可从一个侧面透视出这部书在文学史上的价值和地位。

1.《吕氏春秋》依据《道德经》篇目的分布格局

《吕氏春秋》有严密的体系,全书分十二纪、八览、六论三大板块,共一百六十篇正文,十二纪后面附有一篇序言。《吕氏春秋》与老子相关的篇目,或依托老子所著《道德经》,都是借鉴、吸纳老子的道家学说,作为构建自身体系的部件。对这些篇目进行检索统计可以看出,它们在书中不是均匀分布,而是集中在两个二级板块。一是《孟春纪》的《本生》、《贵公》,二是《审分览》的《审分》、《君

守》、《任数》、《勿躬》、《不二》、《执一》。这两个二级板块所涉及依傍《道德经》的篇目,占全书同类篇目的绝大多数,其它依傍《道德经》的案例,零星散见于有限的篇目中。

《吕氏春秋》依傍《道德经》篇目为什么会形成上述分布格局?这要从该书《孟春纪》和《审分览》两个二级板块的思想内容方面进行考察。

《吕氏春秋》十二纪的内容编排,体现的是天人合一的理念。自然界的规律是春生、夏长、秋杀、冬藏,与此相应,《吕氏春秋》十二纪的内容编排,也体现出同样的属性,尤其是四季的首月,所涉内容与自然界的规律紧密相合。《孟夏纪》有《劝学》、《尊师》,《孟秋纪》有《荡兵》、《振乱》,《孟冬纪》有《节丧》、《安死》。以上所列篇目均是居于各板块正文的第一、二位,体现的是夏长、秋杀、冬藏的自然节律。《本生》、《贵公》均是《孟春纪》的篇目,其中《本生》与《孟春》前后相次,是该板块正文的首篇,《孟春》则是该板块的序文。《吕氏春秋》编著者秉持的是春为生的理念,因此,《孟春纪》首篇的标题是《本生》。依傍《道德经》的篇目首次出现在《孟春纪·本生》,由此可以推断,《吕氏春秋》是从养生方面借鉴老子的理念,属于生命哲学层面的继承。

《审分览》依傍《道德经》的篇目数量最多,这也与该板块的内容编排密不可分。《审分》开篇写道:"凡人主必审分,然后治可以至,奸伪邪辟之途可以息,恶气苛疾无自至。"八览、六论首篇,都是揭示所在板块的内容、宗旨,带有统辖全局的性质。《审分》作为该板块的首篇开宗明义,指出这个板块的主要内容是如何治国理政的南面之术。这个板块五篇文章均涉及老子,由此看来,《吕氏春秋》对老子学说的借鉴,重点在治国理政领域。

综上所述,《吕氏春秋》依傍《道德经》的篇目,主要分布在两个板块,集中在两个领域。从篇目分布格局切入,可以大体上追索出《吕氏春秋》对老子思想所作的取舍。它对老子思想的借鉴,固化在相应的结构板块之中。

2. 老子养生全性理念文学演绎的书写模式

《本生》是《吕氏春秋·孟春纪》正文的首篇,通篇论述如何养生全性,文中有如下一段:

> 夫水之性清,土者抇之,故不得清。人之性寿,物者抇之,故不得寿。物也者,所以养性也,非所以性养也。今世之人,惑者多以性养物,则不知轻重也。

这里提出了性与物的关系问题,是以物养性,还是以性养物? 对此,高诱注曰:"夫无为者,不以身役物;有为者,则以物役身,故曰:'惑者多以性养物'也。"[①]高诱所作的解释是正确的,合乎原文本义。那么,究竟怎样做是以物养性,又怎样做是以性养物呢? 对此,《本生》篇作了进一步论述:

> 万人操弓,共射一招,招无不中。万物章章,以害一生,生无不伤;以便一生,生无不长。故圣人之制万物也,以全其天也。

这是以射箭作比喻,用以说明沉溺于物欲对生命造成的伤害,犹如万人操弓共射一个靶子,这个靶子必然被射中,并且不止一次。外物是人的欲望对象,如果处理不当,过分追求,就会造成对人生命的伤害。

把欲望对象视为伤生害性的杀手,《道德经》第七十五章已经

---

① 陈奇猷:《吕氏春秋新校释》,上海:上海古籍出版社,1984 年版,第 25 页。

作过这方面表述:"民之轻死,以其求生之厚,是以轻死。"这里提出
一个尖锐的问题,有的人轻死,是由求生过厚造成的,由贵生而导
致轻死,带有辩证性。为什么会如此呢? 唐末五代之际的杜光庭
作了如下解说:

> 若厚于奉养,力以求生,或饵金石以毒其中,或因鼓怒而
> 伤其气,或营难得之货,或求过分之能。本欲希生,反之于死,
> 是生生之厚也。①

《道德经》原文言简意赅,杜光庭的解说加以充分发挥,道出了其中
丰富的内涵。老子所说的"求生之厚",确实指因为求生愿望过于
强烈,沉陷于外物而不能自拔。《道德经》第五十章先是称"出生入
死",王弼注:"出生地,入死地。"②指的是由于人的行为过失而造
成离开生路,走向死亡。对于这种现象,老子把它的原因归结为
"以其生生之厚"。这里所说的"生生之厚",也就是第七十五章所
说的"求生之厚"。黄瑞云先生所作解释如下:

> 生生,犹养生。……生生之厚,包括贪得无厌地追求权
> 势、财货与生活享受。③

所谓的生生之厚,指的确实是欲望充盈,为外物所役,结果导致伤
生丧命。这与第七十五章所说的"求生之厚"含义相同。
　　老子的养生理念,是以全性为根本,主要探讨人的天性与外物
的关系。《吕氏春秋·本生》篇对养生理念的阐述,同样是以全性

---

① 杜光庭撰:《道德真经广圣义》,胡道静、陈莲笙、陈耀庭选辑:《道藏要籍选刊》
(二),上海:上海古籍出版社,1989年版,第249页。
② 楼宇烈:《王弼集校释》,北京:中华书局,1980年版,第134页。
③ 黄瑞云:《老子本原》,北京:人民文学出版社,1998年版,第72页。

为本,所谓的"以全其天",也就是要保全天性。另外,前面所引《本生》篇的两段论述,均是围绕着人的天性与外物的关系展开,与老子的聚焦点是一致的。由此看来,《本生》篇是站在道家立场上借鉴老子的养生理念,反映的是道家思想,属于道家学派的著述。关于《本生》篇的学派归属,陈奇猷先生称:"本篇系阴阳家言养生之要。"①从实际情况考察,《本生》篇不属于阴阳学派的著述,而是属于道家。《汉书·艺文志》写道:

> 阴阳家者流,盖出于羲和之官,敬顺昊天,历象日月星辰,敬授民时,此其所长也。及拘者为之,则牵于禁忌,泥于小数,舍人事而任鬼神。②

《吕氏春秋·本生》篇所阐述的养生理论,见不到阴阳学派的特征。其中不涉及天文历法,也与鬼神无关。不是泥于小数,而是颇识大体,所论述的是养生全性至关重要的问题。其中虽然提到对物欲的节制,但是,这与阴阳家所宣扬的带有神秘色彩的禁忌不属于同类观念。断定《本生》篇出自阴阳学派,在学理上无法圆通。

老子的养生全性理念,为《吕氏春秋》所继承,还有中间环节所起的作用,那就是庄子学派对老子养生全性理念的阐发。《庄子·达生》开篇写道:

> 达生之情者,不务生之所无以为;达命之情者,不务知之所无奈何。养形必先之以物,物有余而形不养者有之矣。

这段论述明确提到养生与外物的关联,并指出世上存在的物有余

---

① 陈奇猷:《吕氏春秋新校释》,上海:上海古籍出版社,1984 年版,第 22 页。
② 班固:《汉书》,北京:中华书局,1962 年版,第 1734－1735 页。

而形不养的可悲现象。对此,成玄英疏写道:

> 物者,谓资货衣食,旦夕所须。夫颐养身形,先须用物;而物有分限,不可无涯。故凡鄙之徒,积聚有余而养卫不足者,世有之矣。①

《达生》篇所说的"物有余而形不养",就是《道德经》所说的"生生之厚"、"求生之厚",最后导致离开生路而走向死亡。《吕氏春秋》的《贵生》、《诚廉》、《慎人》、《观世》、《离俗》、《必己》等众多篇目的取材或论述,往往有与《庄子》重复者,以此判断,《吕氏春秋》编著者对庄子学派是熟悉的,并且有所借鉴。老子的养生全性理念,经过庄子学派的阐发,再到为《吕氏春秋》所借鉴,前后相承的脉络很清晰,其中贯穿的是道家的生命哲学理念。

《本生》篇不但借鉴老子的养生全性理念,而且在进行文学演绎过程中也继承《道德经》的行文风格,使得对养生全性理念的表达形成相对稳定的模式,成为重要的艺术原型。

《道德经》第十二章写道:

> 五色令人目盲,五音令人耳聋,五味令人口爽,驰骋田猎令人心发狂,难得之货令人行妨。

这段论述指出由于物欲横流而造成的异化现象,本应由人支配的外物,变成戕害人的异己力量,物欲对象成为伤人的主谋。对此,唐玄宗作了如下解说:

> 此章明染尘逐境驰骋即发狂。首标色声滋味戒伤,当所

---

① 郭庆藩、王孝渔:《庄子集释》,北京:中华书局,1961年版,第631页。

以为病；次云畋猎贪货，明逐欲所以焚和。①

这是把《道德经》所列五个义项划分为两个层面进行解说，条分缕析，颇为可取。从文学表现方式层面而言，《道德经》这段话有一个鲜明的特点，就是批判精神与逆反思维的有机结合。老子揭露"求生之厚"、"生生之厚"造成的危害，同样是批判精神与逆反思维结合在一起，但都是言简意赅，未能充分展开。以上这段论述则是批判精神和逆反思维相结合的完美形态。《道德经》第十二章在表达方式上的这种特点，在《吕氏春秋·本生》篇中得到继承和发扬，文中写道：

> 今有声于此，耳听之必慊，已听之则使人聋，必弗听。有色于此，目视之必慊，已视之则使人盲，必弗视。有味于此，口食之必慊，已食之则使人瘖，必弗食。……世之贵富者，其于声色滋味也多惑者，日夜求，幸而得之则遁焉。遁焉，性恶得不伤？

对于《本生》篇的这篇论述，古代注家往往以《道德经》第十二章的文字加以诠释：

> 高注："以瘖，故不当食也。老子曰：'五声乱耳，使耳不聪；五色乱目，使耳不明；五味实口，使口爽伤也。'"毕沅曰："《老子道经》云：'五声令人耳聋，五色令人目盲，五味令人口爽'，此约略其文耳。"②

---

① 杜光庭撰：《道德真经广圣义》，胡道静、陈莲笙、陈耀庭选辑：《道藏要籍选刊》（二），上海：上海古籍出版社，1989年版，第66页。

② 陈奇猷：《吕氏春秋新校释》，上海：上海古籍出版社，1984年版，第25页。

高诱援引《道德经》第十二章的话语解释《本生》篇的上述段落,毕沅则认为《本生》篇的上面论述脱胎于《道德经》第十二章,所作的解释是可取的。《本生》篇上面的段落,确实是对《道德经》第十二章所作的回应。《道德经》该章首先提到的是五声、五色、五味,按照声、色、味的顺序依次排列,《本生》篇也是如此。《道德经》第十二章批判沉溺于声色狗马的异化现象,《本生》篇上述段落同样批判世人遁于物的自我迷失。《道德经》第十二章运用的是逆反思维,是从否定的方面立论。《本生》篇上面一段论述,也是从反面进行警示,类似于发布禁令。由此看来,用批判精神和逆反思维相结合的方式论述养生全性理念,《吕氏春秋·本生》篇与《道德经》第十二章是一脉相承。

《道德经》第十二章上述段落的行文还有一个显而易见的特点,就是连续运用五个排比句,并且句尾押韵:"盲聋爽狂妨(盲爽狂妨,阳部。聋,东部)腹目(党部)。"①《道德经》是一部哲理性很强的典籍,而且各章均是韵文。运用排比句式的韵文论述养生全性理念,是《道德经》一书艺术价值的具体显现,正如《文心雕龙·情采》篇所称:"老子疾伪,故称美言不信;而五千精妙,则非弃美矣。"②排比句式、句尾押韵,正是《道德经》第十二章艺术美之所在。《吕氏春秋》是一部散文集,除了少数篇章的个别段落,其余大多数作品不是韵文,《本生》篇也是如此。但是,以排比句式论述养生全性理念,《道德经》的这种行文方式在《本生》篇亦然得到继承。前面所引的"今有声于此"的段落,就是连续运用三组排比句,每组四句,三组共十二句,是以四句为单位进行排比,较之《道德经》第十二章的排比显得更加复杂。《吕氏春秋·本生》篇还有如下一段:

---

① 黄瑞云:《老子本原》,北京:人民文学出版社,1998 年版,第 155 页。
② 刘勰:《文心雕龙注》,北京:人民文学出版社,1958 年版,第537 页。

> 出则以车,入则以辇,务以自佚,命之曰招蹷之机。肥肉厚酒,务以自强,命之曰烂肠之食。靡曼皓齿,郑、卫之音,务以自乐,命之曰伐性之斧。

对于"招蹷之机",毕沅称:"盖招,致也。蹷者,痿蹷。过佚则血脉不周通,骨干不坚利,故为致蹷之机括。"①毕沅之说可取,意谓出行全都依赖车辆,而不肯走路,则腿脚萎缩,容易跌倒。《本生》篇上面一段话与《道德经》十二章的立意行文极其相似,都是批判精神与逆反思维有机结合在一起,并且连续运用排比句,使得对于养生全性理念的论述,既尖锐深刻,又很有气势。

上述事实表明,用批判精神、逆反思维、排比句子相结合的方式,论述道家的养生全性理念,在先秦时期已经成为一种固定的书写模式,积淀为一种艺术原型。这种模式和原型由老子所开创,到《吕氏春秋》中被复制,使它变得更加稳固。到了西汉,这种模式和原型又反复呈现,见于不同体裁的作品中。枚乘《七发》有如下一段:

> 且夫出舆入辇,命曰蹷痿之机;洞房清宫,命曰寒热之媒;皓齿娥眉,命曰伐性之斧;甘脆肥脓,命曰腐肠之药。②

这段论述与《吕氏春秋·本生》篇上述段落极其相似,只是多出"洞房清宫"一个义项。因此,李善注援引《本生》篇相关论述及高诱注,其中还涉及《道德经》第十二章。枚乘《七发》的上述段落在思想倾向上与道家相合,论述养生全性之道而兼有批判精神、逆反思

---

① 陈奇猷:《吕氏春秋校释》,上海:上海古籍出版社,1984年版,第30页。

② 萧统:《文选》卷三十四,清光绪乙酉(1885),上海:上海同文书局仿汲古阁石印。

维和排比句式,用的是先秦时期生成的书写模式和艺术原型。对此,有的文学史著作已经明确指出。①

　　主持编著《淮南子》的刘安,与枚乘是同时代人。《淮南子·精神训》论述养生全性之道有如下一段:

　　　　是故五色乱目,使目不明;五声哗耳,使耳不聪;五味乱口,使口爽伤;趣舍滑心,使行飞扬。

刘文典先生列举《庄子·天地》篇相关论述,明确指出"即《淮南》所本也"②,所给出的结论是正确的。如果从源流上加以追溯,《精神训》的这段论述,同样是沿袭由老子奠定,并且经《庄子》、《吕氏春秋》等著作传承的书写模式和艺术原型。

　　《淮南子·本经训》在论述养生全性之道时指出:"凡乱之所由生者,皆在流遁。流遁之生者五。"这是认为人的天性流遁是沉迷于金、木、水、火、土五类欲望对象所致。然后逐项加以铺陈,分别指出"此遁于木也"、"此遁于水也",如此等等,共五大段,铺张扬厉,洋洋大观。这是以辞赋笔法论述养生全性之道,贯穿其中的是道家理念。至于批判精神、逆反思维和排比句子的运用,在五段论述中紧密结合,并且发挥到极致。先秦时期生成的书写模式、艺术原型,到了这里犹如滚动已久的雪球,在具体样态上变得很大。《淮南子》和《吕氏春秋》同属杂家,这两部著作在对老子奠定的养生全性理念书写模式和艺术原型的借鉴方面,多有相通之处,可以对读互证。

────────────

　　① 袁行霈主编:《中国文学史》第一卷,北京:高等教育出版社,2005年版,第158页。

　　② 刘文典:《淮南鸿烈集解》,北京:中华书局,1989年版,第223页。

3. 老子系列命题被援道入法及说体文类的运用

《吕氏春秋》依傍《道德经》的篇目多数集中在《审分览》，八篇之中有六篇直接与老子存在关联。陈奇猷先生对《审分》解题称："上《正名》及此下八篇皆法家之言。"①所下的结论是准确的，《审分览》是阐述法家治国理政主张的专门板块。《正名》是《先识览》的末篇，也是出自法家之手。《审分览》对老子的论断多有依傍，实际上是援道入法，把老子的论断作为法家治国理政主张的支撑。

如前所述，《吕氏春秋·本生》篇是以道家为本位，对老子养生全性理念的文学演绎，在书写模式上也沿袭老子最初的做法，从而积淀为重要的艺术原型。《审分览》则不同，它是以法家为本位，依傍《道德经》而援道入法，与此相应，对老子主张所作的引申发挥，采取的是有异于《本生》篇的书写方式，即不是按照《道德经》的书写模式进行表述，而是大量援引历史事实、传说故事来进行论述。

《君守》是《审分览》的第二篇，开始部分有如下一段：

> 天之大静，既静而又宁，可以为天下正。……故曰：不出于户而知天下，不窥于牖而知天道。其出弥远者，其知弥少。②

这段话分别依托《道德经》第四十五章和第四十七章。第四十五章结尾是"清静为天下正"，是《君守》上述文字开始一段所取。"不出于户而知天下"以后段落，基本是照录《道德经》第四十七章前半部分。《君守》篇围绕《道德经》的这两章展开论述，先是进行理论上的说明，然后援引一系列历史故事及传说加以印证，其中包括兒说

① 陈奇猷：《吕氏春秋新校释》，上海：上海古籍出版社，1984年版，第1041页。
② 陈奇猷：《吕氏春秋新校释》，上海：上海古籍出版社，1984年版，第1059–1060页。

弟子解锁、郑大师文鼓琴,以及历史上奚仲作车、仓颉作书等六个创制方面的案例。纵观全文,历史故事和传说所占的篇幅超过一半,主要是用它们来解说老子的命题,而宣扬法家治国理政的主张。

《审分览》的第八篇是《执一》,开始一段明确提出"王者执一而为万物正"。这个命题取自《道德经》第三十九章:"侯王得一以为天下正"。河上公注:"言侯王得一,故能为天下平正。"①《执一》篇从标题到具体命题,均是以《道德经》第三十九章为依傍。在具体论证过程中,相继讲述三个历史故事:楚王向詹何询问治国之道、田骈以道术说齐王、吴起与商文的大段对话。这篇作品的主体部分是三则历史故事,叙事占据绝大部分篇幅。

《吕氏春秋·审分览》以法家为本位,援老入法,往往用历史故事和传说对老子的命题加以阐发,这种做法在其它出自法家之手的篇目中也可以见到。《先识览·乐成》篇开头如下:

> 大智不形,大器晚成,大音希声。
>
> 禹之决江水也,民聚瓦砾。事已成,功已立,为万世利。
> 禹之所见者远也,而民莫之知,故民不可以与虑化举始,而可以乐成功。

陈奇猷先生称:"则此篇盖法家之论。"②主要依据是上述段落末尾两句话出自《商君书》,所下的判断是可信的。《商君书·更法》记载商鞅如下话语:"语曰:'愚者闇于成事,知者见于未萌。民不可与虑始,而可与乐成。'"高亨先生注:"乐成,欢庆成功。"③《吕氏春

---

① 王卡点校:《老子道德经河上公章句》,北京:中华书局,1993年版,第155页。
② 陈奇猷:《吕氏春秋校释》,上海:上海古籍出版社,1984年版,第991页。
③ 高亨:《商君书注译》,北京:中华书局,1974年版,第28页。

秋·乐成》篇所用《商君书》的一段论述,是商鞅时期社会上流传的话语,商鞅把它作为实行变法的理论依据。《乐成》篇援引这段话,确实是出自法家之手。

《道德经》第四十一章写道:"大方无隅,大器晚成,大音希声,大象无形,道隐无名。"《先识览·乐成》篇开始列出的三个命题,就是依傍《道德经》的上述论断,只是有所增删而已。"大智不形"是编者所增益。《乐成》篇在列出这三个命题之后,紧接着就转入对历史故事和传说的陈述。首先提到的是大禹治水,开始阶段百姓不理解,"民聚瓦砾",百姓聚集瓦片碎石,要用它们投掷追打大禹,以此表示自己的不满和反抗。大禹治水成功,百姓万世受益。后面又以孔子治鲁、子产治郑、乐羊攻中山、史起治邺的历史故事,印证前面列出的几个命题,全文近乎一篇历史故事的选辑。

援老入法,用历史故事解说老子的命题,这种做法在先秦法家集大成著作《韩非子》中也可以见到。这部书的《喻老》篇,除个别条目是对老子的命题作理论阐释,其余绝大多数条目都是用历史故事解说老子的命题,其中有如下一段:

> 楚庄王莅政三年,无令发,无政为也。右司马御座而与王隐曰:"有鸟止南方之阜,三年不翅不飞不鸣,嘿然无声,此为何名?"王曰:"三年不翅,将以长羽翼。不飞不鸣,将以观民则。虽无飞,飞必冲天;虽无鸣,鸣必惊人。子释之,不穀知之矣。"处半年,乃自听政,所废者十,所起者九,诛大臣五,举处士六,而邦大治。举兵诛齐,败之徐州,胜晋于河雍,合诸侯于宋,遂霸天下。庄王不为小害善,故有大名;不蚤见示,故有大功。故曰:"大器晚成,大音希声。"①

---

① 陈奇猷:《韩非子新校注》,上海:上海古籍出版社,2000年版,第457页。

这个故事有几个不同的版本，对此，陈奇猷先生已经具体指明①。该条目与《吕氏春秋·乐成》篇都援引老子"大器晚成，大音希声"的命题，又都是用历史故事加以解说，可谓异曲同工。当然，《吕氏春秋》中以历史故事解说老子命题，援老入法的篇目，与《韩非子·喻老》篇在文本形态上也存在明显差异。《喻老》篇把老子命题置于篇末，作为总结；《吕氏春秋》则是多数把老子命题放在段落的前面，作为发端，也有少数置于段落中间者。《喻老》是用一个历史故事解说老子的单个命题，二者是一对一的关系。《吕氏春秋》则是多个历史故事与老子的单独命题相对应。两相对比，《韩非子·喻老》的文本形态更有规则，显得法度森严。

《吕氏春秋》的编著成员和韩非所处的历史时段基本相同，《吕氏春秋》和《韩非子》的撰写年代也大体一致。韩非作为先秦法家的代表人物，他的《喻老》篇用历史故事解说老子的命题。《吕氏春秋》有些出自法家学派的篇目，同样用这种方式解说老子的命题，二者是遥相呼应。那么，为什么会出现这种情况呢？概括而言，主要有两方面原因。

第一，此是为弥合学派之间的缝隙所采取的措施。老子是道家的创始人，他的学说自成体系。援老入法，把道家的命题转换成法家治国理政的观念，虽然可以通过理论阐释的方式进行，如《韩非子·喻老》篇，但是，这种做法难度较大，中间会遇到许多障碍。《吕氏春秋·本生》篇出自道家学派，它对老子养生全性理念的继承，采用的是理论阐释的方法，用的是《道德经》文本的表达模式，因为是在同一思想体系中推衍，所以，顺理成章，很容易操作。相反，用理论阐释的方式援老入法，则存在学术风险，如果处理不当，就会与道家的思想体系相抵牾，出现无法解决的矛盾。用历史故事解说老子的命题，则是自由度很大，并且为读者的理解提供了广

阔的空间,可以有多重选择。

第二,这是为了沟通抽象命题与实际操作两个领域。老子出示的一系列命题都是抽象的,具有高度的概括性,如前面提到《道德经》第四十五章的"清静为天下正",第三十九章的"侯王得一为天下正",第四十一章的"大器晚成,大音希声",都是极其抽象的。要把这些高度概括的抽象命题,转换成法家治国理政的具体措施,最有效的方式就是援引历史故事,用以往的事实或传说来加以说明。这些历史故事对老子命题的抽象性起到稀释作用,使它变成可付诸实际操作的具体措施。

在《吕氏春秋》和《韩非子》编著撰写的时期,《道德经》一书已是道家经典。《吕氏春秋》出自法家的某些篇目,以及《韩非子·喻老》,实际是以讲述历史故事的方式阐释道家经典,这就是为新的问题的生成提供了契机。它所催生的新文体,就是所谓的说体。对于说体文类,《文心雕龙·论说》篇作过如下论述:

> 说者,悦也;兑为口舌,故言咨悦怿;过悦必伪,故舜惊谗说。说之善者:伊尹以论味隆殷,太公以辨钓兴周,及烛武行而纾郑,端木出而存鲁,亦其美也。暨战国争雄,辨士云踊;从横参谋,长短角势;转丸骋其巧辞,飞钳伏其精术。一人之辨,重于九鼎之宝,三寸之舌,强于百万之师。六印磊落以佩,五都隐赈而封。①

刘勰所列举的从殷、周到战国的说体文献,主要指说辞,包括行人辞令、策士游说之辞。这是刘勰对说体所作的界定,反映的是南朝时期的文体观念。实际上,说体是包含多种样式的文类,不局限于说辞。如果对《吕氏春秋》、《韩非子》编纂撰写时段的文体观念加

---

① 周振甫:《文心雕龙今译》,北京:中华书局,1986年版,第172-173页。

以考察,历史故事、民间传说也属于说体。《韩非子·说林》所收录的全是历史故事,该书的《内储说》、《外储说》除各篇开头一段之外,其余也全是讲述历史故事。既然著述的篇题标以"说"字,又是以讲述历史故事作为文本的主体,由此可见,当时人是把历史故事视为说体,反映的是战国时期的文体观念。《吕氏春秋》援老入法的篇目,往往采用讲述历史故事的方式,实际上参与了这种说体文章类型的生成和培育,在文学史上有重要意义。关于这类说体作品在文学史上的价值,屈守元先生在《说苑校证·序言》中有如下论述:

> 名之为《说苑》,使我们很自然地联想到《韩非子》的《储说》和《说林》,刘向所序六十七篇中就还有《世说》。这些以"说"为名的典籍、篇章,它们的特点,往往近于讲故事。……选编历代小说作品,把《说苑》也算进去,并无可非议。把《说苑》看成是带有一定古代小说集性质的书,这是符合中国小说发展的历史实际的。①

在屈先生看来,中国古代早期以"说"为名的典籍、篇章,是近于讲故事的早期小说,可谓真知灼见。《吕氏春秋》援老入法的一些篇章,也是以讲述故事的方式阐释老子的命题,当然也是属于说体,是早期小说的胚胎和雏形。说体所讲述的是历史故事和传说,后来出现的严格意义上的早期小说,往往是选取历史题材,《吴越春秋》、《燕丹子》、《世说新语》都属于此类。

《吕氏春秋》援老入法的篇目、《韩非子·喻老》,都是在对《道德经》这部道家经典进行阐释过程中讲述历史故事和传说,经典解读成为这种说体文类生成的契机。类似情况在其他学派中也可以

---

① 屈守元:《说苑校正》,北京:中华书局,1987 年版,第 3 - 4 页。

见到。《诗经》在汉代成为儒家经典,传世的《韩诗外传》是韩诗学派创始人讲授《诗经》的著作,屈守元先生对这部著作的文学价值,作了如下评论:

> 又有的是娓娓动人的故事,为《列士传》、《高士传》一类书所取用的很多。卷十所载菑丘䜣的故事,宋人讲评话小说所取资的《太平广记》,也加以采录,这就是古代的武侠小说。文章曲折波澜,实勘借鉴。此书每段故事,结束时总引"诗曰",这就为"有诗为证"作收场的我国古典小说,树立了楷模。要探寻具有中国特色的古典小说渊源,万万不能不提及此书。①

以上所言乃是不刊之论,《列士传》似应为《列女传》。《韩诗外传》多数篇目是以讲故事的方式解释《诗经》。就学理而论,这种做法固然往往误解或曲解作品,追求微言大义。但是,从文学创作的角度进行观照,所讲的故事却是具有很强的文学性,篇末引诗的方式演变为古典小说重要的结构模式。《吕氏春秋》援老入法的诸多篇章所讲述的历史故事,同样具有审美鉴赏价值。它通常采用的将老子的命题置于历史故事之前的做法,也可以说是中国古典小说以诗词或哲理名言作为开场白的滥觞。

总之,《吕氏春秋》那些以讲故事方式援老入法的篇章,参与了说体文类的早期生成,是中国古典小说的源头之一。当然,中国早期说体文类有多种形态,生成的渠道也不尽相同。但是,对说体文类追本溯源,《吕氏春秋》援老入法所起的作用不容忽视。

对于《吕氏春秋》依傍《道德经》的篇目,本文采用的处理方式,首先是对所属学派进行认定,在此基础上进行文学方面的探讨,从而揭示出这些文章在书写模式、艺术原型的创立,以及说体文类生

---

① 屈守元:《韩诗外传笺疏》,成都:巴蜀书社,1996年版,第3页。

成方面的价值。沿着这个思路继续进行操作,《吕氏春秋》的文学价值,以及中国古代文学史上一些重大的问题,还会得到进一步地澄清。

如前所述,载于《韩诗外传》卷十第七章的葘丘诉故事,屈守元先生把它说成是武侠小说,而在这个故事中,葘丘诉与要离相冲突的情节占了主要篇幅。《吕氏春秋·忠廉》篇记载的要离故事,更加惨烈和具有传奇性,称它为武侠小说名副其实。对于《忠廉》篇的学派归属,陈奇猷先生称:"此篇盖北宫黝、孟施舍、漆雕氏学派之言也。"①陈先生是依据《孟子·公孙丑上》、《韩非子·显学》的记载给出判断,所下的结论是可信的。要离传奇出自儒学学派之手,这就涉及古代武侠小说与儒家的关联。明乎此,《韩非子·五蠹》篇称:"儒以文乱法,侠以武犯禁。"把儒和侠相提并论,也就不难理解了。进一步加以探讨,早期武侠作品表现方式与儒家的关联,就会得到进一步揭示。

《吕氏春秋》作为一部杂家著作,兼采各家之说,取于墨家者亦颇为繁富。《墨子》有《所染》,《吕氏春秋》有《当染》;《墨子》有《节葬》,《吕氏春秋》有《节丧》。二者篇目名称极其相近,内容也有重合者,明显是《吕氏春秋》借鉴《墨子》。如果超越思想层面,从文学角度加以审视,就会发现传统说法的矛盾所在。多数文学史著作和教材把《墨子》说成先秦说理文的早期形态,而《吕氏春秋》是成熟形态。可是,上面所提到的篇目,两部著作的文本形态并无太大差异,而是非常相近。那么,究竟是对《墨子》散文的文学价值评价过低,抑或是对《吕氏春秋》文学成就估价偏高?症结究竟在何处?总之,对《吕氏春秋》的研究如果不是停留在思想层面,局限于学派的辨别,而是坚持文学本位,从艺术形式方面加以探索,还会发现许多需要解决的问题。

---

① 陈奇猷:《吕氏春秋新校释》,上海:上海古籍出版社,1984 年版,第 596 页。

附录 先秦诸子论楚、适楚大事记

参照司马迁《史记·十二诸侯年表》、《史记·六国年表》、钱穆《先秦诸子系年》、杨宽《战国大事年表》、马叙伦《庄子年表》、孙诒让《墨子年表》等文献编制。

诸子	周纪年 公元纪年 楚纪年	主要事件	文献来源
孔 子	公元前 551 年 周灵王二十一年 楚康王九年	孔子生。	《史记·孔子世家》 《左传·昭公》
	公元前 535 年 周景王十年 楚灵王六年	楚国建成章华台,鲁昭公入楚,孟僖子不能相仪,及楚,不能相郊劳,归病,欲子学礼于孔子。	《左传·昭公七年》 《国语·楚语上》 《史记·鲁世家》
	公元前 518 年 周敬王二年 楚平王十一年	孔子适周问礼于老子。	《史记·孔子世家》
	公元前 489 年 周敬王三十一年	孔子适楚叶地。叶公问政,孔子答曰:"政在来远附迩。"	《史记·孔子世家》 《论语·微子》

诸子	周纪年 / 公元纪年 / 楚纪年	主 要 事 件	文 献 来 源
孔子	楚昭王二十七年	叶公与孔子言直躬告发其父攘羊,孔子曰:"吾党之直异于是:父为子隐,子为父隐。——直在其中矣。" 叶公问孔子于子路,子路没有回答,孔子曰:"由,而何不对曰:'其为人也,学道不倦,诲人不厌,发愤忘食,乐以忘忧,不知老之将至'云尔。" 孔子自叶返蔡途中,遇隐者长沮、桀溺以及荷蓧丈人,楚狂接舆诵歌而过之。吴伐陈,楚救陈。闻孔子在陈蔡之间,绝粮七日。楚昭公兴师迎孔子,解陈蔡之围。 楚昭王将以七百里书社封孔子,令尹子西阻止。 楚昭王将战而有疾,卜请襄灾祭河,昭王不许而卒于军中城父。孔子曰:"楚昭王知大道矣。其不失国也,宜哉!"	《论语·子路》 《左传·哀公六年》 《史记·楚世家》 《史记·孔子世家》 《庄子·人间世》
	公元前 479 年 周敬王四十一年 楚惠王十年	孔子卒。	《左传·哀公十六年》 《史记·孔子世家》

续 表

诸子	周纪年 / 公元纪年 / 楚纪年	主 要 事 件	文 献 来 源
墨子	约公元前 469 年 周元王八年 楚惠王二十年	公输盘为楚造云梯,将攻宋。墨子至郢,说止之。楚廷之上,与公输盘展开攻守城之军事模拟演练,并以"非攻"说楚惠王。	《墨子·贵义》 《墨子·公输篇》 《渚宫旧事》
	约公元前 439 年 周考王二年 楚惠王五十年	墨子游楚,献书于楚惠王,王以老辞。	《墨子·公输》 《渚宫旧事》
孟子	约公元前 321 年 周显王四十八年 楚怀王八年	孟子居滕。为神农之言者许行,自楚之滕,其弟子陈相与孟子辩论。	《史记·孟子荀卿列传》 《孟子·滕文公上》
荀子	约公元前 255 年 周郝王五十九年 楚考烈王八年	春申君任荀子为兰陵令。春申君死而兰陵令废,荀子著述、授徒,后终老于楚地兰陵。	《史记·孟子荀卿列传》 《史记·楚世家》
韩非子	约公元前 253 年 秦武王五十四年 楚考烈王十年	荀子任兰陵令,韩非至楚,与李斯俱事荀卿。	《史记·老子韩非列传》 《史记·孟子荀卿列传》
吕不韦	公元前 241 年 秦始皇帝六年 楚考烈王二十二年	秦亡周后,八年,良人请问《十二纪》,则《十二纪》已著毕。	《吕氏春秋·序意》 《史记·六国年表》 《史记·周本纪》 《史记·秦本纪》
	公元前 235 年 秦始皇帝十二年 楚幽王三年	吕不韦卒,《吕氏春秋》全书至迟于此年完成。悬于咸阳城门,置千金于上,有能增损一字者则与千金,时人无能增益者	《史记·六国年表》 《史记·吕不韦列传》

参 考 文 献

经　部

（清）阮元：《十三经注疏》，北京：中华书局，1980 年版。

（唐）孔颖达：《毛诗正义》，北京：中华书局，1980 年影印本。

（宋）朱熹：《诗集传》，北京：中华书局，2011 年版。

（清）马瑞辰：《毛诗传笺通释》，北京：中华书局，1989 年版。

（清）王先谦：《诗三家义集疏》，北京：中华书局，1987 年版。

（清）陈奂：《诗毛氏传疏》，北京：中国书店，1980 年版。

高亨：《诗经今注》，上海：上海古籍出版社，2009 年版。

程俊英、蒋见元：《诗经注析》，北京：中华书局，1991 年版。

郭晋稀：《诗经蠡测》，成都：巴蜀书社，2006 年版。

（清）孙星衍：《尚书今古文注疏》，北京：中华书局，1986 年版。

（唐）孔颖达：《礼记正义》，北京：中华书局，1980 年影印本。

（清）孙希旦：《礼记集解》，北京：中华书局，1989 年版。

（清）朱彬：《礼记训纂》，北京：中华书局，1996 年版。

（汉）郑玄注、（唐）贾公彦疏：《周礼注疏》，上海：上海古籍出版社，2010 年版。

（清）王聘珍：《大戴礼记解诂》，北京：中华书局，1983 年版。

楼宇烈：《周易注校释》，北京：中华书局，2012 年版。

（唐）李鼎祚：《周易集解》，北京：中国书店，1984 年版。

高亨：《周易古经今注》，北京：中华书局，1984 年版。

高亨:《周易大传今注》,济南:齐鲁书社,2000 年版。

(宋) 朱熹:《四书章句集注》,北京:中华书局,2003 年版。

(清) 刘宝楠:《论语正义》,北京:中华书局,1990 年版。

杨伯峻:《论语译注》,北京:中华书局,1980 年版。

(清) 焦循:《孟子正义》,北京:中华书局,1996 年版。

杨伯峻:《孟子译注》,北京:中华书局,2005 年版。

(晋) 杜预:《春秋左传集解》,上海:上海人民出版社,1988 年版。

(清) 冯李骅:《左绣》国学集要二集,马小梅主编,文海出版社,
　1967 年版。

(清) 廖平:《穀梁古义疏》,北京:中华书局,2012 年版。

(唐) 徐彦:《春秋公羊传》,北京:中华书局,1980 年版影印《十三
　经注疏》本。

杨伯峻:《春秋左传注》,北京:中华书局,1990 年版。

王引之:《经义述闻》,北京:中华书局,1998 年版。

史　　部

方诗铭:《古本竹书纪年辑证》,上海:上海古籍出版社,2005
　年版。

黄怀信:《逸周书汇校集注》,上海:上海古籍出版社,1995 年版。

徐元诰:《国语集解》,北京:中华书局,2002 年版。

何建章:《战国策注释》,北京:中华书局,1990 年版。

范祥雍:《战国策笺证》,上海:上海古籍出版社,2006 年版。

(汉) 司马迁:《史记》,北京:中华书局,1982 年版。

陈直:《史记新证》,天津:天津人民出版社,1979 年版。

(汉) 班固:《汉书》,北京:中华书局,1962 年版。

(南朝宋) 范晔:《后汉书》,北京:中华书局,1965 年版。

周生春:《吴越春秋辑校汇考》,上海:上海古籍出版社,1997
　年版。

许倬云：《西周史》，台湾：联经出版事业公司，1985 年版。

杨宽：《战国史》，上海：上海人民出版社，1998 年版。

钱穆：《国史大纲》，北京：商务印书馆，1994 年版。

钱穆：《秦汉史》，北京：三联书店，2005 年版。

钱穆：《先秦诸子系年》，北京：商务印书馆，2001 年版。

（唐）余知古：《渚宫旧事》，北京：中华书局，1985 年版。

子　　部

（魏）王弼：《老子道德经》，上海：上海书店出版社，1986 年版。

王卡点校：《老子道德经河上公章句》，北京：中华书局，1993
年版。

楼宇烈：《老子道德经注校释》，北京：中华书局，2008 年版。

黄瑞云：《老子本原》，北京：人民文学出版社，1998 年版。

高明：《帛书老子校注》，北京：中华书局，1996 年版。

陈鼓应：《老子今注今译》，北京：中华书局，2003 年版。

（清）郭庆藩：《庄子集释》，北京：中华书局，2004 年版。

（清）王先谦：《庄子集解》，北京：中华书局，1987 年版。

（晋）郭象、（唐）成玄英疏：《庄子注疏》，北京：中华书局，2011
年版。

梁启雄：《荀子简释》，北京：中华书局，1983 年版。

（清）王先谦：《荀子集解》，北京：中华书局，1988 年版。

（清）孙诒让：《墨子间诂》，北京：中华书局，2001 年版。

谭戒甫：《墨辩发微》，北京：中华书局，1964 年版。

谭家健、孙中原：《墨子今注今译》，北京：商务印书馆，2009 年版。

（清）戴望：《管子校正》，北京：中华书局，1996 年版。

黎凤翔：《管子校注》，北京：中华书局，2004 年版。

高亨：《商君书注译》，北京：中华书局，1974 年版。

（清）王先慎：《韩非子集解》，北京：中华书局，1998 年版。

陈奇猷:《韩非子新校注》,上海:上海古籍出版社,2000年版。

《韩非子》校注组,周勋初修订:《韩非子校注》,南京:凤凰出版社,
　2009年版。

陈奇猷:《吕氏春秋新校释》,上海:上海古籍出版社,2002年版。

杨伯峻:《列子集释》,北京:中华书局,2012年版。

吴则虞:《晏子春秋集释》,北京:中华书局,1982年版。

王利器:《文子疏义》,北京:中华书局,2000年版。

屈守元:《韩诗外传笺疏》,成都:巴蜀书社,2012年版。

许维遹:《韩诗外传集释》,北京:中华书局,1980年版。

向宗鲁:《说苑校证》,北京:中华书局,1987年版。

赵仲邑:《新序详注》,北京:中华书局,1997年版。

(三国)曹操等:《十一家注孙子》,北京:中华书局,2012年版。

施子美:《尉缭子讲义》,四川大学古籍研究所编《诸子集成补编》
　(四),成都:四川人民出版社。

林亿等:《重广补注黄帝内经素问》,成都:四川人民出版社,1997
　年版。

(汉)王充:《论衡》,上海:上海人民出版社,1974年版。

(宋)司马光:《太玄集注》,北京:中华书局,2006年版。

(汉)桓宽:《盐铁论》,北京:中华书局,1996年版。

李炳海:《道家与道家文学》,长春:东北师范大学出版社,1992
　年版。

陈柱:《墨学十论》,桂林:广西师范大学出版社,2010年版。

蔡尚思主编:《十家论墨》,上海:上海人民出版社,2008年版。

许建良:《先秦法家的道德世界》,北京:人民出版社,2012年版。

集　　部

(清)严可均:《全上古三代秦汉三国六朝文》,北京:中华书局,
　1999年版。

逯钦立：《先秦汉魏晋南北朝诗》，北京：中华书局，1982 年版。

（宋）朱熹：《楚辞集注》，上海：上海古籍出版社，1979 年版。

（宋）洪兴祖：《楚辞补注》，北京：中华书局，1983 年版。

（明）汪瑗：《楚辞集解》，北京：北京古籍出版社，1994 年版。

汤炳正、李大明、李诚、熊良智：《楚辞今注》，上海：上海古籍出版
　　社，1997 年版。

陈子展：《楚辞直解》，上海：复旦大学出版社，1996 年版。

刘永济：《屈赋通笺》《笺屈余义》合刊本，北京：中华书局，2007
　　年版。

刘永济：《屈赋音注详解》《屈赋释词》合刊本，北京：中华书局，
　　2007 年版。

姜亮夫：《屈原赋校注》，北京：人民文学出版社，1957 年版。

游国恩著、游宝谅编：《游国恩楚辞论著集》，北京：中华书局，2008
　　年版。

（唐）皇甫谧：《高士传》，沈阳：辽宁教育出版社，1998 年版。

范宁：《博物志校注》，北京：中华书局，1980 年版。

周振甫：《文心雕龙今译》，北京：中华书局，1986 年版。

其 他 类

王冰：《黄帝内经素问》，台北：艺文印书馆，2007 年版。

钱穆：《古史地理论丛》，北京：三联书店，2005 年版。

钱穆：《先秦诸子系年》，北京：商务印书馆，2001 年版。

（民国）杨守敬、熊会贞：《水经注疏》，南京：江苏古籍出版社，
　　1989 年版。

贺次君：《括地志辑校》，北京：中华书局，1980 年版。

谭其骧：《中国历史地图册》，北京：中国地图学社出版社，1975
　　年版。

（清）郝懿行：《尔雅义疏》，上海：上海古籍出版社，1983 年版。

（晋）郭璞注、（宋）邢昺疏：《尔雅注疏》，上海：上海古籍出版社，
　　2010 年版。

（清）王念孙：《广雅疏证》，北京：中华书局，2004 年版。

（清）段玉裁：《说文解字注》，上海：上海古籍出版社，1988 年版。

（汉）扬雄：《法言》，北京：中华书局，1996 年版。

赵诚：《甲骨文简明词典——卜辞分类读本》，北京：中华书局，
　　1996 年版。

尹黎云：《汉字字源系统研究》，北京：中国人民大学出版社，1998
　　年版。

华学诚：《扬雄方言校释汇证》，北京：中华书局，2006 年版。

冯友兰：《中国哲学史》，北京：三联书店，2009 年版。

李泽厚：《中国古代思想史论》，天津：天津社会科学出版社，2008
　　年版。

李泽厚：《美的历程》，天津：天津社会科学出版社，2001 年版。

张光直：《青铜时代》，上海：三联出版社，1985 年版。

徐复观：《中国文学精神》，上海：上海三联书店，2004 年版。

董治安：《先秦文献与先秦文学》，济南：齐鲁书社，1994 年版。

吕思勉：《先秦学术概论》，北京：中国人民大学出版社，2011
　　年版。

黄鸣：《左传与春秋时期的文学》，北京：中央民族大学出版社，
　　2009 年版。

译著、外文类

（美）摩尔根著，杨东纯译：《古代社会》，北京：商务印书馆，1997
　　年版。

（法）列维·布留尔，丁由译：《原始思维》，北京：商务印书馆，
　　1997 年版。

（英）爱德华·泰勒著，连树声译：《原始文化》，上海：上海文艺出

版社,1992 年版。

(英)崔瑞德,(美)费正清,(英)鲁惟一等著,杨品泉等译:《剑桥中国秦汉史》,北京:中国社会科学出版社,1992 年版。

(比利时)戴卡琳,杨民译:《解读〈鹖冠子〉:从论辩学角度》,沈阳:辽宁教育出版社,2000 年版。

(美)安乐哲,彭国翔编译:《自我的圆成:中西互镜下的古典儒学与道家》,石家庄:河北人民出版社,2006 年版。

(美)安乐哲,何金俐译:《道不远人:比较哲学视域中的〈老子〉》,北京:学苑出版社,2004 年版。

(美)狄百瑞,尹钛译,任锋校:《亚洲价值与人权——儒家社群主义的视角》,北京:社会科学文献出版社,2012 年版。

(英) Michael Loewe: *Early Chinese Texts: A Bibliographical Guide*, Birdtrack Press, 1993.

(英) Roel Sterckx: *The Animal and the Daemon in Early China*, State University of New York Press, 2002.

(美) Mark Csikszentmihalyi: *Material Virtue: Ethics and the Body in Early China*, Brill, 2004.

(英) Translated by James Legge: *Tao Te Ching* or *The Tao and Its Characteristics*, Arc Manor, 2008.

(英) Translated by James Legge: *I Ching* or *Book of Changes*, Penguin, 1989.

(英) Thomas Merton: *The Way of Chuang Tzu*, New Directions Publishing, 2010.

(澳) John Makeham: *Dao Companion to Neo-Confucian Philosophy*, Springer Verlag Gmbh, 2010.

(澳) John Makeham: *Name and Actuality in Early Chinese Thought*, State University of New York Press, 1994.

(美) Joseph Richmond Levenson: *Confucian China and Its*

Modern Fate, California Press, 1968.

Zong-qi Cai: *In the Questions of Harmony*: *Plato and Confucius on Poetry*, *Philosophy East and West*, Vol. 49, No. 3, Human "Nature" in Chinese Philosophy: A Panel of the 1995 Annual Meeting of the Association for Asian Studies (Jul., 1999), pp. 317–345.

楚 文 化 类

涂又光:《楚国哲学史》,武汉:湖北教育出版社,1995 年版。

张正明:《楚史》,武汉:湖北教育出版社,1999 年版。

丁兰:《湖北地区楚墓分区研究》,北京:民族出版社,2006 年版。

李阳春:《湘楚文化精神与道德人格修养》,长沙:湖南大学出版社,2006 年版。

张锦高、袁朝:《荆楚文化的现代价值》,武汉:崇文书局,2005 年版。

张正明:《秦与楚》,武汉:华中师范大学出版社,2007 年版。

王勇:《楚文化与秦汉社会》,长沙:湖南大学出版社,2009 年版。

论 文 类

(博士论文)郭德维:《楚系墓葬研究》,武汉大学考古学,2004 年。

(硕士论文)张莉清:《东周楚国高级贵族墓地制度探研》,武汉大学楚文化考古,2003 年。

胡治洪:《试论郭店楚简的文化史意义》,《武汉大学学报》1999 年第 6 期。

刘玉堂:《楚艺术的精神气质》,《理论月刊》,1994 年第 4 期。

人可野:《试论楚文化的"酒神精神"》,《宜宾师专学报》,1994 年第 3 期。

熊菀君、李婷:《浅论湘楚文化的精神本质》,《新西部》,2009 年第

2 期。

刘玉堂、黄山：《楚越文化关系论略》，《湖北大学学报》，1989 年第 2 期。

宣兆琦、孙宜：《齐楚文化类型论》，《烟台师范学院学报》，2004 年 9 月。

张正明：《楚文化及其与周文化关系》，《寻根》，1997 年第 2 期。

张正明：《古希腊文化与楚文化比较研究论纲》，《江汉论坛》，1990 年第 4 期。

蔡靖泉：《楚文化精神的结晶——楚哲学》，《理论月刊》，1994 年第 6 期。

骆科强：《春申君迁吴及其对江东开发的贡献》，《喀什师范学院学报》，2007 年第 5 期。

吴钧：《论〈易经〉的英译与世界传播》，《周易研究》，2011 年第 1 期。

后　记

　　这本小书是我的博士论文修订本，这是我的第一部学术专著，之前也出版过几种著作，但是它们或与学术偏离，或仅是参编性质的作品。这是第一次将学术与专著结合起来，文章千古事，学术若畏途，内心不免如履薄冰、战战兢兢，虽然写作过程中历竭万千艰辛，仍不免有学力尚浅而留下的遗珠之憾，最后呈现出来的，只能是以奉交人生第一份学术答卷的形式来接受方家时哲的检视和批评。

　　藉着博士治学的门径，一窥学术殿堂之堂奥，这部著作凝结着我的博士导师李炳海先生指导的心血。文稿即将付梓，昔日跟随先生求学的情景历历在目。博士入学伊始，开始在先生的指导下进行学术论文写作训练，不久之后即收到先生所列论文写作须谨记的七条嘱咐，简要录之：第一，必须广泛占有材料；第二，充分运用材料，而不是仅仅加以引用；第三，克服女性学人的性格弱点，杜绝现象的描述；第四，充分发挥女性学人的优点，对问题进行细致分析；五，学术论文要兼顾阐释、论述、考辨诸多方面；第六，要兼顾文学和历史两方面，以文学为本位，考证标明确定具体历史时段，这才有可能见出学术上的功夫和严谨；第七，引述他人的论述，固然有支撑自己论点的作用，但不能局限于此，还要力求对前人有所超越和订正。先生的警语，犹若时刻响彻耳畔的"金声玉振"，是对我论文写作的一次集大成者式训诫与教导。我将先生亲自手书的

"七条写作军规"置于书桌前,在论文写作过程中,时时翻看,时时警醒与铭记。

　　先生对我的论文指导与修改,有一个循序渐进的过程,起初会教我提前拟好写作提纲和逐条列出材料出处,然后放手让我去写,对已占有材料掰开揉碎,再连缀整合成文。先生的话语是严厉的,要求也是严格的,因此,最初我在心理重压之下,往往写完一篇论文就病倒了,一篇篇论文就是这样被自己感冒高烧的体温烧出来的,然而获得进步之后的喜悦却是巨大的。这大概就是所谓"古之学者为己"境界的初体验,学人孜孜自得于学问而无法为外人所道的内心体味吧。每每交上一篇论文,就开始忐忑不安地等待先生的判语,从第一篇论文的全文枪毙,到爬满稿纸的修改印迹,直至最后甚至只有标点符号的校订而不易一字。但是对于习作的好坏,先生自始至终吝于表态,偶有赞语。在学术道路上,先生似乎是领着一个刚刚蹒跚学步的婴孩,呕心沥血,循循善导,直至我能够独自拽杖扶墙前行,以至行走自如。

　　对于学生的指导,先生注重因材施教,根据学生本身的学识基础和学习经历,来确定论文选题,往往以先秦两汉时段的具体作品为研究对象,形成师门一人一专书的风格。至于我来自先秦时期属于南方楚国的湖南,与早年弟子多以北方学生为主,有所不同,因此,建议我不再研究专书,而是选取地域文化的研究方向。

　　最初拟定博士论文题目为《先秦时期齐楚文化差异及其文学表现》,先生在20世纪90年代中期即有《部族文化与先秦文学》一书问世,在学界较早提出"文化地图"的观点,对地域文化研究领域的指导可谓驾轻就熟。后来,由于我申请前去英国曼彻斯特大学的博士联合培养,先秦诸子是海外汉学研究的热点,因而题目加上了先秦诸子的内容,换成《先秦诸子在齐楚的踪迹考论》,又担忧研究的战线拉得太长了,对于疏漏问题的出现会防不胜防,因此把地域文化的角度缩小为仅限于楚,最终确定题目为《先秦诸子与楚文化的文学性关联》,即从地域文化的角度,开掘先秦诸子研究。进行开题答辩时,以选题之新颖而受到老师们的一致肯定。但是面对诸子研究与楚文化研究,这两大学养深厚、体系庞大的研究系统,对于两者如何进行打通、勾连,以求入乎其内,出乎其外,可谓一个崭新的研究领域,对于一个初出茅庐的年轻学人来说,自是一个难以驾驭的选题。学界前辈先贤对于诸子研究、楚文化研究的成就,自不待言,但是涉及贯通这两个研究系统的专门研究,目前仅有钱穆先生的《先秦诸子系年》有所涉及,但属于学术精品、鼎力之作。此外,尤其论文写作过程中立足于先秦时期作品的原典释读,对于汉儒清儒的定论成说,以及学界诸位学人的考释成果,牢记先生所言"力求对前人有所超越和订正",这种逾越,于我实在是一项不容小觑的挑战。

先生对于追求学术永远奉行严苛的标准,尝言做学问比写诗难多了,但是偶尔也会以诗示人,展示出另一种人生境界,给我以深刻的人生启迪。犹记博二那年的端午节前夕,我有所触发而写了一首纪念屈夫子的小诗,先生读到我发去的短信,竟然打来电话念了一首和诗。对于我在诗中所运用的竞舟意象,先生的对句是"人生摆渡本无舟",单单从这一句诗中就可以窥见先生豁达超然的人生态度。对于千百年来人们以绵亘不绝的竞舟活动,来纪念愤懑佗傺堪罹忧、人世溷浊宁赴流的伟大爱国诗人屈原,先生竟试图以"本无舟"来化解人世间的一切苦厄、罹难与哀矜。那一刻我深深读懂了先生人生思想的通达之处,同时,这首诗也正是对先生平时的处世风格作了最好的诠释,为学的严谨与为人的通达,即是学者的至境。

未来的学术道路漫漫征程,先生语重心长地在七条嘱咐的末尾写道:"从事科学研究犹如进地狱,没有退路,这是马克思曾经发出的感慨。攻读博士实际是一个炼狱的历程,充满艰辛困苦。不过,如果走到地狱的尽头,伊甸园就会出现。至于何时走到尽头,能否进入伊甸园,这就看个人的造化了,相信你会成功!"我愿视其作扣钟责骥之言,永远砥砺前行!

　　这篇论文经过修改,以《先秦诸子与楚文化关系研究》为名出版。首先得感谢参加论文答辩的诸位专家提出许多宝贵的建议与点评,包括担任答辩主席的清华大学孙明君先生,答辩委员北京师范大学韩格平先生、中央民族大学陈允锋先生和中国人民大学徐正英先生、王昕先生等诸位学者。其中,本科导师陈允锋先生引领我走上古典文学研究的道路,硕士导师王昕先生以"尤得天性之近"的女性学人角度引导我培养女性学术思辨能力,徐正英先生在平日学习中也给予颇多教益与教导。本、硕、博三位导师荟聚一堂来见证我的博士答辩,是我人生中最难以忘怀的重要时刻之一。感谢同窗时光里的宋小克、史常力、管宗昌、赵德波、王琼、田胜利、雷欣翰、黄刚、刘洋、赵华等诸位同门师兄弟的相伴读书,也感恩我的家人永远是我的精神支柱。其次,也非常感谢清华大学出土文献研究与保护中心的诸位师长与学友,提供给我难得的机会接触出土文献研究,进一步拓展了我的学术视野与思路。最后,感荷上海古籍出版社的编辑进行细致的编审,为书稿付出许多艰辛的劳动,在此一并感恩与致谢!

陈　瑶
2017 年 6 月 20 于西王庄寓所